# グローバル経営史

## 国境を越える産業ダイナミズム

橘川武郎・黒澤隆文・西村成弘【編】
Takeo Kikkawa　Takafumi Kurosawa　Shigehiro Nishimura

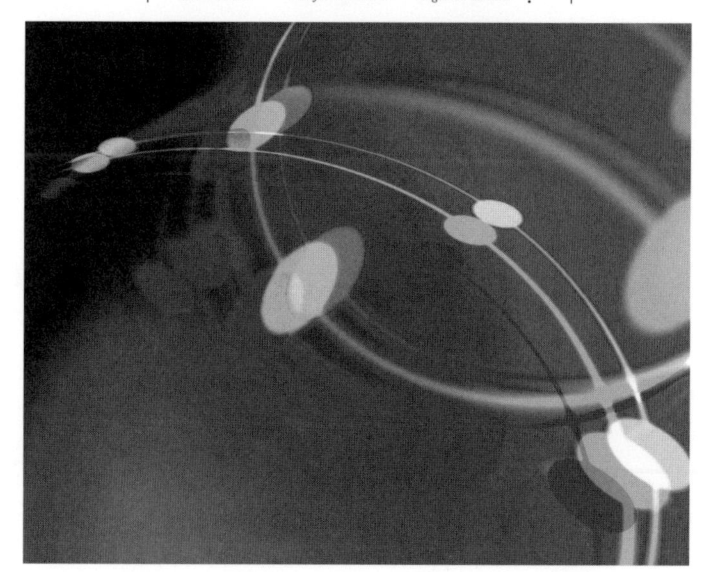

名古屋大学出版会

Global Business History
Industrial Dynamism beyond Borders
Takeo KIKKAWA, Takafumi KUROSAWA and Shigehiro NISHIMURA, eds.
The University of Nagoya Press, 2016
ISBN978-4-8158-0836-5

グローバル経営史

# 目　次

## 第II部　製造業の競争フロンティア

## 第 III 部　サービス産業の競争フロンティア

# 序　章

# グローバル経営史とは何か

黒澤隆文／西村成弘

## 1　なぜ，今，グローバル経営史なのか

本書は，今日のグローバル経済とそれを牽引する企業の姿を，産業史の方法と競争力の視点によりつつ，各国単位の分析では捉えきれない現象に着目しながら描き出したものである。

「グローバル化」や「グローバル経済」の語が定着して久しいが，改めてその用例の起点を振り返ると，英語では，global economy の語も globalization の語も 1980 年代後半に定着し，1990 年代に用例が急増している[1]。また日本語の用例も，数年の時差でこれを追っている。それまで一国の範囲を超える現象に用いられていた「国際（international)」や「世界（world)」の語に代わり「グローバル」の語が使われるようになったのは，単なる流行ではない。新しい現実を表現するために[2]，新しい概念が登場したのである。

新しい現実とは，ごく一般的には世界的な統合と相互依存の深まりが新たな次元に入ったということであろうが，現象としては次の 5 点に要約されよう。①多国籍企業と直接投資の著しい拡大や，「グローバル企業」の登場。②世界各地の「つながり方」（＝関係性）の変化，③「新興国」の台頭と世界経済秩序の変化。さらに④として，「グローバル化」の基盤や背景，すなわち，グ

ローバル化を可能にした交通・通信面でのイノベーションや，貿易・投資の世界的な自由化といった制度的な変化，その背景となる思想や政策体系の変容を挙げることもでき，⑤政治的・経済的・社会的・文化的な帰結も，「グローバル化」を構成する現象として論ずることができる。ここでは，企業・産業の動態そのものを直接に表す①〜③の側面について見てみよう。

### 1）グローバル化①：多国籍企業と直接投資，「グローバル企業」

第一の，多国籍企業の活動と直接投資の著しい拡大は，世界経済の主要指標を概括的に示した表序-1 に明らかである。1980 年に 12 兆ドルであった世界の GDP（国内総生産）は，2013 年には 75 兆ドルとなった。特に 21 世紀に入ってからの伸びの著しさが目につくが，その間，FDI（対外直接投資）フローが顕著に拡大し，それに伴い，FDI 残高も増大した。対世界 GDP で見た海外直接投資のストックの比率は，1980 年の 5.8 % から 2013 年の 34.1 % へと著しく高まっている。この間，財・サービス貿易（フロー）も増大し，対世界 GDP に対する比率は，1980 年には 20.8 % であったのが，2013 年には 30.8 % となっている。ストックとフローの数字を直接比較するのは適切ではないが，趨勢としては貿易の伸びよりも直接投資の伸びが目立つ。この期間には，世界的な金

**表序-1**　世界の GDP と FDI

| 年 | 世界 GDP（億ドル） | FDI フロー（億ドル） | FDI 残高（億ドル） | 対 GDP 比（%） |
|---|---|---|---|---|
| 1970 | 33,556 | 133 | | |
| 1975 | 65,243 | 266 | | |
| 1980 | 120,432 | 541 | 6,979 | 5.8 |
| 1985 | 132,859 | 562 | 9,898 | 7.5 |
| 1990 | 226,038 | 2,082 | 20,814 | 9.2 |
| 1995 | 304,545 | 3,433 | 34,259 | 11.3 |
| 2000 | 328,579 | 14,150 | 75,113 | 22.9 |
| 2005 | 465,058 | 9,967 | 117,390 | 25.2 |
| 2010 | 644,007 | 14,223 | 203,707 | 31.6 |
| 2013 | 746,007 | 14,520 | 254,642 | 34.1 |

出所）UNCTAD STAT より作成。
注）現在ドル価値。

融的統合（間接投資など）も進展し，特に1970年代以降の「証券化」とそれによる世界的な統合の進展は劇的であるが，経済の「金融化」の現象をグローバル化そのものと分けて考えられるものとすれば，1980年代に始まり90年代に本格化する「第二次グローバル化」（前出注2参照）における変化の牽引役は，何よりも国境をまたいで事業を行う多国籍企業の活動であるといえよう。

しかし，「グローバル」の語には，単に国境をまたいで複数国で事業を行う（「国際的」あるいは「多国籍的」）という以上の意味が込められている。地続きの隣国に投資するだけでも，また「本国」や特定国の事業を中心に位置づけ，他の地域では付加価値のごく一部に相当する事業しか行わない場合でも，「国際的」で「多国籍的」であることに違いはない。しかし，この四半世紀の間に，地理的にもまた事業の内容の点でも文字通り地球規模の事業活動を行う企業が急増しており，グローバル化の語の背景となっているのである。実際，IBMのCEO（最高経営責任者）サミュエル・パルミサーノは，Globally Integrated Enterprise（GIE）となった企業は，世界を一つの市場として捉え，また同時に一つの工場として捉えるようになった，と主張している[3)]。

しかし，はたしてGIEのような，「グローバル」の字義のごとく地球のあらゆる市場を一つのものと捉えて経営を行う企業は，どの程度一般的なのであろうか。地球規模で事業を行うということと，地球が均一な単一の市場であるということとは，同義であろうか。同義でないとすれば，それは，企業や産業にとってどのような意味を持つだろうか。グローバル化の担い手や，グローバルに統合した市場での競争の主人公は，はたしてGIEのような企業だけなのだろうか。また，必ずしも地球規模で事業を行うわけではない企業にとっては，グローバル化は何を意味するのだろうか。これらの問いは，本書の執筆者が持つ共通の問題意識の一つである。

### 2）グローバル化②：競争の形と世界各地の「つながり方」

グローバル化の第二の側面は，競争の形と，世界の各国・各地域の「つながり方」の変化に見ることができる。1980年代までの貿易を柱にした国際競争では，単純化するならば，特定国・地域の産業・企業が，特定の財・サービスをめぐって，他の特定国・地域の産業・企業と競争関係に立つという図式が主流であった。各国の主要企業は，多くの場合，生産から流通に至る過程の大部分を自社組織によって手掛けていた（垂直統合企業）。多国籍化は，進出先の市場でも，本国と同様の垂直統合的な組織を構築する——段階的にであれ——ことで進められた。また，競争・協調関係からなる多数の企業の分業のネットワークによって「クラスター」が構成され，これがむしろ競争力の単位となる場合でも，そのクラスターは，一国内，またしばしば一国の特定地域内にまとまって存在し[4)]，これが他国・他地域のクラスターと同種の製品・サービスをめぐって競争を繰り広げていた。

しかしこの構図は，1990 年代以降，目立って変化した。自社外の資源を利用する「アウトソーシング（outsourcing）」や，国外（多くは低賃金・低コストの海外遠隔地）においてこれを行う「オフショアリング（offshoring）」が，急激に進展したのである。「価値連鎖（value chain）」や「サプライチェーン（supply chain）」の概念も，多数の経済主体（企業・企業間組織）にまたがる事業活動・経済活動を把握するために，やはり 1980 年代半ばに登場し，1990 年代以降，産業と企業経営に関する基本概念として頻用されるようになった。

こうした産業組織の再編は，地球規模の生産拠点の再配置や，複数国にまたがり世界的な競争力を持つ分業の組み合わせ——例えば半導体での米国のファブレス企業と台湾の受託製造（ファウンドリー）企業の関係——の登場などを伴っており，「グローバル化」のうちでもとりわけ目立つ現象として現れたのである。競争条件と競争構造を一変させ，国と地域の競争力を大きく左右し，「産業」の輪郭（後述）を塗り替えるという点でも，この変化は，本書の関心にとって重要である。

とはいえ，世界の産業の現実は，こうした一般的な図式よりもはるかに複雑である。価値連鎖の再編やそれに伴う産業立地の変化は，産業によって大きく異なり，競争力に及ぼすインパクトも，極めて多様な形をとる。よって本書は，全体として，産業間比較によってこうした多様性を描き出し，またその要因を明らかにする。

### 3) グローバル化③：新興国の勃興

「グローバル化」の第三の側面は，いわゆる「新興国」の登場による世界の経済秩序の劇的な変化である。1990年代以降，それまで世界経済の中で従属的な位置しか占めず，総じて低成長や「低開発」あるいは「従属」で特徴づけられてきた地域が成長軌道に乗り，21世紀に入ると世界の成長のエンジンとなって，世界経済に占める比率を劇的に高めた。世界のGDPに占める「新興国」（ここでは先進国以外すべて）の割合（名目）は，20.6％（1990年），20.1％（2000年），32.7％（2010年），36.9％（2014年）となっている[5)]。

それまで世界の過半の地域が享受しえなかった工業化，持続的な経済発展・経済成長が，地球の多くの地域に及んだという意味で，これは「グローバル化」の名に値する変化であった。経済史家は，近世初頭，16世紀以降に始まり，19世紀に顕在化した「大分岐（Great Divergence）」――今日の高所得先進国とそれ以外の地域の対照をもたらした経済成長率の大きな格差――の実態とその原因について議論を続けているが，その大分岐による格差も縮小に向かっている。今日なお多くの国が貧困に取り残されており，構造的な格差や「中心＝周辺」構造について語ることは依然不可能ではないが，1960年代から90年代まで世界の経済構造を理解する上で常識に属した「南北問題」「南北格差」の語は，急速にその説明力を減じている。

本書の視点では，とりわけ次の点が重要である。第一に，新興国の経済成長は，工業化による産業構造の転換を伴っていた。それまで「南」と「北」との間の貿易は，一次産品と工業製品の交換からなる垂直貿易であったが，新興国が工業製品の供給国となり，やがてその品目が「ハイテク」と目された先端的な製品にも及ぶにつれ，先進国と新興国との間の貿易のかなりの部分が，水平貿易――類似の財・サービス相互の交換――へと転換した。これにより，世界の産業地図や分業関係は，より錯綜したものとなった。加えて，それまでは世界貿易の対象になりにくかったサービス部門でも，通信手段の発達や企業向けサービスの成長によって，世界的な競争が拡大した。

第二に，こうした新興国経済の勃興は，上で述べた二つの現象，すなわち多国籍企業による直接投資と，価値連鎖の世界的な再編にも多くを負っており，先進国から後発国への技術移転や，後発国・新興国での急速な能力形成を伴いつつ実現した。主権国家が構築してきた様々な制度的基盤，国境による保護の効果，距離による障壁がいずれも弱まる中で，先進国の労働者や企業は，新興国の労働者や企業と直接の競合関係に立つようになった。他方，商品・サービス市場の世界的統合や，国境を超えた各種の投資や合併・買収（M&A）によって，先進国の労働者や企業は，同時に消費者・ユーザー，将来の年金生活者や投資主体として，この地球規模の競争から利益を引き出してもいる。グローバル化した世界を描いたベストセラー，『フラット化する世界』でトーマス・フリードマンが描いたのは[6]，「誰が誰を搾取しているのか」判然としないこうした世界であるが，そうした新しい現実こそが，20 世紀末以降の「グローバル化」を，これまでとは違った世界に見せているのである。

第三に，東アジアに位置する日本にとっては，「新興国」の旗手ともいえる中国経済の凄まじい成長が持った意味は大きかった。約半世紀ぶりに近隣に巨大な人口を持つ大市場が出現し，これとの経済的統合が産業・企業面で新たな競合・分業関係を生み出した結果，戦後半世紀にわたり維持された――世界史的にはむしろ稀な――「フルセット型」の産業構造が崩れたからである。労働市場では依然としてグローバル化のインパクトが限られる日本では，日本企業が国内で製造した製品のみに囲まれた生活が 1990 年代の 10 年間で過去のものとなったことこそが，「グローバル化」の原体験であった。よって，「東アジア」域内の分業構造の形成もまた，グローバル化の一現象をなす[7]。

第四は，経済規模の拡大と，産業や企業の競争力の向上との間には，ギャップがあることである。新興国経済の急成長に伴い，新興国企業が目覚ましい成長を遂げ，特に 2010 年代以降は，各種の企業ランキングでも新興国企業――とりわけ中国企業――が急激に順位を上げている（後述）。しかし時価総額や，自国市場を除いた世界市場での指標，あるいは競争力に関する定性的な指標に着目するならば，先進国企業が未だに多くの産業部門でその地位を維持しており，「キャッチアップ」が容易には実現していないことがむしろ目につく。地球規模の構造変化という点で注目に値する新動向に着目しつつも，同時に，既存の企業やクラスターが持つ変化への「耐性」や，競争力の長期的な持続に注目することも，重要であろう。

## 2　競争をどのように捉えるのか

### 1）グローバル化と競争

競争は，グローバル化の下での企業や産業の動態を考察する上でも，核心的な概念である。グローバル化はたしかに一面では世界を一つの「フラットな競技場」としつつあるが，しかしそれによって世界の各地域や各組織，経済主体の収斂や均質化がもたらされると主張するならば，単純化がすぎるといえよう。ここでは，競争が核心的である理由と，それにもかかわらず産業や地域に固有の特性や現象に着目する理由について，三つに整理して見てみよう。

第一に，競争は，組織や制度の変化にとり極めて重要な要素である。組織や制度は慣性を持つから，その変化には競争圧力が必要となることが一般的である。環境変動への十分な適応ができない経済主体は淘汰され，これが長期的に集団の構成を変化させ，時には制度的基盤や競争の枠組みをも変化させる。市場経済の外部にある政治的制度や組織を考慮しても，これは変わらない。主権国家もまた競争の主体であり，国家間の競争圧力やそれへの顧慮によってその権力的行為に制約が生じる事態は，グローバル化の重要な帰結とみなされている。競争の下で実現するのが普通ともいえるイノベーションと並び，競争は，グローバル化の究極的な要因とさえいえる。

第二に，グローバル化も，また産業のダイナミックな変化も，イノベーションと，それが引き起こす連続的で多様なキャッチアップの過程——国のレベルでも個々の経済主体・組織のレベルでも——として現象するのであり，それ自体，競争のプロセスである。一部の中核地域・先進国に限られた経済発展が周辺にも及ぶ現象と見るならば，グローバル化は全体としては，歴史上主体を変えながら何度も繰り返されてきたキャッチアップの物語である。しかし競争力をめぐる研究は，「新興の後発国が成熟した先進国に追いつく」という単純なパターンから外れる例がいかに多いかをむしろ示しており，本書の多くの章も，むしろ，キャッチアップの不在や遅れ，キャッチアップ後の再逆転といった事例を示している。

第三に，グローバル化は競争の上で存在した様々な障壁を低める「フラット化」への動きであるが，これは地球の各地を均質にするわけではなく，むしろ特定の経済活動への地域の専門化をもたらす。地理的に移動・移転（売買）不可能な競争力資源（地理・地形・自然的条件，歴史性に根ざした社会構造）が残存する以上，どの地域も，その競争力資源に即して存続を図らねばならないからである。これは個人・企業・組織に次元を移しても同様である。市場で売買しえない資源がある以上，経済主体は既存の資源を前提として行動するほかない。よって，いかなる固有の競争力資源をどのように活かすのかが，焦点となる。

### 2）多角化した企業と産業

それでは，グローバル化の下で見られるこのように多種多様な競争の中で，どの次元の，どのような主体間の競争に，どのような角度から焦点を当てるべきであろうか。

まずいえることは，市場競争において競争の主体は行為者（アクター）としての企業であり，よって直接的には企業間の競争に焦点を当てる必要があるということである。その場合ありうる一つの方法は，あくまで個別の企業に即して，その戦略や組織を分析しつつ，競合する他社との関係を描く，という方法である[8]。

ところが，ここに一つ厄介な問題が存在する。グローバル化の主要な担い手となっている今日の多国籍企業のほとんどが，多角化によって複数の事業を行っており[9]，それぞれの事業で通常は競争の相手が異なる，ということである。ジェフリー・ジョーンズが描いた「第二次グローバル化」（前出注 2）のもとでの変化によって垂直統合の位置づけが変化した今日でも，多角化による複数事業展開という現代企業の特質は，変わっていないのである。

同様の問題は，新興国企業の勃興の中で関心が高まっている「ビジネス・グループ」を捉える場合にも生じる。多くの新興国で，個別事業は専門経営者が担うものの，全体としては同族支配の下にある異業種のコングロマリット（複合体)――文脈により財閥とも称される――が，大きな役割を演じている。またこれに触発されて，先進国の現在・過去についても，各種の「ビジネス・グループ（business group)」――多種にわたる企業の結合を総称する包括的・一般的概念――の再発見が進んでいるが[10)]，それらの多くは，やはり異業種のコングロマリットである。したがって，たとえ「企業」を競争の主体としたとしても，その範囲や行為の単位は，機械的に決められるわけではないのである。

この問題に対する一つの答えは，多角化した企業であれビジネス・グループであれ，それを一つの尺度，すなわち「稼ぐ力」で評価すればよい，というものである。企業やその集団を一つの資本として見るならば，この方法にはそれなりの合理性がある。

しかし突き詰めて考えるならば，競争力を捉えるためには個別の事業部門（＝産業）ごとに見なければならない。多角化した企業や企業集団の収益力や「競争力」は，これを構成する各事業部門での競争力（とその総和）から，大きくかけ離れることはできないからである。もちろん，多角化した組織の総合力の有無が，個別部門の競争力を下支えしたり足をひっぱったりすることはあるであろうが，そうした側面は，個々の事業部門での競争状況や競争力を，それぞれの事業部門ごとに分析しなければならないという事実を変えるものではないのである。

### 3）企業＝空間＝産業

こうした問題について考え，本書の課題を明確にするために，概念図（図序-1)[11)]を使って整理してみよう。

この図は，「企業」「空間（国・地域)」「産業」の三つの視座と，そこからの視点によって，分析対象や問いの立て方がどのようになるのかを示したものである。

企業を中心に据え，ある企業がどのような場所（＝空間）で事業を行い（＝立地)，あるいは複数の拠点や市場をどのように結びつけるのかを問題にする場合，その視座・視点は，「①市場戦略・立地戦略」の矢印で表現される。企業は行為者であるから，ここでは「戦略」という意思の存在を示す語を用いて

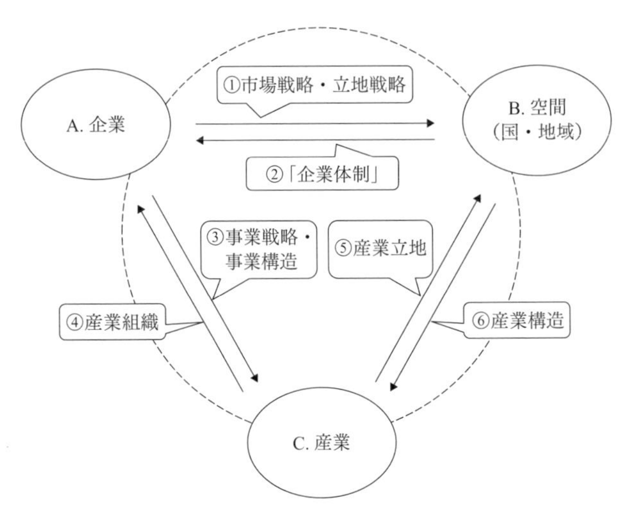


**図序-1**　企業・空間・産業分析の視座と視点

出所）筆者作成。

いるが，企業を単位にその立地や市場（調達市場・販売市場）を見る場合でも，同じ矢印となる。

反対に，ある国や地域（＝空間）を中心に，そこにどのような企業が存在し（地元資本であれ外資であれ），どのような活動を行い，いかなる競争力を持つかを問う場合，分析の方向性は，②の矢印で表現される。「韓国経済は大企業体制か」「日本企業の終身雇用は変化したか」「シリコンバレーの IT スタートアップの高い潜在力」といった論点や認識は，いずれもここに分類されるが，定着した概念がないので仮に「企業体制」としておく。

同様に，企業の視座から，どの産業部門で事業を行うのかを考える時，あるいはそうした主題を分析する時には，「③事業戦略・事業構造」となる。上で論じた多角化した企業の問題も，当然ここに入る。逆に，産業を中心に，それがどのような企業によって構成されるかを見るのが，「④産業組織」の視点である。研究分野としての「産業組織論」では，企業も産業もいわば無色透明の抽象的・定量的な存在として扱われるが，ここではそれに限らず，具体的で個性を持つ企業や産業を問題にする場合も当然これに含まれる。

「B. 空間」と「C. 産業」の間では，産業を特定した上で，その産業がどこに位置しているのか，生産・消費シェアや競争力があるのはどの国・地域なのか，その産業では各地の供給者や需要者はどのように結びついているのか，その産業の国・地域ごとの特徴とは何か，といった問いを立てることが可能である。これらの広い問題領域を表現する語としては狭すぎる概念ではあるが，これを「⑤産業立地」としておく。逆に，一国や一地域の視座から，その内部での産業の構成や特質を考える場合には，「⑥産業構造」の視点をとることになる。

本書では，競争の主体が「A. 企業」であり，グローバル化の問題が，「B. 空間」に関わる論点であることを前提としつつも，企業が実際に競争を行う「場」が「C. 産業」であることを重視し，「C. 産業」を中心に迂回的に（A＝C＝B），グローバル化のもとでの競争力の動態を明らかにする。具体的には，産業ごとに，その産業の空間的な動態を，「⑤産業立地」の視角で把握し，またその産業を構成する主要なプレーヤーの構成や特質をつかみ（④「産業組織」），さらに，これらが企業のいかなる事業・市場戦略の結果なのか（①および③）を検討する。これらの問題を明らかにする上で必要な場合には，②や⑥の視点での分析も活かされるであろう。

## 3　産業史の方法――産業固有の時間と空間

### 1）産業とは何か

前節で述べたように，本書では，産業を競争力の分析の単位とし，また産業を出発点として分析を行う。しかし，日本においては産業論と称される一群の研究の厚い蓄積があるものの，「産業とは何か」自体が問題にされることは少なく，産業をどのように定義するかも，明確には議論されてこなかった[12]。ここでは，この課題に取り組んでみよう。

第一に，産業は，実体概念というよりは，分析・認識のためにその目的に応じて用いられる概念であって，例えば「企業」や「国家」と異なり，固有の実体を持たない。もちろん，経済主体（例えば企業）の主観的な自己認識・他者認識のために，あるいは利益擁護のために（業界団体），実体を持つかのごとく扱われることもあり，また実際，「…業法」という形で産業名を冠した法律によって法的実体となることもある。しかし産業は本来的には行為の「主体」ではなく，意思や一義的な境界を持たない。これらの点からして，極端にいえば産業とは一つの虚構である。

第二に，産業とは，個別企業や個別企業の個別事業と，経済全体（地域経済・国民経済・世界経済）の間に位置づけられる中位（メゾレベル）の概念である。より下位の個人や企業にとっては，相互の同質性や関係（取引や競合）を基準に複数の主体を一括りにするための集合概念・関係概念である。他方，より上位の経済全体から見ると，社会的分業（専門化）を把握するための概念であり，市場化された経済活動のうち，「業」として専門分化したものを捉えるためのカテゴリーである。ゆえに，――後述するような需要や市場側の要素も考慮しなければならないが――，基本的には，産業とは経済を全体として見るならば，供給者側に焦点を当てた概念である。

第三に，個々の経済主体（個人や企業）からするならば，産業とは競争や取引が行われる場であり，互いに――潜在的にであれ――競争や協調，取引が行われる「場」である。互いに競合・補完・協働関係にある企業（ないしはその一部の事業単位）が作り出す空間であって，いわばプレーヤーが集う「競技場」である。しかしこの競技場は，通常は誰かが設計したものでもなく，革新的な企業（家）とこれに追随する企業の行為の結果として発生する参入障壁によって姿を現す。よって，この競技場の輪郭や輪郭の強弱（＝参入障壁）は，競技場の内外のダイナミックな企業（家）活動によって，変化する。他方，産業の草創期を除けば，少数の極めて革新的な企業やガリバー型寡占企業を除く大多数の企業にとって，産業とは，自社にとっては所与のものとして存在し，その生存条件を左右する環境である。したがって，個別企業と産業の関係は相互規定的である。

第四に，産業も企業と同じく，経営資源を束ねたものである。企業を「ニーズの束」に戦略的に対応する経営資源の総体と捉える見方があるが[13)]，産業が企業などの経済主体から構成される場だとすると，産業もまた，多数の経営資源の集積と見ることができる。また動態的には，産業を固有の知識体系の進化に規定される資源の束ということもできよう。現実の経済では，「外部（不）経済」があるのが普通であるから，この集積は，個別企業の資源の単なる総和ではない。産業と産業競争力に関する分析が，多数の企業からなるクラスター（同一産業内の企業間関係や，関連・支援産業との間の企業間関係からなるネットワーク）に注目してきたのは，そのためである。企業は生まれては消えてゆくが，その資源は，企業が退出する際には市場に放出され，多くの場合，「産業」という場に残り続ける。その限りでは，上記の言明からすると逆説的であるが，「産業」には，企業にはない実体性が存在するということさえできるかもしれない。

### 2)「産業」概念の特性

上記の各点からして，産業は，必然的に重層性（階層性）や入れ子構造を持つ。産業分類で採用されている「…桁分類」という階層性は，この重層性を最も端的に表現している（例えば，平成 25 年版日本標準産業分類での，大分類 E「製造業」，その下位の-16「化学工業」，-165「医薬品製造業」，-1654「生物学的製剤製造業」)。産業分類が不断に改定されてゆくのは，上記の産業の輪郭の変化からして当然である。ただし，統計的な産業分類は，非常に多数存在する産業の階層性の一つの例にすぎない。階層性は，商品範疇（例えば，飲料製造業-酒類製造業-ビール製造業)，商品の用途・機能や構造・工程（輸送用機器-自動車製造業-自動車部品製造業)，技術特性やプロセス（化学工業-有機化学工業-プラスチック)，素材（織物業-綿織物業)，市場の範囲（社会保険・社会福祉・介護事業-老人福祉・介護事業)，社会的な機能（サービス業-廃棄物処理業）など，様々な側面に存在するからである。

よって，産業を分析する際には，単に重層性を持つ多々の「産業」の範囲のどのレベルに焦点を当てているのかを意識するのみならず，その重層性が，どのような要素（＝参入障壁を構成する要素）に基づくものなのかを知る必要がある。産業論では，しばしば，「製品差別化」「高付加価値化」戦略が論点となったり，セグメントごとの「棲み分け」が論じられたりするが，こうした階層のどのレベルを基準とするかによって，競争や棲み分けの有無・成否の解釈は異なりうるからである。

また，上記の重層性が，「タテ」方向の重複関係だとすると，隣接関係にある「ヨコ」方向（並立する隣接「産業」との関係）でも，様々な形の――垂直的な重複関係で見たような――重複が存在するのが普通である。よって，理論的には無数に存在しうる多種多様な「産業」の定義の中から，分析目的に即した範囲を選び取ることが必要となるであろう。

いずれにしても，前述のように産業は極端にいえば一つの虚構であるが，それにもかかわらず，産業は固有の動態，言い換えれば固有の「空間」と「時間」（いずれも後述）を持ち，それゆえ，分析の枠組みとしての有効性を持つ。

### 3）産業を産業たらしめるもの

それでは，産業を産業たらしめるもの，言い換えれば，競争と協調の場の輪郭をつくるもの，あるいは複数の経済主体に同一の動態を生み出すものは，いったいどのような要素であろうか。この問いは，産業を分析する際の着眼点をも示唆すると考えられる。ここではこれを，①商品（財・サービス），②技術・知識，③「経済的機能」および「価値連鎖上の位置」，④「市場」の四点に求め，以下でその内容を見てみよう。

第一に，商品（財・サービス）は，産業を形づくる最も基本的な要素である。同種の商品間には競合・代替関係が存在するのが普通であるから，商品の同質性・類似性が，「競争の場」を形成する。もう一つの理由は，商品は単独では存在しないということである。商品は通常，多数の段階を経て，また多くの商品の中間投入（素材・部品などの中間財や，各種のサービス）があって初めて，商品となり市場に出ることができる。よって，一群の商品を一括りに捉えることが必要となり，この集合が，――それら商品群の商品に汎用性がない限り――「産業」として括られる。上で競争関係のみならず売買・需給関係も「場」の要素としたのは，こうした理由による。

商品はそれぞれに固有の特性を持ち，その特性によって，その取り扱いに必要な能力（＝参入障壁）が決まり，産業の輪郭も，また競争力を左右する要素も，それによって決まる。よって産業とそこでの競争を分析する際には，商品特性の把握が出発点となる。また商品は，それぞれ，固有の歴史的な動態を持つ。商品の中でもそうした動態の性格が明瞭なものについては，「商品史」としてこれを捉えることが可能であり，産業動態を把握する際にもそうした視角が分析を深めることになる。

第二に，技術や知識もまた，産業を形づくる。「化学製品」「めっき製品」「保険商品」は，いずれも「商品」と呼ぶことができる。しかし，種別，加工（操作）対象，デザイン・形状，用途，機能が多岐にわたるこれらの商品を商品たらしめているのは，「化学的組成に由来する特性」「金属薄膜による被覆の機能」「保険原理の利用」といった要素である。よって，具体的なデザインを持つ特定の有形・無形の商品というより，むしろ知識や技術が，産業の障壁を形成する。また複数の商品にまたがる知識や技術の関連性が，上で見たのと同じく，商品群を一括りにすることを可能かつ必要にする。なお，特定のプロセスは，通常は特定の技術に立脚しており，技術・知識は，特定のプロセスを専門分化させるという形でも，産業の枠組みとなる。

技術・知識の動態は，必ずしも商品の動態とは一致しない。形のある製品を製造する産業でも，例えば情報通信機器産業では，ラジオ→テレビ→ビデオテープレコーダ→パーソナルコンピュータ→携帯電話等と産業の主軸となる製品がめまぐるしく変遷しているが，そうした「商品」の入れ替わりを超えてこの産業を連続性のあるものとしているのは，商品の変遷を超えて続く技術体系の系譜であり，それに関する能力の共通性と継続性である。もちろん，商品は一般に特定の技術や知識を必要とするが，それとは別に，特定の技術・知識が異種の商品にまたがって用いられることもある。よって，「商品史」と共に「技術史」は，産業の動態にとっては重要な切り口である。

第三に，経済的機能や価値連鎖の上での位置も，産業を形づくる。上述のように産業は社会的分業の概念であり，「小売り」「金融」「情報通信サービス」「コンサルティング」「人材派遣」「リース」といった経済的な機能，分業，専門分化の単位が，産業という枠の基盤となる。特にサービス産業では，「商品」

は有形物を基準とせずに定義されることが多く，むしろこうした理解のほうが妥当する傾向にある。社会構造や分業の形態は社会によって様々であり，他方，社会的分業のあり方はいわば社会の構造そのもので，有形の商品や技術的知識とは異なりそれだけを切り出して他地域に移植・移出するのは困難であるから，こうした産業では，地域間の差異は大きい。しかしそうした場合でも，これらの産業が国際競争が行われる部門の競争力を直接・間接に左右することは稀ではなく，競争力の分析ではやはり重要な検討課題となる。

第四に，「市場」，特にこの場合には異種の商品・技術・経済的機能をまたいで存在する市場もまた，「産業」ないしそれに準じるような参入障壁の境界を形成することがある。ここで「市場」は，地理的な意味での「市場」であったり，社会的なニーズによって捉えられたりする。前者としては，例えば地理的・文化的障壁が大きな地域での商社の雑多なビジネスが，また後者としては，「介護産業」「美容産業」「ホスピタリティ産業」「ラグジュアリー産業」といった例が挙げられよう。「産業」が本来は供給側の概念（上述）であることからすると，この第四の要素は元々の概念を拡張ぎみに適用したものといえるが，分析目的によっては有用性を持つ。

以上，産業を産業たらしめる要素について，四つの側面から見てきた。上の説明ですでに明らかなように，これらの要素は互いに重なり合うところが多く，いずれの産業でも，これらの多くが重要な論点となる。よって，産業の特質や，それに起因する競争の特質や競争力要因について検討する際には，これらを多面的に考慮に入れて分析してゆく必要があろう。

### 4）産業固有の時間と空間

本章では，産業は固有の動態を持つ，言い換えれば，産業は固有の時間と固有の空間を持つと主張してきた。時間軸であれば，「同じ産業に属する経済主体は，ある種の共通の時間の中にあり，他方，異なる産業は異なる時間の中にある」と言い換えることもできる。ここでは，時間概念のいくつかの類型や，それに即した産業固有の時間の例を挙げて，こうした見方の根拠をごく簡単に示しておこう[14]。

歴史を見るときに最も基本となる時間は，過去から現在，未来へと続く時間の流れそのものである。どの産業も，この流れの中のある時点で誕生し成長したもの（あるいは産業として括ることに意味が生じたもの）であるが，その時期は産業ごとに異なり，それぞれに時代の刻印を受けている（「絶対年代」の視点）。19 世紀の綿工業と，20 世紀の自動車産業では，両者とも当該の時代の工業国の基幹産業であるとはいえ，その意味は大きく異なる。特定の全社会的な技術的革新――例えば大量生産の技術やインターネット――以前に誕生した産業と，それらを前提に出現した産業とでは，当然その構造は変わりうるだろう。さらには，都市化や人口転換といった，ある社会が通常は歴史上一度だけ経験するような変化を，異なる産業はそれぞれ異なる段階で経験する。

「ライフサイクル」は，人間の一生――誕生（成立）・成長・成熟・老衰（衰退）・死――をモデルとした時間像であるが，個々の製品のレベル（製品ライフサイクル）にも，産業レベル（産業ライフサイクル）にも応用される。しかし実際には，産業の特性と環境に応じて，このライフサイクルは，その速度も，またそれが描く盛衰のパターンも大きく異なりうる。

「速度」・「寿命」・「サイクル」といった時間概念も，半導体産業の経験則として知られた「ムーアの法則」や「シリコン・サイクル」の例に見られるように，産業を見る際の基本的な要素である。異業種への事業多角化の失敗を説明する際に，「事業のスピード」の違いが理由となることは少なくない。技術革新の速度，設備寿命，製品開発期間，製品モデル寿命，製品それ自体の寿命，需要側の変化の速度とその長短など，「産業の速度」を構成する要素は様々であり，しかも産業によって著しく異なっている。

他方で，時間軸のみならず，空間軸からも，産業が持つ固有の動態を把握することができる。産業は，その商品・技術・社会的な機能・市場などによって，それぞれ異なった空間的な条件（立地に必要な条件，輸送費負担力，市場圏の範囲，工程・プロセス間の分離可能性の大小，要求されるコミュニケーションの密度，等）が異なるからである。次節では，この空間の問題について，別な角度からみてみよう。

## 4 「空間」の再検討と「地域の競争優位」

### 1)「国の競争優位」と新たな状況

グローバル化が人々に意識され始めた1980年代末に,「ある産業の成功した国際的競争企業にとって,ある国が本拠地になるのは,なぜか」という問題に取り組み,「国の競争優位」に焦点を当てたのはマイケル・ポーターである。ポーターは,国際的な競争優位を持つ国の産業史のケーススタディを行い,ある国の産業の競争力を決めるのは,①要素条件,②需要条件,③関連・支援産業,④企業の戦略・構造・ライバル間競争の四つと,その相互の関係であると結論づけた[15]。

このポーターの古典的な作品は,そのタイトルや時代状況もあって,競争力の単位を「国」に求める見方を強めたが,一面では——ポーター自身は当時はほとんど強調しなかったものの——そうした見方を克服する論理を内部に含んでいた。彼がこの研究で重視した「クラスター」(競合する国内企業の総体と関連・支援産業からなる)は,それ自体は必ずしも国を単位に成立するものとは限定されていなかったからである。もし,制度的な地域統合やグローバル化,その他の要因によって,要素条件や需要条件が必ずしも国を輪郭としては決まらず,また「クラスター」が国境を越えた地理的な広がりを持つならば,「国」とは異なった空間的な単位——例えば大陸規模の「地域」や,あるいは小規模ではあっても国境をまたいで存在する経済圏——について,競争力を問題にする余地や必要性が出てくる。実際,ヨーロッパや北米では,欧州連合(EU)や北米自由貿易協定(NAFTA)の下での制度的地域統合によって,こうした事態が現実のものとなった[16]。

### 2) 東アジアの地域統合

東アジアでは,制度的な地域統合の動きは著しく弱い。しかし1990年代に入ってからの経済的な統合は,東アジアの産業地図を大きく変えている。日本から周辺国への生産・技術移転が進み,韓国・台湾企業が競争力を向上させ,繊維，造船，鉄鋼，自動車，電機・電子など，多くの部門で日本企業に並ぶか，あるいはこれを凌駕した。中国本土の産業もこの間に急拡大し，その中で中国の地元企業も競争力を高めた。これにより，東アジア各国・各地域間の競合関係は深まったが，同時に水平分業や工程間の分業関係も飛躍的に深まり，東アジアの経済・産業の一体性が強まった。

ここで重要なのは，世界的に見ると，韓国・台湾が地位を高めたのは，——中国では多少状況が異なるが——，それまで日本と日本企業が強みを有した部門であったことである。世界市場から見ると，それまで日本が単独で占めていた地位を，東アジアが全体として占めることになったといえる。

これにより，東アジアは，制度的な統合によって地域としての一体性を強めていたヨーロッパ（EU および EU と連携協定を持つ諸国）や北米（NAFTA）と同列に置きうるような，大陸規模の経済的な「地域」となった。世界の中での位置，域内取引（貿易・投資）の規模と割合，産業構造や技術・知識での同質性や相互関係からして，「東アジアの産業競争力」について議論しうる状況がすでに生まれているといえよう。実際に「東アジアの産業競争力」を主題とした分析としては，塩地洋らの研究などが注目に値するが[17]，ここでは，東アジアに限らず，世界の中での主要経済地域の競争力を，間接的に探ってみよう。

### 3）東アジア・北米・ヨーロッパの競争力優位産業

表序-2 および表序-3 は，1990 年と 2015 年について，『フォーチュン』誌のグローバル企業ランキング上位 500 社を，まず産業ごとに分類し，さらにその本社所在地を基準に，地域ごとの企業数やシェアを示したものである。世界的大企業のみの集計であって産業全体の状況を示さず，また多角的大企業も一業種に分類されている。FDI の受け入れ国の状況はここには現れず，またそもそも企業の売上規模と競争力はイコールではないという点で限界がある。とはいえこの表からは，「産業ごとに見た時，どの地域が世界的大企業を持つか」，あるいは「ヨーロッパ・北米・東アジア（もしくは日本）が優位を持つのはどのような産業か」を，かなりの程度知ることができる。

二つの表からは，500 社のほとんどが，北米，ヨーロッパ，東アジアの三つ

**表序-2**　産業別・地域別の大企業分布（Fortune Global 500 掲載企業）（1990 年）

| | 産　業 | 売上高（500 社を産業別に分け売上高を合算）（億 US ドル） | 500 社入り企業数 | 地域別企業数（本社所在地域基準） | | | | | 地域企業別対世界シェア（%）（売上高基準） | | | | |
|---|---|---|---|---|---|---|---|---|---|---|---|---|---|
| | | | | 北米 | 欧州 | 東アジア 全域 | 東アジア 日本 | その他 | 北米 | 欧州 | 東アジア 全域 | 東アジア 日本 | その他 |
| 1 | 鉱業 | 742 | 12 | 1 | 5 | 0 | 0 | 6 | 5 | 65 | 0 | 0 | 30 |
| 2 | 食品 | 3,786 | 46 | 21 | 12 | 10 | 10 | 3 | 47 | 35 | 12 | 12 | 6 |
| 3 | 飲料 | 915 | 17 | 5 | 8 | 3 | 2 | 1 | 46 | 36 | 12 | 9 | 6 |
| 4 | タバコ | 441 | 5 | 2 | 2 | 1 | 1 | 0 | 23 | 59 | 18 | 18 | 0 |
| 5 | トイレタリー・化粧品 | 516 | 9 | 4 | 3 | 2 | 2 | 0 | 64 | 21 | 15 | 15 | 0 |
| 6 | 繊維 | 532 | 12 | 3 | 1 | 7 | 6 | 1 | 19 | 6 | 66 | 57 | 9 |
| 7 | 林産品（紙・パルプ他） | 1,392 | 26 | 15 | 5 | 5 | 5 | 1 | 68 | 14 | 13 | 13 | 5 |
| 8 | 石油精製 | 7,590 | 52 | 17 | 14 | 12 | 7 | 9 | 45 | 34 | 12 | 8 | 9 |
| 9 | 化学 | 3,813 | 50 | 17 | 23 | 9 | 9 | 1 | 31 | 55 | 13 | 13 | 1 |
| 10 | 製薬 | 942 | 17 | 10 | 5 | 2 | 2 | 0 | 62 | 28 | 9 | 9 | 0 |
| 11 | ゴム・プラスチック | 528 | 8 | 2 | 3 | 3 | 3 | 0 | 26 | 39 | 35 | 35 | 0 |
| 12 | 建築・土木用材，住設，ガラス | 811 | 16 | 3 | 8 | 3 | 3 | 2 | 13 | 67 | 13 | 13 | 7 |
| 13 | 金属（鉄鋼・非鉄金属） | 3,070 | 38 | 10 | 18 | 7 | 6 | 3 | 16 | 57 | 21 | 19 | 6 |
| 14 | 金属加工品 | 844 | 18 | 3 | 8 | 7 | 7 | 0 | 19 | 35 | 47 | 47 | 0 |
| 15 | 産業用機械・同輸送機器 | 1,797 | 27 | 10 | 9 | 8 | 7 | 0 | 31 | 39 | 30 | 28 | 0 |
| 16 | 科学・光学機器 | 714 | 7 | 4 | 1 | 2 | 2 | 0 | 78 | 7 | 16 | 16 | 0 |
| 17 | 電気・電子機械器具 | 5,894 | 46 | 17 | 11 | 18 | 15 | 0 | 26 | 25 | 49 | 39 | 0 |
| 18 | コンピュータ・関連機器 | 1,772 | 18 | 10 | 5 | 3 | 3 | 0 | 68 | 13 | 20 | 20 | 0 |
| 19 | 自動車・自動車部品 | 7,450 | 42 | 7 | 14 | 19 | 18 | 2 | 38 | 31 | 30 | 30 | 1 |
| 20 | 航空宇宙機器・防衛 | 1,572 | 17 | 11 | 6 | 0 | 0 | 0 | 77 | 23 | 0 | 0 | 0 |
| 21 | 出版・印刷・情報メディア | 613 | 12 | 6 | 3 | 2 | 2 | 1 | 42 | 23 | 25 | 25 | 11 |
| 22 | その他　（3 業種合算） | 169 | 5 | 4 | 0 | 1 | 1 | 0 | 78 | 0 | 22 | 22 | 0 |
| | 合　計 | 45,903 | 500 | 182 | 164 | 124 | 111 | 30 | | | | | |

注 1）Fortune Global 500 掲載企業（鉱業・製造業を収録）を母集団とし，産業別に，ランク入り企業の本社所在地域を集計。地域企業別対世界シェアはランク入り企業の本社所在地域ごとに売上高を総計したものであり，売上の得られた地域を示すものではない。"Fortune Global 500," *Fortune*, July 1990 のデータに基づき，筆者が各産業別・本社所在地別に集計を行った。地域区分は筆者による。「日本」は「東アジア（全域）」の内数である。「北米」には米国（168 社），カナダ（13 社），メキシコ（1 社）が含まれる。「欧州」にはイギリス（44 社），ドイツ（32 社），フランス（28 社），スウェーデン（15 社），スイス（10 社），オランダ（8 社），イタリア（8 社），フィンランド（7 社），スペイン（5 社），ベルギー（3 社），ノルウェー（2 社），ルクセンブルク（1 社）が含まれる。ロシア企業でランク入りした企業はなく，トルコの 3 社は「その他」に含めている。「東アジア」は日本・中国（香港を含む）・韓国・台湾および東南アジア諸国とするが，1990 年には，500 社にランク入りしているのは，日本（111 社），韓国（11 社）・台湾（1 社）・マレーシア（1 社）のみであり，いまだ中国企業は 1 社も含まれない。「その他」に含まれるのは，1990 年時点では，オーストラリア（10 社），インド（6 社），ブラジル（3 社），トルコ（3 社），南アフリカ（2 社）チリ，クウェート，サウジアラビア，ニュージーランド，ベネズエラ，ザンビア各 1 社である。

2）表序-3 と異なり金融業やサービス業の大半は含まれない。産業分類は Fortune Global 500 の元データで使用されたものに従っているが，並び順は日本で一般的な産業分類によった。「12. 建築・土木用材，住設，ガラス」は原語は「Building Materials」であり，ガラスメーカー，住宅設備メーカー，セメントメーカー等が含まれる。「16. 科学・光学機器」には光学フィルムメーカー，探鉱企業も含まれる。「22. その他（3 業種合算）」には，「Furniture」（米国の 2 企業），「Textiles」（米国の 2 企業），「Toys, Sporting Goods」（日本の 1 企業）が含まれる。

**表序-3**　産業別・地域別の大企業分布（Fortune Global 500 掲載企業）（2015 年）

| | 産　業 | 売上高（500 社を産業別に分け売上高を合算）（億 US ドル） | 500 社入り企業数 | 地域別企業数（本社所在地域基準） | | | | | | 地域企業別対世界シェア（%）（売上高基準） | | | | | |
|---|---|---|---|---|---|---|---|---|---|---|---|---|---|---|---|
| | | | | 北米 | 欧州 | 東アジア | | | その他 | 北米 | 欧州 | 東アジア | | | その他 |
| | | | | | | 全域 | 日本 | 中国 | | | | 全域 | 日本 | 中国 | |
| 1 | 鉱業（石炭他）・原油生産 | 12,424 | 25 | 3 | 3 | 15 | 0 | 15 | 4 | 16 | 24 | 47 | 0 | 47 | 13 |
| 2 | 石油精製 | 47,382 | 38 | 7 | 8 | 14 | 4 | 2 | 9 | 22 | 29 | 33 | 4 | 20 | 16 |
| 3 | エネルギー（各種） | 10,636 | 22 | 7 | 5 | 6 | 0 | 5 | 4 | 27 | 31 | 20 | 0 | 17 | 22 |
| 4 | 電力・ガス（公益事業） | 12,734 | 22 | 3 | 10 | 9 | 3 | 4 | 0 | 7 | 40 | 53 | 38 | 10 | 0 |
| 5 | 建設・エンジニアリング | 7,589 | 13 | 0 | 3 | 10 | 1 | 9 | 0 | 0 | 19 | 81 | 3 | 77 | 0 |
| 6 | 日用消費財（食品他） | 9,341 | 18 | 9 | 7 | 1 | 0 | 0 | 1 | 51 | 39 | 5 | 0 | 0 | 6 |
| 7 | アパレル | 1,156 | 3 | 1 | 1 | 1 | 0 | 1 | 0 | 24 | 36 | 40 | 0 | 40 | 0 |
| 8 | 素材（ガラス・紙パルプ） | 1,213 | 3 | 1 | 1 | 1 | 0 | 1 | 0 | 22 | 45 | 34 | 0 | 34 | 0 |
| 9 | 化学 | 4,197 | 8 | 2 | 3 | 2 | 1 | 1 | 1 | 22 | 48 | 18 | 8 | 10 | 12 |
| 10 | 製薬 | 4,545 | 10 | 4 | 5 | 1 | 0 | 1 | 0 | 42 | 49 | 9 | 0 | 9 | 0 |
| 11 | 金属（鉄鋼・非鉄金属） | 7,160 | 17 | 1 | 3 | 13 | 2 | 10 | 0 | 3 | 22 | 74 | 12 | 54 | 0 |
| 12 | 産業用機械・機器 | 8,371 | 19 | 5 | 5 | 9 | 5 | 3 | 0 | 22 | 28 | 50 | 30 | 14 | 0 |
| 13 | 情報通信機器（サービス含む） | 18,792 | 32 | 12 | 2 | 18 | 6 | 3 | 0 | 45 | 4 | 51 | 15 | 9 | 0 |
| 14 | 自動車・自動車部品 | 26,997 | 34 | 4 | 11 | 18 | 9 | 6 | 1 | 14 | 38 | 46 | 26 | 14 | 1 |
| 15 | 航空宇宙機器・防衛 | 5,411 | 11 | 5 | 3 | 3 | 0 | 3 | 0 | 48 | 24 | 29 | 0 | 29 | 0 |
| 16 | 通信 | 12,202 | 18 | 5 | 6 | 6 | 3 | 3 | 1 | 35 | 27 | 36 | 18 | 18 | 2 |
| 17 | メディア（放送等・コンテンツ） | 1,384 | 4 | 2 | 2 | 0 | 0 | 0 | 0 | 58 | 42 | 0 | 0 | 0 | 0 |
| 18 | 海運・鉄道 | 2,157 | 6 | 1 | 3 | 2 | 1 | 1 | 0 | 11 | 65 | 24 | 12 | 13 | 0 |
| 19 | 航空・貨物・宅配 | 6,296 | 14 | 6 | 6 | 2 | 0 | 2 | 0 | 47 | 39 | 15 | 0 | 15 | 0 |
| 20 | 卸売（商社・専門卸売等） | 10,138 | 19 | 5 | 2 | 12 | 5 | 6 | 0 | 19 | 16 | 65 | 27 | 35 | 0 |
| 21 | 小売 | 24,352 | 35 | 16 | 11 | 6 | 2 | 3 | 2 | 58 | 26 | 12 | 5 | 6 | 5 |
| 22 | 金融（銀行・各種金融） | 38,683 | 62 | 15 | 20 | 17 | 3 | 14 | 10 | 25 | 33 | 30 | 3 | 26 | 13 |
| 23 | 金融：生命保険 | 17,905 | 31 | 8 | 11 | 12 | 5 | 4 | 0 | 20 | 44 | 37 | 19 | 13 | 0 |
| 24 | 金融：損害保険 | 10,594 | 18 | 8 | 6 | 4 | 3 | 1 | 0 | 47 | 38 | 16 | 11 | 5 | 0 |
| 25 | 外食・各種サービス | 1,321 | 5 | 1 | 4 | 0 | 0 | 0 | 0 | 79 | 21 | 0 | 0 | 0 | 0 |
| 26 | ヘルスケア（医療4業種） | 9,651 | 13 | 10 | 2 | 1 | 1 | 0 | 0 | 91 | 6 | 3 | 3 | 0 | 0 |
| | 合　計 | 312,631 | 500 | 141 | 143 | 183 | 54 | 98 | 33 | | | | | | |

注 1）Fortune Global 500 掲載企業を母集団とし（金融・サービス業含む），産業別に，ランク入り企業の本社所在地域を集計。地域企業別対世界シェアはランク入り企業の本社所在地域ごとに売上高を総計したものであり，売上高の得られた地域を示すものではない。Fortune Global 500（http://fortune.com/global500/）のデータに基づき，筆者が各産業別・本社所在地別に集計を行った。地域区分は筆者による。「日本」「中国」は「東アジア（全域）」の内数である。「北米」は米国（127 社）・カナダ（11 社）・メキシコ（3 社）。「欧州」は EU 各国，スイス，ノルウェーであり，ロシア，トルコを含まない。「東アジア」は日本（54 社）・中国（98 社）・韓国（17 社）・台湾（8 社）に加え，東南アジア諸国も含む（実際に 500 社に入る企業を持つのは，東南アジアでは，インドネシア（2 社），シンガポール（2 社），タイ（1 社），マレーシア（1 社）のみ）。「中国」には香港を含み，台湾を含まない。「その他」に含まれるのは，オーストラリア（8 社），ブラジル（7 社），インド（7 社），ロシア（5 社），以下，チリ，コロンビア，サウジアラビア，トルコ，アラブ首長国連邦，ベネズエラ（各 1 社）である。

2）元データは企業の属性として「Sector」「Industry」を示す。Sector（セクター）は一つあるいは複数の Industryを含む。ここでは本章の分析目的に即してこの2つのレベルを併用し，また一部は下記の形で項目を統合した。産業に振られた番号と大分類は筆者によるものである。

3）表の分類番号の1〜4は元データの「Energy」セクターに相当。「4. 電力・ガス（公益事業）」は通常の産業分類では「16. 通信」に類似したものとして分類されるが，ここでは元データの区分に従った。1，2と6〜15（製造業），および17を包括する範囲が，表序-2に収録された500社の範囲にほぼ相当する。「3. エネルギー（各種）」は「Energy」セクターのうち，「石油精製」「電力・ガス」「鉱業・原油生産」を除いた「Energy」「Pipelines」「Oil and Gas Equipment, Services」の三つの産業部門の総計。「4. 電力・ガス（公益事業）」は原語では「Utility」である。一部企業は水道事業等も営むが事業の主体はエネルギー部門である。「6. 日用消費財（食品他）」は，「Food, Beverage & Tobacco」セクターに含まれる「Food Consumer Products」「Food Production」「Beverages」「Tobacco」および，「Household and Personal Products」セクターの「Household Products」の総計。「12. 産業用機械・機器」は，「Industrials」の各部門で「Industrial Machinery」「Electronics, Electrical Equip」「Miscellaneous」の総計。「13. 情報通信機器（サービス含む）」（原語のセクター名はTechnology）は，「Network and Other Communications Equipment 」「Computers, Office Equipment」「Information Technology Services」「Computer Software」「Semiconductors and Other Electronic Components」「Electronics, Electrical Equip」「Computer Peripherals」「Internet Services and Retailing」の各分野を含む。「18. 海運・鉄道」は，「Transportation」セクターのうち，「Shipping」「Railroads」の総計。「19. 航空・貨物・宅配」は，「Transportation」セクターのうち，「Airlines」「Mail, Package and Freight Delivery」の総計。「21. 小売」は，「Food and Drug」セクターと「Retailing」セクターを合わせたもの。後者には，「General Merchandiser」「Specialty Retailers」「Specialty Retailers : Others」が含まれる。「22. 金融（銀行・各種金融）」は，「Finance」セクターのうち，保険業を除いたもの。「Banks : Commercial and Savings」「Commercial Banks」「Diversified Financials」「Real Estate」の各項目の総計。「25. 外食・各種サービス」は「Hotel, Restaurant and Leisure」セクターのうち，「Food Service」「Travel Services」「Temporary Help」の総計。「26. ヘルスケア（医療4業種）」は，セクター名「Healthcare」のうち，「Pharmaceuticals」を除いた以下の各部門，「Health Care : Insurance and Managed Care」「Wholesalers : Health Care」「Health Care : Medical Facilities」「Health Care : Pharmacy and Other Services」の総計。

の地域に分布することが読み取れる。1990年には北米が最多で，ヨーロッパ，東アジアの順であったが，2015年にはこれが逆順となっている。1990年には東アジア企業は日本企業とほぼ同義で，これに続くのは韓国（11社）であり，中国企業は一社も登場しない。しかし2015年には様相が一変し，中国からは日本のほぼ倍の数の企業がランクインしている。これら中国企業の大半は，国内市場に基盤を置く企業であり，この数・比率をそのまま国際競争力と解釈することはできないが，「日本が単独で占めていた地位を，東アジアが全体として占めることになった」（前述）状況は，はっきりと読み取れる。

二つの表では対象企業の幅が異なっており（1990年の表は製造業中心，2015年はほぼ全業種），直接の比較はできないが[18]，それでも，広義のエネルギー部門，日用消費財，化学，製薬，航空宇宙での米・欧の持続的な優位が確認できる。東アジアでは金属工業やエレクトロニクス関連産業でのシェアが目立つ。自動車では欧州と東アジアの比率の上昇が，また情報通信機器，エレクトロニクス関連では米・東アジアの優位に対する欧州の劣位が目をひく。よって，「欧米」と一括せずに分析する必要は明白である。また2015年の数字からは，卸売での東アジア企業（特に商社）や，小売での北米企業の存在が目立つ。

二つの年次を比較すると，「ある地域において，どの産業が相対的に世界的な優位を持つか」は非常に安定的であり，また，「ある産業を見た時に，どの地域が優位にあるか」も，地域内での変動はあるにせよ，比較的に安定的である。このことは，大陸規模の地域についても，「地域の競争優位」を論ずることに意味があることを示しているといえよう。

## 5　本書の構成

本書は，上に述べてきたような産業についての見方を踏まえ，産業別に章を構成する。各章は，グローバルな競争状況を踏まえた上で，それぞれの産業を分析する上で注目に値する国や地域，あるいは世界全体を対象に分析を行う。分析の際の視点や論点も，産業特性やその産業のグローバルな競争構造に即して選択されている。また，産業の範囲も，分析目的に応じて，大小様々に設定されている。そのため，別々の章で論じられる各産業を，統一的な基準で比較することは，意図されていない。しかし読者は，各章を比較しつつ全体を読むことで，産業間にある多様性や共通性をつかみとるであろう。また本書では，日本の産業論で取り上げられる対象が日本企業が強みを持つ産業に偏りやすいことに留意し，日本からは見えにくい産業や地域を意識的に取り上げる。

本書は3部で構成される。第I部「グローバル競争の新しい姿」の各章は，いずれも，半世紀から一世紀に及ぶ歴史的な動態を視野に入れている。第1章「米欧アジア3大市場と競争力の三つの型：製紙」（黒澤隆文・橋野知子）と第2章「クォーツ革命からファッションへ：時計」（ピエール＝イヴ・ドンゼ）は，特定国や特定地域に限らず，グローバルな競争の全体像を描いている。また第3章「ファストファッションの台頭と百貨店の岐路：アパレル」（藤岡里圭）も，日本のアパレル産業の歴史，欧米のファストファッション企業や中国等での受託生産がもたらしたインパクト，日欧の百貨店の対応を明らかにしており，やはり地球規模の分析である。

これら三つの章は，いずれも，価値連鎖という観点で重要な事例を扱う。製紙業は，原料から製品に至る流れが比較的単純で，産業分析・産業間比較の出発点としては恰好の対象である。よって製紙業の分析では，この序章で整理した産業論・産業史の基本視角や方法を，紙幅の許す限り体系的に実践している。他方，時計でもアパレル製品でも，各国を枠組みとする競争から，価値連鎖でつながる分業の下での競争への転換が見られ，上述のグローバル化の動きを鮮明に捉えることができる。時計では製品の性格の転換が起こり，他方ファッション産業では，グローバルなアウトソーシングの進展の結果，異なる業態の間で非対称性を伴う競争が生じ，これが「産業」の枠を崩しつつある。

第 II 部「製造業の競争フロンティア」では，自動車，電機・電子，化学の三つの部門を取り上げる。この三つの産業は日本の製造業の柱であり[19]，そのため日本の産業論・産業史の多くの研究がこれを対象としてきたが，本書ではこれに，独自の視点から接近する。

日本の自動車産業研究は極めて厚い研究蓄積を誇り，競争力についても，「生産システム論」や「アーキテクチャ論」を中心に，豊かな研究を生んできた。しかし，需要側の条件や市場特性自体は「真の競争力」の埒外にある外生変数とされがちであった。また直接投資の受け入れ国（ホスト国）の制度的・社会的条件と競争力の関係については，生産システムの移植に関する国際共同研究を除けば[20]，研究は手薄であった。

こうした中，本書の第 4 章「勃興する新興国市場と民族系メーカーの競争力：自動車 I」（李澤建）では，日本の歴史的経験とともに中国・インドを分析している。世界最大の自動車生産国となった中国での自動車生産台数は，2014 年には 2372 万台（世界シェア 26.4 %）と，2 位である米国の 1166 万台に 2 倍以上の大差をつけており，その重要性は改めて指摘するまでもない。この第 4 章は，この世界最大の市場とともに，これに続く存在と目されることの多い人口大国インドの状況を，モータリゼーションの比較分析の角度で明らかにする。

また第 5 章「選択的グローバル化による国境経済圏への集積：自動車 II」（ディミトリ・アナスタキス）は，カナダの自動車産業を取り上げる。カナダは，

20 世紀末の時点で四つの経済大国（米国・日本・ドイツ・フランス）に続く世界 5 位の自動車生産国であり，多国籍企業による対内 FDI に基づく自動車生産地としては，世界最大の拠点であった。自動車工場はことごとく米国の自動車工業地帯に近接する国境地帯に分布しており，国境や通商政策の意味と，競争力のこれらとの関係を考察する上では，絶好の対象ともいえる。

広義の「電機」（電気機械器具）産業――電子産業（エレクトロニクス産業）をも含む[21]――では，自動車と並び日本が 1980 年代に国際競争力の頂点を極めたが，自動車とは対照的にその後の競争力の低下が著しく，「グローバル化」の下での競争力を考察する際には，常に焦点となる産業である。しかし，自動車と比較すると，「電機」産業は極めて多種多様な商品や技術を包含しており，それらの産業発展の動態はそれぞれ異なる。したがって，一概に日本の電機産業の競争力低下を議論するのではなく，固有の動態を持つより狭い産業の範囲を取り出して，競争力を論じなければならない。

例えば，第 6 章「絶えざる技術開発とグローバル競争優位：重電機器」（西村成弘）は，発電システム（中でも基幹部品である蒸気タービンとガスタービン）に焦点を当て，日本企業による技術導入と独自技術の開発への取り組みから，今日のグローバル競争力を明らかにしている。発電システムでは，むしろ戦前からの長期にわたる技術的なキャッチアップがようやく 1990 年代に達成され，かつての技術導入先であるアメリカ企業とグローバル市場で競争できるまでに成長したことが論じられる。

また，第 7 章「多様な顧客に育まれた競争優位：電子部品」（中島裕喜）は，電子部品，それも受動部品に着目する。スマートフォンなど最終製品ではアップルやサムスンの存在が目立ち，電子産業での日本企業の凋落がいわれて久しいが，端末に組み込まれる高機能部品では，日本企業のシェアが高い。どのようにして日本の電子部品（受動部品）産業は，グローバルな競争力を持つようになったのか，同章では取引関係に焦点を当てて論じている。

化学産業は，今日も日本が世界的な競争力を誇る自動車や，一時期頂点を極め，その後競争力を弱めつつもなお強靭な部門を残す電機と異なり，日本が劣位にある部門として位置づけられ，その要因や克服策が論じられてきた。そうした観点からすると，この分野において長期にわたり優位を維持する欧米化学企業の競争力の源泉や，優位持続のメカニズムが関心の的となる。同時に，「劣位からのキャッチアップ」という日本についての理解が正しいのか，また競争構造を変える余地があるとすれば，それは如何にしてなされうるのかが，焦点となろう。第 8 章「グローバルな産業形成と欧米優位の長期持続：産業ガス」（レイモンド・G. ストークス）は前者の関心に応え，また第 9 章「シェール革命下の 2 正面作戦：化学」（橘川武郎）は，後者の課題に取り組んだものである。

この二つの章は，対象とする産業の幅という点で対照的である。第 8 章では，「産業ガス」という，化学工業でも無機化学，またその中でも一つの特殊な部門を取り上げる。それに対して第 9 章では，化学工業の多様な部門を対象に，事業領域の範囲や製品特性に即した専門化の方向性を，戦略上の選択の問題として扱う。

第 III 部「サービス産業の競争フロンティア」は，建設業や金融をも含む「最広義のサービス産業」を対象とする[22]。取り上げる産業分野は，書籍出版，生命保険，浚渫，中小企業金融である。

このうち，最初の三つの章では，出版におけるヨーロッパ，生命保険におけるカナダ，浚渫におけるオランダ（あるいはベルギーを含む低地地方（ネーデルラント））など，日本からは視野に入りにくい「欧・米の隠れた競争優位産業」の事例を取り上げている。特定の産業において特定の地域が，一世紀を超える非常に長い期間にわたって世界的な競争優位を維持した事例が分析される。

文化的な混交・収斂・画一化や支配言語の問題は，グローバル化をめぐる言説の中でも重要な役割を占めてきた。第 10 章「文化産業での競争とグローバル企業の成立：出版」（ヌリア・プーチ）の主題はこれに密接に関わる。言語や文化によって仕切られてきた市場がグローバル化の下で辿った変容を検討するが，細分化された市場から世界的企業が誕生するというある種の逆説は，注目に値しよう。

主権国家が持つ規制の力の減衰もまた，グローバル化をめぐる重要な論点である。生命保険という特殊な商品——長期金利と統計学的リスクの予測が商品を構成――を扱った第 11 章「競争力の源泉としての規制：生命保険」（マティアス・キッピング）は，規制の柔軟な運用とその規制の下にある企業の世界的な競争力という，やはり一見逆説的にもみえる事実に着目したもので，社会科学的な理論化の可能性をも持つ。

第 12 章「地域的な産業集積からグローバルな競争優位へ：浚渫」（ブラム・バウエンス／ケーティ・スライタマン）が取り上げるのは，建設業の中でも参入障壁が高い特殊なセグメントである。建設業は，「ヨーロッパ企業優位産業」の一つであるが（中国企業は国営系で国内の社会基盤整備事業が主である），日本では国外企業の実態はほとんど知られておらず，本書で取り上げるに値する。また建設業は，その特性からして製造業とサービス業の中間に位置し，産業間比較の観点では，重要な対象である。

第 13 章「中小企業の国際競争力を決定するもの：金融」（今城徹）は，直接的な国際競争がない部門をあえて取り上げ，グローバル競争との関係を探った章である。サービス業は，その古典的な事例においては商品の生産と消費が同一の空間で同時的に行われるため，総じて国際競争の要素が弱いが，その中でも金融業は，通貨の違いや顧客との近接の必要のために，投資銀行業務やその他の国際業務を除き，実質的に国際競争とは無縁であった。しかし金融業は，国際競争にさらされるほとんどの産業にとって，その競争力を支える広義の「関連・支援産業」の一つであり，間接的ではあってもグローバル競争の重要な要素である。第 13 章は，こうした関心に基づき，日本・韓国・台湾の中小企業育成政策と金融制度を比較する。

最後に，終章「「国の競争優位」から「地域の競争優位」へ」（橘川武郎）は，経営史というアプローチの手法・視点を確認した上で，これによってはじめて競争力というブラックボックスの中身が解明されることを明確にする。また本書の各章が明らかにしたことを明確にした上で，東アジアと日本の視点に立ち返り，成長戦略について独自の提言を行う。

**注**

1）Google Ngram Viewer（https://books.google.com/ngrams）参照。

2）多くの歴史家は，グローバル化が20世紀後半に初めて登場した現象でないことを強調している。15世紀末に始まる地球規模の地域間交渉を「グローバル化」として重視する見方もあるが，産業の動態に着目する本書の観点では，少なくとも，多国籍企業やそれによる対外直接投資が19世紀に遡ることは指摘しておく必要があるだろう。

ミラ・ウィルキンスは，19世紀後半以降のアメリカ多国籍企業の研究を踏まえて，企業活動や経済活動は本来的に一国単位に縛られるものではないとし，第二次大戦前の世界でも，直接投資が間接投資に劣らぬ規模を持つと主張した。Mira Wilkins, *The Emergence of Multinational Enterprise : American Business Abroad from the Colonial Era to 1914*, Harvard University Press, 1970（江夏健一・米倉昭夫訳『多国籍企業の史的展開——植民地時代から1914年まで』ミネルヴァ書房，1973年）; idem, *The Maturing of Multinational Enterprise*, Harvard University Press, 1974（江夏健一・米倉昭夫訳『多国籍企業の成熟』上・下，ミネルヴァ書房，1978年）.

ジェフリー・ジョーンズもまた，「グローバル化」はこの数十年に初めて出現した現象ではないことを強調し，19世紀に遡り，大恐慌とナショナリズム，世界大戦の中で後退に転じた「第一次グローバル化」と，戦後の自由貿易体制に一つの基盤を持ち，1970年代末から本格化を遂げる「第二次グローバル化」の二つの波として，グローバル化を捉えている。Geoffrey Jones, *Multinationals and Global Capitalism : From the Nineteenth to the Twenty First Century*, Oxford University Press, 2005（安室憲一・梅野巨利訳『国際経営講義——多国籍企業とグローバル資本主義』有斐閣，2007年）; idem, *The Evolution of International Business : An Introduction*, Routledge, 1996（桑原哲也・安室憲一・川辺信雄・榎本悟・梅野巨利訳『国際ビジネスの進化』有斐閣，1998年）。

3）Samuel J. Palmisano, "The Globally Integrated Enterprise," *Foreign Affairs*, May/June 2006.

4）Michael E. Porter, *The Competitive Advantage of Nations*, Macmillan, 1990（土岐坤・中辻萬治・小野寺武夫・戸成富美子訳『国の競争優位』上・下，ダイヤモンド社，1992年）.

5）2000年の新興国の割合は1990年のそれより幾分低下している。これには，1997年のアジア通貨危機で中国を除くアジア各国のドル建てでの名目GDPが一時的に大幅に縮小したことが大きく影響している。

6）トーマス・フリードマン『フラット化する世界』伏見威蕃訳，日本経済新聞社，2006年（原著初版は2005年）。

7）橘川武郎・久保文克・佐々木聡・平井岳哉編著『アジアの企業間競争』文眞堂，2015年。

8）例えば，塩見治人・橘川武郎編『日米企業のグローバル競争戦略』名古屋大学出版会，2008年。他方，本書に近い視点から，産業を単位とした分析を行っているものとしては，湯沢威・鈴木恒夫・橘川武郎・佐々木聡編『国際競争力の経営史』有斐閣，2009年，がある。なお，日本の産業を中心に論じたものであるが，橘川武郎・平野創・板垣暁編『日本の産業と企業——発展のダイナミズムをとらえる』有斐閣，2014年も，類似のアプローチによっている。

9）他の業種に比して単一事業の性格が強い自動車産業企業でさえ，金融事業，住宅事業，航空機事業など，複数事業を行う事例が見られる。アメリカ企業においては1980年代以降，日本企業やヨーロッパの企業においても1990年代以降は，事業の「選択と集中」（あるいはリストラクチャリング＝事業の再構築）が進められた。しかしこれにより複数事業を行う企業が単一事業企業へと回帰したわけでは決してなく，M&Aなどを通して事業の組み合わせを変更しただけであり，依然として複数事業を営む構造は変化していない。

　大企業が事業を多角化させるのは，アメリカにおいては1920年代以降のことであった。アルフレッド・D. チャンドラー・ジュニアが明らかにしたように，先進的なアメリカ企業は事業の多角化を進め，複数の異なる動態を持つ事業を一つの資本のもとに保有するようになった。そのような企業は，複数事業を効率的に管理するため，従来の集権的な職能部制組織を分権的な事業部制組織へと再編したのである。多角化戦略を推進し，各事業を分権的組織で管理するという企業モデルには，その後，戦略的にはコングロマリット戦略などの，また管理組織においては事業セクター制や社内カンパニー制といった変種が生じたが，基本的には今日まで継続している。Alfred D. Chandler, Jr., *Strategy and Structure : Chapters in the History of the American Industrial Enterprise*, Cambridge University Press, 1962（三菱経済研究所訳『経営戦略と組織』実業之日本社，1967年）.

10）Asli M. Colpan, Takashi Hikino, and James R. Lincoln Asli, *The Oxford Handbook of Business Groups*, Oxford University Press, 2010, および Franco Amatori and Andrea Colli, *Business History : Complexities and Comparisons*, Routledge, 2011（西村成弘・伊藤健市訳『ビジネス・ヒストリー――グローバル企業誕生への道程』ミネルヴァ書房，2014年）を参照。

11）この図に関しては，黒澤隆文「産業固有の空間と時間――産業史の方法・概念・課題と国際比較研究の可能性」『経済論叢』（京都大学経済学会）第185巻第3号，2011年，16-17頁も参照。

12）この問題については，黒澤，同上論文参照。

13）伊丹敬之『経営戦略の論理』日本経済新聞社，1980/2003年（初版／第3版）を参照。

14）歴史分析における時間概念の類型については，黒澤，前掲論文を参照。

15）ポーター，前掲書（日本語訳），103-192頁。

16）「第二次グローバル化」以前においても，国民国家ではなく地域的な経済圏が産業やその競争力の基盤となることは，特に地続きの国境を多く持つヨーロッパでは珍しくなかった。渡辺尚編『ヨーロッパの発見――地域史の中の国境と市場』有斐閣，2000年。

17）塩地洋編『東アジア優位産業の競争力――その要因と競争・分業構造』ミネルヴァ書房，2008年。

18）2015年の表（表序-3）の産業番号（最左列）の3・4，それに16～26の部門の多くでは，1990年の時点では未だに国際的な競争が限られていた。よって1990年の表も，国際競争が焦点となる大半の部門をカバーしているとはいえよう。

19) 今日（2013 年）でも，自動車（「輸送用機器」が製造業国内付加価値額に占める比率は 12.0 %），電気機械器具（11.1 %），化学（7.3 %）であり，製造業中の大分類では，それぞれ第 2 位（食料品に次ぐ），第 4 位（一般機械に次ぐ），第 5 位である。

20) 板垣博『日本的経営・生産システムと東アジア――台湾・韓国・中国におけるハイブリッド工場』ミネルヴァ書房，1997 年；安保哲夫編著『日本的経営・生産システムとアメリカ――システムの国際移転とハイブリッド化』ミネルヴァ書房，1999 年，公文博・安保哲夫編著『日本型経営・生産システムと EU――ハイブリッド工場の比較分析』ミネルヴァ書房，2005 年など，多数に上る。

21) 日本標準産業分類では，広義の「電機」産業は，二桁分類の三つの部門に分かれる。「28. 電子部品・デバイス・電子回路製造業」「29. 電気機械器具製造業」「30. 情報通信機械器具製造業」がそれである。総務省「日本標準産業分類」（http://www.soumu.go.jp/toukei_toukatsu/index/seido/sangyo/02toukatsu01_03000022.html）参照。

22) 日本標準産業分類（2014 年施行版）では，「大分類」（1 桁分類）として A～T の 20 項目が立てられており，第 II 部で取り上げた産業は，いずれも E「製造業」に含まれる。「出版業」（3 桁分類）は G「情報通信業」に，「浚渫工事業」（4 桁分類）は D「建設業」に，また「生命保険業」（3 桁および 4 桁分類，や「銀行業」（2 桁分類）・「共同組織金融業」（2 桁分類）は J「金融業，保険業」に含まれる。第 3 章の主題は，「百貨店，総合スーパー」（3 桁分類），「織物・衣類・身の回り品小売業」（2 桁分類），「繊維・衣類等卸売業」（2 桁分類）など L「卸売業，小売業」の各部門のほか，E「製造業」の中の「繊維工業」（2 桁分類）の各部門にも関わる（総務省，同上）。

# 第Ⅰ部

# グローバル競争の新しい姿

# 第1章

# 米欧アジア3大市場と競争力の三つの型
## 製　紙

黒澤隆文／橋野知子

## はじめに

紙ほど身近な製品は少ない。情報媒体としての圧倒的な地位こそIT革命で揺らいでいるが，包装・梱包材，衛生用品，各種工業素材としての紙なくしては，私たちの生活はなりたたない。紙は二千年を超える歴史を持ち，近代以降は世界のほぼすべての地域で用いられ，しかも主要な工業国はその大半が製紙業の歴史を持つ。製紙業は先進国でこそ成熟産業であるが，依然として無視しえない規模を維持しており[1]，また新興国では，紙は生活水準の尺度となる重要な財であって，多くの場合，成長産業である。よって，グローバルかつ長期の視点で各国・各地域の競争力を考察するには，製紙業は恰好の分析対象であるといえよう。

また製紙業の歴史と現状は，各地の経済・産業・企業の特質を映す鏡でもある。欧州の製紙業は，世界各地の近代化に影響を与え，今日では，域内の高度な国際分業を特徴とする。20世紀半ばに世界生産の半ばを占めた北米の製紙業は，北米の他の多くの産業と同様，恵まれた天然資源とイノベーションによって成長を遂げた。他方，日本の製紙業は，海外原料を用いた一貫生産という，日本の他のプロセス産業とよく似た競争力基盤で成長してきた。さらに，

21 世紀に世界最大となった中国の製紙業や，南半球の新興国の近年の動向は，世界経済の新たな現実を端的な形で示している。

紙は「先進国型の商品（財）」であり，近代以降今日まで，その主要な生産・消費地は，工業化を遂げた欧州，北米，東アジアであった。しかもこれら 3 地域の生産地と消費地は，各地域の内部で供給者 = 需要者の関係にある。原料・中間財の流れではグローバルな市場の統合は無視しえないものの，製紙業では，大陸規模の「地域」市場が世界の中で分立してきたといえる。

とはいえ，大陸規模で製紙業をひとまとまりに捉え，それらの競争力を考えるだけでは，十分とはいえない。というのも，製紙業を広義にとり（紙・パルプ産業），木材やパルプなど原材料も含めた流れを考えると[2)]，これら大陸規模での市場の内部に，川上に強みを持つ国・地域や企業と，逆に川下に強みを持つ国・地域や企業とが，それぞれ存在していると見ることができるからである。そのため，競争力の基盤と産業発展のパターンを示す複数の「類型」——後述の「消費国型」と「資源国型」やその変種——を考え，これを大陸規模の地域市場にあてはめて分析するほうが，製紙業の競争力と動態をよりクリアに分析できるのである。

以上を踏まえて，本章は以下の構成をとる。第 1 節では，紙の財としての特質と，紙・パルプ産業の特徴を他産業との比較も念頭に置いて整理し，どのような要素が競争力を左右するのかを探る。第 2 節では，世界の製紙業の現状を，各国の生産・消費・貿易の現状と，企業ランキングから確認する。第 3 節では，20 世紀の 3 大市場である北米・欧州・日本について，その発展史の特徴を明らかにする。第 4 節では，他産業の研究で示された「原料調達システム」「臨海立地」「一貫生産」「日本モデル」等の概念を援用しつつ，産業発展・競争力の「類型」を提示し，これを主要地域に適用する。第 5 節では，21 世紀に顕著となった地球規模の新たな動きを，多国籍企業の新動向を通じて把握する。最後の「おわりに」においては，本章の分析が示唆する本書全体の分析手法について，第 2 章以下の分析を念頭に置きつつ，ごく簡単な意義づけを試みる。

## 1　製紙業とはどのような産業か

### 1）紙という商品と競争力

経営史・産業史に立ち入る前に，紙という財・商品と，これを生産し販売する産業の特質について確認しておこう。

第一に，紙は，非常に成熟し安定した財・商品である。長い歴史の中では時代を画す新製品の登場によって新市場が生まれることもあり，また製品・製法の改善は不断に行われているが，今も昔も「紙は紙」である。製造法の原理に変化はなく，需要構造・消費のパターンは安定的で，投資の時間軸も長い。製品や製法・原料の大幅な変化が競争環境を一変させるといった事態は，局地的には見られても，製紙業全体では稀であった。

第二に，紙は，その定義からして素材であり[3]，紙・パルプ産業は素材産業の一つである。素材産業では，多種多様な自然原料を調達し，これを均質な工業製品に加工する。製法や製品の質は原料に制約され，また製品の機能は製造工程で素材の組成の中に「埋め込まれる」。また素材であるということは汎用性を意味する。紙の機能・用途は，情報媒体，梱包・被覆，吸着，絶縁など幅広く，各種の用途への需要の増減が，製紙業の盛衰を左右する。同時に，他の素材（金属，ガラス，プラスチック，木材，繊維等）とは，同一の用途をめぐって競合する。様々な製品の「素材転換」は，紙の需要の拡大・縮小を規定してきた重要な要素であり，企業間競争のみならず，産業間の競争も，各地の製紙業の盛衰を左右する。

第三に，紙は，典型的な「先進国型」の財である。新聞・印刷用紙の需要は，識字人口や高等教育を前提とし，所得とも高い相関を持つ。また板紙（紙を層状に重ねて厚みと強度を増した製品）の市場も，近代的な流通機構・マーケティングの確立に始まる個別包装された商品の大量消費や，個別配送の拡大とともに成長してきた。さらに衛生紙・家庭紙と称される部門（ティシューペーパー，トイレットペーパー，生理用品，紙おむつ等）も，使い捨て型の消費文化を前提とし，同様の特性を持つ。実際，一人当たりの紙・板紙の消費がピークに達したのは，米国では2004年（264 kg/年），また日本では2006年（245 kg/年）と，比較的近年のことである。これは，鉄鋼製品のような，中進国段階で一人当たり消費（フローの規模）がピークに達しその後は減少する財と比較すると，紙製品の際立つ特徴といえる。中進国段階を過ぎても需要が伸び続けるということは，そうでない産業に比して，消費市場の規模で後発国が先進国に追いつく時期が遅くなり，自国市場の規模をてこに後発の優位を発揮する局面が限られる，ということを意味する。

第四に，紙・パルプ産業は，林産資源や農業副産物，古紙など再生原料を加工する，生物資源利用に基づく素材産業である。原料は採取のみならず栽培も可能で，特に20世紀末以降は，植林の能力は重要な競争力要因となった。また自然林であれ人工林であれ，投資の回収には長い時間を要する。製紙産業の時間軸の長さは，財・技術・消費の安定性や，投資規模の大きさのみならず，原料基盤に流れる時間のゆるやかさにも由来する。また，多くの金属素材とは異なり，再生には限界がある。紙は再生加工時に繊維間結合力が低下するため，一定の割合でバージン原料を投入せざるをえない。

第五に，紙は，その消費と同時（衛生用品）か，あるいは短期間（新聞用紙・梱包材）のうちに，財そのものが価値を失い廃棄・回収される，真の意味での「非耐久財」である。同じ素材産業でも鉄鋼業の場合には，社会全体の財のストックを示す「鉄鋼蓄積量」が競争力を左右する条件として重要であるが，紙の場合には，蓄積量の意義は限られる。この非耐久性のために，米・欧・日・中のいずれでも，経済の成長期には，拡大する需要に応えて原料供給を確保し続ける能力が競争力の決め手となった。

第六に，紙は，消費財，中間財，生産財のいずれの側面も持つ。近代製紙業の歴史において紙需要の最初の柱となった新聞用紙は，印刷されてはじめて新聞となる中間財であり，その製造販売は，新聞社という企業向けビジネス（B to B）である。他の印刷用紙の大半も，生産ロットは通常は新聞用紙よりもはるかに小さいが，同様である。また次に登場した梱包用途の板紙・ダンボール・クラフト紙等も，需要家・用途・品種がはるかに多様で柔軟な生産が要求されるが，中間財であり対企業向けビジネスであるという点では同様である。

それに対して，衛生紙・家庭紙部門は，当初は病院や軍を需要家としたものの，普及後はもっぱら一般消費者に直接販売される消費財となった（B to C)。当然，需要家と用途の違いは，競争力を獲得・維持するための組織能力の違いや立地条件の相違を意味した。また情報媒体としての紙の機能は，紙が生産財としても重要な役割を持つ（筆記用紙・コピー用紙など。印刷用紙は中間財であり，資本財としての性格は間接的）ことを意味する。

第七に，紙は，一般的には製品の嵩・重量に比し低価格の商品であり，輸送費負担力が小さい。原料供給地が地理的に偏在し，また消費市場が所得というやはり地域差の大きな要素に左右される中では，需要と供給の双方の条件を満たす特定の地域ごとに，ある程度完結した市場圏が形成される傾向を持つ。

### 2）技術特性と企業行動，競争力

次に，製紙業の技術特性と投資戦略，実際の企業行動で鍵となる点を確認しておこう。

紙の製造工程は，大きく分けて①パルプ化工程と②抄紙工程からなり，副次的にはこれに③紙加工工程が加わる。①のパルプ化工程は，今日はほとんどが化学的プロセスで行われており（化学パルプ），蒸解（原料を煮る工程）を中核とする一連の化学反応の制御過程である。投入原料に合わせたプロセスの選択・調整が重要で，規模の経済性が働き，連続操業の優位が存在し，副生成物・連産品の処理・利用が重要であるなど，化学工業一般と技術特性を共有する。原料の選択や混合など実際の運用では多様な知識とノウハウを必要とするが，技術体系は装置に「埋め込まれて」おり，加工組立工業では決定的な「ひと」の要素の重要性は限られる。古紙を用いてパルプを製造する場合には工程は単純で小規模運用が可能であるが，やはり容器内の原料の制御が中心となる。

他方，②の抄紙工程では，加工の原理は水素基結合（身近には，濡れた紙どうしがくっついてしまう現象）という素朴なもので，水とパルプの制御が基本である。抄紙機での加工は乾燥に熱を用いるものの物理的・機械的（メカニカル）であり，生産性の向上は，網幅の拡大（大型化）や抄速の向上で実現される。原理は単純でも，今日の最新鋭の抄紙機は，網幅 8～10 m，長さ 200～300 m

にも及ぶ巨大な装置であり，単体の「マシン」としては製造業でも鉄鋼業を除けば最大級である。今日では，日本の新聞用紙需要の7〜8％に相当する量を，7〜8人のチームが運転する単一の抄紙機で製造することが可能である。高額でもあり，新鋭機の価格は1基600億円超と，年産10万台規模の自動車工場一つ分の投資額に匹敵する。

また，日本で発展を遂げた臨海型のパルプ・紙の一貫工場は，原料用バース，チップヤード，パルプ蒸解塔と関連のパルプ化設備，バイオマスボイラー，蒸気タービン，水処理場，抄紙機とその建屋，紙加工室，倉庫と出荷岸壁等からなり，投資規模はいっそう巨額となる。

そのため，紙・パルプ産業は総じて装置産業的特質を持つ。初期投資が巨額で，固定資本比率が高く，またほとんどの製品が成熟商品であることから，労働の要素も，製品開発能力も，相対的には限られた役割しか演じない。むしろ焦点となるのは「投資をめぐる競争」であり，「いつ，どこに，どのような製品のためにいかなる技術体系で工場を設立するのか」である。同時に，その投資に適した安定した原料調達システム（後述）の構築も，決定的に重要である。しかも，装置寿命は一般に数十年から半世紀と非常に長いから，こうした投資判断の巧拙は，長期にわたり競争力を左右する。

先進国の消費構造をモデルに持続的な市場拡大を見込んで行う一気呵成の投資，ドミナント・デザイン確立後の最新設備の一挙導入など，後発の優位を活かした投資戦略は，鉄鋼業では日本の国際競争力の向上に大きく寄与した。製紙業でも同様の戦略が採られ，国内供給力の伸びを支えた。とはいえ製紙業では，これは輸出競争力の獲得や，国際的な技術優位には直結しなかった。日本の技術開発は，基本的には「欧米からの基幹技術の導入や応用を主軸」としていた[4)]。紙の場合には米・欧でも消費の伸びが続き，戦後日本の盛んな投資も，世界的に見て破格の新規投資とまではいえず，後発の利益が発揮される余地が，その分少なかったからである。

最後に，紙・パルプ産業での技術開発の焦点について触れておこう。製品の安定性のみならず，多様な種類・産地の生物原料を使用するため，また製品の特性も製法も原料特性に制約される（製品開発・原料選択がプロセスの開発と選択に依存する）ために，紙・パルプ産業で一貫して重要であったのは，従来は使用できなかった原料を利用可能にする，いわば「広く原料を喰いに行く」ための技術開発であった。

## 2　世界の製紙業の現状——3大市場と企業

### 1）経済大国と森林資源国の存在感

世界の紙・パルプ産業の今日の姿を，表1-1で把握しておこう。目をひくのは，いわゆる「経済大国」がいずれも製紙大国となっていること，それに北半球の森林資源国の重要性である。生産量では，中国（世界シェア26％），米国（18.3％）が突出し，日本（6.5％）・ドイツ（5.6％）が続く。中国と米国の逆転を除けば，4位まではGDP（国内総生産）での世界ランクの通りである。これに続く世界シェア2％台には，韓国，イタリア，フランスなど中規模の人口を有し所得も高い工業国と，森林資源国であり，19世紀末以来の製紙大国であるカナダ，スウェーデン，フィンランドが並ぶ。対照的に，半世紀前の1964年に世界第4位（4.8％）であったイギリスは，19位（1.1％）に順位を下げており，インド，インドネシアやブラジルなどの人口大国（各2.6％）はもちろん，スペイン（1.5％）など欧州内の後発工業国にも及ばない。

消費市場の規模はどうであろうか。生産での世界上位4カ国は，順位（d）もそのままに，消費量（c）でも世界4大国である。数量ベースで見た紙・板紙の自給率は，上位3カ国（中・米・日）では103〜96％で，消費国が同時に生産国となっている。また世界の消費量上位15位までの国のすべてが，生産量でも世界上位20位に入っている。単純化するならば，製紙業は今日なお，「地産地消型」なのである。こうした中，例外的に低い自給率（g）で目立つのは，ここでもイギリスである（47％）。

自給率（g）や生産量に対する純輸出の比率（l）では，人口希薄な北方の森林資源国が目立つ。フィンランド（自給率946％），スウェーデン（599％）が突出し，オーストリア（228％）を挟んで，カナダ（190％）が続く。これら森林資源国の存在感は，パルプの生産・輸出でより顕著で，生産量の世界順位と対世界シェアは，カナダ（3位，9.5％），スウェーデン（5位，6.6％），フィンランド（6位，6.1％）といずれも高い。なお米国は，パルプの生産では依然として突出した生産量を誇る（世界シェア26.5％）。

とはいえ，森林資源やパルプ生産で不利でありながら製紙業の規模や輸出で目立つ国があるのも，見逃せない。ドイツ（紙・板紙自給率115％，輸出額1位），オーストリア（228％，9位），韓国（124％，11位）である。いずれも近隣に自給率で100％を割る大市場を持ち，それぞれ，欧州・東アジアの国際分業の中で紙・板紙の供給国となっている。

次に，各大陸単位で紙・板紙の生産量・消費量を見ると，世界の主要地域がそれぞれ域内で需要をおおよそ充足していることが読み取れる。東アジア（日・中・韓・台）は，生産量1億4677万トン（世界シェア36.5％），消費量1億4312万トン（35.5％）で，需給がほぼ均衡している。欧州は生産量1億59万トン（25％），消費量9643万トン（23.9％）で，400万トン程度の域外輸出余力を持ち，また北米も生産量8488万トン（21.1％），消費量7766万トン（19.2％）で，700万トンを超す輸出余力を持つ。この三つの地域市場で，世界生産の83％，世界消費の78.6％を占める。残る地域では，その他のアジア（生産量3557万トン，消費量4488万トン），中南米（生産量2118万トン，消費量2843万トン）が比較的大きい。アフリカ，オセアニアは，世界的に見るとごく小さな市場である[5]。

なお，半世紀前の1965年には，紙・板紙生産量の世界シェアは，北米47.9％（米40％，カナダ7.9％），欧州37.5％（北欧3国7.3％，英4.8％），日本7.9％，その他14.6％であった[6]。半世紀の間に，北米と欧州がシェアを落とし，東アジアが著しく拡大したのである。

### 2）世界の紙・パルプ企業

次に，企業レベルで世界ランキングを見てみよう（表1-2）。売上高世界20位には，北米・欧州から各6社，日本から4社，新興国から4社がランクインし，欧・米・東アジアの3市場の重要性と新興国の勃興が企業レベルでも確認

**表 1-1**　各国における紙・パルプ・古紙の生産・消費・

| 紙・板紙生産順位 | 国名 | 紙・板紙 | | | | | | | | | | | |
|---|---|---|---|---|---|---|---|---|---|---|---|---|---|
| | | 生産量 | | 消費量 | | | | 自給率 | 輸出入 | | | | |
| | | a | b | c | d | e | f | g | h | i | j | k | l |
| | | 生産量（万トン） | 世界シェア（%） | 消費量（万トン） | 世界順位 | 世界シェア（%） | 一人当たり消費（kg/年） | 紙・板紙自給率（%）（重量） | 輸出量（万トン） | 輸出価額（億ドル） | 輸入量（万トン） | 純輸出（万トン） | 純輸出量／生産量比率（%） |
| 1 | 中国 | 10,469 | 26.0 | 10,135 | 1 | 25.1 | 75 | 103 | 615 | 66.9 | 282 | 333 | 3.2 |
| 2 | 米国 | 7,375 | 18.3 | 7,180 | 2 | 17.8 | 226 | 103 | 1,189 | 101.4 | 995 | 194 | 2.6 |
| 3 | 日本 | 2,624 | 6.5 | 2,731 | 3 | 6.8 | 214 | 96 | 109 | 16.9 | 216 | −107 | −4.1 |
| 4 | ドイツ | 2,239 | 5.6 | 1,952 | 4 | 4.8 | 240 | 115 | 1,318 | 133.4 | 1,031 | 287 | 12.8 |
| 5 | 韓国 | 1,180 | 2.9 | 955 | 9 | 2.4 | 195 | 124 | 327 | 24.3 | 102 | 225 | 19.1 |
| 6 | カナダ | 1,112 | 2.8 | 585 | 15 | 1.4 | 169 | 190 | 834 | 65.0 | 307 | 527 | 47.4 |
| 7 | スウェーデン | 1,078 | 2.7 | 180 | n.a. | 0.4 | 197 | 599 | 971 | 96.6 | 73 | 898 | 83.3 |
| 8 | インド | 1,059 | 2.6 | 1,236 | 5 | 3.1 | 10 | 86 | 43 | 3.4 | 219 | −176 | −16.6 |
| 9 | フィンランド | 1,059 | 2.6 | 112 | n.a. | 0.3 | 212 | 946 | 991 | 91.4 | 45 | 946 | 89.3 |
| 10 | インドネシア | 1,057 | 2.6 | 720 | 12 | 1.8 | 29 | 147 | 403 | 34.3 | 64 | 339 | 32.1 |
| 11 | ブラジル | 1,044 | 2.6 | 1,018 | 6 | 2.5 | 52 | 103 | 142 | 17.4 | 116 | 26 | 2.5 |
| 12 | イタリア | 864 | 2.1 | 967 | 8 | 2.4 | 157 | 89 | 376 | 36.5 | 479 | −103 | −11.9 |
| 13 | フランス | 804 | 2.0 | 894 | 10 | 2.2 | 141 | 90 | 433 | 45.2 | 523 | −90 | −11.2 |
| 14 | ロシア | 772 | 1.9 | 682 | 13 | 1.7 | 48 | 113 | 247 | 17.8 | 157 | 90 | 11.7 |
| 15 | スペイン | 618 | 1.5 | 590 | 14 | 1.5 | 127 | 105 | 322 | 27.0 | 295 | 27 | 4.4 |
| 16 | メキシコ | 484 | 1.2 | 754 | 11 | 1.9 | 66 | 64 | 33 | 3.1 | 302 | −269 | −55.6 |
| 17 | オーストリア | 483 | 1.2 | 212 | n.a. | 0.5 | 258 | 228 | 425 | 34.5 | 153 | 272 | 56.3 |
| 18 | タイ | 456 | 1.1 | 472 | 18 | 1.2 | 68 | 97 | 94 | 7.2 | 110 | −16 | −3.5 |
| 19 | イギリス | 456 | 1.1 | 978 | 7 | 2.4 | 154 | 47 | 116 | 16.4 | 627 | −511 | −112.1 |
| 20 | ポーランド | 406 | 1.0 | 496 | 17 | 1.2 | 129 | 82 | 256 | 21.4 | 346 | −90 | −22.2 |
| | 上記20カ国計 | 35,639 | 88.5 | 32,849 | | 81.4 | | | 9,244 | 860 | 6,442 | | |
| | 世界計 | 40,260 | 100 | 40,363 | | 100 | 56.5 | | 11,092 | 1,022 | 11,196 | | |

出所）紙・板紙の生産量・消費量・輸出入，古紙の回収・消費量，輸出入量は RISI Annual Review 2014 および財団
sekainotoukei.pdf）による。また紙・板紙の輸出価額およびパルプ生産量・輸出量は FAOSTAT（http://faostat3.
一人当たり消費量は，一部の国については上記 RISI 統計の各国消費量と WHO（世界保健機関）人口統計によ

注 1）パルプ生産量のうち，韓国，イタリア，メキシコ，タイ，イギリス，ポーランドの数値は 2013 年時点の生産
計。FAO 統計は，FAO (ed.), *Pulp and Paper Capacities*, 2015（http://www.fao.org/docrep/014/i2285t/i2285t00.pdf）

2）中国のパルプ生産量 1747 万トンのうち 828 万トンは非木材パルプである。

3）表に登場しない紙・板紙消費国 16〜20 位は以下の通り。16 位トルコ（565 万トン），17 位ポーランド（496
ラリア（336 万トン）。

4）パルプ生産国上位 20 国中，表に掲載のないものは以下の通り。10 位チリ（525 万トン），13 位ポルトガル
（136 万トン），19 位南アフリカ（161 万トン），20 位ウルグアイ（107 万トン）。

される。売上高・生産量の双方で首位に立つのは，インターナショナル・ペーパー（International Paper）社（以下 IP 社）である。同社も，また日本で首位の王子ホールディングス（王子製紙）も，実に 100 年以上，それぞれ世界首位と日

輸出入・回収（2013年）

| パルプ | | | | | 古　紙 | | | |
|---|---|---|---|---|---|---|---|---|
| 生産量 | | | 輸出 | | 回収と消費・貿易 | | | |
| m | n | o | p | q | r | s | t | u |
| 生産量（万トン） | 世界順位 | 世界シェア（%） | 輸出量（万トン） | パルプ/紙・板紙生産量比（%） | 古紙回収量（万トン） | 古紙消費量（万トン） | 古紙純純輸出量（万トン，輸出-輸入） | 古紙消費/紙・板紙生産量比（%） |
| 1,747 | 2 | 9.6 | 4 | 17 | 4,543 | 7,448 | −2,904 | 71 |
| 4,818 | 1 | 26.5 | 785 | 65 | 4,579 | 2,660 | 1,086 | 36 |
| 879 | 7 | 4.8 | 45 | 33 | 2,179 | 1,693 | 486 | 65 |
| 261 | 12 | 1.4 | 125 | 12 | 1,536 | 1,648 | −113 | 74 |
| 55 | 28 | 0.3 | 2 | 5 | 916 | 1,032 | −116 | 87 |
| 1,729 | 3 | 9.5 | 982 | 155 | 417 | 268 | 140 | 24 |
| 1,198 | 5 | 6.6 | 373 | 111 | 122 | 138 | −15 | 13 |
| 404 | 11 | 2.2 | 0 | 38 | 343 | 596 | 102 | 56 |
| 1,107 | 6 | 6.1 | 307 | 105 | 69 | 61 | 8 | 6 |
| 678 | 9 | 3.7 | 381 | 64 | 406 | 625 | −219 | 59 |
| 1,512 | 4 | 8.3 | 984 | 145 | 455 | 453 | 30 | 43 |
| 57 | 27 | 0.3 | 0 | 7 | 606 | 471 | 135 | 55 |
| 263 | 15 | 1.4 | 48 | 33 | 724 | 515 | −113 | 64 |
| 758 | 8 | 4.2 | 197 | 98 | 299 | 265 | 30 | 34 |
| 285 | 14 | 1.6 | 118 | 46 | 426 | 514 | −89 | 83 |
| 16 | 38 | 0.1 | 0 | 3 | 417 | 488 | −72 | 101 |
| 155 | 16 | 0.9 | 43 | 32 | 145 | 233 | −87 | 48 |
| 114 | 22 | 0.6 | 4 | 25 | 289 | 371 | −81 | 81 |
| 22 | 36 | 0.1 | 1 | 5 | 788 | 380 | 408 | 83 |
| 118 | 21 | 0.6 | 8 | 29 | 219 | 205 | 14 | 50 |
| 16,179 | | 89.1 | | | 19,478 | 20,064 | | |
| 18,157 | | 100 | 5,761 | 45.1 | 23,286 | 23,306 | | 57.8 |

法人古紙再生促進センター統計資料（http://www.prpc.or.jp/menu05/linkfile/
fao.org/download/F/FT/E）より算出。その他の数字はこれら統計より算出。
り算出。
能力（溶解パルプ除く）。また世界生産能力はFAO統計と中国の生産量の合
による。

万トン），18位タイ（472万トン），19位台湾（400万トン），20位オースト

(247万トン)，17位ニュージーランド（149万トン），18位オーストラリア

本首位の座を維持している。世界2位に日用消費財部門の世界大手企業プロクター・アンド・ギャンブル（Procter & Gamble：P&G）社が，また8位に商社の丸紅が入るが，他のほとんどは紙・パルプ専業に近い企業である。

**表1-2　紙・パルプ関連企業の世界ランキング（2013年）**

| 順位 | | 企業名（本社所在国） | 紙・パルプ関連売上高（百万ドル） | 総売上（百万ドル） | 紙・パルプ依存率（%） | 利益（百万ドル） | 総資産（百万ドル） | 生産量（千トン） | | 従業員数（人） |
|---|---|---|---|---|---|---|---|---|---|---|
| 地域 | 世界 | | | | | | | 市販パルプ | 紙・板紙 | |
| **北米** | | | | | | | | | | |
| 1 | 1 | International Paper（米国） | 29,080 | 29,080 | 100.0 | 1,378 | 31,528 | 1,700 | 19,600 | 65,000 |
| 2 | 2 | Procter & Gamble（米国） | 16,790 | 84,167 | 19.9 | 11,312 | 139,263 | n.a. | n.a. | 121,000 |
| 3 | 7 | Kimberly-Clark（米国） | 9,960 | 21,152 | 47.1 | 2,221 | 18,919 | n.a. | n.a. | 57,000 |
| 4 | 10 | Rock Tenn（米国） | 9,077 | 9,545 | 95.1 | 727 | 10,733 | 392 | 8,116 | 25,800 |
| 5 | 15 | Domtar（カナダ） | 5,391 | 5,391 | 100.0 | 91 | 6,278 | 1,445 | 2,957 | 9,400 |
| 6 | 16 | MWV（米国） | 5,287 | 5,287 | 100.0 | 839 | 10,285 | 0 | 2,719 | 16,000 |
| **欧州・その他** | | | | | | | | | | |
| 1 | 3 | UPM（フィンランド） | 13,100 | 13,346 | 98.2 | 444 | 19,379 | 1,900 | 10,288 | 20,950 |
| 2 | 4 | Stora Enso（フィンランド） | 12,768 | 13,966 | 91.4 | -94 | 16,930 | 1,086 | 9,911 | 27,985 |
| 3 | 5 | Smurfit Kappa Group（アイルランド） | 10,562 | 10,562 | 100.0 | 260 | 10,927 | 0 | 7,000 | 41,000 |
| 4 | 9 | Svenska Cellulosa Aktiebolaget（スウェーデン） | 9,589 | 13,656 | 70.2 | 853 | 21,825 | 318 | 5,090 | 34,004 |
| 5 | 12 | Mondi（南ア） | 8,596 | 8,596 | 100.0 | 647 | 8,283 | 535 | 5,283 | 24,400 |
| 6 | 13 | Sappi（南ア） | 5,925 | 5,925 | 100.0 | -161 | 5,727 | 945 | 6,672 | 13,665 |
| 7 | 14 | Metsä Group（フィンランド） | 5,738 | 6,546 | 87.7 | 250 | 6,855 | 1,409 | 2,576 | 11,222 |
| 8 | 17 | DS Smith（イギリス） | 5,258 | 6,307 | 83.4 | 250 | 5,525 | 0 | 2,719 | 21,464 |
| 9 | 18 | Empresas CMPC（チリ） | 4,779 | 4,974 | 96.1 | 196 | 14,188 | 2,596 | 1,259 | 16,693 |
| 10 | 20 | Nine Dragons Paper Holdings（中国） | 4,636 | 4,636 | 100.0 | 256 | 10,395 | 85 | 11,090 | 17,800 |
| **日本** | | | | | | | | | | |
| 1 | 6 | 王子ホールディングス | 10,1904 | 13,651 | 74.6 | 346 | 19,625 | 581 | 8,733 | 31,072 |
| 2 | 8 | 丸紅 | 9,826 | 139,670 | 7.0 | 2,185 | 74,328 | 485 | 582 | 4,289 |
| 3 | 11 | 日本製紙 | 8,688 | 11,077 | 78.4 | 233 | 15,171 | 539 | 6,882 | 13,052 |
| 4 | 19 | レンゴー | 4,767 | 5,359 | 89.0 | 37 | 6,444 | 0 | 2,478 | 13,095 |

出所）日本製紙連合会（http://www.jpa.gr.jp/states/global-view/index.html）。
注）紙・パルプ依存率は連結売上高に占める紙・パルプ関連売上高の比率。利益は連結ベース。

IP 社の生産量は国として世界 4 位のドイツの生産量に迫り，また成熟国の上位企業の半ばは，この 20 年の間に大合併で生まれた巨大企業である。しかし，世界的な寡占が一般的とはいえず，また企業規模は，競争力を部分的にしか説明しない。IP 社の世界シェアは 4.9 % にすぎず，自動車での世界首位企業のシェア（トヨタの 11.5 %）の半分以下であり，寡占度が低いとされる鉄鋼業（アルセロール・ミッタル〔ArcelorMittal〕の 5.9 %）よりも低い。ドイツは製紙国としては世界 4 位であるが，製紙業世界トップ 100 社に入るドイツ企業は 3 社にすぎず，トップ 50 社には 1 社も入らない。よって，製紙産業の競争力の源泉としては，企業規模だけではなく複数の要因を想定しなければならない。

## 3　3 大市場はどのように形成されたか

次に，20 世紀の 3 大製紙市場（北米・欧州・日本）について，その発展史の特質を明らかにしておこう。

### 1）北米——製品革新・森林資源・20 世紀的大企業

今から約半世紀前の 1964 年，世界の紙生産量は今日の 4 分の 1 の約 1 億トンであったが，その半ばを供給していたのは北米であり，米国のみで世界の 4 割を占めていた。北米でのこの著しい成長をもたらしたのは，供給面では，①無比の天然資源（森林資源と水・水力），②インフラストラクチャー投資（輸送網など）と生産地域のダイナミックな拡大・移動，③原料利用技術の開発と設備投資，④製品革新であった。また消費の面では，⑤人口増・所得増と，⑥製品革新による新製品需要の拡大が重要である。また両者をつなぐ企業経営においては，⑦垂直・水平の統合が進み，複数事業部制に基づく典型的な大企業体制の成立が，競争力の観点では重要である。

以上の要因のうち，①〜③の資源・立地・原料技術や，カナダでの動向については次節で見ることにして，ここでは④・⑥の製品革新と⑦の大企業体制について，米国での動きを確認しておこう。

近代製紙業は印刷用紙を柱に欧州で確立したが，紙の用途を劇的に広げるラディカルな革新は，20 世紀前半に米国で達成された。第一次大戦中の 1915 年，ウィスコンシン州のキンバリー・クラーク（Kimberly-Clark）社はコットンの代替品となる手術用衛生紙を開発し，1919 年には生理用紙ナプキンを商品化，1920 年頃にはティシューペーパーを開発した（商標名クリネックス，英語圏ではティシューペーパーの代名詞）。すぐに，フィラデルフィアのスコット・ペーパー（Scott Paper）社がティシューペーパー市場で，また 1891 年設立のジョンソン・アンド・ジョンソン（Johnson & Johnson）社が生理用品市場でこれらに追随した。他方，19 世紀に発明されていた段ボールでは，ヒンド・アンド・ダッチ（Hinde and Dauch）社など，全米の物流の中心である中西部の企業が実用化を進めた。流通革命・包装革命とともに板紙市場も拡大し，1910 年代末には新聞用紙市場を凌駕し最大の部門となった。1920 年代以降は通販カタログや雑誌向けにカラー印刷が普及し，以後，コート紙市場が拡大した[7)]。

近代的大企業の形成も，その動きは早い。前出の IP 社は，早くも 1898 年に，米国北東部の製紙企業の大合同により誕生している。第二次大戦後の高成長の下では，大手各社は紙の主要部門のすべてに進出し，同時に垂直統合を追求した。また他地域への相互参入で全国市場の統合も進んだ。その結果，よく似た事業構成と組織を持つ少数の大企業が市場を握るに至った。

このように，20 世紀前半に出揃う主要な製品革新の後には，米国企業の競争力と成長力の源泉は，規模の経済と範囲の経済を活かした企業組織・産業組織の構築という，他の米国産業にも共通する要素と，大陸規模での地理的な拡大・主生産地の移動という，これも米国らしい産業成長のメカニズムに根ざしていたのである。

### 2）欧州――近代製紙業発祥の地における域内国際分業

欧州は，近代製紙業の発祥の地である。印刷を主用途に誕生した欧州の製紙業にとって，識字率と出版文化，印刷業の存在は決定的であり，また供給側では，ぼろ布の調達が不可欠であった。双方の条件を満たしたのは，今日も欧州経済の中心であるライン河沿岸からブリテン島に至るプロテスタントの地域である。グーテンベルクとルターを生んだドイツ諸邦，風車動力で動く叩解機を発明し，17世紀に豊かな消費市場を形成したオランダ，産業革命の祖国であり，19世紀初に連続抄紙法を初めて実用化したイギリスが，製紙業の中心となった。これらの地域に誕生した製紙・印刷・出版クラスターの一部は，今日も生き残っている。また，今ではわずか2社に集約された製紙関連の世界的な設備・エンジニアリング企業は，いずれも欧州企業である（フィンランドのメッツォ〔Metso〕社とドイツのフォイト〔Voith〕社）。

イギリスは，1960年代後半まで欧州最大の製紙国であった。19世紀の自由貿易体制と20世紀の帝国経済圏の中で成長したイギリスの製紙業の場合，その盛衰を最も左右したのは，関税圏と国際分業の構図であった[8]。1932年以降，新聞用紙を例外に製紙業は関税による保護を享受したが，その後1959/60年に，「EFTA（欧州自由貿易連合）ショック」に見舞われた。北欧からの輸入に対する関税が撤廃され，安価な紙製品が流入したのである。イギリスは早い時期に北欧やカナダからの輸入パルプに原料を切り替えていたから，原料では北欧の一貫工場に対する優位は全くなく，産業全体に悲観論が広がった。一部の製紙企業は，古紙に活路を見出し梱包材部門で生き残ったが，全体的には1970年代から80年代半ばの衰退は著しかった。1980年代半ば以降は，外資の対内投資もあって高付加価値品・再生紙市場を中心に生産が回復し，また遅れて開始された大陸欧州との市場統合もこれを促進した。低い自給率の下でも，1997年には生産量の22％が輸出されている[9]。とはいえ，戦後に失った欧州製紙業における地位は，部分的にしか回復していない。

ドイツもイギリスに並ぶ製紙国であったが，ここでは2度の敗戦と領土の喪失，冷戦下での東西ドイツへの分割，東欧・北欧のパルプ供給地に対する直接投資の喪失の打撃が大きかった。製紙能力の53％と，パルプの生産能力の57％が，東ドイツに位置していた[10]。生産能力の喪失を埋め合わせるため，戦後の西ドイツでは活発な設備投資が行われた。しかし日本とは異なり，戦後の西ドイツの製紙業は木材パルプ産業を持たず，むしろ輸入パルプと古紙の再生利用を柱として，グラフィック用紙や梱包材を中心に，周辺欧州諸国市場との高度な国際分業で発展を遂げた。

北欧の製紙国としての勃興は，19 世紀半ばの木材パルプの実用化に始まる。豊富な森林資源と水利条件に恵まれ，海路で欧州の大消費地に直結する北欧諸国は，すぐさま圧倒的な競争力を持つ製紙国に浮上した[11)]。世界初の砕木パルプ工場も（1852 年），また最初の化学パルプの工場も（1872 年），スウェーデンに設立されている。第一次大戦の前後には，スウェーデンは世界最大のパルプ輸出国となった。製紙業も 20 世紀前半に拡大し，新聞用紙やクラフト紙が輸出向けに生産された。第二次大戦後は，製紙を統合した一貫生産の比率が高まり，製紙業でも北欧はその地位を高めた。欧州統合が進み北欧通貨が切り上げられると，北欧企業は大陸欧州の企業を買収し市場確保に努めた。1990 年代に停滞が露わになると，北欧の製紙企業相互の国境を越えた大規模合併が相次いだ。

1990 年代まで，北欧の製紙国，とりわけフィンランドでは林業・パルプ・製紙産業と関連のエンジニアリング産業は国民経済の柱であり，人材・資本・組織能力を集める文字通りのクラスターであった。その後，IT 産業の登場でこのクラスターの重要性は低下したが，それでも北欧諸国は，パルプ・セルロース関連の研究開発（R&D）で今日なお世界最先端の拠点を持ち，新興国への対外直接投資（FDI）でも重要な存在である。

南欧は，近代製紙業では後発地域であるが，手作業による製紙では欧州で最も長い伝統を持ち，日本とよく似た状況にあった。しかし 20 世紀の発展は，以下の理由で日本に比して大きく立ち遅れた。①欧州の製紙先進国と近く，距離による保護効果が乏しかった。②和紙とは違い，南欧の伝統的紙製品の製品特性と用途は機械漉きの洋紙と大きくは違わず，輸入品との競合を免れなかった。③南欧では識字率の向上と出版需要の拡大が遅れた。一人当たりの洋紙の消費量で，南欧は 1930 年代半ばに日本に凌駕されている。④日本とは異なり，原料基盤が弱体であった。

しかし 1960 年代以降，また特に 1980 年代以降は，遅れて始まった所得向上と紙需要の拡大に伴い，南欧の地位は紙生産でも高まった。製紙先進国の多国籍企業により，資本と技術，特に古紙利用やパルプ化技術が導入された。また中南米と言語を同じくするイベリア半島の企業は，ラテンアメリカへの FDI

も積極的に行うに至っている[12)]。

### 3）日本——国内市場完結型の成長と独自の競争力基盤

米・欧と比較すると，日本の製紙業の産業史は，以下の特徴を持つ[13)]。

第一は，長期にわたる順調な発展である。日本で初めて機械漉きの紙が製造されたのは1874年であり，20世紀の主要製紙国の中では後発に属する。しかしそれ以降，2001年に3182万トンで頂点に達するまで，戦争とその帰結による一時的な打撃を除けば，製紙業は長期にわたり安定的に成長した。

第二は，この成長が，国内完結型の発展であったことである。貿易依存度は一貫して低い。19世紀に3割台であった輸入依存度は，1910年代以降は1割前後に低下し，戦後は1990年代半ばまで5％未満であった。対内FDIも，戦後に見られた少数の技術導入（ティシューペーパーなど）を除けば皆無である。急増する国内需要のほとんどを国内製紙メーカーが賄う体制が非常に早く成立し，それが近年まで続いたという点は，北米や欧州と対照的である。

第三は，伝統財・ハイブリッド財の特殊な役割である。洋紙という移植財と，機械漉きという新製法の導入にもかかわらず，伝統財である和紙は既存市場では数十年にわたりその地位を維持した。また洋紙と和紙の中間的な性格をもつハイブリッド的な製品・製法が誕生し，「機械漉き和紙」という在来的な大量生産部門を形成した。しかもこれは，大王製紙や大昭和製紙など，戦後に急拡大を遂げる新興企業の出発点となった。

第四は，紙・パルプの一貫生産と臨海立地である。これについては次節で詳しく見るが，ここでは，一貫生産が成立しえた背景の一つとして，人絹（レーヨン）工業と紙・パルプ工業との間の「歴史的産業連関」が存在したことを指摘しておく。1960年代まで主流であった亜硫酸法（SP法）の時代には，人絹など化学繊維の原料となる溶解パルプの製造技術と，製紙用パルプの製造技術は非常に近かった。他方，日本は1930年代から50年代にかけ，世界最大級の人絹生産国であり，その原料のパルプの生産でも，1930年代に設立された国策企業をはじめ，多数の企業が参入して大規模な投資がなされていた。後述の，森林資源の制約に直面したにもかかわらず国内にパルプ工業を持つ特異な日本の産業構造は，いわば強い人絹工業の副産物として出現したのである。

第五は，先端的生産技術の不断の導入と独自の技術基盤の構築である。日本の製紙産業は，前節で触れたように，基本技術で世界の主導権を握ることはなかった。しかし，原料の調達や混合，設備のカスタマイズと導入後の改良，日々のオペレーションの「カイゼン」，漸次的な製品革新においては，独自の技術とノウハウを蓄積してきた。これらは，日本の製造業一般に共有される「日本的生産システム」の一部であり，高品質・高信頼性，多品種の少量生産，短納期などを要求される日本市場では，輸入品に対する競争力要因となってきた[14)]。

## 4　三つの統合・立地モデル

### 1)「資源国型」・「消費国型」と「日本モデル」

紙・パルプ産業は，物財の流れ（マテリアル・フロー）でも，また価値連鎖としても，林産資源などの生物原料から，パルプ，紙，紙加工品，最終需要者へ至る流れとして捉えられる。古紙から再生紙への循環もこの流れから派生する。特定の国・地域の視点では，この流れのどの部分を国内・域内に持つのかが問題となるが，視点を変えると，これは，この流れが世界のどこからどこへと向かい，どこで付加価値を生み出し，またどの地域の企業がこの流れを組織し制御するのか，という問題でもある。

こうした工程間の関係と立地については，技術的・市場的条件のよく似た他のプロセス産業・素材産業の分析が，参考になる。中でも，日本の総合商社と鉄鋼業の分析を踏まえて田中彰が提示した「原料調達システム」概念は有用である[15)]。田中は，鉄鉱石の供給基盤を所有してきた北米のメーカーと，あえて所有せず長期契約により原料を確保してきた日本のメーカーを対比し，この違いが両国の競争力を左右したと分析している。

田中はまた，日本の鉄鋼業の競争力について産業論で広く共有される認識を整理し，「日本モデル」の核心を「高炉に基づく鉄鋼一貫生産」が標準となったことに求め，競争力の源泉を以下の3点に要約している。長くなるが引用しよう。

①生産システムのレベル。臨海立地で合理的なレイアウトを持つ新鋭鉄鋼一貫製鉄所という設計思想および投資戦略。全工程を貫く統合的な品質管理。柔軟で効率的な多品種・多仕様生産を実現する精緻な生産管理（製販統合システム）。長期契約に基づく原料開発輸入体制。

②企業システムのレベル。革新的な企業者活動。協調的な労使関係と柔軟な作業組織。国内市場をメインターゲットとし，過剰能力を輸出に振り向ける市場戦略。

③産業のレベル。大手高炉メーカー数社の競争的寡占構造（激しい同質的競争と，他面での協調的体質）。国内の商社や大口ユーザーとの協調的な取引関係（共同研究・開発を含む）。政府や大学による社会的バックアップのネットワーク[16]。

この要約のうち，「大手高炉メーカー」「新鋭鉄鋼一貫製鉄所」の語を「紙・パルプ一貫生産メーカー」「パルプ・製紙一貫工場」に置き換え，「過剰能力を輸出に振り向ける」を除くだけで，上記の分析は，日本の紙・パルプ産業にもそのまま当てはまる。

そこで以下では，これらの分析を念頭に置きつつ，紙・パルプ産業の実態にあわせて，世界の大陸規模の地域市場を類型論的・理念型的に捉えてみたい。北米と欧州は，いずれも，その内部に，①川下に強みを持つ国・地域や企業（=「消費国型」）と，②川上に強みを持つ国・地域や企業（=「資源国型」）を持つと考えるのである。さらに戦後の日本では，このいずれとも異なり，鉄鋼業によく似た原料調達システムと，「日本モデル」の構成要素が，競争力の基盤となってきたとみなせるのである。

「消費国型」と「資源国型」の類型の判別では，中間財であるパルプの生産が手掛かりとなる。表1-3は，紙・板紙生産量の上位10カ国と，それぞれの国での，紙・板紙生産量を100としたときのパルプの生産量を示したものである。古紙利用が本格化する前の1975年には，西ドイツ（29％），イギリス（10

**表 1-3**　製紙生産国上位 10 カ国と製紙用パルプの紙・板紙に対する生産高比率（1956〜2005 年）

(%)

| 順位 | 1956 年 | | 1965 年 | | 1975 年 | | 1985 年 | | 1995 年 | | 2005 年 | | |
|---|---|---|---|---|---|---|---|---|---|---|---|---|---|
| 1 | 米国 | 70 | 米国 | 75 | 米国 | 80 | 米国 | 79 | 米国 | 70 | 米国 | 65 | *54 |
| 2 | カナダ | 124 | カナダ | 131 | 日本 | 61 | 日本 | 44 | 日本 | 37 | 中国 | 28 | *36 |
| 3 | イギリス | n.a. | 日本 | 64 | カナダ | 145 | カナダ | 139 | 中国 | 86 | 日本 | 35 | *72 |
| 4 | 西ドイツ | 50 | ソ連 | 90 | ソ連 | 95 | 中国 | 78 | カナダ | 136 | ドイツ | 13 | *66 |
| 5 | ソ連 | 101 | イギリス | 9 | 西ドイツ | 29 | ソ連 | 98 | 西ドイツ | 13 | カナダ | 130 | *14 |
| 6 | 日本 | 86 | 西ドイツ | 34 | スウェーデン | 181 | 西ドイツ | 24 | フィンランド | 92 | フィンランド | 90 | *5 |
| 7 | フランス | 41 | フィンランド | 158 | 中国 | 78 | フィンランド | 105 | スウェーデン | 111 | スウェーデン | 102 | *13 |
| 8 | スウェーデン | 260 | 中国 | 86 | フィンランド | 125 | スウェーデン | 130 | フランス | 33 | 韓国 | 5 | *67 |
| 9 | 中国 | 35 | フランス | 48 | イギリス | 10 | フランス | 35 | 韓国 | 8 | フランス | 24 | *58 |
| 10 | フィンランド | 186 | スウェーデン | 200 | イタリア | 31 | イタリア | 16 | イタリア | 9 | イタリア | 7 | *55 |

出所）1965〜2005 年は，*FAOSTAT : Food and Agricalture Organization of the United Nations Statistics Division*（http://faostat3.fao.org/download/F/FO/E）のデータより算出。1956 年のデータは東洋経済新報社編『紙・パルプの実際知識』東洋経済新報社，1966 年より算出。1958 年にはイギリスの数値は 4％であり，1956 年にも 6％以下と推定される。1965〜85 年については，筆者らによる次の論文が初出である（ただし本表では上記データに基づき修正)。Takafumi Kurosawa and Tomoko Hashino, "From the Non-European Tradition to a Variation on the Japanese Competitiveness Model : The Modern Japanese Paper Industry since the 1980s," in J.-A. Lamberg et al. (eds.) *The Evolution of Global Paper Industry 1800–2050 : A Comparative Analysis*, Springer, 2012, p. 160.

注 1）2005 年に * を付して示した数字は，再生紙生産量の対紙・板紙生産量比率（％)。
　2）網掛けは，パルプの対板紙比率が 90％以上の「資源国」であり，また下線は，これが 60％以下（1975 年までにつき適用)，あるいは 40％以下（1985 年以降に適用。再生紙の普及を考慮）の「消費国」である。

％)，イタリア（31％）での数字が低く，これらが製紙に専業化した「消費国型」であることが読み取れる。別の年次となるが，フランス，韓国も同様である。それに対し，カナダ（145％)，スウェーデン（181％)，フィンランド（125％）ではパルプ生産量が紙・板紙の生産量を上回っており，「資源国型」と位置づけられる。これに，表 1-1 の 2013 年の数字から，ブラジル（145％）を加えることもできる。最後に，米国（80％)，中国（78％)，日本（61％）については，両者の混合・中間型ないしは第三の類型とみなせる。

### 2)「消費国型」と「川下」主導の発展――多様な帰結

「消費国型」は，紙需要の拡大に牽引され，後工程（製紙）ないし「川下」主導で成長した国・地域であり，「需要牽引型」ともいえる。供給条件ありきではないために，内部需要を満たせないことも多く，通常は国内に大きなパルプ産業を持たない（表 1-1，表 1-3)。他方，紙の需要地であるから古紙調達では有利である（表1-3の2005年の再生紙の数字〔*〕を参照）。よってこの型では，特に1970年代以降，古紙パルプ工程を備えて再生紙の比重を高め，場合により紙の輸出国となったり，あるいは古紙の輸出国となる傾向もある。

この「消費国型」では，垂直統合が実現する場合でも，「川下から川上へ」の統合が主流である。新聞社や日用生活品製造企業など紙のユーザー産業の企業や，パルプの生産ではなく紙の生産から事業を始めた製紙企業が主導権を握り，中間財，原料の調達条件を確実にすべく，「川上」ないし「後方」（最終製品の顧客から見て背後）を統合する。垂直統合は，①紙需要部門＋②製紙でなされることも，また①紙需要部門は統合主体とはならず，②製紙を中心に③パルプ製造に対して行われることもあり，さらにこれらが④林産業にも及ぶ場合もある。また工場の立地では，需要者や物流拠点への近接，さらに古紙パルプ工程を持つ場合には，古紙の集荷・輸入拠点との近接が重視される。

この類型の実例を見てみよう。欧州では，北欧以外の地域は「消費国型」の特徴を持つ。紙の輸入依存度（輸入量/消費量）を見ると，1964・75・84年の各年の数字は，イギリスで48％，44％，60％，（西）ドイツで30％，35％，41％，フランスで15％，24％，37％，イタリアで14％，10％，30％であった。全体に輸入依存度が高く，次第に高まっている。

「需要国型」の産業構造が産業衰退の重要な一因となった極端な事例は，イギリスである。同国では，少なからぬ製紙工場が，新聞社やタバコ・食品・日用品大手などのユーザー企業により設立されたものであった。関税圏でも海運でも直結する北欧・カナダが世界的な紙の供給国として登場すると，製紙業を本業とするわけではないこれらの企業は，調達先を自社や国内の工場から国外に切り替えた。これら企業の大陸欧州への輸出は限られ，また1980年代半ばまで製造業の空洞化が進んだから，産業用の紙需要全体が伸び悩んだ。イギリスの場合には，川上の条件が悪いばかりか，「消費国型」の強みとなるはずの川下の関連産業とのつながりも，機能しなかったのである。

他方，ドイツの事例は，「消費国型」であっても，「輸出需要型」というべき類型にまで競争力を高めうることを示す。ドイツでは，戦後一貫して，輸入依存度も輸出依存度もともに伸びている。ドイツでは，パルプの国内調達や紙・

パルプ一貫生産，またフルラインの紙生産よりも，輸入市販パルプの利用や古紙・古紙パルプ調達網の構築，国際分業前提の専門化が優先された。ドイツの製紙業は，抜群の国際競争力を持ち活発な製品輸出を行う需要家の存在にも支えられていた。ドイツの製紙業は多数の中小企業からなり，これが，やはり中堅・中小企業——地域性の強い新聞・印刷業も含む——からなる各地の多様な需要家に，紙製品を供給した。地続きの隣国にも大きな需要があった。要するに，ドイツの製紙業は，垂直統合や大規模化によらずして，地域性と専門性を持つ需要家の「スコープ」に最適化することで，競争力を維持した。1980 年代以降の環境意識の高まりと古紙利用の進展も，追い風となった。

北米は，全体として「資源国型」の性格が強い。カナダはパルプ・新聞用紙の世界的な輸出国であり，また米国は世界最大の木材パルプ生産国で（表 1-1），国内需要の 7〜8 割を賄う。とはいえ米国には，南部を除き「消費国型」の要素も見られる。北欧と並び米国が先進的な役割を果たした木材パルプの利用は，新聞用紙需要の拡大に応えるために追求されたもので，需要牽引型の開発・投資であった。これを主導したのは新聞社であり，川下から川上へと遡る形で，一貫工場が設立された。また 1913 年に新聞用紙の輸入関税が撤廃されると，新聞用紙はカナダの，多くの場合米国の製紙企業や新聞社が所有する工場から調達されるようになり，米国はその輸入国となった。さらには，前節で触れた製品革新についても，供給側が起点とはいえ，製品革新がまずは新規の需要を生み出し，それが原料基盤の拡大を不可避としたという点で，「消費国型」の構成要素とみなせよう。

東アジアでも，韓国が，輸入パルプを用い，製紙に専業化しつつ紙の主要輸出国となっている（表 1-1）。韓国もまた，国際分業を前提に投資を行い，競争力を増して「消費国」から「輸出需要型」に転じたのである。

### 3)「資源国型」の立地に根ざす競争資源——優位と限界

「(林産) 資源国型」の製紙国は，木材パルプが製紙原料の主流となって登場した。北欧，カナダ，南半球のパルプ生産国が典型的であり，またこれに準ずる地域として，戦後にパルプ・製紙地帯として台頭した米国南部（米国内生産シェア57％〔2000年〕）を含めることができる。米国は製紙国・紙の輸出国である以上にパルプの生産・輸出国であり（表1-1，表1-3），同時に，原木，製材，木材チップ，木製ボードなど，多様な林産資源の供給地域である。

これら「資源国」では，通常，紙産業に先立ちパルプ産業が，またそれ以前に各種の林産業が存在した。そのため製紙工場の大半はパルプ・紙一貫工場であり，しばしば製材所とも一体である。統合は，多数見られた外資による対内直接投資（米国→カナダ，先進各国→南米等）の場合を除き，「川上から川下へ」の方向で，川上の企業が主導するのが主流であった。ここでは通常，製紙企業は多面的な「林業クラスター」の担い手である。

「資源国型」モデルの競争基盤と限界を，カナダの事例で見てみよう。その発展の基礎は，①安価で良質な原料と巨大市場（米国）の双方への近接，②英帝国圏の遺産も活かした世界各地への輸出，③米国や各国からの対内直接投資の受け入れ，④政府の支援（伐採権・水利権・カルテル容認）であった。この構図は戦後も続いたが，新聞用紙依存からの脱却は，製紙事業の多角化よりも，パルプ輸出の拡大の形をとった。

1973年の石油危機以降は，次の要因に脅かされ，成長の鈍化と競争力の低下に直面した。①米国東部・中西部経済の地盤沈下と需要減，②インフレと賃金上昇，③環境保護運動の登場と州政府の姿勢の変化，④米国での再生紙重視政策，⑤IT化に伴う新聞需要の縮小，そして，⑥新興のパルプ生産国との競合である。この苦境の中で，1997年以降は大規模な合併が相次いだが，業績は回復しなかった。今日，再編を生き延びたカスケイド（Cascades）社やドムター（Domter）社といった企業は，再生紙やオフィス用紙，欧州での衛生紙事業など，伝統的な競争優位部門から遠い事業を柱にしている。

地元の森林資源の優位という競争資源は，域外企業であっても入手でき（FDI），その限りでは「移転可能」である。しかし，森を動かすことができない以上，その優位性そのものは，その立地と切り離せない。特定地域の原料基盤に立脚する優位性は，その原料自体が競争力を喪失すれば，崩れてしまう。そうした事態は，世紀単位でしか起こらないが，まさしくそうした地殻変動が，20世紀末以降，南半球や新樹種の台頭により，起こったのである。

### 4）非資源国の一貫生産と臨海立地――「日本型」

戦後の日本は，上の「消費国型」「森林国型」のいずれにも属さず，第三の，世界的にもユニークな類型と見ることができる。というのも，敗戦で樺太を失い「資源国」としての性格が薄れ，他方，需要の急拡大で世界第二の「消費国」になったにもかかわらず，戦前には不完全だったパルプの自給体制をむしろ戦後に完成し，独自の「紙・パルプ一貫」体制を築いたからである。国際的な貿易財であるパルプではなく[17]，パルプの原料である木材チップを専用船を仕立てて輸入するのは，今日なお，日本の製紙業の際立った特徴である。また工場立地では，不完全ながらも臨海型の立地となったが，これは，「資源国」の一部に見られる製品出荷のための臨海立地とも，「消費国」での需要家近接立地とも異なるパターンであった。

しかし，目を日本の他のプロセス産業に転ずるならば，これはむしろ馴染みのある構図である。戦後日本の鉄鋼業では，海外から中間財・二次原料（銑鉄）ではなく一次原料・燃料（鉄鉱石・石炭）を輸入し，製銑・製鋼の両工程を連続的に行う銑鋼一貫製鉄所が，中心に位置してきた。石油化学でも，石油製品ではなく原油を輸入し，国内の製油所で精製し各種の誘導品を生産している。非資源国となりながら確立した「紙・パルプ一貫生産」は，「銑鋼一貫」，「消費地精製（主義）」と同種の立地・競争力類型，いわば「日本型」（日本モデル）と位置づけられるのである。

### 5）「日本型」――なぜ，どのように形成されたのか

それでは，この類型は，なぜ，どのようにして成立したのだろうか。戦前の日本においては，「資源国型」と「消費国型」が並存していた。1890年に木材パルプ利用が日本でも実現し，1910年代以降，外地である北海道と樺太に新鋭の紙・パルプ一貫工場が次々と設立されると，北方の針葉樹地帯は，日本における「資源国型」の拠点となり，新聞用紙を柱に内地向けの生産が行われた。樺太庁や北海道庁は国有林の伐採で製紙企業を優遇し，後に互いに大合併する王子製紙，富士製紙，樺太工業がここに進出した。これによりパルプ生産は急増し，国内自給率は，1913年の62％から1921年には87％に上昇し

た[18)]。

これに対して，日本の内地は，「消費国型」の要素を色濃く持った。主体は，在来型の原料を用いる中小零細の機械漉き和紙メーカーか，稲藁パルプや輸入パルプを用いる中堅・中小の洋紙・板紙メーカーであった。これら「非王子系」各社は北海道・樺太の森林資源から排除され木材パルプ調達では恵まれず[19)]，その競争基盤は需要家との近接にあった。

第二次大戦で敗れた日本は，パルプ生産能力の44％を占めていた樺太を喪失した。原料調達でも内地の重要性が高まり，また占領政策の一環で王子製紙も分割され，王子系とそれ以外との間の格差も解消された。その結果，二つの類型の並存という性格は薄れた。外貨不足のためにパルプ輸入は不可能であったから，在来型原料や再生原料とともに，内地の民有林のアカマツやクロマツ，各種の広葉樹が新たに戦後の原料基盤となり，これらに適したパルプ化設備への投資が拡大した[20)]。

「紙・パルプ一貫」生産の確立には，パルプを生産しうる企業と，パルプ化・抄紙工程の結合が必要である。パルプ専業企業は，前節で見た「歴史的産業連関」により，1930年代から40年代に誕生していた。また工程間の結合は，戦後の15年間に，パルプ専業企業と抄紙専業企業の川下・川上への相互進出によって実現した。当時，パルプ専業会社は5社のみで生産能力も足りず，そのため抄紙企業は自らパルプ生産に参入した[21)]。パルプ専業企業も，抄紙企業の動きや旧来の主用途である人絹パルプの将来性に危機感を持ち，抄紙工程に参入した。1960年代半ばには，製紙部門売上高比率は，この両グループ間で大差がなくなった[22)]。こうして成立した一貫生産体制は，今日まで維持されている[23)]。また各社の製品セグメントも広がり，主要企業は，互いによく似た事業分野と戦略を持つに至った[24)]。

海外からのパルプ原料の調達は，1960年代に本格化した。国内原料のみでは需要を賄えず，外貨状況も改善したためである。すでにパルプ工程に長期の視点で投資していた各社にとって，パルプ原料の輸入は，市販パルプの輸入よりも自然な選択であった。

「日本型」を象徴する木材チップの利用は，1963，64年に，東洋パルプと大昭和製紙がそれぞれ行った米国西海岸からの輸入によって開始され，1970年代には原木利用にほとんど取って代わった。東洋パルプは自社専用チップ船と専用バースでこれを行ったが，これは世界でも初めての試みで，日本の他社はこれに追随した[25]。1973年時点で，16社51隻のチップ専用船によって10カ国から木材チップが輸入されており，資源輸入量の中で木材は原油に次ぐ位置にあった[26]。今日でも世界のチップ専用船の実に75％が，日本の紙・パルプ企業の所有下にある[27]。こうして，木材チップを，長期の調達契約や海外植林事業，業界独自の輸送インフラストラクチャーに基づいて世界中から最適地調達を行う体制が，構築されたのである[28]。

臨海立地と合理的な工場レイアウトも，「日本モデル」の重要な構成要素である。ただし製紙業では，海外原料依存に転ずる前の工場が多数残っており，純然たる臨海立地は少ない。外地の工場の大半は大河川の河口に設けられたが，原料は山側から調達されており，港湾は製品出荷目的で，輸入原料を前提とした臨海型ではなかった。また内地の工場は，国内の森林・水資源への近接立地が主であった。とはいえ，1960年代以降の新規投資では，純然たる臨海型立地が戦略的に追求された。世界最大級の大王製紙三島工場はその代表であり，極めて合理的な工場レイアウトを持つ。また海外原料に転ずる前に臨海地域に設立され，その後輸入原料利用に転じた工場も少なくない。日本製紙の石巻工場（旧東北振興パルプ，十條製紙）や岩国工場（旧山陽パルプ），王子製紙の呉工場（旧東洋パルプ）は，その例である。化学工業や鉄鋼業では，臨海型立地は1950年代末から本格的に開始されている。旧来型の立地が残ったとはいえ，製紙業でも，新規投資では他産業に比しての遅れはほとんどなかった。

こうして確立した原料調達・立地モデルは，1970年代以降の古紙利用の進展で，部分的に変化してきた。木材パルプの使用比率の低下とともに，臨海立地や一貫生産の重要性が薄れ，古紙集荷の適地に設けられた中規模工場の優位性が高まったからである[29]。しかし，その後も20世紀の間は生産量が伸び続け，また古紙パルプの配合比率の引き上げには技術的な限界があったから，海外チップ原料の最適地調達の能力は，その後も日本の製紙企業の競争力基盤であり続けた。

## 5　21世紀の地殻変動

21世紀に入り，世界の製紙産業は新たな局面を迎えた。第一に，消費の面で，新興の人口大国，特に中国の存在感が増した。中国は，2000年には紙・板紙生産量で世界第2位となり，2008年には米国を凌駕した。今日では，世界シェアの4分の1を占める世界最大の製紙大国である。中国は，国内の森林資源に限界がある中で消費の伸びに牽引され成長し（「消費国型」），他方で輸入木材パルプへの依存が低く（「資源国型」），国際貿易財（古紙）を国内でのパルプ生産に用いるという点では，海外チップの利用比率が低いとはいえ上述の日本型との共通項があり，日本型の亜種ともいえる。他方，古紙回収の世界的な一般化と古紙の世界商品化を前提とし，国内伝統原料を含む多様な原料が利用され，一貫生産，臨海立地，大規模化の要素が弱く，バージン原料の世界最適地調達の能力に基礎を持たないという点では，日本型との違いも目立つ。

地殻変動の第二は，供給面の構造変化である。古紙利用の世界的な拡大を脇に置くならば，①南半球や熱帯の林産資源国の台頭，②早成多収穫樹種を用いた人工林の重要性の高まり，③林学的・生命科学的な革新が重要である。この3者は互いに相互促進的な関係にあり，20世紀に圧倒的な優位を誇った北半球の資源国の競争力基盤を掘り崩しつつある。

第三の要素は，企業レベルでの新しい動きである。グローバル化と新旧製紙国の交代の中で既存企業は多国籍化を進め，また新たな企業も誕生している。これについては具体的に見てみよう。

欧州・北米・日本の3地域の従来からの有力企業は，それまでの事業分野を一部では再編しつつ，多国籍化を進めている。まず欧州では，業績の悪化に直面した北欧企業が大規模な合併を行い，またドイツや中東欧など欧州各国の企業を買収し，世界的な地位を維持している。UPM（フィンランド）社や，ストラ・エンソ（Stra Enso，フィンランド企業とスウェーデン企業の合併で誕生）社はその代表である。両社とも南米や中国への投資により，北欧の競争資源への依存を低めている。しかし両社とも売上高に占める欧州の比率は7～9割と高く，依然としてグローバル企業というよりは欧州企業である[30]。

北米でも市場の停滞・縮小で企業合併が相次いでいる。2015年には，表1-2に示したロック・テン（Rock Tenn）社とMWV社が合併し，ウェスト・ロック（West Rock）社となった。しかしやはり北米企業でも，文字通りのグローバル企業はいまだ登場していない。世界首位のIP社でさえ，地域別売上で北米は72％と，なお高い比率を占める（残余は欧州・ロシア13％，アジア7.2％，中南米5.9％）[31]。

日本でも，市場の成熟の下で1990年代末に合併が相次ぎ，21世紀初めには，王子製紙・日本製紙の2大企業（各25％前後の国内シェア）と，それに続く大王製紙，レンゴー（ダンボール・板紙・包装材専業），北越紀州製紙，三菱製紙などからなる第二集団（同10％弱）による産業構造が成立した。このうち王子製紙は，中国の南通市で大規模な紙・パルプ一貫工場の設立を進める。「日本モデル」の中国への移転の動きともいえる。

過去四半世紀の構造変化は，先進国では，むしろリサイクル事業・再生紙・梱包材に専門化した企業の急成長に表れている。イギリスに本拠を置くDSスミス（DS Smith）社（欧州3位）は，1940年にダンボール製造企業として設立されたが，1990年代以降，欧州各地の企業を買収し，成長市場の南欧では工場も新設して全欧的企業になった[32]。またスムルフィット・カッパ（Smurfit Kappa）社（欧州8位）は，アイルランドの紙箱メーカーであったジェファソン・スムルフィット（Jefferson Smurfit）社に遡る。同社は1964年に北米に進出し，2005年には，オランダに起源を持つ全欧的な包装材メーカーであるカッパ（Kappa）社と合併し，大陸欧州市場にも拠点を広げた[33]。両社の成長は，イギリスの欧州回帰を反映しているが，これは「消費国型」の競争条件——木材パルプでの不利と古紙調達での有利——を活かした戦略の成果でもあった。

地球規模の変化を最も印象的に示すのは，新興国企業の躍進である。中でも南アフリカは，北半球に進出しグローバル化した二つの企業を持つ。うちモンディ（Mondi）社（世界12位）は，「成長市場から成長市場へ」の進出例である。同社は鉱産資源大手アングロ・アメリカン（Anglo American）社の南アフリカ事業から派生し，1990年代から中東欧・ロシア（同社の用語で「新興欧州」）

の企業を多数買収した。今日では地域別事業構成は，欧州6割・北米3割，南アフリカ1割である[34]。対するサッピ（Sappi）社（世界13位）は「フルラインで先進国へ」の例である。1936年に南アフリカにパルプ・紙製造企業として設立されたが，やはり1990年以降，欧州と北米で買収を進めた。今日の地域構成は，欧州・北米・南アフリカで2対1対1である[35]。この両社とも，新興の資源国の優位性（林業・パルプ）と，進出先の条件に適した主力品種（古紙利用の包装材・塗工紙）の組み合わせを持つ。

南半球の「資源国型」の優位性と，大陸規模の統合を体現するのは，1920年にチリに設立されたエンプレサスCMPC（Empresas CMPC）社（世界18位）である。同社はラジアータパインやユーカリの植林の先進企業で，1960年に同国初のパルプ輸出企業となった。1991年以降，中南米各国で企業買収を進め，各地で植林・製材・パルプ製造・製紙事業を行っている。

またアジアの新興勢力・多国籍企業としては，インドネシアに本拠を持つアジア・パルプ・アンド・ペーパー（Asian Pulp & Paper：APP）社が代表的である。同社は，中国福建省出身の華人系企業家が，台湾企業との合弁で始めたパルプ製造・製紙工場に遡る。1986年には台湾側の出資比率を下げ，1992年には製紙では初めての外資系企業として中国本土に進出し，2年後にはシンガポール証券取引所に上場した。同社はインドネシアでは木材パルプを，また中国では古紙パルプを用いる。同社は，異業種を統合した同族企業的コングロマリットであるシナール・マス・グループ（Sinar Mas Group）の中核企業という点でも，新興国企業らしい存在である。

## おわりに

製紙業を例とした本章のグローバルな比較産業史からは，何が明らかになるだろうか。ここでは，各節の分析やその結論を要約することはせず，むしろ，本章の分析が示唆する本書全体の分析手法の意義を確認して，結びとしたい。

第一は，長期の歴史的な視点の重要性である。本章の分析は，単に時間軸の重要性（例：「財・技術・消費の安定性」）のみならず，複数の事象・行為の間の因果の連鎖（「進化」的要素。例：人絹パルプと紙との間の「歴史的産業連関」）や，それらの背後に潜む行為者の認識（「歴史」的要素。例：市場成長を織り込んでの投資）を考察することが，産業分析で重要なことを示す。さらには，非常に長期の視点による歴史分析は，一定期間存続し競争条件の枠・前提となる「構造」の特定とその変化の解明に不可欠である（例：冷帯針葉樹原料の優位性とその喪失）。

第二は，産業間比較のメリットである。適切に定義された産業は，それぞれ固有の特徴と動態を持つ。とはいえ，本章で試みた紙パルプ産業と鉄鋼業の比較のように，共通点と相違点に十分に留意するならば，産業間の比較分析は，極めて有効な分析手法である。

第三は，地球規模での地理的な比較・関係分析の意義である。一国の分析では産業の特質と当該国の特質は判別できず，複数国を対象としても世界的な位置が解明できるとは限らない。「日本対欧米」の二分法の限界はいうまでもないが，「国」が有効な分析単位であるかも自明ではない。本章での「消費国型」「資源国型」のように，産業の動態にとり重要な要因を特定した上で，それに即して適切な分析単位を定める必要がある。

第四は，産業史と経済史・経営史の関係である。本章で紙幅を割いた各国の事例は，いずれも，マクロレベル——必ずしも一国単位ではないが——の経済の特質・動きと，産業レベルのそれとの密接な連関の好例である。また第5節の最後で試みたように，個別企業（ミクロレベル）についての経営史的分析は，産業史の分析と不可分の関係にある。

**注**

1）2012年には，日本の紙・パルプ・紙加工品産業の製品出荷額は約6.8兆円であり，製造業全体の約2.4％，製造業24業種中第17位である。大きな産業とはいい難いが，しかし注目されることの多い鉄鋼業の2.6分の1，また電子部品・デバイス産業の半分の規模を有している（日本製紙連合会 http://www.jpa.gr.jp/states/brief/index.html）。

2）パルプ工業を持つ国では，製紙業は，この前工程をも含めて「紙・パルプ工業」（日本）ないし「パルプ・紙工業」（北欧等）と並記されることが多い。パルプは素材・

中間財であるが，レーヨンなど化学繊維やアセテート，セロファン向けの「溶解パルプ」の割合は今日では低く，主には製紙用であり，この二つの産業を一括して分析することには，合理性がある。

3）紙とは，「比較的短い植物繊維の水懸濁液を抄紙，すなわち網を用いて脱水および乾燥することで出来る自己接着性の繊維集合体」である（山内龍男『紙とパルプの科学』京都大学学術出版会，2006年，3頁)。

4）四宮俊之「紙・パルプ業における技術革新――選択・応用の可能性，機敏性」由井常彦・橋本寿朗編『革新の経営史――戦前・戦後における日本企業の革新行動』有斐閣，1995年，59-75頁。

5）表1-1の出所データ（FAO統計等)，および古紙再生促進センター作成資料（http://www.prpc.or.jp/menu05/linkfile/sekainotoukei.pdf）による。

6）東洋経済新報社編『紙・パルプの実際知識』東洋経済新報社，1966年，21頁。

7）H. Toivanen, "Waves of Technological Innovation : The Evolution of the US Pulp and Paper Industry, 1860-2000," in J.-A. Lamberg et al. (eds.), *The Evolution of Global Paper Industry 1800-2050 : A Comparative Analysis*, Springer, 2012.

8）ジェフリー・オーウェン『帝国からヨーロッパへ――戦後イギリス産業の没落と再生』和田一夫監訳，名古屋大学出版会，2004年，129-145頁。

9）Timo Särkkä, "The British Paper Industry, 1800-2000," in Lamberg et al. (eds.), *op. cit.*, pp. 167-190.

10）Olli Turnen, "The Paper Industry in Germany, 1800-2000," in Lamberg et al. (eds.), *op. cit.* pp. 81-99.

11）J. Järvinen et al., "The Evolution of Pulp and Paper Industries in Finland, Sweden and Norway, 1800-2005," in Lamberg et al. (eds.), *op. cit.*, pp. 19-48.

12）Miquel Gutiérrez-Poch, "Is there a Southern European Model? Development of the Pulp and Paper Industry in Italy, Spain and Portugal (1800-2010)," in Lamberg et al. (eds.), *op. cit.*, pp. 211-243.

13）Takafumi Kurosawa and Tomoko Hashino, "From the Non-European Tradition to a Variation on the Japanese Competitiveness Model : The Modern Japanese Paper Industry since the 1980s," in Lamberg et al. (eds.), *op. cit.*, pp. 135-166. なお，この英文論文のTable 6.4のタイトルでAnnual import volume of paper by countryとあるが，paperはpulp for paperの誤りである。

14）本節で触れた日本的生産システムの要素や，人絹用溶解パルプと亜硫酸パルプとの間の技術的共通性，機械漉き和紙産業の特質，次節で詳述する国内の他のプロセス産業との相互学習，原料混合ノウハウの重要性等，日本の製紙企業が置かれた状況と取り組みについては，各種文献資料の他，下記の一連の見学および各社・各組織の担当者各位からの聞き取りから，重要な示唆を得た。日本製紙㈱ 富士工場および日本大昭和板紙㈱ 吉永工場（2009年10月23日)，日本製紙クレシア㈱ 京都工場（2009年11月24日)，大王製紙㈱ 三島工場（2010年2月9日)，「紙の博物館」（東京都北区）および日本機械すき和紙連合会（東京都中央区）（2010年7月27日)，王子製紙㈱

苫小牧工場（2010年10月1日）。

15）田中彰『戦後日本の資源ビジネス――原料調達システムと総合商社の比較経営史』名古屋大学出版会，2012年。

16）田中彰「鉄鋼――日本モデルの波及と拡散」塩地洋編著『東アジア優位産業の競争力――その要因と競争・分業構造』ミネルヴァ書房，2008年，25頁。

17）日本ではパルプの輸入量は，パルプ原料（木材チップなど）の輸入量の1割未満（1985年8.7％，1999年8.5％）にすぎない。

18）鈴木尚夫編『紙・パルプ　現代日本産業発達史XII』交詢社，1967年，155頁。

19）大昭和製紙編『大昭和製紙五十年史』1991年，181，202-203頁。

20）1952年には針葉樹と広葉樹の比率は1952年には95％対5％であったが，1965年には両者が逆転した。王子製紙編『王子製紙社史　合併各社編』2001年，70-75頁。この傾向は世界的でもあり，特に米国では，北部から南部への生産拠点の拡大・移転とともに進んでいた。新樹種の利用は，クラフトパルプ（KP）の実用で本格化したが，これは，北欧企業の技術・装置開発や米国での導入実績を踏まえたものであった。

21）王子製紙編，前掲書，141-150，231頁。

22）大昭和製紙編，前掲書，227頁。

23）1999年には，紙・板紙メーカー上位10社のうち，8社が紙・パルプ一貫メーカーであり，またこれら10社の64の工場のうち，28工場は紙・パルプ一貫工場である。他方，パルプ専業メーカーは存在しない。王子製紙編『紙・パルプの実際知識』東洋経済新報社，2001年，78-79頁。

24）鈴木編，前掲書，349頁。

25）王子製紙編，前掲書，163-169頁。なお，チップは容積に比し軽く，喫水が浅くなるため，大型外洋船では専用設計が不可欠である。

26）大昭和製紙編，前掲書，282頁。

27）*Wood Resources International LLC Press Release*, 2015年2月9日付発表（http://www.forestry.co.za/the-family-of-global-wood-chip-carriers-is-becoming-smaller-and-younger/）。

28）1970年代以降，日本の製紙メーカーや商社は，南米など各地にパルプ調達のための対外直接投資を行った。いわゆる「開発輸入」である。ポイントは，海外パルプの調達が市販パルプのスポット買い的な購入でなされるのではなく，技術供与や資本出資をも行い長期安定調達の形でなされることである。他方，日本市場向けに原料ではなく製品を輸入するための対外直接投資は，1970年代以降，北米への直接投資による新聞用紙調達など少数見られたが，定着しなかった。

29）王子製紙編，前掲『王子製紙社史』404頁。

30）ストラ・エンソ社（http://assets.storaenso.com/se/com/DownloadCenterDocuments/Facts%20and%20Figures%202013%20in%20English.aspx）。

31）欧州・ロシア市場12.9％，中南米5.8％，アジア市場7％。中国での合弁相手は山東太陽紙業（Shandong Sun Paper Industry）で，55％出資の合弁子会社の生産能力は140万トン/年。なおIP社は，21世紀に入ってからの大規模な事業の売却・買収で，梱包材と印刷用紙の2部門に専門化した（http://www.ipapersun.com/aboutus/1.shtml）。

32）DS スミス社（http://www.dssmith.com/company/who-we-are/history/, http://www.dssmith.com/contentassets/f61c48db54934f198b74ccea2b73312e/ds-smith-2015-annual-report.pdf）。
33）スムルフィット・カッパ社（http://www.smurfitkappa.com/vhome/com/AboutUs/Pages/History.aspx）。
34）モンディ・グループ（http://www.mondigroup.com/desktopdefault.aspx/tabid-299）。
35）サッピ社（http://www.sappi.com/regions/is/group/Pages/Company-history.aspx）。

# 第2章

# クォーツ革命からファッションへ
## 時　計

ピエール＝イヴ・ドンゼ

## はじめに

### 1）本章の問いと分析視角

競争力の源泉は，どこに求められるのだろうか。この問いに対して，経営史はおおよそ二つの解釈を示していた。アルフレッド・チャンドラーやその系譜に連なる研究者は，大企業に注目し，その資源と組織能力によって，大企業が世界経済の主要な担い手になったと見てきた[1)]。他方で，産業集積や産業クラスターを重視する人々は，一つの地域や領域性を持つ経済に根ざした資源に着目してきた[2)]。しかし，この二項対立を超えようとする研究も見られる。その筆頭に挙げられるのは，マイケル・ポーターの『国の競争優位』であろう。そこでは，多国籍企業（MNEs）の競争力もまた，特定のクラスターや国への立地（localization）に立脚しているとしている[3)]。また1990年代半ばからは，少なからぬ産業集積研究者が，集積の中で，牽引役となる企業や多国籍企業が存在すること，またそれらが地域の動態の中で果たす役割を明らかにしてきた[4)]。他方では，地理的には特定の地域に根ざす資源が，多国籍企業にとっても重要であることが強調されてきた[5)]。本章では，1945年から2010年にかけての時計産業を取り上げ，スイス，米国，日本，香港の事例の分析を通じて，地域に根ざす資源が競争力において重要であるとするこの議論や，「ナショナル・インダストリー」に関する論争について検討を行いたい。

本章の問題関心は，以下のようなものである。20世紀後半の時計産業の競争が，国と国との間の競争から，企業間の競争に転換したのはなぜだろうか[6)]。またそれはどのように変化したのだろうか。この時期に，企業組織のグローバル化をもたらしたのは，いったいどのような要因だろうか。1980年代以降の時計の生産と流通をめぐる価値連鎖の中で，主要なハブ（中軸）となったスイスや香港の優位性は，何に由来するのだろうか。

時計を一つの商品として見ると，1945年から今日に至る間にその性格は大きく変貌し，それに伴い国際競争力の基盤も変化してきた。1980年代まで，時計は主に時間を測定する器械であり，安価な高精度製品の製造ができた企業は競争力を得た。しかし，1990年代に入ると，クォーツ時計の普及の結果として，高精度製品の製造はあたりまえのこととなった。また，同時に，時間を表示する携帯電話・スマートフォン（スマホ）の普及により，腕時計の必要性は少なくなった。したがって，時計メーカーは，時間を測定する器械ではなく，ファッション・アクセサリーとして新しい商品を開発するようになった。この商品イノベーションは国際競争力の条件を変え，既存企業の衰退や新しい企業の参入が起こった。

### 2）競争の単位——国・地域か企業か

多くの研究は，時計産業を，国や地域を単位に競争が行われている産業の典型と位置づけてきた。スイスの時計産業と，日本の，あるいは「アジアの」ライバルとの競争，という構図である。香港と日本の時計メーカーを同一視し，いずれも，スイスのメーカーに比すると，安価なクォーツ時計の生産に特化してきたとする見方が，欧米の研究者では支配的である。実際多くの研究では，「アジアの製造業者」とするだけで，日本と香港を区別していない[7)]。例えば，K. タジェディニとM. トルーマンは，「スイス時計産業は，香港製・日本製の，高度に正確で低コストのクォーツ時計によって，低・中価格帯の市場からほとんど完全に駆逐されてしまった」と述べている[8)]。1950年代に遡るならば，この産業でも，各国の時計産業相互の競争が主軸であったことは間違いない。しかし本章ではむしろ，1960年代以降に起こった変化が，競争の形を根底的に覆し，グローバル企業相互の競争となったことを明らかにする。この変化はどのようにして起こり，いかなる意味を持ったのだろうか。今日において，各国，各地域，そして特定の地域に根ざすことは，いかなる意味を持つのだろうか。このような問いに答えていきたい。

どのような資料を用いるかによって，時計産業の競争力についての分析結果は，大きく異なってくる。まずは，貿易統計と生産統計，それに世界の主要な時計関連企業のランキングを見てみよう。

### 3）時計の生産国と輸出国

図2-1は，1950〜2010年の主要時計生産国の生産額と輸出額を示したものであり，競争構造の変化を手掛かりに，三つの時期に区分することができる。

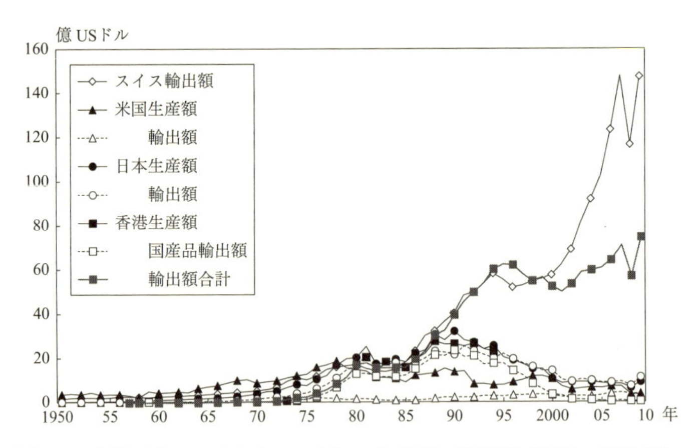


**図2-1**　時計（ウォッチとクロック）の生産額・輸出額（1950〜2010年）

出所）*Statistique annuelle du commerce extérieur de la Suisse*, Administration fédéraledes douanes, 1960-2010 ; *Annual Survey of Manufactures*, U. S. Bureau of Census, 1950-2010 ; *U. S. Exports*, U.S. Bureau of Census, 1950-2010 ;『機械統計年報』通商産業省, 1950-2010年 ;『日本外国貿易年表』大蔵省（財務省）, 1950-2010年 ; *Hong Kong Trade Statistics Export & Re-Export*, Census Department, 1950-2010 ; *Hong Kong's Manufacturing Industries*, Hong Kong Trade Development Council, 1994-96.

注）スイスにおける生産量は不明である。

第一の時期（1950〜75年）では，競争構造の安定性が目立つ。世界最大の生産国は米国であるが，輸出市場ではほとんど存在しないに等しく，世界市場で競争力があるとはいえない。1950〜78年の間，米国時計産業の輸出依存度は平均すると1.8％にすぎない。スイスと日本はいずれも安定的に成長し，1960年代末から競合するようになる。香港の世界市場への登場はまだである。

第二の時期（1975〜85年）は，電子時計の登場によって引き起こされた大変動の時代である。スイスが停滞し，米国の時計産業（ウォッチ，クロック）が2010年まで続く長い衰退期に入った。これと対照的に拡大して市場を制したのは東アジアであり，日本が生産でも輸出でもトップに立ち，香港もまた登場してきた。

第三の時期（1985〜2010年）は，スイスの華々しい復活と香港の顕著な成長による国際的な競争の再編で特徴づけられる。スイスはラグジュアリー路線にポジショニングを改め，また香港は，もはや生産拠点ではなくなり（1990年に終焉を迎えた），隣接の中国本土に有する工場で生産した時計を中国本土市場に再輸出する拠点となった。衰退が止まらない米国を追うように，日本でも縮小が続いている。

このように，輸出統計と生産統計からは，世界の時計生産の趨勢とともに，世界の主要生産国が非常に異なった経路をたどったことも読み取れる。ただし，この鳥瞰図は便利ではあるが，時計産業の競争力の推移を部分的にしか示していないことに注意が必要である。基となる数字は各国当局が集めた統計によっており，競争力についての各国の見方を反映している。他の資料を用いると，様相は全く違ってくる。

#### 4）時計企業のランキング

時計企業のグローバル・ランキングは，時計産業の競争力を測るもう一つの指標である。多くのスイス企業のデータが欠けており，正確さの点で限界はあるが，複数の投資銀行が独自の情報に基づきランキングを公表している。ここでは，時計業界のアナリストによって最も広範に使われているフォントーベル（Vontobel）銀行の数字を見てみよう。表2-1は，2012年の世界トップ20社

表 2-1　世界の時計販売額上位 20 社（2012 年）

| | 会社名 | 本社所在国 | 生産拠点 | 時計売上高（百万スイスフラン） | 市場シェア（%） |
|---|---|---|---|---|---|
| 1 | Swatch Group | スイス | スイス，フランス，ドイツ，香港，タイ，中国 | 6,955 | 18.3 |
| 2 | Richemont | 〃 | スイス | 5,960 | 15.7 |
| 3 | Rolex | 〃 | 〃 | 4,500 | 11.8 |
| 4 | Fossil | 米国 | 香港，スイス | 1,970 | 5.2 |
| 5 | LVMH | フランス | スイス，香港 | 1,785 | 4.7 |
| 6 | シチズン | 日本 | 日本，香港，タイ，中国，スイス | 1,490 | 3.9 |
| 7 | セイコー | 〃 | 日本，香港，タイ，中国，シンガポール | 1,295 | 3.4 |
| 8 | Patek Philippe | スイス | スイス | 1,150 | 3.0 |
| 9 | カシオ | 日本 | 日本，香港，タイ，中国 | 800 | 2.1 |
| 10 | Audemars Piguet | スイス | スイス | 640 | 1.7 |
| 11 | Chopard | 〃 | 〃 | 600 | 1.6 |
| 12 | Movado Group | 米国 | スイス，中国，香港 | 465 | 1.2 |
| 13 | Breitling | スイス | スイス | 350 | 0.9 |
| 14 | Franck Muller | 〃 | 〃 | 300 | 0.8 |
| 15 | China Haidan | 香港 | 中国，香港，スイス | 280 | 0.7 |
| 16 | Morellato & Sector | イタリア | スイス，香港 | 250 | 0.7 |
| 17 | Kering | フランス | スイス | 250 | 0.7 |
| 18 | Folli Follie | ギリシャ | 香港 | 250 | 0.7 |
| 19 | Festina | スペイン | スイス，日本，スペイン | 250 | 0.7 |
| 20 | Ulysse Nardin | スイス | スイス | 220 | 0.6 |

出所）*Watch Industry*, Vontobel Equity Research, 2013.
注）生産拠点のデータは筆者が各種資料に基づき追記したもの。一部に未公表情報による推測を含む。

を，製造拠点の情報とともに示したものである。二つの点が特筆に値する。

第一は，時計製造の非常に大きな割合が，極めて少数の企業に握られている点である。トップ 20 社のシェアを合わせると，世界市場の 78.4 % に達する。しかも，3 大企業で世界市場の半ば近くを占めている（45.8 %）。

第二は，企業の拠点が地理的に広範に分布している点である。本社所在地では，スイス（9），日本（3），米国（2）の他，時計産業の特段の中心地とはいえない国，例えばフランス（2），イタリア（1），スペイン（1），ギリシャ（1）が名を連ねているのである。反対に，時計輸出拠点として際立つ香港に拠点を置くのは1社にすぎない。言い換えれば，生産国・輸出国として捉えられる姿と(図2-1)，世界トップ企業から見える像（表2-1）との間に大きなギャップがあるということである。これは，ほとんどの時計企業が，その部品や製品を社内では生産せず，他社から調達していることによる。トップ20社のうち，自社で時計を製造する企業は限られる。スウォッチ・グループ（Swatch Group），高級品に特化した少数のスイス企業（ロレックス〔Rolex〕，パテック・フィリップ〔Patek Philippe〕，オーデマピゲ〔Audemars Piguet〕およびリシュモン〔Richemont〕，モエ・ヘネシー・ルイ・ヴィトン〔Moët Hennessy Louis Vuitton : LVMH〕，ケリング〔Kering〕各グループに属する企業），それに日本の時計メーカーである。他の企業は，スイス，日本，香港の時計メーカーから時計を調達し，これを自社ブランドで販売――場合により組み立ても行うが――している。競争力はもはや生産技術に卓越するか否かではなく，むしろ，グローバルなサプライチェーンを効果的に構築する能力に左右されるのである。

21世紀になって鮮明になった，世界の時計産業における製造拠点と最も競争力を持つ企業の国籍のずれを理解するためには，そこに至る歴史を遡らねばならない。第二次大戦が終結したときには，時計産業はもっぱら，各国ごとに組織されていたのである。それがなぜ，どのようにして一変してしまったのだろうか。以下では，1950年代から2010年までの歴史をたどりながら，その経緯を明らかにしてみよう。

## 1　1950年代の世界の時計産業

### 1）主要時計生産国――スイス・米国・日本

第二次大戦が終結して間もない時期には，世界の時計産業は，おおよそ各国ごとに組織されていた。1950年代に，スイスは世界の総生産量の半ば近くを生産しており，また生産国上位5カ国のシェアは，世界市場の8割を超えていた。しかし表2-2に示した数字は単に生産量を示すものであり，製品の多様性を考慮すると，各国の競争力を正確に反映したものとはいえない。例えば米国

**表 2-2**　時計（ウォッチ）と時計ムーブメントの生産量・世界シェア（1950〜59 年）

| 国　名 | 生産量（百万個） | 世界シェア（%） |
|---|---|---|
| スイス | 348.4 | 48.2 |
| 米国 | 92.4 | 12.8 |
| ソ連 | 84.1 | 11.6 |
| フランス | 39.6 | 5.5 |
| 日本 | 24.7 | 3.4 |
| その他 | 134.1 | 18.5 |
| 合　計 | 723.3 | 100 |

出所）スイス時計協会の推測（David S. Landes, *Revolution in Time : Clocks and the Making of the Modern World*, Harvard University Press, 2000, p. 423）。

は，安価で低品質の機械時計（ピンレバーウォッチと称された）に特化し，対する日本は，比較的高品質の製品を製造していた。またスイスは，この両方を生産していた。しかしいずれにせよ，この表から読み取れるのは，時計生産が，それぞれの時代に時計工業を「国民的産業」と位置づけた少数の国によって担われていたということであろう。時計産業が，このように各国を単位に発展を遂げたのは，その発展が，国によって異なる制度的な要素に支えられていたからである。

### 2）スイス

まずスイスの時計産業においては，こうした制度的基盤は，1920 年代に設立され，1934 年にスイス連邦政府によって公認されたカルテルに由来する[9]。この体制の下では，スイスのすべての時計製造企業は，他のスイス企業からカルテルが定めた価格で部品を調達することを義務づけられた。ずっと以前から長期の取引関係を有する少数の仏・独企業からの調達を例外として，他国からの部品輸入は厳格に禁止された。部品や時計用工作機械の輸出も，スイス企業が国外に生産拠点を移すことを防ぐために禁じられた。加えて，時計関連企業の設立や買収は，許認可制の下に置かれた。この制度は，中小企業からなる産業構造を維持するために設けられたものであり，1950 年代のスイスの時計工業が，国という枠を前提としたものであったことを端的に示している。時計メーカーは，販売網以外に国外への直接投資（FDI）を行うことはなく，また，外国からの対内直接投資も極めて限られていた。外国資本が入った極めて少数の時計企業は，スイスからの部品やムーブメントの安定的な調達のために米国の時計企業が上記のカルテル結成の前にスイスに設けた子会社であった。グリュエン（Gruen Watch）（1903 年），ブローバ（Bulova Watch）（1911 年），ベンラス（Benrus Watch）（1927年）といった企業がそれである[10]。しかしこれらの外資系企業は，1950年に1863社に達したスイスの時計工業の中では，ごく小さな割合を占めるにすぎなかった。それに先立つ1940年代において，これらの米系企業子会社は，部品の米国本社への輸出について，秘密裏に特別の認可を受けていた[11]。

#### 3）米　国

米国では，時計工業の枠組みが国を単位としていた理由は，寡占的構造と関税による保護主義の二つの帰結に求められる。米国の1950年代の時計産業は，ブローバ，ハミルトン（Hamilton），タイメックス（Timex）のわずか3社に集約されていた。これら3社は，両大戦間期の保護関税主義の下で引き上げられ，1950年代にはさらに著しくなった関税による保護の受益者であった。第二次大戦後，時計産業は軍事的に重要であるとの理由で，国によって庇護された。例えばハミルトンは，朝鮮戦争の間，軍需品生産を活発に行っていた[12]。ブローバに至っては，1958年，オマール・ブラッドレー米国陸軍司令官を取締役会の議長に据えた[13]。国による支援と保護主義の下，米国の時計産業は，国外市場に関心を持たなくなった。1960年の輸出比率はわずかに1.3％であった[14]。唯一，この「国民的」性格の例外といえるのはユナイテッドステーツタイム（タイメックス），（United States Time〔Timex〕）であろう[15]。軍需品生産のために1941年に設立された同社は，戦後は低品質の機械式時計の大量生産に主軸を移した。1950年代末から，同社は積極的に生産拠点を国外に移しはじめ，1960年代にはこの動きを強めた。

#### 4）日　本

日本の事例も，製品は異なるとはいえ，米国の事例と類似性がある。日本の時計産業は集中度が非常に高い。服部時計店（「SEIKO」ブランドで販売）とシチズン時計の1960年の国内生産シェア（個数）は，51.4％と31.8％に達した[16]。しかも，両社はその生産設備のすべてを国内に有しており，他方で，国内で生産を行う外資系時計企業は存在しなかった。日本企業は関税による保護も享受していた。1961 年まで，輸入は割り当て制の下に置かれていたからである。そのため，日本時計工業の主たる市場は国内市場であり，1960 年の輸出は生産量の 2% にすぎなかった[17]。米国との顕著な違いは，軍需品生産が見られなかったこと，および民間企業，政府機関，大学の間の共同研究が存在していたことである[18]。後者によって，他国をライバル視する「国民的」産業としての意識が強まったと考えられる。

以上の簡単な概観からでも，いくつかの国の時計産業の姿が明らかになった。時計産業が各国の枠の中にとどまっていたのは，対外直接投資が事実上存在せず，保護関税が国内市場を外国企業との競争から護っていたからである。いずれの国でも，こうした構造の中で，国家は重要な役割を果たした。米国では軍事的必要が，スイスでは雇用の維持が，そして日本では産業発展が，その重要な動機となっていた。

## 2　対外直接投資の最初の波とその影響（1960 年代）

### 1）制度と技術の変化

各国を基盤とするこうした構造は，1960 年代に試練に直面した。国境の壁を打ち破り，国際的な分業を強めることになる変化が，制度と技術の双方で起こったのである。産業組織にもインパクトを及ぼした制度面での変化の一つは，国による保護主義の後退である。スイスでは，1961〜65 年の時期，大手時計企業の圧力によって，時計カルテルは徐々に解体した。これら企業は，生産能力の拡大と合理化を実現し，生産コストの削減と，米・日企業に対する競争力の回復を実現するために，M&A（合併・買収）を進め，同時に生産拠点をアジアに移していった。低価格品市場にも供給しうる大規模な組織構造が構築されたのである。この時期，米国も欧州諸国も，保護関税政策を段階的に撤廃していった[19]。その結果，世界の主要時計生産国の企業は競争の激化に直面し，また拡大のための新たなチャンスをつかむことになった。

技術的変化で最も重要なのは，時計生産における大量生産システムの採用である。これは1950年代に発展し，1960年代に普及していった。各種のイノベーション，例えば部品加工生産の自動化などもその一つであった。ただし，最終組立工程の自動化は困難であった。新しい生産技術を導入する過程で，企業は，合理化を進めることが可能となり，規模の経済性を認識したが，これらすべては，国外市場への進出を後押しする要因となった。

### 2）対外直接投資と多国籍企業の誕生

制度面と技術面でのこれらの変化の結果，対外直接投資の最初の波が起こった。すべての時計生産国が，その影響を受けた。四つの事例を挙げよう。第一に，文字通り多国籍企業というべき会社が時計産業に初めて誕生した。タイメックスがそれである。同社の生産量は，1960年の800万個から1969年の2200万個に急増したが，後者は，1900万個と推定される米国での同年の生産量を上回っていた[20)]。この生産量は，同社が世界各地に持つ工場での生産量を合わせたものである。1971年，世界全体で7000名を雇用する同社は，アジア向けに香港，台湾に工場を持ち，またヨーロッパ市場向けにはスコットランド，イングランド，フランス，ドイツ，ポルトガルに工場を持っていた[21)]。これら工場は，アジア全域に出荷する香港・台湾の工場を除き，それぞれ各国市場向けに生産を行った。

第二に，スイスの大手時計企業も，生産拠点を国外に移し始めた。特にこれが目立ったのは，1926年にムーブメント生産のために設立されたエボーシュ株式会社（Ébauches SA）である。同社は欧州でムーブメント製造企業の買収を進めた。1965年のドゥローヴェ（Durowe）（ドイツ），1967年のSEFEA（フランス）の買収などである[22)]。とはいえ，合理化の動きはまずは国内で進められたので，スイス企業の国外進出の動きは，まだ限られたものであった。

第三に，香港が，スイス，米国，日本向けの時計部品供給者として，また組立拠点として台頭してきた[23)]。ムーブメントでこそ自動化による大量生産が可能になり，欧州，米国，日本のハイテク工場で実用化されたが，外装部品（ケース，ストラップ，文字盤）の生産や，最終組立工程は，低賃金地域，とりわけ香港へと移転していった。香港製部品の品質を維持するために，スイス時計工業連盟が介入し，1966年，香港工業連盟との間で技術供与協定が締結された[24]。これに続いて，スイスの主要時計グループが香港に直接投資を開始した。スイス・ウォッチ・ケース・センター（Swiss Watch Case Center）（1968年）や，スイス・タイム香港（Swiss Time Hong Kong）（1969年）などがそれであり，また香港の地元の製造業者や貿易会社との合弁で，スイス・プレイティング（Swiss Plating）（1968年）やスイコング・マニュファクチャリング（Swikong Manufacturing）（1971年）といった企業が設立された。これにより，香港は，スイス時計産業の中核的なサプライヤーとなった。スイスへの時計ケースの輸入は1961年から70年の間に160万個から800万個に増えたが，これに占める香港のシェアは，21.9％から60.8％に上昇した[25]。日本の時計企業も，直接投資にこそ踏み込まなかったものの，香港を時計部品の最有力の輸入先と位置づけた。香港からの時計部品輸入額は，1960年には14万円と皆無に近かったのが，1970年には3480万円となり，1980年には13億円にまで増加した[26]。

時計の組み立てでも，米国のタイメックスが子会社であるタイメックス香港（Timex Hong Kong）を1967年に設立したことで，香港が拠点となった[27]。翌年には，日本の服部時計店が生産子会社であるプレシジョン・エンジニアリング（Precision Engineering）（1968年）を設立して，これに続いた[28]。スイス勢もこれに加わる。例えば，低価格帯の製品（ピンレバーウォッチ）では，スイスでも最大級の時計会社であるボムガルトネール・フレール・グランジ（BFG：Baumgartner Frères Granges）が，BFGファー・イースト（BFG Far East）を1970年に設立している。

このように，1960年代には，各国からのアウトソーシングの動きによって，香港に生産拠点が生まれた。香港で時計生産に携わる企業の数は，1960年の61社から，1970年の229社に急増している[29]。その多くは外国の大手企業からの下請けで専門生産を行う中小企業であった。

第四に，スイスへの対内直接投資は拡大したものの，その主体は米国企業に限られた。ブローバは，レクタ（Recta）（1963年）とユニヴァーサル（Universal）（1966年）という二つの製造会社を買収した。またハミルトンは，ブレン・ウォッチ（Büren Watch）（1966年）を買収し，ベンラスはユリス・ナルダン（Ulysse Nardin）（1965年）の株の一部を取得した。これらの投資は，米国市場向けの高品質機械式時計の生産基盤を拡大する目的でなされたものであり，20世紀初めに採用された戦略の延長上にあった。

このように，1960年代に世界中の時計産業が経験したFDIの最初の波は，価値連鎖の一部を国外に移す動きの最初の一局面をなすものであった。この国際的な産業組織は，決定の中心を米国とスイスに置き，生産子会社がこれに従属する，強い階層構造によって特徴づけられていた。これは，欧州では生産の水平的な拡大（市場シェアの獲得）を，また香港では，垂直的な分業を目的としたものであった。大手企業の組織は国境をまたいで拡大してはいたが，しかし，所有と経営のいずれも，依然としてその本拠地に深く根ざしていた。

## 3　エレクトロニクス化というインパクト（1970〜85年）

### 1）クォーツ革命と変動為替相場制

最も大きな変化は，1970年代から85年に，時計産業の永年の拠点が，新しい挑戦者に対して地歩を失う中で生じた。しかしこの変化は，1960年代に始まる国際化の動きの延長線上にあるのではなく，むしろこれとの断絶を示している。

この時期は，通常，「クォーツ革命」の語で知られており，多くの研究者の注目を集めてきた[30)]。それに対し，制度面に生じた第二の大きな変化は，派手さもなく，時計産業の分析ではあまり人目をひいてこなかったが，これに負けないくらい重要であった。それは，1971年以降のブレトンウッズ体制の崩壊とそれによる変動為替相場制への移行である。国際通貨体制のこの大きな変容は，スイスフランの対ドル相場の劇的な切り上げをもたらした。これは，1985年のプラザ合意までは比較的限られた幅に止まった日本円の対ドル相場の切り上げに比しても著しく，スイスの時計企業の日本の競争相手に対する競争力を著しく削いだのである。これに対するスイス企業の対応は，合理化と東アジアへの生産移転であった。

### 2）国際化の最初の波の終焉と米国企業の衰退

とはいえ，より大きかったのが，クォーツ時計の登場によってもたらされたインパクトであることは，間違いない。この製品イノベーションは，世界中の産業組織に多面的な影響を及ぼした。一つの重要な帰結は，1960年代に開始され，低価格品製造業者によって追求された最初の国際化の波が，これによって終止符を打たれたということである。クォーツ時計の開発により，安価で正確な時計の販売が可能となり，ピンレバーウォッチは完全にその優位を喪失した。国際分業の進展の担い手であった二つの世界大手企業が，これによって時計ビジネスから撤退した。スイス企業であるBFGは，1975年から衰退の道を歩み，1982年にその歴史に幕を閉じた。米国のタイメックスも，1970年代後半に国外の工場のほとんどを閉鎖し，時計部門から撤退して製造下請け業に転じた[31]。

国際化を主導した他の米国企業も，クォーツ時計との競争のために困難に陥った。ブローバとハミルトンは，技術選択を誤った。ブローバは音叉時計に，またハミルトンは，電気時計に活路を見出そうとしたが，これは競争力につながらなかった。ハミルトンの時計部門は，その米国の販売網に魅力を見出したスイスのスイス時計工業株式会社（Société suisse pour l'industrie horlogère：SSIH）によって，1974年に買収された。SSIHは，1930年に創設された企業グループであり，オメガ（Omega）やティソ（Tissot）もその一員である。ブローバもまた，1976年にステラックス（Stelux）により買収され，数年後にはロエベ（Loewe）に転売された（1979年）。同社が米国とスイスに有した生産拠点は，1978年と1982年に閉鎖された[32]。

### 3）スイスの危機と対応——国外移転と「スイス・メイド」

スイスでは，この激変の時期は，「ウォッチ・クライシス」と呼ばれる。実際，1950年の2420万個から1960年に4090万個に伸びていた輸出数は，1974年に8440万個でピークに達したのち，1982年から84年には年平均3130万個に激減してしまったのである[33]。1970年には9万人を数えた就業者も，1980年には4万7000人以下にまで半減してしまった。この危機の10年間に，スイス時計産業は大幅なリストラを経験した。最も顕著な事例は，1983 年になされた SSIH と ASUAG の合併である。後者は，ムーブメントと部品の生産を支配するトラスト・グループであった。この 1983 年の大合併により，新会社，SMH が誕生した（スイス・ミクロエレクトロニクス時計株式会社〔Société suisse de microélectronique et d'horlogerie〕，1998 年にスウォッチ・グループ〔Swatch Group〕と改称)。これはコンサルタントであったニコラス・ハイエクの発案によるものである。産業全体の合理化によって，多くの企業が閉鎖され，スイス時計業界の企業数は，1970 年の 1618 社から，1985 年の 634 社に減少した[34]。

スイスの時計企業は，もっぱら，外装部品の安定供給を目指して，国際的な分業を進めた。最大手グループはアジアからの調達を増やした。SSIH は，1971 年に，数年前に複数のスイス企業によって設立されていたスイス・タイム香港を買収している。1978 年には，SSIH は，第二のケース製造工場をシンガポールに設けた。日本企業との合弁で設立されたプレシジョン・ウォッチケース（Precision Watchcase）がそれである[35]。加えて，スイス政府は，香港，シンガポールからの製品輸入関税を 30 % 削減し，これらの諸国への生産移転を後押しした[36]。

しかしながら，スイス企業による国外への生産移転の動きは，スイス政府による「スイス・メイド（Swiss Made)」表示に関する政策によって，制限をかけられることになった。1971 年以来，スイス製と表示するためには，少なくともムーブメント部品の半分（価格比）にスイス製を用い，さらに最終組立工程をスイス内で行うことが必要とされたからである[37]。これは極めて実際的な政策であった。というのも，付加価値の低い工程において国際分業のメリットを享受しつつ，「スイス・メイド」が持つプレステージを維持しようとする政策であったからである。スイスに立地する企業にとっては，これは，新しい種類の立地の優位の始まりを意味した。

#### 4）東アジア——対照的な日本と香港

東アジアは，エレクトロニクスの時代の到来を優位につなげた地域である。しかし，多くの文献が強調するのとは違って，日本と香港では，状況は大きく

**表 2-3**　東アジアから日本への時計部品・ムーブメントの輸入（1960～80 年）

| 国　名 | 1960 年 | | 1970 年 | | 1980 年 | |
|---|---|---|---|---|---|---|
| | ムーブメント（個数） | 部品（千円） | ムーブメント（個数） | 部品（千円） | ムーブメント（個数） | 部品（千円） |
| 香港 | – | 141 | – | 34,798 | 1,537,571 | 1,306,026 |
| シンガポール | – | – | – | 90,079 | 847,553 | 850,667 |
| 韓国 | – | – | – | – | 852,158 | 887,527 |
| 台湾 | – | – | – | – | 953,250 | 1,685,819 |
| フィリピン | – | – | – | – | 1,222,987 | 44,754 |

出所）『日本外国貿易年表』大蔵省，1960～80 年。

異なっていた。この時期，日本は時計生産国世界 1 位の座から転落したが，時計工業は，日本にとどまり続けた。日本の時計産業では依然として外資の姿が見られず，生産の大半もなお国内で行われていた。スイスの競争相手と同様に，日本の企業も，一部の生産を，香港や台湾に移したのは事実である（表 2-3）。しかし生産移転の対象となったのは，日本の工場に輸入されて組み付けられる外装部品であった。日本では，時計メーカーはオートメーションによる大量生産を導入しており，その生産工程の統合度は高く，一部だけを国外移転するのは容易でなかったのである。

香港の時計産業は，新たな技術的条件の追い風を受けて急拡大した。香港での生産は，1975 年のアナログクォーツ時計の組み立てから始まり，部品へと及び，その後，デジタル時計にも波及した（液晶や LED 表示時計）。世界市場でのシェアは劇的な速度で上昇した。1976 年には，香港でのクォーツ時計の生産は 400 万個に達し，730 万個を生産する日本に次ぐ世界第 2 の生産地となった[38)]。エレクトロニクス時計への転換は極めて急速であった。1980 年には，香港からの時計輸出総額に占めるエレクトロニクス時計の比率は 68.3 % となり，1985 年には 88.2 %，1990 年には 94.8 % となった[39)]。エレクトロニクス時計によって，香港は主要時計生産国となった。ウォッチとクロックの香港からの輸出総額は 1975 年には 2 億 8580 万ドル，1980 年には 16 億ドル，1990 年には 38 億ドルに達した[40)]。

時計ビジネスの産業構造も劇的な変化を遂げた。クォーツ時計によって，香港企業は，伝統的な時計生産国への技術依存から脱した。1974年から78年の間に，労働力は劇的に新部門に移った。就業者数が全体として大きく変化しない中で，外資系企業での就業者数はこの間に49％減少したのである。地元の新規参入企業の登場により，外資系企業の地位は低下し，香港の地元産業としての性格が強まった。輸入部品を用いてエレクトロニクス時計を組み立て，最終製品を世界中に輸出するのが，香港の時計産業の新たなビジネスモデルとなったのである。

香港の時計企業は，電子式時計への転換をチャンスに，国外時計メーカーへの歴史的依存から自由になった。これらの企業は，依然として，CMOSチップやデジタル表示部品（LED, LCD）を輸入していた。しかしこれらの部品サプライヤーはもはや時計企業ではなく，沖電気，NEC，インターシル（Intersil, 米国），リトロニックス（Litronix, 米国）といった電子機器メーカーであった[41]。また技術面以外でも，電子式時計は香港の時計メーカーの台頭にとって鍵となった。これにより，これら企業は，それまで持つことができなかった市場への直接の販路を得たからである。マーケティングや流通の能力も，比較的短期間のうちに身についた。1987年，香港の時計企業は，世界最大の時計流通イベントであるバーゼル時計フェアに，初めて出品を果たした。

## 4　競争力の新たな基盤――グローバル・サプライチェーン（1985年～）

1970年から85年に世界の時計産業で生じた組織的な変化によって，一国を基盤とするのではなく，グローバルな広がりを持つ生産システムが登場してきた。そこでは二つのモデルが支配的である。

### 1）新世代の多国籍企業――スウォッチと日本の3社

グローバルな生産組織の第一のモデルは，生産拠点をグローバル展開する新しい世代の多国籍企業である。その数は少なく，スイスのスウォッチ・グループと，日本のセイコー，シチズン，カシオに限られる。1983年に誕生したスウォッチ・グループは，1980 年代後半，競合する日本企業に対するコスト競争力を回復するため，生産の合理化を精力的に進めた[42]。この戦略は，タイ (1986 年)，マレーシア（1991 年)，中国（1996 年）での生産拠点の開設に示されている。その結果，同社の雇用に占めるスイスでの就業者の比率は，1983 年から 85 年には 80 % 前後であったが，1990 年には 71 % となり，1998 年には 54 % に低下した。加えてアジアの生産工場は，スイスの組立工場や同グループがサプライヤーとなっている他社向けの供給を担うのみならず，電子ムーブメントの世界市場向けの外販品の製造拠点ともなっている。2000 年から 04 年にかけて，スウォッチ・グループの年間生産量は 1 億 2000 万個（ウォッチおよびムーブメント）に達した。そのうち 2000 万個から 3000 万個が，「スイス・メイド」(後述) 向けであり（この時期のスイスからの輸出数に相当），9000万個から 1 億個が「スイス・メイド」表示を行わない他社向けの供給であった[43]。後者はもっぱら，香港や中国などスイス以外に立地する組立メーカーに販売されるクォーツ・ムーブメントである。これらの組立メーカーは，多様な顧客向けに受託生産を行う OEM 企業である。

日本の時計企業も，1980 年代にグローバルな企業となった。セイコーはこうした転換の代表的事例ともいえる。同グループは，経費削減のために，アジアの生産拠点，特に中国本土の工場への生産移転を進めた。1988 年，セイコー・インスツルメンツ（SII）の香港現地法人であるプレシジョン・エンジニアリングは，広州に新会社を設立し，ここに電子式時計の組立工程を移した。1996 年には深圳に第二の拠点を設けた。その後中国本土の生産拠点は再編され，2012 年には広州の新工場に集約されている。また日本にある SII 本社は，タイ（1988 年設立)，中国の大連（1989 年設立)，マレーシア（1990 年設立)，韓国（2004 年設立）に設けた生産子会社を直接統括している[44]。

こうした生産体制の再編の結果，日本国外で生産される時計・ムーブメントの割合が上昇した。1995 年に 17.8 % にすぎなかった国外生産比率は，2000 年には 24.2 % に，2010 年には 45.8 % に達した[45]。日本の時計企業が生産する時計の半ば近くが，国外で生産されるようになったのである。この急激な変化の時期，生産量は安定的に推移した。日本での生産は 1998 年以降減少し，また世界的な金融危機の余波を受けて2009年には一時的に落ち込んだが，日本企業の生産量は7億個前後を保っている。

### 2）香港中心のグローバル・サプライチェーン

生産組織の二つ目のモデルは，香港を中心としたグローバルなサプライチェーンであり，これは1980年代に新たに登場した。1960年代にスイス，米国，日本の時計メーカーからの下請けで外装品を生産していた香港企業は，これによって時計のデザイン力を高め，クォーツ式ムーブメントにも習熟した。しかも，これらの香港企業は，1990年代に生産を移した中国本土の工場にも近接している。これらの優位を活かして，香港企業は，ライセンス供与に基づく時計生産において不可欠の仲介者となった。本社や，製品デザイン，マーケティング機能は香港に残されたが，生産は次第に，広東省の経済特区である深圳や東莞に移された。とはいえ，中国の工場は香港企業が製造するムーブメントの全量を供給しているわけではなく，顧客の希望によって，スイス製や日本製のムーブメントも調達している。こうした香港企業の一部は，ムーブメントを安定的に調達するために，ヨーロッパにも投資を行っている。ウェルゲイン・プレシジョン・プロダクツ（Wellgain Precision Products）はフランスのエボーシュ・ミクロテクニーク（Ebauches Microtechniques）の株の半数を取得し（2000年），中南時計（Chung Nam Watch）はムーブメント製造企業であるISA，テクノタイム（Technotime）やスイスのブランドであるローマー・ウォッチ（Roamer Watch）（1994年）を買収した。その結果，香港での域内生産量は減少に転じた。1990年に135億香港ドルに達したのち，1993年に74億香港ドルに半減している[46]。

1980年代半ばまで，香港からの時計輸出の伸びは，香港で生産され完成品に組み立てられた製品によるものであった（図2-2）。輸出総額に占める再輸出の割合は，香港が基本的に商取引の拠点にすぎなかった時代には極めて高く（1960年には89.9％，1965年には86％であった），1970年にも50.8％の水準にあったが，その後は劇的に下落し，1980年には17.8％，1985年には18.9％にまで落ち込んだ。しかし1980年代後半になると，香港企業は生産拠点を中国

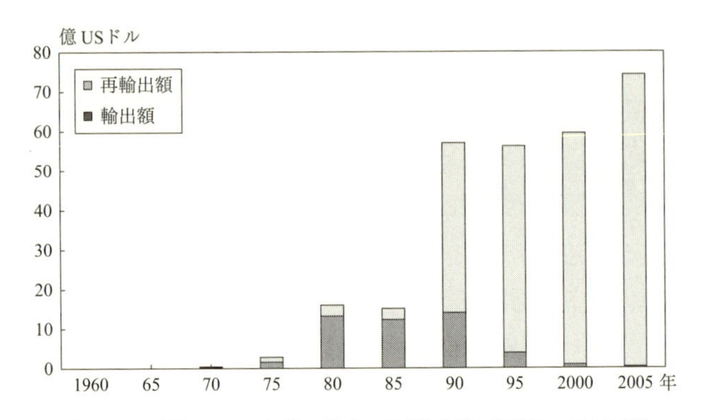


**図 2-2**　香港からの時計の輸出・再輸出額（1960～2005 年）

出所）*Hong Kong Trade Statistics Export & Re-Export*, Census Department, 1960-2005.

本土に移し始め，その動きは1990年代末まで続いた。それによって再輸出の比率は再び上昇し，1990年には36.1％，1995年には75.5％，さらに2000年には90％を超える水準となった。1970年代までとは違い，これはもはや，スイス，日本，米国の時計企業によるアジア全域への再輸出ではなく，むしろ中国で生産された時計の再輸出である。中国からの時計輸入は急増した（1980年4990万米ドル，1990年8億8550万米ドル，2000年39億5000万米ドル，2010年74億3000万米ドル）。1980年には，中国大陸からの輸入は再輸出額の17.4％を占めるのみであったのが，1990年には63.9％となり，2000年以降はこの比率は常に75％を超えている。

とはいえ，各企業は，世界的な価値連鎖の再編の中で，当然のごとくこの地位を得たわけではない。新しい競争環境は，企業の競争力に様々なインパクトをもたらした。新たな市場組織への対応に成功した企業の代表例は，デイリーウィン（Dailywin）（1988年），クリスタル・エレクトロニック（Crystal Electronic）（1997年）であり，生産拠点を中国本土に移転した。他の企業は再編に対応できず姿を消した（1990年にベータトロニック〔Betatronic〕，1995年にベルタイム〔Beltime〕）。さらに，世界市場への手掛かりをつかんでの新規参入も見られた。1983年に劉展（Stanley Lau）によって香港に設立され，中国とスイスに生産拠点を持つレンレー・ウォッチ（Renley Watch）はその代表である[47]。この時期，外国企業も香港に拠点を築いた。1984年に設立されたアメリカ系のフォッシル（Fossil）・グループは，香港に子会社を置き，中国の20以上の製造企業から製品を買い付けた。

これらの企業は，時計を製造するのみならず，マーケティングをも行っていた。多くは，独自ブランドに専門化した流通・小売企業で，そのために，しばしばこれらの企業はスイスのブランドを買収している。レンレー・ウォッチによるレファール・ジャン・デーヴ（Le Phare Jean d'Eve）とスルタナ（Sultana）（1991年）の買収が例として挙げられる。

もっとも，これら香港企業の場合，自社ブランドの時計を販売しているとはいっても，その成功は，もっぱらOEMに基づく受託生産での優位性に基づいている。これらの企業は，フォッシル（米国），モレラート＆セクター（Morellato & Sector，イタリア），フォリフォリ（Folli Follie，ギリシャ）といった，世界の時計生産トップ20社に入る企業向けに製品を供給している。これら少数の事例以外にも，1980年代から多角化戦略の柱の一つとして時計にも進出したファッション企業の事例がある。例えばベネトン（Benetton），バーバリー（Burberry），プーマ（Puma），トミーヒルフィガー（Tommy Hilfiger）といった企業は，たいていはその時計を香港企業から直接に，あるいは時にスイスに拠点を置くマーケティング・デザイン企業を通じて調達していた。

## 5 「スイス」であり続けることの重要性

### 1）スイスの中核的な位置

1980年代末以降に時計産業で進んだこの急速なグローバル化を知れば知るほど，スイスが占めていた地位がいったいどうなり，またなぜ，時計の生産が依然として強固にスイスに根ざしているのか，という疑問が湧き上がる。2000年以降，スイスは，時計輸出国世界首位の国として，隔絶した地位を築くに至った。スイスからの時計輸出額は，2000年の56億ドルから2010年の147億ドルへと急拡大した。その間，香港からの輸出は60億ドル前後で停滞しているのである（図 2-1）。さらには，2012 年，スイスは世界のトップ 20 社の多くが拠点を有する国でもあった。20 社のうち 9 社がスイスに本社を置き，残る 11 社のうち 8 社も，スイス国内に生産拠点を有する。

グローバルな時計産業におけるスイスの中核的な位置は，マーケティング上の資源に転じた制度的な諸要素がもたらしたものであり，その一つは「スイス・メイド」法であった。1971 年に施行されたときには，この立法は自由化の代償として位置づけられ，スイス時計のムーブメント生産の一部をスイス国内にとどめて，それにより品質を維持しようとしたものであった。当時の時計産業は機械時計によって占められており（1970 年のスイス時計輸出の 99.6 %），スイス国内で生産を維持するのが高品質ひいては高い評判を維持する唯一の方法であるというのが，当時の有力な政治家や業界人の共通認識であった。

### 2）ラグジュアリー産業への転換

しかしその後スイスの時計産業は，1990 年代にラグジュアリー産業へと転換を遂げた。これは，輸出個数の減少にもかかわらず輸出価額が大幅に伸びたことにあらわれている。1993 年の 5090 万個を頂点に減少に転じ，2000 年には 3590 万個，2010 年には 3190 万個にとどまっている。しかしこの間に，機械式時計の価額の伸びが成長の牽引役となった。2000 年から 10 年の間に，輸出に占める機械時計の割合は，数量ベースで 9.7 % から 19.7 % への増加であったが，輸出額ベースで見るとその割合は，47.5 % から 71.9 % とずっと高かったのである。こうした製品の転換は，その用途の劇的な転換の反映でもあった。スイス時計は，もはや正確さを評価されて求められる商品ではなくなり，それよりむしろ，伝統，優越性，信頼などのイメージをまとったラグジュアリー・ファッションのアクセサリー品となったのである。

こうした中で，「スイス・メイド」を定めた法律は，規定は不変であっても，その意味合いを変えている。この法律はもはや，製品の品質の維持のためのものではなくなった。世界の他の場所でも高品質は実現するからである。それよりむしろ，マーケティング上もっとも核心的な資源として，それが真性のものであることを保証することが，この法律の役割となったのである。ブランドの品揃えを充実させるために，ラグジュアリー・ブランドを有したいと考えた外国の多くの時計企業が，1990年代以降，スイスに投資を行った。フランスのラグジュアリー・ブランド企業であるLVMHグループは，タグホイヤー（TAG Heuer）とゼニス（Zénith）を1999年に買収した。米国のフォッシルは2001年にゾディアック（Zodiac）を買収し，またスペインのフェスティナ（Festina）は2002年にカンディーノ（Candino）を買収した。最近では，日本のシチズンも，部品製造に専門化した三つの中小企業を2012年に買収している。また中国海澱集団有限公司（China Haidan，後のCitychamp Watch & Jewellery Group，香港）は，エテルナ（Eterna）（2011年）とコルム（Corum）（2012年）を買収している。さらに，中国でムーブメントを調達してきたスイスのトップ企業も，2000年から，安価なファッション時計をライセンス生産するようになった。例えば，スウォッチ・グループは，2005年から，OEM生産専業子会社のエンデュラ（Endura）を用いて，積極的にこの種の新事業を始め，顧客のニーズに合わせてスイス製ムーブメントとアジア製ムーブメントを使い分けつつ，スペインのアパレル企業であるマンゴ（Mango），アメリカの靴メーカーのティンバーランド（Timberland），日本のスポーツ用品企業のアシックス向けに，時計の相手先ブランド供給を行っている。

## おわりに

本章で見たように，1950年から2010年の間に時計産業は，各国間の競争からグローバルな産業への転換という形で，組織面での根底的な変化を経験した。しかしこの変化は，単純な一直線の発展ではなく，技術と制度の二つの側面での急激な変化によって引き起こされたものであった。

技術面では，二つの要素がグローバルな産業組織を成立させた。第一に，プロセス・イノベーションにより，1960年代に低価格品帯の機械式時計の大量生産が可能となり，生産の地理的な移転の第一の波が訪れた。米国のタイメックス，スイスのBFGは，その組織能力を活かして生産を国際的に再配置し，この動きの主たる担い手となった。とはいえこの最初の国際化の動きは頓挫してしまった。というのは，この動きが前提とする製品には，将来性がなかったからである。

第二に，1960年代後半に開発された電子式時計・クォーツ時計は，決定的なインパクトをもたらした。1970年代末にかけて，これらは大量生産されるようになる。この製品イノベーションによって，どんな企業家でも，簡単に時計ムーブメントを入手できるようになった。時計ムーブメントは，突如として安価な商品となったのである。それ以降，こうした時計の生産は，特に東南アジアや次いで1990年代からは中国本土など賃金水準の低い地域で行われるようになった。この動きの中で，香港の企業家は，世界市場のほぼすべてに対する不可欠の仲介者・供給者となった。例外は，いわゆる「スイス・メイド」時計などわずかであった。

制度的要素としては，対外直接投資や生産移転を制約する法的措置が重要であった。スイスの時計カルテル，日本や米国の関税保護などである。しかしこれらの措置のほとんどは1960年代に撤廃され，各企業は国際的に再編された。「スイス・メイド」法でさえ，1970年代以降，スイス企業による「半グローバル化」の基盤となったという点では，非常に実際的な措置であった。

これらの技術的・制度的変化の他に，時計という製品自体の性格が大きく変化したことが，強調されねばならないだろう。電子式の時計の登場と社会的な変化によって，1980年代末以降，時計には新しい用途が生まれた。時計はもはや，計時のために正確さを基準に購入され携帯される製品ではなくなり，安価な製品（香港製）であれ，高級品（スイス製）であれ，ファッション用のアクセサリーとなったのである。このパラダイムシフトの中では，ブランド・マネジメントが世界市場での成功の鍵となり，1990年代以降は，ブランド・ポートフォリオを構築し管理する能力が，国際競争力の鍵となった。とはいえ，この根底的な変化にもかかわらず，特定の立地に根ざし，地域的なルーツを持つことの重要性は，失われなかった。グローバルなサプライチェーンの出現にもかかわらず，世界は「フラット」にはならなかったのである。反対に，香港とスイスはこのネットワークの中でも主要な結節点となった。他の産業におけるのと同様に，デザイン，生産，マーケティングが別々の主体によってなされるようになっても，この二つの地域はその地位を維持したのである。

**注**

1）Alfred D. Chandler, *Scale and Scope : The Dynamics of Industrial Capitalism*, Harvard University Press, 1994.

2）Charles Sabel and Jonathan Zeitlin, "Historical Alternatives to Mass Production : Politics, Markets and Technology in Nineteenth-Century Industrialization," *Past & Present* 108, 1984.

3）Michael E. Porter, *The Competitive Advantage of Nations*, The Free Press, 1990.

4）Ann Markusen, "Sticky Places in Slippery Space : A Typology of Industrial Districts," *Economic Geography* 72(3), 1996.

5）John H. Dunning and Sarianna M. Lundan, *Multinational Enterprises and the Global Economy*, Edward Elgar, 2008, pp. 594-597.

6）本章は特に「腕時計」（ウォッチ）を取り扱う。「掛け・置き時計」（クロック）に関する競争力の状況はこれとは異なる。本章では，「時計」は「ウォッチ」を意味する。

7）Carlene Stephens and Maggie Dennis, "Engineering Time : Inventing the Electronic Wristwatch," *The British Journal for the History of Science* 33, 2000, p. 496.

8）Kayhan Tajeddini and Myfanwy Trueman, "The Potential for Innovativeness : A Tale of the Swiss Watch Industry," *Journal of Marketing Management* 24（1/2), 2008, p. 171.

9）Pierre-Yves Donzé, *History of the Swiss Watch Industry from Jacques David to Nicolas Hayek*, Peter Lang, 2011.

10）Marco Richon, *Omega Saga*, Fondation Adrien Brandt en faveur du patrimoine Omega, 1998.

11）ピエール＝イヴ・ドンゼ「スイス時計産業の展開 1920-1970 年――産業集積と技術移転防止カルテル」『経営史学』第 44 巻第 4 号，2010 年，3-27 頁。

12）Amy K. Glasmeier, *Manufacturing Time : Global Competition in the Watch Industry, 1795-2000*, The Guilford Press, 2000.

13）"Bulova Corporation," *International Directory of Company Histories*, Vol. 41, St. James Press, 2001, pp. 70-72.

14）*U.S. Commodity Exports and Imports*, U.S. Census Bureau, 1960 ; *Annual Survey of Manufactures*, U.S. Bureau of Census, 1960.

15）"Timex", *International Directory of Company Histories*, Vol. 25, St. James Press, 1999, pp. 479-482.

16）『機械統計年報』通商産業省，1960 年，服部時計店とシチズン時計の社内統計。

17）『機械統計年報』1960 年，『日本外国貿易年表』大蔵省，1960 年。

18）ピエール＝イヴ・ドンゼ「日本腕時計産業における高精度時計の大量生産――服部時計の事例を中心に（1900-1960 年）」『社会経済史学』第 77 巻第 3 号，2012 年，95-111 頁。

19）Dominique Dirlevanger, Sébastien Guex and Gian-Franco Pordenone, *La politique commerciale de la Suisse de la Seconde Guerre mondiale à l'entrée au GATT (1945–1966)*, Chronos, 2004.
20）『国際時計通信』第 10 巻，1970 年，477 頁。
21）Jean-François Blanc, *Suisse-Hong Kong, le défi horloger. Innovation technologique et division internationale du travail*, Éd. d'En bas, 1988, p. 45.
22）*Industrie horlogère européenne : une expérience suisse : Ebauches SA — Lip, 1967–1973*, Ebauches SA, 1973.
23）Pierre-Yves Donzé, "The Changing Comparative Advantages of the Hong Kong Watch Industry (1950–2010)," *Kyoto Economic Review* 169, 2012, pp. 28–47.
24）スイス連邦文書館，E2200.10 Hong Kong, Agreement between the Swiss Federation of Watch Manufacturers and the Federation of Hong Kong Industries, 2 November 1966.
25）*Statistique du commerce de la Suisse avec l'étranger*, Administration fédérale des douanes, 1950–2010.
26）『日本外国貿易年表』大蔵省，1960–80 年。
27）『時計の香港市場調査報告書』日本器械輸出組合，1980 年，4 頁。
28）「セイコーグループの海外戦略」『能力開発シリーズ』第 87 巻，1982 年，14–15 頁。
29）*Hong Kong's Manufacturing Industries*, Hong Kong Government Industry Department, 1996.
30）David S. Landes, *Revolution in Time : Clocks and the Making of the Modern World*, Belknap Press, 1983.
31）"Timex," in *International Directory of Company Histories*, Vol. 25, 1999, St. James, pp. 479–482.
32）Richon, *op. cit.*, pp. 457–460.
33）*Statistique du commerce de la Suisse avec l'étranger*, Administration fédérale des douanes, 1950–84.
34）Convention patronale, *Recensement 2007*, p. 13.
35）Blanc, *op. cit.*, p. 145.
36）Union des Fabricants Suisses de Boîtes, *Annual Report*, 1972.
37）*Ordonnance du 23 décembre 1971 réglant l'utilisation du nom «Suisse» pour les montres*, Conseil fédéral, 1971.
38）前掲『時計の香港市場調査報告書』5 頁。
39）*Hong Kong's Manufacturing Industries*, Hong Kong Government Industry Department, 1996.
40）*Hong Kong Trade Statistics Export & Re-Export*, Census Department, 1960–2010.
41）前掲『時計の香港市場調査報告書』28 頁。
42）ピエール＝イヴ・ドンゼ『「機械式時計」という名のラグジュアリー戦略』世界文化社，2014 年。
43）Swatch Group, *Annual Report*, 2000–04.
44）セイコーインスツル株式会社（SII）（http://www.sii.co.jp）。
45）『日本の時計産業統計』日本時計協会，2010 年。

46）*Hong Kong's Manufacturing Industries*, Hong Kong Government Industry Department, 1996.
47）Lucien Trueb, *The World of Watches*, Ebner Verlag, 2005, p. 370.

# 第3章

## ファストファッションの台頭と百貨店の岐路
## アパレル

藤 岡 里 圭

### はじめに

日本のファッション産業は細かな分業関係によって支えられてきた。糸を紡ぐ紡績，紡いだ糸に撚りをかける撚糸，糸を織物にする製織，糸や織物に色を加える染色，織物に蒸気を加えたり圧力を加えたりしながら整えていく整理加工，さらに，衣服のデザイン，縫製，物流，販売と，多くの工程に分かれている。その中で，糸から織物を作る工程を繊維産業，そして，織物から衣服を製造する工程をアパレル産業と呼んできた。いずれの産業においても，細かく分かれた各工程でリスクを分担することによって，流行のサイクルが短いファッションに対応してきた。そして，繊維産業では，羊毛なら尾州，綿なら西脇，合織なら福井といったように素材ごとに産地が形成され，各産地には，その素材に習熟した製織や染色，整理加工を担当する複数の企業が地理的に集積することで産業集積を形成してきた。その産業集積内の複数の工程をアレンジして集積外のアパレル会社の要望に応じたり，集積内で分業が高度に機能するよう各工程を管理したりするのが，産地問屋などの卸売業の役割であった。

比較的大規模な紡績・紡糸メーカーに対して，製織や染色・整理工程を担う繊維企業や，衣服製造を担うアパレル企業は小規模であり，細かな分業に基づく多段階な構造となっている。それは，長らく日本のファッション産業の大きな特徴であるといわれてきた。また，大規模な合成繊維メーカーは新しい繊維の開発によって国際競争力を保持してきたものの，天然繊維メーカーやアパレル企業は，その小規模性および低生産性から国際競争力が低いと指摘された[1)]。しかし，1985年のプラザ合意以降の円高と，1990年代後半からの中国を代表とするアジア新興国の発展などによって，ファッション産業全体でグローバル競争が進展し，大規模な合成繊維メーカーだけでなく天然繊維メーカーやアパレル企業もまた，生産の場を労働コストの低いアジアへ移転するなど，国際的な分業を模索することが必要になった。

このようなファッション産業の発展を振り返ると，いくつかの画期を挙げることができよう。例えば，既製服が誕生し，衣服の販売が一般化したことによって，織物の産業集積がアパレルの集積へと変化した1960年代，また，衣服のブランドが確立することによって川上から川下へのパワーシフトが見られた1970年代後半から80年代前半，そして，主たる生産地が日本やイタリア・フランスなどから中国へと変化した1980年代後半から90年代前半である。これらは，日本だけでなく世界のファッション産業が経験してきた構造の変化であった。そして，今ふたたび，ファストファッションの成長に伴って，世界のファッション産業は大きく変化しようとしている。

本章では，日本のファッション産業とりわけアパレル産業が，ファストファッションの台頭とそれに伴うグローバル競争の激化によって，どのようにその内部編成を変化させているのか，そしてその変化は，ファッション産業の歴史の中でどのように位置づけられ，また，それが他の産業，具体的には小売業へどのような影響を及ぼしているのかについて考察したい。

## 1　日本のアパレル産業の構造

### 1）アパレル産業の確立

アパレル産業は，第二次大戦後，洋装が一部の職業に就く人たちや高所得者層だけでなく一般にも広く浸透したことと，百貨店へ洋服用の生地などを卸していた企業，例えばオンワード樫山（株式会社オンワードホールディングス，以下樫山と略記），レナウン，三陽商会が百貨店とともに既製服の需要を創造したことによって発展した。洋装が浸透したとはいえ，主婦が家庭裁縫によって衣服を作っている間は，既製服の製造および販売がアパレル産業として確立することはなかった。アパレル企業の成長と，洋服に適した合成繊維の発展や工業用ミシンの開発など繊維産業の発展が，既製服市場の拡大に大きく貢献した[2)]。

さらに，消費者需要を喚起するという側面から既製服の浸透を促したのは，既製服の標準化であった。企業によって標準とする体型が異なり，衣服のサイズ表示が統一されていなければ，消費者は自分の正確な洋服のサイズを理解することができず，購入に際して困惑する。そこで，1964 年，顧客データから標準的な体型を算出し独自のサイズを完成させていた伊勢丹が，髙島屋や西武百貨店と連携して各企業が生産する既製服の標準を示し，表示を統一した。この標準化の取り組みが，一部の百貨店から百貨店全体へ，そして小売業全体へと広がり，さらには小売業だけでなく生産者とも共有したことによって，消費者は安心して購入することができるようになった。こうして，既製服は，大量生産に適した商品となったのである[3)]。

つまり，日本における既製服市場の発展を牽引したのが，アパレル企業と百貨店であった。1960 年代の既製服の主な販路が百貨店であったというだけでなく，百貨店は，標準化を推進したり，既製服の消費を喚起したりするなど，衣服流通の中でとりわけ大きな役割を果たしてきた。アパレル企業の多くは小規模で，戦後に誕生した企業や，戦前から存立していたが戦後本格的に成長した卸売企業であった。しかも，アパレル企業は，縫製中心のアパレル商品製造業と商品企画や生産管理を行うアパレル卸に分化しながら発展し，1960 年から 63 年の間に，繊維品の流通から衣服の流通へと生産だけでなく流通システム全体を大きく転換していった[4)]。

### 2）百貨店と百貨店アパレルの発展

小売業態としての百貨店は，明治時代後半から陳列販売など新たな販売方法

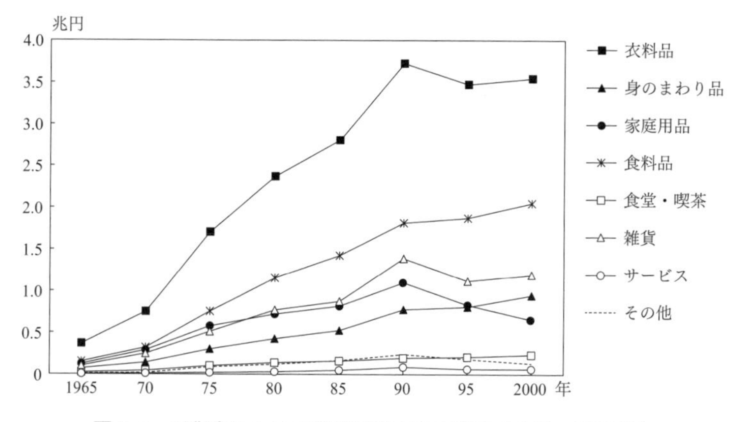


**図 3-1**　百貨店における部門別売上高の推移（1965〜2000 年）

出所）日本百貨店協会編『日本百貨店協会統計年報』同会，各年版。

を導入し，西洋のライフスタイルを採り入れた商品を販売することによって大きく発展した。戦前は百貨店が唯一の大規模小売業であったのに対し，戦後は，スーパーやコンビニエンスストアなど新しい小売業態が開発されたことにより百貨店以外の大規模小売業が増加し，小売業全体に占める百貨店の売上高シェアは減少した。しかし，百貨店の売上高は 1991 年まで拡大し続けた。そして，図 3-1 からわかるように，その百貨店の戦後発展の推進力となったのが，衣料品部門であった。

アパレル企業の中でも百貨店へと衣料品を納入するのが，百貨店アパレルであり，百貨店を主たる販売経路としている。百貨店アパレルの多くは，既製服市場に参入する前，イージーオーダーと呼ばれる誂え服と既製服の中間的な形態で百貨店と取引していた。顧客のすべてのサイズを採寸してから仕立てる注文服ではなく，胴回りなどのサイズを測っただけで，顧客は用意されたいくつかのパターンの中からデザインと生地を選ぶ。百貨店の店頭で顧客から注文を受けると，アパレル卸は自ら確保した生地で協力工場に縫製を依頼する。協力工場への工賃の支払いは後払いであったため，アパレル卸にとって，信用力のある百貨店と取引している限り，資金の回転が早く，効果的な取引であったという[5]。しかし，注文服やイージーオーダーだけでは，百貨店が展示できる商品点数に限りがあり，衣料品売場を空間的に拡大することはできなかった。また，アパレル卸にとっても，イージーオーダーによる受注生産だけでは，大量生産することができなかった。事業規模の拡大には既製服を取り扱うことが必須であり，そのためには，当時唯一衣料品の販売で全国展開していた百貨店との取引が不可避であった。

そこで，樫山は，百貨店における既製服の販売を拡大するため，委託取引と派遣店員という新しい試みを百貨店に提案した。注文服と異なり既製服は，消費者が店頭で一つの商品を選択する際，いくつかの比較検討の対象となる商品を必要とする。しかし，売場のスペースは限られている上，百貨店にとって流行の波の激しい商品を大量に仕入れることは，売れ残りという大きな販売リスクを抱えることになる。百貨店が安心して店頭の商品を増加させることができるように，樫山は商品を百貨店へと販売するのではなく，販売を百貨店に委託することによって，在庫リスクを自ら負担することとした。売れ残った商品を例えば地方の百貨店へと移動させる仕組みを内部に構築することができれば，アパレル卸は販売リスクを自社内で調整することができる。こうして，樫山は百貨店が積極的に多くの商品を店頭に陳列できるような環境を整えたのである。

とはいえ，多くの商品を取り扱うことになれば，百貨店は売場に立つ販売員を増加させる必要がある。しかし，百貨店は週末の来店客数を基に，固定費となる正社員を拡充することはできない。そこで，樫山は，自ら販売員を派遣し，百貨店の売場拡大に伴う人件費の増加分を負担した。当然のことながら，販売員の派遣は樫山の販売コストを上昇させたが，販売員が売場に立つことによって，自社の商品を積極的に消費者へ薦めることができるようになり，また，売場での商品の販売動向を自ら入手したり，店頭での消費者の意見を直接聞いたりすることができるようになった。さらに，委託販売を前提とすれば，派遣店員が委託取引された商品の店頭での売れ行きを見ながら，売れない商品を他店の売場へと移動させることができた。こうして，アパレル卸は百貨店のリスクを小さくしながら，1960年代，百貨店とともに発展するビジネスモデルを確立したのである[6)]。

### 3）マルチブランド戦略

1970年代に入ると，百貨店は，シャツやカーディガンなどの商品を組みあわせコーディネートされた着こなしを提案する箱売場を導入した。従来，平場と呼ばれる百貨店によって商品管理されている売場が主流であり，そこでは，複数のアパレル卸によって納入された商品が均一に陳列され，百貨店の販売員がブランドを区別することなく消費者に適した商品を薦め，販売していた。しかし，アパレル卸にとっては，平場ではスカートは売れるかもしれないけれども，自社のスカートが売れるかどうかはわからない。また，消費者にとっても，すべてのスカートが陳列された売場よりも，自分の趣味に合ったスカートとブラウスが陳列された売場の方が買いやすい。そこで，百貨店アパレルは，委託取引と派遣店員を前提として，百貨店の売場を，服種による平場からコーディネートされた商品ブランドごとの売場すなわち箱売場へと再編成していった。各箱売場にはターゲットとする顧客に応じて，少しずつコンセプトの異なる商品ブランドが次々に投入されたのである。

さらに，百貨店アパレルは，百貨店内で商品の露出を高め，自社が占有する売場面積を拡大するため，マルチブランド化を進めた[7)]。百貨店アパレルが百貨店との取引を拡大する第一の戦略が委託取引と派遣店員にあったとすれば，拡大の第二ステージは，マルチブランド戦略によって実現した。例えば，株式会社ワールドには，ワールドという企業ブランドとは別に，「ルイ・シャンタン」「タケオ・キクチ」「コルディア」「オゾック」「アンタイトル」といった個別の商品ブランドがある。ワールドでは主として販路別に商品ブランドが形成され，専門店向けのブランドとして，「ルイ・シャンタン」や「コルディア」を開発する一方で，百貨店ブランドとして「アンタイトル」や「インディヴィ」「オゾック」などを育成してきた。そうして，図3-2に見られるように多くのブランドが構築され，ワールドにおける上位10ブランドの合計売上高は，2006年以降，全売上高の3分の1にも達していない。これが，マルチブランド戦略であった。

1970年代以降，百貨店アパレルはジャケットやスカートといった服種の異なる商品が一つのコンセプトでまとめられ，コーディネートされたスタイルが

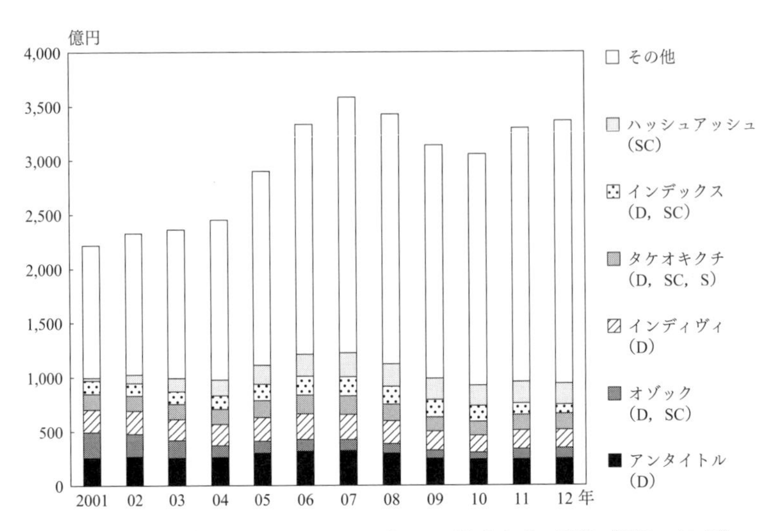


**図 3-2**　株式会社ワールドにおけるブランド別売上高の推移（2001〜12 年）

出所）株式会社ワールド決算短信各年版より作成。
注）D は百貨店ブランド，SC はショッピングセンターの直営店で販売されるブランド，S は小売店へと卸売している商品ブランドを意味する。

提案された売場を完成することによって，より細かく市場を設定し，確実に売上へと結びつけていった。複数の商品ブランドを展開するマルチブランド戦略は，その意味で，百貨店が消費者に豊富な品揃えを提供することに貢献したといえる。例えば，婦人服売場が大手アパレル卸 5 社で占有されていたとしても，5 社がそれぞれ 3 ブランドを保有し，それぞれが独立した商品ブランドの箱売場を形成している場合，消費者はテイストの異なる 15 ブランドが入居していると認識する。アパレル卸が複数の商品ブランドを持ち，それぞれのコンセプトを打ち出した箱売場をつくることによって，一百貨店当たりの売上高の飽和点を引き上げることに成功したのである。ワールドという企業ブランドのみで商品を展開していれば，必ず到達する売上高および商品量の飽和点を，百貨店アパレルはマルチブランド戦略を採用することによって克服したのである。

つまり，マルチブランド戦略は，百貨店と百貨店アパレルがともに成長するための有効なマーケティング戦略であった。マルチブランド戦略によって，百貨店は自らのリスクを最小化しながら売上を拡大することができるようになる一方で，百貨店アパレルは，百貨店が有効な販売チャネルである限り，自らが支配的に価格決定権や商品の配分権を握ることができた。そして，この戦略を支えていたのが，百貨店アパレルによる委託販売と派遣店員であった。百貨店アパレルは派遣店員が取得した消費者の意見を次の商品開発に活かし，百貨店は委託販売によってリスクを恐れず新しい商品を次々に展開することが，競争力の源泉となった。換言すれば，この戦略が機能するためには，売上の拡大が不可欠であった。

1980年代に入ると展開されるブランド数はさらに拡大し，百貨店アパレルは，各ブランドのポジショニングを明確にすることが求められた。価格帯別，年齢別，そして，トラッドやキャリア，モードなどのファッションタイプ別にブランドが細分化されていった。各ブランドは，百貨店の売場獲得をめぐり，激しい競争を繰り広げた。百貨店の求める売上高を達成できなければ他のブランドへと切り替えられるため，商品コンセプトを明確にしたブランドの構築が求められた。その意味では，企業内におけるブランド間競争と他社の競合ブランドとの競争に相違はなかった[8)]。

百貨店は，どの百貨店のどの店舗でも同じブランドの同じ商品が並んでいるのでは，店舗間の差別化が困難である。そこで，商圏内で最大の売上を上げる店舗は，他の店舗に比べていち早く新商品を店頭に陳列するよう百貨店アパレルに求め，売り逃しを徹底的に排除しようとした。その結果，百貨店としては，企業全体の売上高よりも店舗単体の売上高の拡大が重要となり，地域一番店になることが求められた。例えば，伊勢丹新宿店や阪急うめだ本店はその代表的な店舗である。また，百貨店アパレルにとっても，地域一番店に売れ筋商品と人材を集中的に投入することによって，効率的に販売することが可能となった。その結果，売上が大きな企業の支店でありながら地域一番店になれない地方店などは，百貨店が求める品揃えの実現や売れ筋商品の確保が難しく，むしろ他店舗で売れ残った商品が集められた。つまり，百貨店と百貨店アパレルの間で繰り広げられた競争は，一定の商圏内におけるパワー競争を基本としていたのである。

## 2　ファストファッションの台頭とグローバル競争の激化

### 1）グローバル競争とクイックレスポンス

1998年12月，通商産業省繊維産業審議会総合部会・産業構造審議会繊維部会合同会議は『繊維ビジョン』を答申した。それによれば，1991年時点で日本国内に流通しているアパレル商品のうち，国内生産品は金額ベースで約8割だった。1987年に繊維製品の輸入額が輸出額を超過したとはいえ，多くの衣料品が国内で生産されていたことになる。しかし，その後，円高の進行およびそれに伴う縫製工場の海外移転などにより，1997年時点では国内生産品が約6割，輸入品が約4割と，大きく輸入品の割合が増加した。また，国際的に見ても，繊維産業のグローバル化が進展し，世界の繊維製品供給量に占めるアジアの割合が1986年に44％であったのが，10年後の96年には61％へと拡大していた。つまり，1980年代後半から90年代前半にかけて，アジアが繊維産業の生産基地としての地位を確立したのである[9]。

このようなグローバリゼーションの進展に対して，通商産業省（現・経済産業省）は1988年から繊維産業における構造改革の一環として，高級化，多品種・少量・短サイクルに対応できる企業間の連携体制を整えようとする「実需対応型補完連携」政策を推進した[10]。この政策は，グローバル化するファッション産業の中で，アジアのアパレル企業との価格競争に巻き込まれるのを避けるため，日本の企業が垂直に連携し，工程間で機能を相互に補完しながら，商品をより高級化し，多品種生産することによって国内需要に適合しようとするものであった。そして，アパレル卸の中でも，樫山やワールドなど日本の代表的な百貨店アパレルは，情報化を推進し，店頭の売れ行きと工場の稼働状況を企業間で共有しながら柔軟に実需に対応するクイックレスポンスを積極的に採り入れていった。

一般に衣料品は，春夏・秋冬のシーズンが始まる約1年前から商品の企画を始める。見込生産で効率的な生産スケジュールを組むことは，生産コストの引き下げに貢献する。しかし，流行に敏感な商品であるため，最終的な消費すなわち実需を1年前に予測することは非常に困難であり，大きな販売リスクから逃れることはできない。そこで，「見込生産の受注生産化」を行うこととした。計画生産量の例えば7割を見込生産で最終工程まで完了させて店頭で販売し，残りの3割を半製品として例えば生地などの状態で在庫しておき，シーズン中に消費者の実際の需要を見ながら追加生産する。小売業とアパレル卸，縫製工場が在庫情報を共有しながら，実需にできる限り近づけようとする試みであり，この短サイクルで生産できる仕組みを，クイックレスポンスと呼んだ[11]。

### 2）ファストファッションの成長とSPA

このようなクイックレスポンスの考え方を本格的に採用したのが，SPAと呼ばれるアパレル製造小売業であった。アメリカの代表的カジュアル衣料企業であるギャップ（GAP）が1987年の株主総会で，自ら商品を開発し，価格決定権を持ち，優れた販売員が販売する新しい業態を開発したとして発表したのが，Specialty store retailer of Private label Apparelであった。その発表を聞いた『繊研新聞』社の記者が，新業態の頭文字をとり，SPA（製造小売業）として日本に紹介したのが始まりである[12]。日本でのSPAは，ギャップのように自ら路面店を持ち，生産から販売までのすべての工程を社内で完結するというより，アパレル卸が，百貨店などの店頭で消費者が購入したときに仕入れを起こす消化仕入れを導入しながら，店頭データに基づいたより柔軟な生産システムを構築し，消費者の実需に近づくことを目的としていた。

例えばワールドは，1993年，SPA型の商品ブランド「オゾック」を導入した。ワールドは，月曜日に入手した前週の売上高などPOSデータを，火曜日にマーチャンダイジングと企画，生産，販売などの関係スタッフ全員で分析した上で，商品の企画を修正し，2週間後の需要予測を立てる。そして，どの品番の商品をどの素材でどれだけ生産するかや店頭の品揃えを決定し，国内の協力工場に生産指示する。すると，金曜日には週末用の商品が店頭に納品される[13]。さらに，ワールドは百貨店だけでなく，1995年からSPA型商品ブランドを扱う路面店を開発していった。

このようなクイックレスポンスは，1990年代前半に，百貨店の衣料品販売額が減少し，不良在庫が増えたことへの対策として，また店頭に在庫がなかったために消費者が購入できなかったという売り逃しを避けるため，多くのアパレル卸へと広がっていった。これまでは，販売リスクをいかに取引先へと転稼させるかが検討されてきたが，クイックレスポンスを導入することによって，サプライチェーン全体で不良在庫を減少させることが試みられるようになった。こうして，アパレル卸は，店頭の動きに迅速に対応できる生産システムを海外の工場も含めて構築していった。

さらに，ファストファッションと呼ばれるグローバル小売業が誕生したことによって，生産から販売までの過程で情報を共有しながら迅速に生産するシステムを構築するというクイックレスポンスの考え方が，よりいっそう発展していった。ファストファッションとは，スペインのZARA（企業名はInditex）やスウェーデンのH&Mなどを代表とする新しいアパレル小売業で，ZARAは自社工場を持ち，H&Mなどは協力工場と密な連携を図りながら，短サイクルで大量の商品を取り扱う効率的な生産システムを構築している。

ファストファッションは自ら直接デザインに投資をしていないけれども，世界的なオートクチュールブランドのファッションショーで人気となったデザインを参考に，自らの顧客に適した商品へといち早く編集し，標準化された商品を世界中の数百店舗で販売する。店頭の商品は原則として売り切りで，追加発注はしない。消費者の需要動向を見ながら，消費者に飽きられないために，また，多店舗展開しながら消費者に大量生産された商品であることを感じさせないために，多品種の商品を短いサイクルで展開していく。このような商品展開を可能にするためには，サプライチェーン全体を管理することが重要で，ZARAやH&Mは生産計画を柔軟に変更しながら，発注してから2週間から1カ月で店頭に商品が並ぶという迅速な生産システムを構築した[14)]。

一方，日本のアパレル卸のクイックレスポンスは，既製服が登場した昭和30年代からの細かな分業に基づくリスク分散型の市場構造を前提に，アパレル卸が委託取引や消化取引によって小売店と情報を共有し，製造業者に対して迅速な生産対応という無理を求めることによって成立していた[15)]。そのため，商品の生産地が日本国内から中国へとより安い人件費を求めて移転するなどの変化はあったものの，日本のアパレル産業の構造がクイックレスポンスによって大きく変化したわけではなかった。その基本的な構造は，アパレル卸がSPAに注目し，小売店を直営するようになった段階においても，取引方法や取引先が抜本的に変化することはなかった。

つまり，クイックレスポンスやSPAの採用は，アパレル卸が企画した商品を，従来から関係の深い協力工場や一部の直営工場で縫製するという枠組みの中での新しい取り組みであった。そのため，日本のアパレル卸は生産者との間でパワーを行使できる関係の構築に努めたが，川上や川下に向かっての垂直統合へと動くことはなかった。換言すれば，繊維産業やアパレル産業において見られた企業の再編成は，グローバル競争によって生じたものというより，むしろ日本の衣料品市場の縮小によってもたらされた結果であり，ファストファッションが生産から販売まで強力なサプライチェーンを構築しながら，1990年代後半から2000年代にかけて急速に発展していったのとは大きく異なるものであった。

### 3）百貨店アパレルの競争構造の変化

もっとも，百貨店の成長に自らの成長を委ねていた百貨店アパレルは，1991年以降百貨店の総売上高および衣料品売上高が減少を始めたことによって，新たな販路を開拓しなければならなくなった。百貨店アパレルの中には，百貨店へと過度に依存したビジネスモデルを改め，郊外のショッピングセンターへ直営店を展開したり，専門店への販路を開拓したりすることによって生き残りを図ろうとする企業が現れた。例えばワールドは，2000年，これまでの百貨店や専門店の販路に加えて，郊外のショッピングセンターに出店するブランドとして「ハッシュアッシュ」の展開を始めた。このようなショッピングセンターブランドは，図3-2で確認できるように，百貨店ブランドの売上減少を補うように成長していった。

また，2000年以降，これまでアパレル産業のリーディング企業であった百貨店アパレルの売上高が全体的に減少する一方で，ファストファッションの代表的企業であるユニクロ（企業名はファーストリテイリング）や，ショッピングセンターや駅ビルに主として出店するクロスプラスなどの新しい企業が着実に売上高を伸ばしていった。このように百貨店アパレルの相対的な競争力が減退した結果，企業の再編が進み，2010年には，レナウンが中国の山東如意科技集団有限公司の子会社となり，2011年には，東京スタイルとサンエー・インターナショナルが経営統合し，TSIホールディングスとなった。

これまで，このような動きは小売業態間競争の結果，すなわち小売業態としての百貨店の凋落あるいはショッピングセンターの台頭が引き起こしたものだと考えられてきた[16)]。しかし，最近では，ワールドがショッピングセンターに出店している直営店の多くを閉店することや，TSIホールディングスが既存の11ブランドを廃止し，総店舗数の15％にあたる260店を閉店することが報道されている[17)]。つまり，もはや，百貨店対ショッピングセンターといった小売業態間あるいは商業集積間の競争だけで説明できる変化ではなく，もっと大きな構造変化が生じているといえよう。

## 3　ファストファッションがもたらす百貨店への影響

### 1）ファストファッションの成長と中国の製造業

図3-3は，2000年以降，中国の織物およびニットの輸出額さらには衣類の輸出額が著しく伸長していることを示している。中国にとって繊維品の最大輸出先はアメリカであり，次いで日本，香港となっている。一方，日本の繊維品の最大の輸入元が中国であることから，日本にとって中国が繊維産業およびアパレル産業全体にとって重要な拠点となっていることを理解することができよう。実際，中国での生産活動は，衣料品部門に依存する日本の百貨店の競争力に大きな影響を及ぼすようになってきている。

中国の繊維産業およびアパレル産業の特徴は，第一に工場の規模が大きいこと，第二に製造工程の垂直統合が進んでいることが挙げられる。例えば，イタリアの紳士外套製造業の69％は，従業員数10人以下の小規模企業によって占められているが，中国の紳士外套製造業では，51人から100人の規模が最

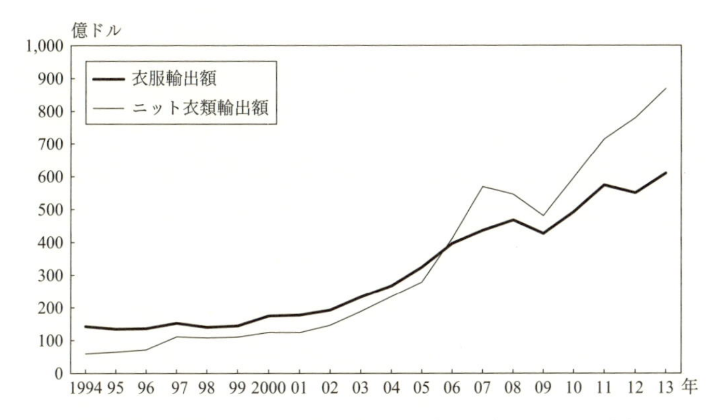


**図 3-3**　中国における衣料品輸出額の推移（1994〜2013 年）

出所）中国国家統計局編『中国統計年鑑』各年版より作成。

も多く，全工場の 63％となっている[18]。中国の工場がイタリアの工場に比べて大規模であるということは，複数のラインで大量生産できるということであり，成長するファストファッションなどに数量的に対応できることを意味している。また，日本では紡績から織布，染色，整理，縫製まで一貫して行う企業は存在しないが，中国では紡績から始めた企業が川下へと機能統合を図りながら大規模企業へと発展していった事例がいくつか存在する[19]。そこでは市場における工程間分業が機能しないため，企業間でのリスク分散はできないけれども，複数の工程を一企業が保有することによって品質管理が容易となり，より効率的な生産ができるようになった。

1990 年代前半，日本の繊維企業が中国へと進出したのは，中国の安い労働力を活用することが目的であった。しかし，中国の人件費が沿岸部はもとより内陸部においても少しずつ高騰したことによって，中国の工場は，安い人件費だけで競争することができなくなった。むしろ，工場の大規模性を活用し，大きなロットで大量の注文を効率的にさばくことによって，その存在感を強めている。例えば，染色工程であれば，小さなロットで複数回に分けて染色するよりも，大きなロットで一度に染めた方が，色や風合いが安定する。また，ミャンマーやバングラデシュなどの新興国は，中国に比べて人件費が安い。しかし，生産インフラが脆弱で，一国内で紡績から縫製までのすべての工程を実施することができない。それに対して，中国では縫製はもちろん染色や整理加工などすべての工程を国内で完結できるうえ，一企業で複数の工程を担うことができる。これは小売業にとって，取引コストや輸送コストを含めた生産コスト全体の削減につながる。こうして，中国の工場は，人件費だけではなく機能の面でも，ファッション産業にとって重要な生産拠点へと発展していったのである。

こうした中国工場の大規模化は，ファストファッションの成長を促進する重要な要因であった。例えば，ZARA の 1996 年の売上高は約 10 億ユーロであったが，99 年には約 20 億ユーロへ，2002 年には 40 億ユーロへと拡大した。さらに，2006 年には約 82 億ユーロ，2010 年には 125 億ユーロ，13 年には 167 億ユーロへと著しく拡大していった。ユニクロでも，2004 年には 3246 億円であった売上高が，2008 年には 5147 億円となり，2012 年には 7054 億円となった。当然のことながら，売上高の拡大は全世界における単品の販売点数が拡大することを意味している。通常，日本の百貨店アパレルの場合，一つの商品の生産単位は数百枚から 1000 枚だといわれているが，ファストファッションは数百万枚である。このような大量の発注を一度に引き受けることのできる工場がなければ，ファストファッションはこれほどまでに急激に拡大することはできなかったであろうし，また逆に，ファストファッションが成長したからこそ，中国の工場は大規模化し機能統合することに成功したといえよう。

規模の経済を追求し，早い回転率で大量生産することが求められるファストファッションにとって，中国の工場は戦略的に重要であり，また，中国の工場にとっても，一社との取引によって大量の商品を販売することができる販路を確保することは大きな魅力であった。こうして，大規模小売業者と大規模製造業者が連携することによって，彼らの価格面での競争力は他を圧するようになり，さらなる発展の原資となっていったのである。

### 2）百貨店アパレルと中国の製造業

日本の百貨店は，ファストファッションの提供する商品とターゲット価格が異なるため，これまでファストファッションの影響は限定的であると考えられてきた。あるいは，百貨店はより高品質の商品を重点的に販売することによって，棲み分けできると考えられてきた。しかしながら，ファストファッション向けの商品を生産している大規模工場が台頭してきたことによって，日本の百貨店へと商品を販売していた生産者にも影響が及ぶようになっている。一見すると競合関係にないように見える日本の百貨店とファストファッションが，能力の高い工場を確保するために，競争を始めているのである。

例えば，1990 年代後半から日本企業が技術提供しながら育てた中国の工場経営者たちは，現在，日本との取引を縮小したり，日本市場向け商品から中国市場向け商品へと転換したりすることを考えているという。中国の経営者たちも，日本の百貨店アパレルと取引をしてきたからこそ低価格品だけでなく高品質の商品を生産できるようになったと考えている。しかし，日本の小売販売価格が伸び悩み，値入率が低くなってくると，利益を確保するためには，中国市場向け商品やアメリカ市場向け商品へと変更せざるをえない。また，当初は技術面での支援があったために魅力を感じていた日本の百貨店アパレルとの取引も，最近は価格面での交渉のみとなり，中国の工場にとって取引を継続する合理的理由が見出せない状況となってしまった。加えて，中国の縫製工場の中には，細かな指示が多い上に納期の厳しい日本のアパレル卸との取引を嫌がるところが増えてきたという[20)]。

そして，実際，日本の百貨店アパレルの縫製工場として，早くから香港や中国で操業していた企業では，リーマンショック後廃業したり飲食店などへと転換するところが出てきているという[21)]。つまり，ファストファッションは規模の拡大に対応することのできる中国の工場とともにさらに発展していくのに対して，日本の百貨店アパレルは，中国の工場に対して，当初こそ日本の技術を移転するなど成長を牽引してきたが，技術の水準がある一定の程度に達すると，次の発展経路を示すことができなくなってしまった。その結果，これまで取引していた工場の一部が，ファストファッションと取引するようになったり，他産業へと移行したりするようになり，日本の百貨店アパレルは取引先の確保が困難になりつつある。また，ファストファッションとの生産数量の違いから，バイイングパワーを行使できる状況にはない。こうして，小売店頭では全く競争していないと考えられてきた百貨店とファストファッションが，商品の生産工場をめぐって競争するようになってきたのである。

### 3）欧州百貨店の対策と日本の百貨店への含意

ヨーロッパの百貨店および百貨店アパレルは，すでにその大きな流れを認識している[22]。スイスにおける売上高第1位の百貨店マノール（Manor）は，ヨーロッパの百貨店の中でもプライベートブランドの販売割合が高い。中価格帯の量産品をプライベートブランドとして提供しているマノールは，その多くを中国の工場で生産している。2000年以前はイタリアやフランスの中小規模の製造業者で生産していたが，より競争力のある価格を提示し，より大きな粗利を獲得するために中国で生産することとなった。しかし，中国の生産者の製造規模はイタリアのそれに比べてはるかに大規模であり，マノールの求める品質や価格に合致する工場で生産するためには，中国の生産者が求める取引量を確保しなければならない。生産量を確保し，規模の経済が働かなければ，ZARAなどのファストファッションに対して競争力のある小売価格を維持できないからである。

とはいえ，マノールの売上高はZARAの約7分の1であり，単純に発注量を拡大することはできない。しかも，売上高ですでにマノールはスイスの百貨店市場の60％を占めているため，これ以上売上高を拡大することも容易ではない。そこで，マノールは，商圏が重複しないヨーロッパの他の百貨店，例えばフランスのギャラリーラファイエット（Galeries Lafayette）やオランダのV&Dなどと連携し，共同でプライベートブランドの開発を行うようにしたのである。マノールの強いプライベートブランドを他の百貨店へと販売し，逆に，他の百貨店の強いプレミアムプライベートブランドをマノールは共同で仕入れた。こうして，欧州の百貨店が協力して取引量を拡大することによって，求める水準の工場と取引することが可能となった。換言すれば，効果的なサプライチェーンの構築には，取引量の拡大が必要であったことを意味している。

つまり，ファストファッションが構築するサプライチェーンは，圧倒的な単品生産量を有しているため，これまでの小規模なファッション産業の生産構造を大きく変化させている。細かな分業によるリスク分散型の生産構造に比べて，製造業者は大規模な需要に応えられる生産規模が求められ，小売業者にとっては，発注量がパワーの源泉となっているのである。

しかも，ファストファッションが台頭したことの小売業への影響は，取引量の問題だけではなかった。ファストファッションや M&S（企業名は Marks and Spencer）などのグローバル小売業は，環境や倫理に配慮したサプライチェーンの構築や，新商品や新しいビジネスモデルの開発など，次々にイノベーションを生み出してきた。例えば，M&S は二酸化炭素排出量を削減するため，既存サプライヤーとの取引をすべて見直し，自らの環境基準に合致するサプライヤーと新たなサプライチェーンを構築した。また，ユニクロは東レと連携することによってヒートテックという新しい機能を付加した素材を開発した。これまでは，大規模製造業者が規模の経済を追求し低価格の商品を大量に生産する一方で，小規模な製造業者が高品質で新しい商品を開発するという関係であった。しかし現在では，大規模な小売業者が大規模な製造業者とともに新しい仕組みをつくり出しているのである[23)]。

このような状況では，もはや，売場がマルチブランド戦略によって細分化された百貨店とそれを支える中小規模の百貨店アパレルは，単独で競争優位を構築することはできない。ましてや，百貨店アパレルが強い販路を求めて，百貨店から専門店へあるいは直営店へと変更するといったことで対処できる状況ではない。1960 年代以降，既製服需要の拡大に伴って構築してきた百貨店アパレルのビジネスモデルそのものが，ファッション産業のグローバル化の下で問われているのである。

## おわりに

日本に既製服が導入されたとき，衣服の販売方法が大きく変化した。オーダーメイドや家庭裁縫では容易に拡大することができなかった衣料品市場が，既製服という新たな商品の形態によって，異なる市場を創出したのである。しかし，その市場は，既製服という商品の販売形態が変化したことだけによって実現したのではない。百貨店や百貨店アパレルが，マーケティング活動を行うことによって，消費者需要を喚起してきた。百貨店が一つのコンセプトでコーディネートされた複数の商品を売場で提示することによって，消費者に既製服の簡便さを教示し，消費を刺激してきた。また，百貨店アパレルは委託販売や派遣店員を導入することによって，百貨店の販売リスクを自ら引き受けながら店頭に陳列する商品数を拡大し，確実に売上へと結びつけてきた。このような百貨店と百貨店アパレルの関係は，日本のファッション産業の発展に大きく寄与したといえる。

しかし，この関係がグローバリゼーションの進展に伴うファストファッションの誕生によって，変化しようとしている。日本の百貨店およびアパレル卸の多くは，日本を主たる販売市場として捉えているため，彼らには直接ファストファッションと競争しているという認識はない。しかし，ファストファッションの商品を生産する工場が，環境により配慮し，新しい商品や素材の開発能力に優れているとすれば，高品質な商品を取り扱うことによって差別化を図ってきた百貨店アパレルにも大きな影響を及ぼす。しかも，日本の百貨店アパレルの生産量とファストファッションの生産量との間には著しい格差があるため，競争力のある製造工場の獲得が次第に困難になってきている。

百貨店アパレルが，ファストファッションとは異なるビジネスモデルを生産者に提示することができれば，ターゲット価格の差異はサプライチェーンの相違となりえるであろうが，百貨店アパレルもまた生産者に対して取引価格を主たる交渉項目とする限りは，ファストファッションの影響を回避することはできない。その意味で，百貨店アパレルは現在，大きな転換期に直面しているのである。

**注**

1）伊丹敬之・伊丹研究室編『日本の繊維産業——なぜ，これほど弱くなってしまったのか』NTT 出版，2001 年。

2）中込省三『日本の衣服産業――衣料品の生産と流通』東洋経済新報社，1975年，第3章および第4章。
3）伊勢丹『伊勢丹百年史』1990年，178-179頁；田島由利子『トップ68人の証言でつづる20世紀日本のファッション』源流社，1996年，388-389頁；藤岡里圭「百貨店――大規模小売商の成立と展開」石原武政・矢作敏行編『日本の流通100年』有斐閣，2004年，205頁。
4）中込，前掲書，100-103頁。
5）樫山純三『樫山純三――走れオンワード　事業と競馬に賭けた50年』日本図書センター，1998年，72頁。
6）江尻弘『返品制――この不思議な日本的商法』日本経済新聞社，1979年；同『百貨店返品制の研究』中央経済社，2003年；樫山，前掲書。
7）木下明浩『アパレル産業のマーケティング史――ブランド構築と小売機能の包摂』同文舘，2011年，第2章，第5章，および第6章。
8）木下，同上書，第7章。
9）通商産業省生活産業局編『繊維ビジョン』通商産業調査会出版部，1999年，18-22頁。
10）通商産業政策史編纂委員会編，松島茂『通商産業政策史 1980-2000　第8巻　生活産業政策』経済産業調査会，2012年，78-79頁。
11）加藤司「アパレル産業における「製販統合」の理念と現実」『季刊経済研究』第21巻第3号，1998年，102-104頁。
12）繊研新聞社編『日本流SPAの挑戦』繊研新聞社，1999年，3-5頁。
13）同上書，27頁。
14）例えば，N. Tokatli, “Global Sourcing : Insights from the Global Clothing Industry――The Case of ZARA, a Fast Fashion Retailer,” *Journal of Economic Geography* 8(1), 2008, pp. 21-38 や Vertica Bhardwaj and Ann Fairhurst, “Fast Fashion : Response to Changes in the Fashion Industry,” *The International Review of Retail, Distribution and Consumer Research* 20(1), 2010, pp. 165-173 など。
15）加藤，前掲論文，114頁。
16）例えば，『日経MJ』2004年7月29日や『週刊東洋経済』2010年3月13日号など。
17）『日本経済新聞』2015年6月27日および2015年5月16日。
18）藤岡里圭「欧州百貨店による衣料品PBの展開」矢作敏行編『デュアル・ブランド戦略――NB and/or PB』有斐閣，2014年，349頁。
19）藤岡里圭「繊維産業における分業体制の崩壊と企業の国際展開」『産業の国際的展開と産業集積の変化に関する調査研究報告書』中小企業庁，2003年，117-127頁。
20）『週刊東洋経済』2010年10月30日号や，『日本経済新聞』2013年8月8日など。
21）2014年2月17日，日系企業A社へのインタビュー調査による。ただし，飲食店への業態転換は90年代後半から見られる（『日本経済新聞』1998年8月22日）。
22）藤岡，前掲「欧州百貨店による衣料品PBの展開」。
23）企業規模と製品開発の関係については，例えば，Rajesh K. Chandy and Gerard J. Tellis,

"The Incumbent's Curse? : Incumbency, Size, and Radical Product Innovation," *Journal of Marketing* 64, 2000, pp. 1-17 など。

# 第 II 部
# 製造業の競争フロンティア

# 第4章

# 勃興する新興国市場と民族系メーカーの競争力
## 自動車 I

李　澤建

## はじめに

自動車産業は，新旧二つの性格を併せ持つ産業であり，長期にわたって絶えざる革新と成長を維持してきた。一面では，この産業は紛れもなく成熟産業の一種である。その製品の基本的な形や構成要素は一世紀以上前の19世紀末に確立しており（「ドミナント・デザイン」の成立），決して新しい産業ではない。しかし同時に，誕生から一世紀以上の時を経ても，革新の波は絶えてはいない。その歴史では，T型フォード（1908年）の登場によって大量生産体制が確立（1910年代）した後も[1]，GMによる多品種展開（1920年代）や，日系メーカーによる柔軟な生産システムの実現（1950〜80年代）など，大きな変革が続いた。また20世紀末にも，ハイブリッドをはじめ新しい駆動システムが登場し，今日では自動運転も実用化の時期を迎えつつある。製品技術・生産技術・マーケティングなど多岐にわたって，自動車産業は驚くべき活力をもって，大きな変革の波を次々に経験してきたのである。

自動車産業のこの長い歴史で注目されるのは，モータリゼーションによって新たに自動車の大消費地・大生産地となる地域が登場すると（「グローバルシフト」），そこでの競争の多くは新たな競争構造の下で行われ，しかもそれが，世界的な競争にもインパクトを与えこれを構造的に変化させてきたことである。20世紀の前半，米国が世界初の自動車の大量消費社会となると，大量生産を実現したフォード（Ford）やGMは，自動車産業発祥の地である欧州のメーカーに対しても優位に立った。第二次大戦後に欧州や日本の市場が急拡大すると，今度は北米とは異なる市場条件の下で競争が繰り広げられ，北米で成立した大量生産体制を，地元の需要条件に合わせ改変し新たなシステムを作り出す能力が，競争力の鍵となった[2)]。

このように考えると，新興国市場の勃興を目の当たりにして今日問われるべきことは，新興国市場の市場条件や競争の構図，成長の形が，これまでの自動車先進国のそれとどのような点で共通しまた異なっているのか，さらにその違いが，世界的な競争にいかなるインパクトをもたらすのか，ということであろう。

競争力の分析である以上，供給側の経済主体に焦点を当てる必要があるが，本章では，世界市場での地域別生産状況を簡単に見たのち，需要の長期動向を，モータリゼーションに着目しつつ確認する。モータリゼーションの渦中にある新興国での競争には，先進国での競争とは異なった要素があると考えられ，しかも新興国市場相互の間にも実は大きな相違があり，それが競争の実態を多様なものにしていると考えられるからである。

本章は以下の構成をとる。第1節では，新興国市場の急激な拡大を確認した上で，モータリゼーション下での需要構造の変化を比較の視点で分析する。対象とするのは，戦後日本の歴史的な事例と，近年の中国・インドの事例である。次いで第2節では，自動車の一般的特性を確認した上で，中国政府の自動車産業政策とその帰結について分析し，またモータリゼーション初期の購買行動の特質を整理する。また第3節では，中国とインドに焦点を当て，多国籍企業と地元の民族系メーカーの対抗関係を念頭に置きつつ，特に民族系メーカーの競争力の構築について検討を行う。またそこでは，第1節で分析した市場構造が競争力の状況といかなる関係にあるのかに注意を払う。最後に，本書の分析の含意を確認した上で，若干の展望を試みる。

## 1　モータリゼーション期の自動車需要

### 1）世界の自動車生産――21 世紀の地殻変動

各国での自動車市場の分析に入る前に，「グローバルシフト」の実態を簡単に確認しておこう。世界における自動車の生産台数の国別・地域別の内訳は，1960 年代から 70 年代にかけて成立し，40 年近く続いた構造が，21 世紀に入って劇的に変化したことを示している。

第二次大戦直後の時点では，世界の自動車生産で圧倒的な地位を占めたのは米国であった。その後 1960 年代になると，欧州と日本での生産台数が急激に伸び，1970 年代半ば以降，北米・欧州・日本が，それぞれ世界生産の 3 割程度を占めた。1990 年代には韓国がこれに加わる。しかし 21 世紀に入ると，中国をはじめ新興国の生産台数が増加した。これにより，先進地域（北米・欧州・日本 3 極）の生産割合は 21 世紀に入り下落し，2014 年には 44 % となった。対照的にその他の地域の割合は，2001 年の 24 % から 2014 年の 56 % へと急増した。文字通り，地球規模の構造変化が起こったのである。特に中国の伸びは目覚ましく，2014 年に生産台数は 2372 万台に達し，かつてどの先進国も経験したことのない未踏の領域に入っている。

このような生産中心地のグローバルなシフトは，自動車需要の地理的シェアの変化を直接に反映したものであった（図 4-1 参照）。1990 年代以降，先進国では市場が成熟し需要が頭打ちとなったが，新興国では経済の持続的な成長が国民所得の増加をもたらし，自動車市場拡大への期待が膨らんだからである。

中国では，この期待は 1990 年代には裏切られたが，21 世紀に入ると予想を上回る形で実現した。中国の年間新車販売台数は，2000 年時点でも 210 万台程度であり主要国に遠く及ばなかったが，その後の急増で，2007 年には 879 万台に達して日本を抜き世界第 2 位となった。しかも成長はそこで止まらず，2010 年には 1835 万台に達して世界最大となると同時に米国の歴代記録（1781 万台）をも塗り替えた。2014 年には 2349 万台を記録している。

もちろん，需要の存在が即座に域内の供給者を生み出すわけではなく，新興

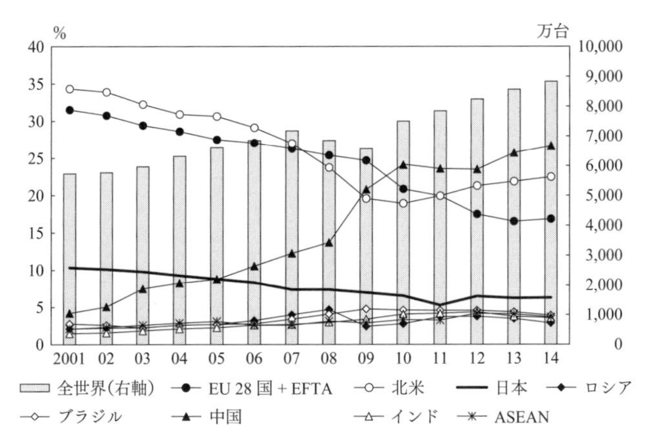


**図 4-1**　世界の自動車販売台数と地域別シェア（2001～14年）

出所）OICA, *World Motor Vehicle Sales by Country and Type 2005-2014*（http://www.oica.net/category/sales-statistics/sales-statistics-2005-2014/）；Automotive News, *Global Market Data Book* 2003（http://www.autonews.com/assets/PDF/CA31761024.PDF), *Global Market Data Book* 2005（http: //www. autonews. com/assets/PDF/CA31621024.PDF）。

注）2001～04年の数値はAutomotive Newsに，また2005～14年の数値はOICAに基づく。アイスランド，マルタ，ブルネイ，ラオス，カンボジアの2001～04年分の数値が欠けている。

国の需要が既存の自動車生産国からの製品輸入で満たされることもあった。しかし多くの場合は，消費市場で工場の拡張・新設がなされた。よって，この新興国での生産拡大を誰が担ったのか，具体的には，既存の自動車生産国のメーカーが現地に進出してこれを担ったのか，それとも地元メーカーが需要の拡大を捉えて成長したのか，成長したならば，それはいかなる競争力基盤によってなのか，といった問題が，焦点となる。

### 2）日本の経験――モータリゼーション期と安定成長期

以上のように，需要の拡大が当該市場に本拠を置く企業の競争力に即座に結びつくわけではないが，まずは，モータリゼーションの下での需要動向について，読者にとって最も馴染み深いと思われる日本の歴史的な経験を取り上げて，確認しておこう[3)]。

1950年代半ばに始まった日本のモータリゼーション（自動車の普及・大衆化）

では，自動車市場全体の急速な拡大とともに，次の二つの構造変化が見られた。①商用車（トラック・バス）から乗用車へのシフト。②生産財から消費財への財の性格の変化。富裕層の嗜好品（奢侈的消費財）であるか，あるいはハイヤー，タクシーなどの事業者にとっての生産財であったのが，一般家庭の必需品・消費財に性格を変えた。①も②も，車の利用者・所有者の幅を飛躍的に広げる変化であり，かつこの変化は，初めて車を購入する消費者層＝ファーストカー需要の急拡大を意味した。またファーストカー需要から数年の遅れで発生した更新需要の裾野の拡大も，持続的な市場の拡大をもたらした。

こうした変化を捉えるために，いくつかの指標が用いられている。①市場拡大の継続性を示す「年間販売台数の対前年比」，②年間新車販売台数に占める乗用車の比率を示す「乗用車比率」，③マイカー購買力の目安となる「R 値」（一般的には一人当たり GDP〔国内総生産〕で乗用車の平均価格を割った数字。小さいほど購入時の負担は軽い[4]）がそれである。

図 4-2 の左半分からは，日本の戦後の自動車市場の成長過程が読み取れる。1955 年から 73 年の 20 年弱の間に，年間新車登録数は 6 万台から 494 万台に急拡大しており，成長率は年率 2 桁に達していた。この間，「乗用車比率」（フロー＝年間新車販売台数）は 30 % 前後から 60 % 前後に上昇しており，また自動車保有台数に占める乗用車保有台数（ストック）の比率も増加していた（1950 年の 19 % から 1973 年の 58 % へ）。同時に，乗用車需要に占める個人需要の比率も，1962 年には 14 % であったのが，67 年には 39 %，70 年には 51 % に達した[5]。1958 年から 70 年の間に，自動車購買力はほぼ 4 倍に上昇（R 値は 1958 年の 0.902 から 70 年の 0.257 へ低下）した。自動車は，一般家庭の年収に匹敵する特別な財から，年収の 4 分の 1 程度で手が届く普通の耐久消費財に変わっていったのである。これは所得向上のみならず，ファーストカー需要を想定しつつ「国民車」として開発された低価格の大衆車が新たに市場に加わった結果でもあった。

1970 年代半ばに，日本の自動車市場は「安定成長期」を迎え，これは 1980 年代末まで続く。ファーストカー需要は一巡し，市場競争の主軸は買い替え・買い増しなどの代替需要にシフトし，乗用車比率も安定的に推移した。自動車

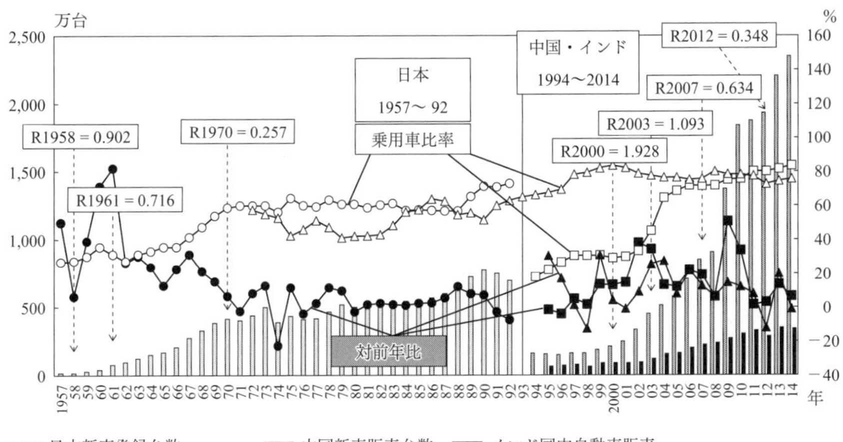


**図 4-2**　モータリゼーション期の特徴（日中印比較）（1957〜2014 年）

出所）『厚生白書』，日本自動車工業会（JAMA），『中国統計年鑑』，中国汽車技術研究中心（CATARC），インド自動車工業会（SIAM），報道資料より作成。

注 1）マイカー購買力を示す「R 値」としては，R ＝乗用車の平均価格/一人当たり平均 GDP という計算式が用いられる場合もあるが，所得格差が大きい途上国では予測精度が落ちるという問題がある。そのため本章では，対象年のエントリー大衆車の最低価格と世帯収入の比率を用いる。また地域格差を念頭に置きつつ国際比較を可能とするために，世帯収入は各国の都市部の数字を採用する。日本の R 値は車両最低価格（スバル 360，パブリカ，ホンダ N360/SA）と全国勤労世帯実収入から算出する。また中国の R 値は代表車種（奥拓，夏利，QQ，豪情）の価格と城鎮居民家庭平均全部年収入によって算出する。

2）中国の販売データのすべては輸出入調整済みである。

3）インドの自動車製販データは元来は年度基準であるが，比較のために暦年に換算している。

市場の成長率はモータリゼーション期よりも大きく低下し，続く 1990 年代には飽和点を迎えた。

このような「モータリゼーション期」や「安定期」は，より後発の自動車市場である中国・インドにおいても，見出すことができるだろうか。見出すことができるとすれば，それは，自動車産業の競争の構図と企業の競争力にとって，どのような意味を持つだろうか。次にこの問題について検討してみよう。

### 3）21 世紀初頭の中国——モータリゼーションの本格化

21 世紀に入ってからの中国の自動車市場の拡大は，日本で見た歴史的な経緯と，非常によく似た動きを示している。図4-2の右側部分に示すように，中国の年間新車販売台数は，2000年の210万台から，2010年には1834万台に急拡大した。成長率でも，2008年を除き10年間を通じて毎年2桁の高成長を維持している。また「乗用車比率」は，2000年から10年の間に，29.5％から76.2％へと急上昇した。

自動車の用途においても，構造的な変化が見られた。1990年頃，自動車（軍用を除く）の保有台数は554万台であったが，そのうち個人所有のものはわずか82万台であった。さらにその内訳を見ると，52万台は貨物用の車両であり，「載客自動車」（バス・乗用車）は，24万台にすぎなかった。しかも，個人所有の載客自動車の大半はバスやミニバンのような営業車両であり，個人所有のファミリーカーはほとんどなかった。

それから10年後の2000年には，自動車保有台数は1608万台に急増し，個人所有の自動車の比率も39％にまで高まり，その数は625万台に達した。しかし依然その水準自体は高いとはいえない。個人所有の乗用車も365万台に増加していたが，全保有台数に占める比率は最大に見積もっても23％未満であった。2000年は，モータリゼーションによる到達点というよりは，むしろその起点であった。

しかし，その後10年の間の変化はすさまじいものであった。2009年には，自動車の保有台数（ストック）は6280万台に拡大しており，個人所有の自動車の比率も79％に達した。このうち個人所有の乗用車は3739万台，割合にして60％に達したのである。

この間，R値は2000年の1.928から2012年の0.348に急低下している。直接比較可能な数字ではないが，日本の事例では0.9から0.257への変化にやはり12年を要していたから，2000年以降の十数年間での中国でのマイカー購買力の向上は，国際的な比較でも急速であったといえるだろう。

このように，2000年以降の中国自動車市場の構造変化は，日本の「モータリゼーション期（1955〜73年)」の変化と，年成長率，乗用車比率（フロー)，乗用車保有比率（ストック)，個人需要の比率，マイカー購買力（R値）といった指標で，極めて似ていた。よって，中国でも2000年前後にモータリゼーションが開始され，その後少なくとも約10年にわたりこれが続いたといえるだろう。

#### 4）21世紀初頭のインド——広がりを欠くモータリゼーション

インドの状況は，中国とは本質的に違ったものであった。図4-2を再び見てみよう。インドでも2000年から14年まで，自動車の年間販売台数は伸びており，2000〜03年および2009〜10年に中国での伸び率を下回ったのを除けば，成長率も中国に比して大きな遜色がない。しかし長期の趨勢と乗用車比率を見ると，印象は一変する。1980年から2000年にかけての20年間に，インドの新車販売台数は年平均成長率9.3％で成長し，13万台から83万台へと拡大した。また，この間に，乗用車比率は41％から83％へと上昇し，その後は75％前後で高止まりしている。1990年代半ばまでの中国では乗用車比率が3割に満たなかったことを考えると，インドでの乗用車比率の早期の「成熟」が目を引く。商用車も含む絶対的な自動車普及率の低さを考慮すると，むしろこの高い乗用車比率やその長期にわたる安定は，2000年以降のインドが，日本や中国で見られた「モータリゼーション期」の成長のメカニズムとは，別種の動きの中にあることを示唆しているといえよう。

こうした相違は，どこから生じるのだろうか。インドの雇用市場の「二重構造」は，この疑問を解消する上でのヒントとなる。インドでは，非農業民間部門のおおむね10人以上を雇用する企業や公的部門を指す組織部門と，10人未満の非組織部門の間に，大きな格差がある[6]。このうち後者は，全労働者の9割以上が就業する圧倒的な部門であるが，極めて生産性が低く，また就業者の所得水準も極めて低い。そのため，高価な耐久財の潜在ユーザーとなりうるのはもっぱら組織部門に限られるが，しかしそこでの雇用者数は，2000年以降伸び悩んでおり，わずかであるが減少さえしている（図4-3）。その結果，モータリゼーション期に必要とされる個人ユーザーの層の量的拡大は実現しえていない。たしかに経済全体は1970年代以降成長を続けており，特に21世紀に入ってからの伸びは著しいが，これはもっぱら，ITサービス，コールセンターなど一部のサービス部門の生産性の向上によってもたらされたものであ

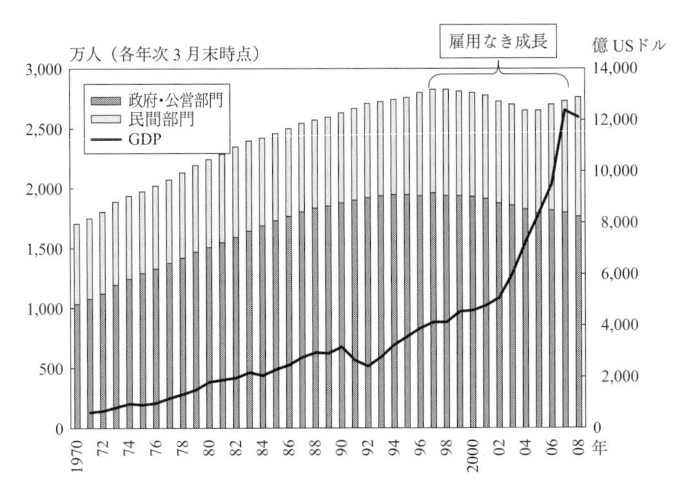


**図 4-3**　インドの組織部門の雇用者数の推移（1970〜2008 年）

出所）Ministry of Labor & Employment, *Director General of Employment and Training*, Government of India.

注）組織部門とは，非農業民間部門の 10 人以上を雇用する企業，および政府・公営部門を指す。

り，雇用増や全社会的な広がりを欠いている。

よって，次のように解釈することができるであろう。インドでも自動車の需要や生産は拡大しているが，それは日本が 1955〜73 年に，また中国が 2000 年以降に経験したような，個人による自動車所有の大幅な拡大ではなかった。経済・雇用セクターの大部分は，貨物の個人輸送・商用輸送も含め，いまだ自動車の大規模な普及の条件を欠いている。幾分の範囲の広がりがあるとしても，30 年前も今日も，自動車を購入しうるのは人口のごく一部にすぎない高所得部門であり，その限られた範囲で，貨物輸送から個人的な自動車利用へのシフト，商用から乗用へのシフトが早い時期に進んだ。この限られた部分市場（法人・高所得者市場）だけを見るならば，自動車の普及率は比較的高く，需要の柱は買い替え・買い増し需要であり，その点で市場は「成熟」している。よって，日本や中国が経験したようなモータリゼーションは，いまだ始まっていないか，あるいは著しく異なったパターンで部分的に起こっているにすぎない，といえるだろう。

こうした市場構造が，競争構造に対して持つ含意は明らかである。ごく一部の高所得者・「成熟」市場では，製品の品質への期待や購買力は先進国のそれと大きくは変わらず，価格とともに品質やスペックを落とした製品には限られたチャンスしかない。他方，たとえ価格を数分の一に下げたとしても，残る人口の大部分にとっては依然として手が届かず，ファーストカー需要・低価格車需要は潜在的なままにとどまることになる。その具体的な帰結について，次節で見てみよう。

## 2　新興国の産業政策と需要特性

### 1）グローバル化の時代の新興自動車生産国——多国籍企業の FDI と民族系メーカー

冒頭で指摘したように，自動車は製品として非常に成熟しながらも，不断の技術革新を続けている特殊な商品である。自動車には一台当たり 2 万点を超える多種多様な機能部品が用いられており，しかもその商品・用途の特性ゆえに，スタイル，居住性，操縦性，運動性能，安全性，耐久性，経済性など，しばしば互いに相反する要求を同時に満たすことが不可欠である。自動車はいわば矛盾だらけの人工物であり，その開発や生産は，大きな資本力，高度で多面的な知識とノウハウ，高度な調整能力を必要とする。参入のハードルは，長い歴史的蓄積を持つ先進国企業がグローバルに事業を展開している今日では，とりわけ高いといえよう。

そのため，21 世紀に入って著しく拡大した新興国での自動車生産は，もっぱら，既存の自動車生産国に本拠を置く多国籍企業による対外直接投資（FDI，現地企業との合弁事業を含む）を軸としていた。東南アジア，中南米，東欧・ロシアなどはその典型であり，本章が取り上げてきた中国，インドもまたその例外ではない。

しかしながら，中国とインドの場合には，外資系企業との合弁ではなく，独自に開発・生産を行う企業（以下，「民族系メーカー」と称する）が誕生し，無視しえぬシェアを獲得しており，注目に値する[7]。これらの企業は，いかにして参入障壁を克服したのだろうか。また，前節で見たような両国でのモータリゼーションの特徴やその限界は，民族系メーカーの競争力にとって，どのような意味をもつのだろうか[8)]。

### 2）中国政府による外資導入政策――国有合弁企業による生産と寡占構造

中国の自動車産業の成立・拡大は，政府の政策を抜きにして分析しえない。中国政府は，「改革・開放」政策への着手から約10年後の1980年代後半から90年代にかけて，自動車産業の国産化・自立化を図るために，一部の国有メーカーだけに乗用車の生産を許可した。先進国企業に対する技術的な遅れは極めて大きかったから，外国からの技術導入なしにはキャッチアップが実現しないことは明白であった。中国政府は，当初は完成車の図面と設備を買い付けてワンセットで導入する方式をとっていた。しかしこの方式ではノウハウの習得は困難であり，技術の自立化は進まなかった。そのため政府は，次第に外資合弁による国内生産の誘致へと方針を転換した。

中国政府は，対内直接投資に対して，特に技術移転を要求する形で様々な制約を課したが，しかし中国の市場成長への期待は大きく，先行者利得を狙ってフォルクスワーゲン（Volkswagen，以下VWと略記）などの欧米企業が中国に進出した。外資系企業に国内企業との合弁を義務づける中国政府の政策に従って，外資系企業は，それぞれ中国政府に指定された国有企業（第一汽車，東風汽車，上海汽車など。なお「汽車」は中国語で自動車を意味する）と合弁で工場を設立した。これにより，中国政府が狙った市場機会を対価とする技術・ノウハウの獲得，産業の自立化が実現していった。

しかし，この政策は思わぬ帰結をもたらした。寡占市場の成立と製品の独自開発能力の低迷である。政府は国有合弁企業を保護育成して規模拡大を実現することを最優先したため，結果的に，中国市場は政策によって保護された寡占市場となった。1998年時点では，上位3社の産業集中度は83％に達していたのである[9)]。

これら合弁企業に参加した国有企業は，自社の独自車種も有していたが，そうした車種には競争力がなかった。他方，合弁企業はコストのかかる中国市場専用車の開発を避け，世界市場で販売実績のある既存モデルを生産の主力とした。その結果，1990年代に中国の乗用車市場を占めたのはもっぱら外資が開発した車種であった[10)]。外資合弁メーカー製品の基本設計は合弁先から供給されたため，国有企業の開発作業は，その初期においては規制対応などの現地適応設計に限られ，独自の開発能力の獲得は進まなかった。

こうした中，国有の外資合弁系企業の競争力の源泉は，技術導入先である外資との排他的な協力関係と，国有企業であることに根ざした，各種の資源や市場へのアクセスの優位性にあった。モータリゼーションが本格化する以前においては，需要の柱は政府部門や法人部門に限られた。そのため乗用車需要の柱は中・高級車であり，高利潤を狙う合弁先外資系企業の品揃えも，このセグメントの車種を中心としていた。

1990年代の末には，この間に進んだ所得向上によって，潜在的には，より低価格の車種に対する社会的需要が高まっていたと考えられる。しかし，この潜在需要に応える供給者は，現れていなかった。上で示した2000年の1.928という極めて高いR値――数年後に民族系メーカーの参入により急落する――は，所得水準に見合った低価格車の供給が欠落していたことを傍証している。

### 3）モータリゼーション初期の潜在需要と所有願望優先の購買行動

車の所有者層の幅を広範な個人ユーザーにも広げるモータリゼーションの下では，それまで車を所有しえなかった社会層の所有願望や購買姿勢が，競争上重要な役割を果たす。成熟市場では，既存メーカーの高品質の商品に馴染んだ消費者が柱であり，品質要求が厳しく，一定の品質水準やスペックを満たさない製品はたとえ低価格であっても顧客を獲得しえない。

しかし21世紀初頭の中国市場には，自動車を所有すること自体に願望を持つ潜在的顧客層が存在した。このような顧客層にとっては，品質やスペックはどうであれとにかく車を手に入れることが最優先であった。購買姿勢の柔軟さ，購入第一の姿勢，所有願望優先の購買行動と言い換えることもできる。所有歴がなく使用歴も通常乏しかったから，品質に関する判断力もそもそも未熟であった。

こうした状況の下では，たとえ低品質であってもより広い潜在購買者層に手の届く価格の製品を供給できるならば，市場機会をつかむことができる。しかし既存の国有外資合弁系企業は，既存車種で高利潤を上げており，低価格車市場への関心は低かった。

こうした個人ユーザーの購買姿勢の柔軟さ，所有願望優先の購買行動に応えたのは，上記の独占的規制の間隙を突いて新規に市場に参入した新興の民族系メーカーであった。その草分け的な存在は，奇瑞汽車（以下，奇瑞と略記）と吉利汽車である。両社の後も参入が相次ぎ，その数は二十数社に上る。本節では奇瑞を中心に論ずるが，民族系メーカーの多くは，自動車製造・乗用車開発製造の経験をほとんど持たず，また外資との直接の関係も持たずに参入した企業であったので，奇瑞の事例と共通性を持つ。

## 3　民族系メーカーの能力形成と低価格車市場

### 1）社外資源を利用しての市場参入——奇瑞の事例

奇瑞の前身は，安徽省の政府所轄の国有投資会社が出資して 1997 年に設立した自動車部品会社である。財政的見地から乗用車産業の育成を目指していた省政府の意向の下，同社は当初から完成車メーカーとなることを視野に入れつつ設立された。

前述のように，自動車産業への参入のハードルは高く，たとえ性能・品質要求を大幅に下げてもその克服は容易ではない。他方，短期間で製品の出荷にこぎつけなければ，低価格車の潜在需要が充足されずにいることで生じた千載一遇の商機をつかめない。そうした中で奇瑞がとったのは，可能な限り社外の資源，とりわけ既存の外資合弁系企業が作り上げた資源をフリーライダー的に活用して迅速に参入するという戦略——というより他に選択肢がない中での唯一の方策——であった。

奇瑞は，自動車部品会社の時代に，セアト（Seat）社（スペインに本拠を置く

VW 傘下の自動車メーカー）の製品である 1991 年式「トレド（Toledo）」の図面を購入し，乗用車の製造に挑んだ。このモデルは 1990 年代に中国に投入され，「一汽-VW」（国有の第一汽車と VW の合弁企業）が製造販売していた「ジェッタ（Jetta）」の姉妹車に相当し，車台などでこれと多くの共通性がある。また，ジェッタは，当時中国の乗用車市場のベストセラーであり，これと同じセグメントでありながらはるかに低価格の製品は，容易に購買意欲を喚起することができた。

奇瑞は，参入の初期には，車台やエンジンの独自開発などハードルの高い目標に背伸びをすることはせず，その「開発」を，国内の嗜好に適応させるための意匠変更や，外部から調達したパワートレインと車台との間のチューニング作業など，比較的容易な部分に限定した。

民族系メーカーにとって，挑戦的な価格設定は，事業成功のための最も重要な要素であった。1999 年末に初のモデルとして奇瑞が投入した「奇瑞 CAC6430」の販売価格は 8.7 万元と，同セグメントのジェッタや「サンタナ（Santana）」（上海 VW）の価格（12～16 万元）の半額から 7 割に設定され，一気に人気を博した[11)]。以後，同社や吉利汽車，あるいは後続の民族系メーカーが投入した安価なモデルが，大衆車市場の潜在需要を顕在化させてゆく。

### 2）環境適応と組織再編

奇瑞のその後の持続的な発展のためには，規模拡大に伴う環境適応は不可避であった。部品調達においては，他社のサプライヤーシステムに便乗するだけでは，生産量の増加に伴い，コスト高や調達の不安定性の危険が増すからである。そのため奇瑞では，規模の拡大とともに，部品の内製化や，自前のサプライヤーの構築へ資源を投入していった。2007 年には，奇瑞の完全子会社は 12 社，戦略出資会社は 9 社，資本参加会社は 18 社，奇瑞を主要な納入先とする資本関係のない会社は 15 社に上っている。またその分野も，材料研究，電子部品，車体設計，パワートレイン，空調・音響など，多岐にわたっている[12)]。

人的資源への投資も進められた。まずは，開発能力や生産管理，製造技術ノウハウの欠如を補うため，国内外から専門家などを積極的に採用した。これらの経験者をリーダーに任命し，国内で採用した経験の浅い中国人技術者とチームを編成する方式で，人材とノウハウの社内での囲い込みを図った。

最もハードルの高い製品開発では，製品設計の委託という形で，システマティックに知識・ノウハウの導入を図った。その一例は，2002 年にエンジン開発設計で名高いオーストリアの AVL 社との間で結んだ合同設計開発契約である。合計 18 の型のエンジンの設計のうち，四つについては AVL に全面的に任せ，残りについては，奇瑞汽車の技術者が AVL の技術指導を受けつつ次第に関与の度合いを上げてゆく形をとった。

こうした一連の取り組みにより，2000 年の参入から数年というわずかな期間のうちに，奇瑞は，研究開発能力をも含む競争力基盤に目処をつけた。開発手法も，社外資源に依存した形から，リバース・エンジニアリング的な手法を経て，自主開発へと進化している[13]。

奇瑞でも，市場のニーズに応えるために，製品ラインナップを迅速に拡充することが課題となった。また市場の拡大や消費者の製品知識の向上とともに，品質の継続的な向上も不可避となった。奇瑞は，研究開発能力の向上と，販売能力の拡大との間で発生する不均衡を，不断の組織再編によって克服し，内部

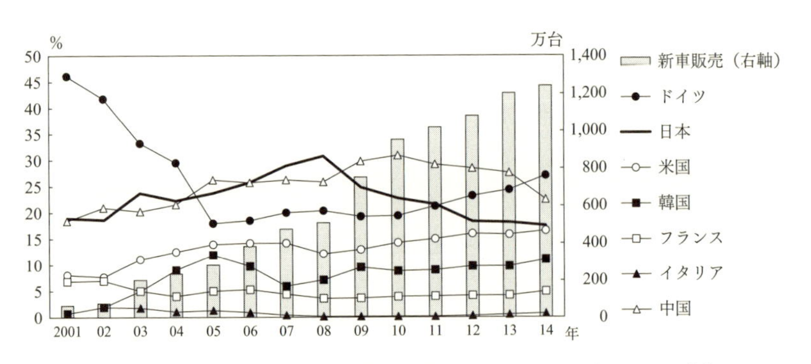


**図 4-4**　2000 年代の中国での乗用車販売台数とシェア（2001～14 年）

出所）中国汽車工業協会の資料より作成。
注）ドイツ，日本，米国，韓国，フランス，イタリアは，外資合弁系企業を合弁先企業の本社所在地で分類した数字である。中国は中国民族系メーカーの合計である。中国の乗用車統計は，基本型乗用車（セダンタイプ），MPV，SUV と乗貨両用型の四つの分類を持つが，乗貨両用乗用車市場は民族系の商品のみで構成される。図は，各メーカーの主戦場となっている「基本型乗用車」（セダン，ハッチバック）の数値に基づく。

化された能力を最大限に発揮した[14]。

重要なことは，奇瑞のような先駆的民族系メーカーの動きが，後続の各社にも多かれ少なかれ波及したことである[15]。2010年までの市場シェアの増加は，民族系メーカーが全体として競争力の向上を果たし，中国市場において確固たる基盤を築いたことを示している（図4-4）。

### 3）低価格車市場の形成と「棲み分け」

中国では，民族系メーカーの勃興と，モータリゼーション期の需要構造には密接な連関がある。2000年の調査では，潜在的購買者の77％が，購入可能な乗用車の価格として，10万元以下の価格帯を挙げていた。しかし1990年代末に市場に出回っていたのは，ほとんどが13万元以上の乗用車であった[16]。

それから10年後の2010年，中国の乗用車市場では，8万元以下のセグメントは，実にその49.6％（台数）を占めるに至った。少数の外資合弁系の車種を除けば，この市場を占めたのは，民族系メーカーの約30の車種である。よって，2000年から約10年の間に劇的に進んだ低価格大衆車市場の形成が，中国

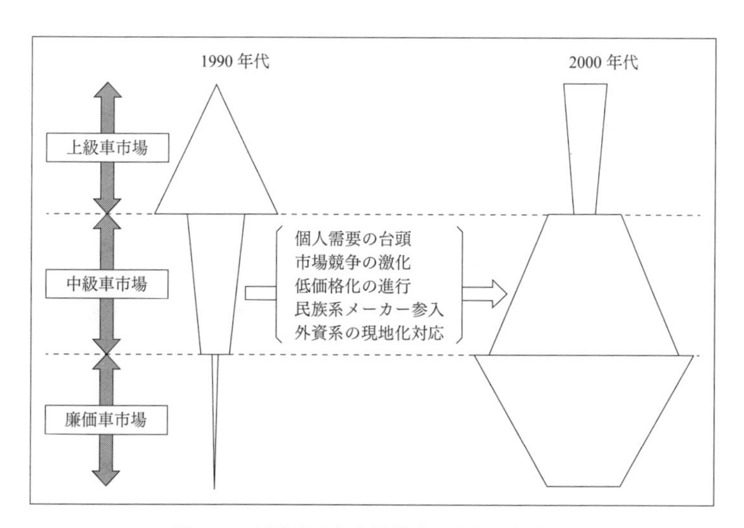


**図4-5**　中国乗用車市場構造の変化の概念図

出所）筆者作成。

民族系メーカーによって成し遂げられ，また逆に，その市場の存在によって，これら民族系メーカーの競争力基盤が構築されたといえるだろう。

民族系メーカーの参入によって，中国の自動車市場の競争構造は，法人・高所得層向けの外資合弁メーカー主導の寡占競争から，民族系メーカーが主導する低価格車市場と，外資合弁メーカーが依然優位を保つ中上級車市場の両者の併存からなる「棲み分け」型の構造へと変化した（図4-5）。今日なお，民族系メーカーの販売を支えているのは主にはファーストカー需要である。他方，外資合弁メーカーは，中・高級車種でのファーストカー需要に応えつつ，上昇志向を持ち民族系メーカーの製品から乗り換える顧客の需要をも取り込んでいる。両者は拮抗しており，その境界線は，当初は10万元の価格帯にあったのが，2010年には，8万元前後にまで下がっている。

#### 4）インド市場での競争構造——民族系メーカーの組織能力・戦略とその限界

以上，中国の状況を見てきたが，第1節で見たような需要構造を念頭に，もういちどインドに対象を移して，インドにおける民族系メーカーの位置について考察してみよう。

インド市場も，外資系メーカーと民族系メーカーの両者から構成されるが，インドの場合には，民族系メーカーの苦戦が目立つ。2014年度の「基本型乗用車」（SUVなどを除く）市場では，日系合弁のマルチスズキ（市場シェア52%）と韓国系の現代（22%）が合計で7割を上回るシェアを有しており，圧倒的な存在感を持つ。これに日系のホンダ（8%），インド系のタタ・モーターズ（Tata Motors，6%）が続く。老舗企業のヒンドゥスタン・モーターズ（Hindustan Motors）やプレミエー・オートモバイル（Premier Automobiles）の製品は陳腐化しており，ほとんど存在感がない。またマヒンドラ・アンド・マヒンドラ（Mahindra & Mahindra）もインド系であるが生産量は少なく，民族系はタタによって代表されるといってよい。この図式は2000年以降今日まで，大きくは変化していない。

タタ・モーターズはインドを代表する財閥（企業グループ）であるタタ・グループの一員であり，1945年に機関車メーカーとして設立された。1954年に

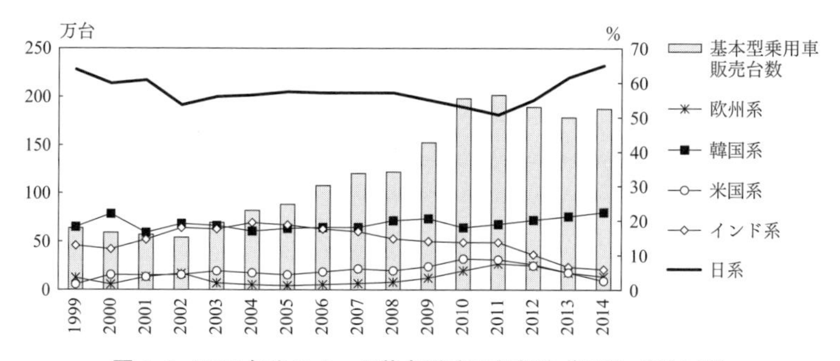


**図4-6**　2000年代のインド基本型乗用車市場（1999～2014年）

出所）Monthly Vehicle Production Sales and Eeport Data, SIAMより作成。
注）「欧州系」「韓国系」「米国系」「日系」は，外資合弁系企業を合弁先企業の本社所在地で分類した数字である。「インド系」はインド民族系メーカーの合計である。期間は会計年度による。

ダイムラー・ベンツ（Daimler-Benz）と資本提携を結び商用車製造に参入した。1992年には，インドにおける経済の自由化とともに，乗用車製造に参入している。

インドでも中国と同様，民族系メーカーの柱となったのは低価格車セグメントであった。1998年，タタ・モーターズはインド初の純国産乗用車である「インディカ（INDICA）」を市場に投入した。価格を約80万円に抑えつつ，インドの悪路に強い車台設計，低燃費，大人3人が座れる後部座席，優れた動力性能，外観のデザイン性などを実現した。この車種は，インドの消費者の嗜好にあったデザインと機能，高いコストパフォーマンスで人気を博し，2000年には低価格帯でのベストセラーとなった。2002年以降の市場拡大期においては，同社は低価格車戦略をいっそう追求し，世界最安となる約30万円で「ナノ（Tata Nano）」を投入し，世界的に注目を浴びた。ナノの性能や品質水準は，その価格を考慮すると相応の水準を達成している。低価格車を開発・製造する能力という点では，タタ・モータースは，中国の民族系メーカーにも決して劣っておらず，その製品戦略はこれと似ており，あるいはより低価格車のコンセプトを極めたものといえた。

しかし，このナノによる低価格車戦略は奏功せず，同社の市場シェアはその後，減少の一途をたどっている[17]（図4-6）。第1節で見たように，インドの市場構造では，低価格車市場の裾野の拡大には，大きな制約がある。依然として市場の柱を占めるのは，法人・高所得層向けのセグメントであり，中国民族系メーカーと同様の低価格戦略と，それに即した競争力資源は，同社の競争優位の強化にはつながらなかったのである。

## おわりに

本章は，自動車産業において21世紀初頭に顕在化した新たなグローバルシフトに注目し，日本市場での歴史的な事例を参考にしつつ，新興国市場の成長に，モータリゼーションの進行による低価格車市場の形成（中国）と，法人・高所得層向けの既存市場の外延的拡大（インド）という，二つの異なる成長パターンが存在することを明らかにした。中国においては，所有願望の強いファーストカー需要を顕在化させつつ，低価格車戦略を追求する民族系メーカーが，競争力を構築した。これら民族系メーカーは，その参入の初期においては，極めて脆弱な技術基盤と組織能力しか持たなかったが，資源の内部化と組織再編を進め，要求水準の高まりよりも速いペースで能力を形成し，競争力を獲得した。他方，インドの場合には，市場拡大は主に，既存消費者層の購買力向上によってもたらされるため，品質競争が主流となっている。そのため，タタ・モーターズの超低価格車ナノの開発では，低価格車需要を狙った戦略は，期待した成果を生まなかった。その戦略や能力は中国民族系メーカーと多くの点で共通していたが，市場成長の性格が異なっており，競争優位の強化にはつながらなかったのである。

低価格車市場の市場機会をつかんで競争力基盤を構築した中国民族系メーカーが，今後もその競争力を維持しうるかは，予断を許さない。2010年以降の中国市場では，ファーストカー需要中心の市場構造から買い替え需要中心のそれへの変化の中で，民族系メーカーのシェアは，30％超から23％弱に落ちてきているからである。他方，中国から視線を世界の新興国に移すならば，新たな成長の機会があるとも考えられる。新興国には，インドに似た需要構造の地域も多いが，他方で，中国と似た条件にある地域も少なくなく，中国市場で築いた競争力基盤を国外の市場で活かす可能性も，考えられるからである。今後の動向が注目されるといえよう。

## 注

1）デーヴィッド・ハウンシェル，和田一夫・藤原道夫・金井光太朗訳『アメリカン・システムから大量生産へ 1800〜1932』名古屋大学出版会，1998年；塩見治人『現代大量生産体制論——その成立史的研究』森山書店，1978年。

2）鈴木良始『日本的生産システムと企業社会』北海道大学出版会，1994年；藤本隆宏『生産システムの進化論——トヨタ自動車にみる組織能力と創発プロセス』有斐閣，1997年；和田一夫『ものづくりの寓話——フォードからトヨタへ』名古屋大学出版会，2008年。

3）石川和男「わが国のモータリゼーション発展期における自動車産業の環境と自動車メーカーによるマーケティング対応——複数マーケティング・チャネル制進展の背景」『専修商学論集』第88号，2008年，33-54頁。

4）R値の定義については図4-2の注1）を参照。ただし本章では代替的な数値を採用している。

5）個人需要の増加は独立行政法人環境再生保全機構「日本モータリゼーションの到来」（http://www.erca.go.jp/yobou/taiki/siryou/siryoukan/pdf/W_A_007.pdf）を参照。その他のデータは一般社団法人日本自動車工業会（JAMA）の統計に基づき算出。

6）石上悦朗「インド産業発展における二つの傾向——インフォーマル化とグローバル化について（特集 グローバリゼーションの新段階とBRICsの台頭）」『比較経営研究』第34号，2010年，42-65頁。

7）李澤建「中国自動車製品管理制度および奇瑞・吉利の参入」『アジア経営研究』第13号，2007年，207-220頁。

8）トラックなどの商用車よりも乗用車の方が参入障壁が高く，その分，競争力の構図が鮮明にあらわれる。またモータリゼーションの柱は，前節で見たように乗用車比率の高まりである。よって以下では，乗用車市場を中心に論ずる。

9）干春暉・戴榕・李素栄「我国轎車工業的産業組織分析」『中国工業経済』第8期，2002年，15-22頁。

10）李安定『車記——親暦・轎車中国30年』生活・読書・新知三聯書店，2011年；韋三水『夏利中国』当代中国出版社，2007年参照。

11）同様の取り組みは，奇瑞汽車と同時期に参入を実現した吉利汽車にも見られる。吉利汽車は当時の中国市場で人気車種であった天津夏利をベースに，自社の「豪情」「美日」を開発した。2002年頃には，吉利の部品の95％は夏利のサプライヤーに依存していた。李澤建，前掲論文を参照。

12）詳細は，李澤建「奇瑞汽車の競争力形成プロセス——研究開発能力の獲得を中心に」

『産業学会研究年報』第23号，2007年，103-115頁。同時期の吉利汽車での類似の取り組みについては，李澤建「中国民族系自動車メーカーの競争力形成分析――吉利汽車を中心として」『アジア経営研究』第14号，2008年，269-282頁を参照。

13）李澤建「奇瑞汽車の開発組織と能力の形成過程」『産業学会研究年報』第24号，2009年，125-140頁。

14）李澤建「中国民族系自動車メーカーの企業成長，組織変革と組織能力――奇瑞汽車と吉利汽車の比較分析」『産業学会研究年報』第26号，2011年，125-137頁。

15）李澤建「中国自動車流通における相互学習と民族系メーカー発イノベーションの可能性」『アジア経営研究』第16号，2010年，57-69頁。

16）李澤建，前掲「中国自動車製品管理制度および奇瑞・吉利の参入」。

17）李澤建「インドはモータリゼーションの夜明けか――市場発達段階と新興国商品戦略」『一橋ビジネスレビュー』第59巻第3号，2011年，76-92頁。

第5章

# 選択的グローバル化による国境経済圏への集積
## 自動車II

ディミトリ・アナスタキス

## はじめに

第二次大戦後のカナダ自動車産業は，国内市場向けの産業としてスタートした。しかし1960年代半ば以降はアメリカ（合衆国）との統合を深めて北米大陸を基盤とする産業となり，1980年代以降は北米の外からの投資も受け入れて国際化が進んだ。この過程で，カナダ自動車産業は，北米地域の自動車生産でも有数の拠点となっていった。1965年の米加自動車協定以降，カナダにあるアメリカ資本の自動車組立工場は，北米大陸全域に向けて生産を行った。1980年代からは，日本企業がカナダに設けた組立工場が同様の生産を行った。これによって，外国企業の組立部門とカナダ資本を含む部品部門の双方が大きく成長し，カナダに多大な恩恵をもたらした。

政策的には，1960年代における大陸統合の決定とその統合の方法は，外国企業に部品の現地調達や最低限の生産現場の確保を求めるといった保護貿易主義の要素を，カナダが保持し続けるという考えに基づいていた。アメリカ政府やアメリカの「ビッグスリー」（GM，クライスラー〔Chrysler〕，フォード〔Ford〕）も，これに同意していた。その後，日本の自動車メーカーもカナダへ投資し，

1989年の米加自由貿易協定（FTA）や1993年の北米自由貿易協定（NAFTA）が要求する一定レベルの北米での現地調達率を維持することに同意した。

これによってカナダ自動車産業は，北米という（大陸規模の）地域市場や世界の自動車産業に深く統合された。それまでは国内産業であったのが，——外国資本になったとしても——大陸化，国際化されたのである。この変化はどのように起こったのだろうか，そしてカナダの生産性や競争力にどんなインパクトを与えたのだろうか。またこの発展の鍵となる立地上の要因はどこにあるのだろうか。

この章では，多数の研究者が多様な方法で発展させた「選択的グローバル化」，あるいは「賢明なグローバル化」という概念を利用する。これは，「レッセ・フェール」を丸ごと容認するのではなく，保護貿易論者と反保護貿易論者の双方の政策を有効活用した，抜け目なく拙速を避け選択的に市場の開放を進めるアプローチが，過去半世紀における新興国の成功を説明すると考えるからである。異端の経済学者であるハジュン・チャンは，このアプローチの主唱者である[1]。経営学者のパンカジュ・ゲマワットもまた，選択的グローバル化のアプローチを主張している[2]。彼は，グローバル経済において繁栄を求める国家は，外国製品に対する完全な開放と時代遅れの保護貿易論者が唱える自給自足経済の間にある道を行くべきであると提唱している。

グローバル化に関するもう一人の重要な理論家は，ハーバード大学の経済学者であるダニ・ロドリックである。彼は，第二次大戦後の数十年間に世界経済が経験したグローバル化を描き，国際貿易の障壁が取り除かれ，人類の福祉が総じて向上したことを示した[3]。しかし同時に彼は，この時期においても各国は，人・資本・商品の移動に対するすべての障壁を撤廃する方向に動いたわけではないと論ずる。各国政府はむしろ，選択的グローバル化の道を選んだ。国際貿易の障壁，とりわけ関税は撤廃したものの，その他の障壁，特に国際資本移動の制限や外資に対する所有規制などは，維持してきたのである。

カナダは，この選択的グローバル化の好事例である。貿易に大きく依存しながら，カナダの政策立案者は，米加FTAやNAFTAといった地域的施策と，GATT（関税貿易一般協定）やWTO（世界貿易機関）のような国際貿易体制の両方を通じて，19 世紀的な保護貿易主義から，開放貿易体制へとゆっくりとシフトしていった[4)]。チャンやロドリックが引用したように，ほとんどの国は一国をベースに選択的グローバル化を実施したが，カナダの政策立案者は，地域化と大陸化と国際化のモデルを通じて，独自の選択的グローバル化を制度化していったのである。カナダ自動車産業を形成する上で鍵となる決定要因は，それゆえに国の政策，とりわけ産業政策であった。

カナダ自動車産業は，アメリカ自動車産業と統合されていたがために，保護貿易と自由貿易の両方から利益を得てきた。その結果，生産性や技術革新，競争力は，この国境経済圏に基盤を置いてきた。自動車産業の大陸化が進んでも，為替相場や公的健康保険の有無といった競争条件は一国単位で決まり続けた。カナダドル安と公的保険の存在による低い福利コストのために，カナダでの生産は，米国の工場での生産に比して優位性を持った。そのため 1970 年代から 80 年代にかけては，北米地域内での生産拡大を国境のカナダ側で行うことが有利となった。同時に，カナダの投資促進制度や優遇税制は，日本車に対する税関当局による通関サボタージュや法定現地調達率の引き上げと相まって，日本メーカーが 1980 年代にカナダで組立工場を立ち上げるのを促進した。

このように，選択的グローバル化のアプローチの中で，国の政策はカナダ自動車産業の成立において鍵となる役割を果たした。1960 年代以前には非効率にあえいでいたカナダの自動車産業は，北米を基盤として次第に効率性と競争力を増していった。1965 年以前には，カナダは北米での自動車生産の約 5 % を占めるに過ぎなかったが，80 年代末には 15 % を占めるほどになった。1970 年代以前には，カナダには，世界的に有力な部品業者は存在しなかったが，80 年代までにはマグナ（Magna）やリナマー（Linamar）といった企業が，北米においても国際市場においても重要なプレーヤーとなった。カナダの自動車産業は，1970 年代以前は完全に米国のビッグスリーに依存していたが，90 年代にはホンダ，トヨタ，スズキ，そして韓国の現代自動車（Hyundai）のすべてがカナダ内で操業を開始していた。

逆説的だが，このカナダ自動車産業の事例では，1960 年代から 90 年代にカナダの政策立案者によって実施された大陸統合は，経済的ナショナリズムを具

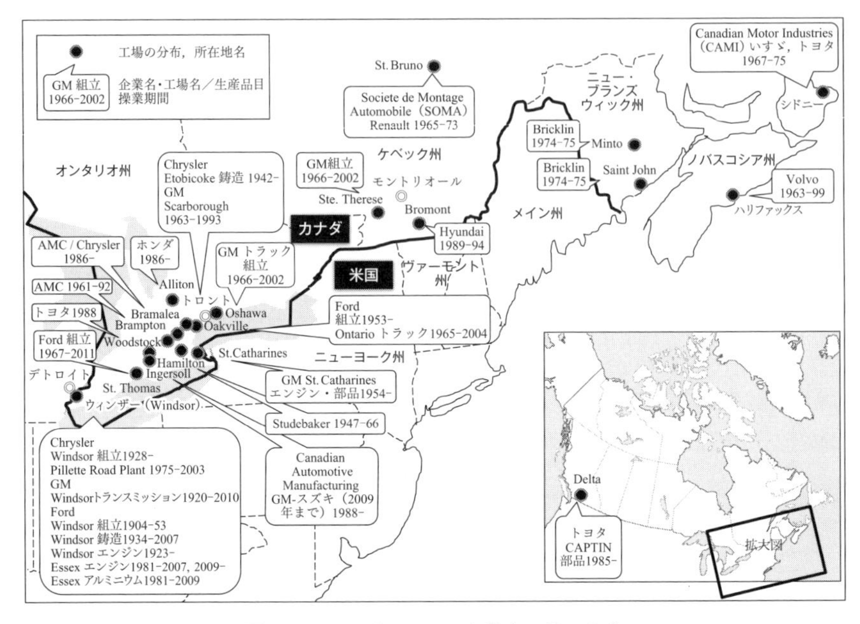


**図 5-1**　カナダにおける自動車工場の分布

出所）各種資料より作成。

現化したものであった。この章では，カナダ自動車産業の全体像を示し，競争力の歴史的な変化をひきおこす要素を分析し，カナダ自動車産業がなぜこの期間に北米において，競争者として台頭したかを示す。

## 1　「国内」時代――国境を越える産業の輸入代替による創出

### 1）保護関税とその限界

その初期の段階では，カナダ自動車産業は，地域的歪みを抱えた「分工場経済」という結果に終わる輸入代替の古典的な事例であった。自動車産業は，カナダでは関税の産物として誕生した。保護主義的な輸入関税は，1878 年にカナダ政府が採用した「ナショナル・ポリシー」と称される輸入代替政策に遡る[5]。その後1897年になると，車両に対する35％の関税が自動車製造業に課せられ，これを機にカナダに自動車会社を作ろうとする数多くの試みがなされたが，そのほとんどは失敗に終わった。カナダ企業は多くの場合，技術力に欠けていたり，資本不足であったり，あるいは単に，互いにほとんどつながりのない各地の小規模市場に市場が分裂していて，十分な数の製品を販売することができなかったのである[6]。35％もの高い保護税率があっても，カナダ企業は，利益を確保するのが困難であった。輸入部品に対する関税は30％と完成車よりも低率であるため，アメリカ製の安価な部品を輸入して生き残ろうとしたカナダ企業もあったが，そのアメリカ部品業者がいなくなると，最後まで残ったグレイドート（Gray-Dort）社も1921年までには事業から撤退した。1920年代後半までには，厳密にカナダ資本と呼べるような自動車会社は消滅した。

**2）米国ビッグスリーの対カナダ直接投資**

この時期にはすでに，カナダにあるアメリカの自動車会社は，スケールメリットや資金面，立地面の強さを発揮して繁栄していた。かつて米国中西部の荷馬車工業の中心であったミシガン州中部とデトロイトの中心部では，1890年から1915年の間に何百というアメリカ自動車会社が設立された。カナダの地元企業は，最小限の量産規模や資本力を欠いており姿を消したが，米国のメーカーはこれを有していた。もっとも，米国のメーカーも互いに激しい競争を繰り広げて数を減らしてゆき，1920年代までには，実質的にごく一握りの成功企業，特にGM，フォード，クライスラーのビッグスリー以外は，ことごとく倒産した[7]。こうして生き残った企業は，アメリカの自動車生産をその後50年にわたって支配することになったのである。

これらの企業はカナダも同様に支配した。これはカナダの地理的位置が，世界最大の自動車会社と，モータリゼーションの中心地である世界最大の自動車市場に近接していることを考慮すれば驚くことではない。アメリカ資本の分工場は，関税障壁を乗り越えるよう計画され，カナダの労働力と原材料を利用していたが，アメリカの経営方式と技術，そして部品を輸入した。フォードは，

1904年にデトロイトの川向いにあるカナダのオンタリオ州ウィンザーに工場を建設した[8)]。最も有名なカナダの自動車メーカーであったオンタリオ州オシャワのマクローリン（McLaughlin）社は，経営者のサム・マクローリンがウィリアム・デュラントの会社に参画することを1918年に決定してGMの一部門となった[9)]。ビッグスリーの中で最後にカナダに進出したのはクライスラーであり，1921年にウィンザーに工場を建設した[10)]。1920年代以降，カナダ自動車産業の90％はオンタリオ州南部にあり，アメリカの親会社のすぐ近くに位置していた（図5-1）。これらの分工場のおかげで，カナダは1918年から23年の間の5年間，世界第2位の自動車生産国の座を維持したのである。1926年には，カナダでの生産規模は年産20万台に達し，1万2000人が雇用されていた[11)]。

関税はカナダ自動車製造業者の終焉の唯一の原因ではなかったが，これが地元資本の消滅を早めたことは確かである。1920年代には，カナダ自動車産業のアメリカ自動車産業への依存は鮮明になっていた[12)]。カナダ自動車産業の90％以上は，アメリカ資本であった。しかしながら，アメリカの影響の拡大は，マイナス面ばかりではなかった。カナダがアメリカに隣接していることと，カナダ自動車産業におけるアメリカの存在によって，自動車の大衆化が進んだのであり，カナダのモータリゼーションは，カナダ人が独力でこれを行った場合よりも早くまた容易に実現したと主張する研究者もいるのである[13)]。

### 3）イギリス連邦への輸出と国境地帯への立地

他方，この関税での税率の構造は，カナダ自動車産業に意図せざる有益な結果をもたらした。多くのカナダ製品は国内市場向けであったが，それでもかなりの部分がイギリス連邦の他の地域へも輸出されたのである。イギリス帝国内の特恵関税として，カナダ政府は22.5％という低い関税率をイギリスや他の統治領に適用していた。これに対して，イギリス本国は別として，帝国圏の各自治領は20世紀初頭にカナダからの輸入に対する相互主義的特恵関税を導入した。アメリカ企業はこの特恵関税を狙ってカナダで自動車を組み立て，イギリス帝国圏の各地にこれを輸出した。例えば，カナダのフォード子会社は，オーストラリア，ニュージーランド，南アフリカ，インドや他の多くの帝国内の仕向地にフォード車を販売する独占的な権利を手にした[14)]。

1920年代半ばには，カナダからのイギリス連邦各地への自動車輸出は，大規模なものとなった。1924年の輸出は3300万ドル超であったが，翌年には，カナダで生産された乗用車のほぼ半分が輸出された[15)]。アメリカ資本の企業（それらは大抵，合弁事業や現地資本分を含む形態ではなく，米国本社の完全子会社であった）は，カナダで自動車を生産し，国内外に販売して大きな利益を得ていた。カナダ人は，雇用と生産という形で，この好景気の恩恵を受けたのである。この意味において，少なくともオンタリオ州，とりわけウィンザーとデトロイトからなる国境地帯では，関税は恩恵をもたらした。

カナダ自動車産業は，文字通りその誕生の瞬間から，国に基礎を置く存在であると同時に地域的な存在でもあり，また国境の反対側に巨大なアメリカ自動車産業が立地しているという特殊な状況の産物でもあった。デトロイト川を挟んで，フォードの大規模な工場群の対岸に位置するウィンザーは，カナダの「フォードシティ」として知られるようになった。フォードの急成長とともに，1904年から33年には，多くの自動車会社がウィンザーに集まり始め，町は急速にカナダ，アメリカ両方の自動車製造業者を引き付ける磁石となっていった。カナダの商用車メーカーのドミニオン（Dominion Motors）社やマックスウェル・チャーマーズ（Maxwell-Chalmers）社，スチュードベーカー（Studebaker）社のような企業はすべて，それまで寂れていたこの国境の町に集まったのである。第一次大戦が始まる頃には，ウィンザーは，紛れもなくカナダの「巨大自動車都市（Motoropolis）」となった[16)]。

カナダ自動車産業は，1929年の大恐慌を乗り切り，アメリカが第二次大戦に参戦するより一足早く，戦時生産へと転換した。この時期には，カナダの自動車産業は，地域的な特徴とともに国としての特徴も保持していた。アメリカ向けモデルが作られる一方で，カナダ製のエンブレムを付けたり，カナダの気候や地勢に基づく仕様が採用されたりしたのである。とはいえ，カナダ自動車産業が，両国にまたがる地域的な特徴を持っていたことも明らかであり，全体としてアメリカ企業の支配下にあった。鍵となる実例は，全米自動車労働組合

(UAW) がカナダとアメリカの国境に橋渡しした国際的な労働組合主義 (unionism) である。デトロイトに本部を持つ UAW は，国境でもある川の対岸，石を投げれば届くようなウィンザーに，その「副本部」を置いた。これによりカナダは，UAW に組み込まれた。独特なのは，カナダの自動車産業自体は，大部分がアメリカ資本であるという点では北米大陸という地域性を有したが，一国単位の輸入代替策に基づいたカナダの産業政策によって統治されていたことである。

## 2　戦後の課題と大陸規模での制度的な統合 (1945〜85 年)

### 1) 戦後世界の復興と競争力の低下

第二次大戦は，消費財生産を制約したものの，カナダの自動車生産をかつてない水準にまで押し上げた。戦争が終わると，せき止められていた需要は巨大なブームを引き起こし，1940 年代後半までカナダ自動車産業の拡大を支えた。1946 年から 54 年の間に，自動車生産は 9 万 2000 台から 37 万 5000 台へ，雇用は 2 万 2000 人から 2 万 9000 人へと増加した[17)]。1950 年代には，輸出の拡大によって生産量はカナダの国内需要を超えて増大した。1946 年から 54 年の間に，カナダの自動車メーカーは，約 17 万 5000 台をヨーロッパやイギリス連邦諸国へ輸出した。カナダでは，部品生産を含む自動車産業の業績の数字や工場数は，マクロ経済の動向を表す最も重要な指標となった。1930 年代以来この産業を悩ませてきた労働問題は，自動車産業の好調から労働者が恩恵を得るにつれて，目立たなくなっていった[18)]。

しかし，1950 年代終わりには，カナダ自動車産業は，戦後初期の成功を覆い隠してしまうような深刻な構造上，生産性上の問題に直面した。20 世紀初めに分工場として生産拠点を設けて以来，アメリカ資本の製造業者は，本国での生産をそっくり模する形で生産を行ってきた。その結果，カナダ市場は，アメリカと同様のあらゆる車種とオプションが選択可能なアメリカ市場のミニチュア版となった。それは，1950 年代の消費者運動家からして見れば，過剰な選択肢だった。アメリカの親会社と同じような多くのモデルを提供するために，カナダの製造業者は，非常に頻繁に設備の段取り替えを行わねばならず，そのために生産コストは上昇した。例えば，1950 年代後半から 60 年代初めには，フォードのウィンザー・エンジン工場は，七つの異なったエンジンブロックを 186 種類のエンジン用に生産していた。それに対しデトロイト川の対岸のフォードのエンジン工場では，たった 1 種類のエンジンを生産しており，しかも生産量は 4 倍であった[19)]。

そのため，自動車価格は高止まり，景気が悪くなるとすぐに輸入車が市場に溢れることになった。ヨーロッパや日本の自動車メーカーが戦争の荒廃から立ち直り，経済の先行きが不確かな時期にカナダ人が求めていた小型で安価なモデルを供給した。特にイギリスからは，1930 年代に始まった関税政策によって，非課税でカナダへ輸出が可能だった。1950 年代後半には，イギリス車のカナダへの輸入は劇的に増加した。この輸入の波は，強いカナダドルによってもいっそう助長された。1960 年までには，カナダで販売された 30 万台のほぼ 3 分の 1 は輸入車となった。その裏返しに，カナダからの輸出は，国内生産台数のごくわずかな割合にまで減少した。カナダの産業と雇用が受けた影響は極めて甚大だった。1956 年から 60 年の間に，UAW のカナダ国内の組合員数は，3 万 3000 人から 2 万 7000 人へと急減した[20)]。

### 2）米加自動車協定（1968 年）への道

その結果，1960 年代初めにカナダ自動車産業の転換が始まった。この転換には，外的要因と内的要因の両方がある。まず外的要因としては，復興を遂げたヨーロッパや日本での自動車産業の発展や，オートマチックトランスミッション（市場規模の小ささのため，カナダの工場では経済的に生産できなかった）の流行に典型的に表される自動車の技術進歩，カナダの政策決定に対して GATT のルールが課す制約などが挙げられる。

他方の内的要因は，カナダの政治体制と政策であるが，これはより大きな意味を持つ。カナダ政府は，自動車産業が抱える問題と，数十年来の輸入代替政策の代案を考えねばならないことを認識していた。政府の自動車戦略は，より機能的なカナダ自動車産業を作り上げるためには，輸出増加による生産拡大が必要であるという理解に基づいていたのである。

こうした状況の下，自動車メーカーの支持の下で行われた数カ月に及ぶ困難な交渉の末に，米加両政府は，北米の自動車産業を根本的に再編する協定を結んだ[21)]。合意された内容は，両国政府と国境の両側にある自動車産業が直面していた制約を反映していた。アメリカのリンドン・ジョンソン政権は，自動車産業に単一の大陸市場を創り出す自由貿易協定を熱望していたが，カナダ政府のレスター・ピアソン首相は，はるかに現実的であった。カナダ側の交渉担当者は，無制限の自由貿易が，すでに 90％以上がアメリカ企業の所有下にあるカナダの自動車産業を壊滅させかねないことを理解していたのである。当事者である自動車メーカーは，生産を合理化して北米におけるスケールメリットを活かせるような協定を望んでいた。自動車メーカーにとってより重要であったのは，1950 年代，60 年代に現地調達率や現地資本比率といった面倒な要求が起こったメキシコやブラジル，オーストラリアの先例が，カナダでも繰り返されることを避けることであった[22)]。

米加両政府と自動車産業は，以下の内容の妥協を行った。カナダは，現地調達率や投資・生産目標を協定の中に組み入れ，北米市場での生産の一定割合を自国内に確保することに成功した。カナダは，協定がカナダにとって「自前の」自動車産業の終焉を意味することを承知していたが，新体制が雇用や投資，ひいては危機に瀕した産業の生き残りにつながることを理解していた。アメリカ政府は，最も緊密な経済的パートナーとの間の難問がこれで解決するという理由で，この妥協に応じた。そのことが結局は，自動車産業における制限なき自由貿易へとつながり，北米に自由貿易圏を作り出すというアメリカの政策実現に向けての重要なステップとなると期待したのである。そして自動車産業は，新しい協定によって，他の国々で突き付けられた懲罰的な要求の再現を回避し，大陸規模で事業を統合する可能性を得た[23)]。またビッグスリーは，この協定によって，オーストラリアやメキシコが導入したような強硬な保護主義的措置を回避できると期待していた。

1965 年 1 月，ジョンソン大統領とカナダのピアソン首相は，米加自動車協定に署名した。この協定は，カナダかアメリカに拠点を持つ企業（基本的にはビッグスリーか，そのカナダの子会社）が，最低50％の北米調達率を満たしているか（米国への輸入の際の条件），カナダが課した生産目標を達成して1965年以前と同数以上の乗用車やトラックをカナダで生産し続ける限り，自動車や部品を無関税で輸入できるものとした。この協定によって，カナダの生産者は，もはやカナダ市場向けだけの生産に限定されることはなくなった。今やフォードもビッグスリーの残りの2社も，その生産を国境線に即してではなく，大陸を一つの市場として再編成することができるようになったのである。

### 3）米加の市場統合とカナダでの生産拡大

自動車協定の規定に対応して，ビッグスリーは，安いカナダドルと公的医療保険制度が生み出す低廉なコストや，カナダの工場の高い生産性や品質管理の能力を利用するために，北米での組立生産のかなりの割合をカナダにシフトした[24]。1965年には，カナダでの生産が大陸市場で占める割合は7％であったが，1990年代には常に15％を超えるようになった（表5-1）。例えばフォードでは，1980年代と90年代にカナダの工場は，ミニバンのウインドスター，フリースターのほか，北米で警察車両やタクシー向けの主力の量販車種となっていた中型車のクラウンビクトリア，グランドマーキーの唯一の生産地であった。カナダ・フォードのエセックス・エンジン工場もまた，フォードの最も重

**表5-1**　北米における自動車生産台数（1960〜99年）

（台）

| 年 | 米国 | カナダ | メキシコ | 北米総計 | カナダ/米国（%） | カナダ/北米（%） |
|---|---|---|---|---|---|---|
| 1960 | 7,894,220 | 395,855 | 49,807 | 8,339,882 | 5.01 | 4.74 |
| 1965 | 11,114,213 | 853,931 | 97,395 | 12,056,539 | 7.68 | 7.08 |
| 1970 | 8,262,657 | 1,189,461 | 189,986 | 9,642,104 | 14.39 | 12.33 |
| 1975 | 8,965,413 | 1,442,076 | 356,642 | 10,764,113 | 16.08 | 13.39 |
| 1980 | 8,010,563 | 1,369,697 | 490,006 | 9,870,176 | 17.09 | 13.87 |
| 1985 | 11,653,956 | 1,934,110 | 458,680 | 14,046,746 | 16.59 | 13.76 |
| 1990 | 9,783,433 | 1,946,542 | 820,558 | 12,550,533 | 19.89 | 15.50 |
| 1999 | 13,024,010 | 3,048,693 | 1,532,623 | 17,605,326 | 23.40 | 17.31 |

出所）*DesRosiers Automotive Consultants*, 2000より作成。

要なエンジン生産拠点となり，1981 年以降，累計で 800 万台にのぼる多種多様なエンジンを生産した。1990 年代には，カナダ・フォードの製品の 85％はアメリカに輸出された。こうした状況は，GM やクライスラーのカナダ工場でも同様であり，特定の車種で北米全域向けの唯一の生産拠点となっていた。

大陸規模で統合されたこの産業において，カナダの生産性と競争力はこうした動きに伴って向上した。政府の統計によれば，1970 年代には，自動車部門の雇用の増加率は他の経済部門のそれを 30％上回っていた。部品産業では，アメリカの同業者との間にあった生産性の較差は 10％以内に縮まった。これはその他のカナダ製造業よりもずっとよい数字である。組立工程では，カナダの生産性は，アメリカのそれよりも 20％程度上回っていた。カナダにおけるビッグスリーの生産は，多くの場合増加し，専門性を高め，はるかに生産的になったのである[25]。

部品産業もまた繁栄し，カナダ資本の有力企業が出現した。カナダでの調達率を定めた米加自動車協定の条項と，デトロイト（あるいはカナダにある組立工場や北米全土）に直接販売しうる能力を利用して，何百というカナダ企業が，自動車協定発効後の 15 年間に，生産と輸出を劇的に増加させた。1978 年のある政府報告によれば，カナダからアメリカへの部品輸出がカナダでの部品の総生産額に占める比率は，1964 年には 13％（約 9000 万ドル，総生産額は 6 億 9000 万ドル）であったのが，1977 年には 69％にまで増加していた（輸出額 30 億ドル，総生産額は 44 億ドル）。こうした輸出の大半は，ビッグスリー各社が支配するカナダの部品会社とアメリカ内の拠点の間の企業内取引であった。それ以外の多くは，アメリカ部品会社のカナダ子会社がアメリカ向けに販売したものであった[26]。しかしカナダの部品会社も，上述のようにこの時期に成長を遂げていた。

自動車産業の成長は，企業数や雇用の増加からも確認される。自動車協定以前に 150 社に満たなかったカナダの部品メーカーは，1970 年には 182 社にまで増加した。1975 年には企業数は 231 社，さらに 1980 年には 342 社となった。1980 年代中頃には，およそ 500 社の部品会社がカナダで操業していた。同様に，部品産業の就業者数は，1964 年から 78 年の 15 年間でほぼ倍増し，

1970年代半ばには，組立工場の就業者数を上回った。

自動車産業がその初期やその後に直面した難題にもかかわらず，1970年代終わりには，カナダの部品会社は，この産業での大陸規模の統合から利益を得ていた。この頃には，カナダの部品産業は売上高が初めて20億ドルに達した。製品の4分の3はアメリカに出荷された。1986年には，自動車アナリストのデニス・デロシアーズは，カナダ資本の自動車部門はカナダ自動車産業全体のほぼ5分の1を占め，25億ドルの部品を販売したと推計している[27]。

自動車協定体制の出現によって，北米の自動車産業は，北米大陸を範囲とした合理性に即して再編され，カナダの自動車産業は，アメリカ自動車産業に完全に統合された。その後の20年間，北米自動車産業は，石油禁輸とエネルギー危機，日本車輸入の急増，1970年代後半と80年代初めの業界再編（焦点はクライスラーの救済），米加両国内における域外企業による工場建設，1989年の米加自由貿易協定と1993年の北米自由貿易協定の創設，といった劇的な変化を経験した[28]。次節ではこれを見てみよう。

## 3　地球規模での再編（1985〜2001年）

### 1）米国自動車産業の苦境と日本車の台頭

カナダ自動車産業は，1970年代と80年代初めには，大陸化された自動車協定体制下で繁栄したが，危機が近くに迫っていた。カナダ自動車産業がもはや後戻りできないほどに一体化していたデトロイトの自動車産業は，その収益では，ガソリンをやたらに消費する大型車にあまりにも依存しており，車の経済性や安全性に十分な注意を払ってこなかった。最初の衝撃は，消費者運動家のラルフ・ネーダーの電撃的な告発とともに1966年に到来した。自動車業界は，「デトロイトの車はどんな速度でも安全ではない」とするネーダーの申し立てを何とかそらそうと試みたが，最終的には企業側は初めて法的負担を課されることになった。ビッグスリーは，アメリカで頂点に位置する自動車産業を従わせようとするワシントンの意向に苦しめられたが，対応は遅く方針も曖昧であった。それはデトロイトに災難が起こる最初の明白な兆候であった[29]。

それに続く打撃は，石油輸出国機構（OPEC）による1973年の石油禁輸とともにやって来た。続いて，1979年のイラン革命が引き金となった2度目のオイルショックが，北米経済を覆っていた沈滞をさらに悪化させた。1980年代初めには，高利子率と高失業率，さらに高インフレ率が自動車産業を苦しめた。クライスラーの場合は，1980〜81年の政府による不名誉な救済措置によって，これを何とか生き延びた[30]。

クライスラーの事実上の倒産は，日系自動車メーカーの北米での勢力拡大と，鮮烈なコントラストをなしていた。ビッグスリーが，1950年代，60年代にアメリカやカナダで何百万台と送り出してきた曲線美のきらめく豪華な車の売上げは，急騰する石油価格に直面して消費者が小型で燃費の良い車を重んじるようになると，伸び悩むようになった。日本企業が1950年代から生産してきたのはそうした小型車（ドイツ企業が成功したフォルクスワーゲン〔Volkswagen〕の「ビートル」も同タイプ）であり，デトロイトの重役たちが，安っぽい貧乏人の車としてあざ笑っていた自動車であった。かつては，大きいことがベストとされていたが，今や「スモール・イズ・ビューティフル」となったのである。アメリカの自動車メーカーは，この新たな現実を認識するのに時間がかかった。1975年末，ホンダからのエンジン調達計画の真偽について問われたヘンリー・フォード2世が，「私の名を付けた車がジャップのエンジンを載せることなど永遠にない」と宣言したのは，有名な話である[31]。

とはいえ，北米への日本車の到来は，ヘンリー・フォード2世にもまた他の誰にも止めることはできなかった。このような北米自動車産業に対する日本車のインパクトは，最初の輸入から輸出自主規制，そして最初の現地工場建設に至るまで，多くの研究者の焦点となってきた[32]。これらの研究では1970年代，80年代にアメリカを変質させた日本車の大きな波に注意が払われてきた。しかし，日本車の到来には，ほとんど見過ごされてきた別の側面がある。1965年の自動車協定が含んでいる産業統合の本質を考慮すると，日本車の輸入と日本からの直接投資は，アメリカと同様にカナダにも重大な影響を与え，カナダの政策立案者から激しい反応を引き起こすことになったのである。

### 2）カナダの対日本車政策

実際，日本車の進出に対するカナダの反応は，アメリカの反応よりも，もっと攻撃的であった。日本の大手自動車メーカーによるアメリカへの投資の決定は，北米自動車産業に新たな状況を生み出し，カナダ自動車産業を衰退の脅威にさらすものであった。貿易摩擦を鎮めるために，1980年代に日本のメーカーは数十億ドルの対外直接投資を約束したが，これが実現してもカナダへの投資が「公正な割合」を大きく下回るならば，カナダ自動車産業は存立自体が危うくなる。

カナダ政府が最初にとった対応は，アメリカの例に倣い，日本側にカナダへの輸出についても「自主規制」を求めるというものであった。カナダ側の相当な圧力や取り組みの結果，1981年に日本の通産省は，カナダへの輸出を監視するため，1年間の輸出自主規制を行う「予報」システムを日本の製造業者とともに導入することに同意した。これにより，1981～82年の輸出は最大で17万4213台，前年比で最大10％増にまで（実際には1981年には約6％減少したが）制限された。1982～83年に通産省は，状況をひき続き調査するためにカナダと協議することに合意した。しかし最終的には，「日本からカナダへの対象期間初年度の輸出は，カナダ自動車市場の拡大分の16.5％未満とすべき」というカナダ政府の見解に，日本側が「留意する」旨を表明したに止まった。3年目もまた，再調査を前提とした協議が行われた。この合意は乗用車のみを対象としており，トラックやステーションワゴンは含まれなかった。結局，輸出自主規制は1980年代末まで続けられた[33]。

日本車の輸入急増による「危機」への対応では，アメリカでもカナダでも，数量割り当てが中心的な位置を占め続けた。しかし，現地調達率の要求や，北米での部品購入拡大の要求，そして何よりも，北米に直接投資を行い組立工場を設けるよう求める議論が，1980年以降の日本車をめぐる北米での論調で，次第に大きな部分を占めるようになっていった。こうした中でカナダの政策当局者は，この直接投資がアメリカにだけ向けられ，その結果，日本企業の投資を呼び込んで組立工場や部品工場を設けるというカナダ政府の構想が潰れてしまうことを恐れた。

1980年春，日本の自動車メーカーがアメリカに工場建設を検討しているという東京からの報告を受けて，カナダ政府は，日本企業によるカナダへの投資が少ないことに強い不満を表明した。1982年には，日本の輸出トップ3社のうち日産とホンダが，アメリカでの組立生産を決定するか，あるいは実際に生産を開始した。ホンダには販売市場で生産するという従来からの方針があり，1982年にオハイオ州のマリーズビルに日本自動車メーカーとして初となる組立工場を開設した。ホンダは販売の拡大を望んでいたが，自主規制下での少ない割当量によって制限され，しかも日本の工場は生産能力の限界に達していた[34)]。また日産は，1982年にテネシー州に最初のアメリカ工場を開設した。それに対しトヨタは，公式にはアメリカでの現地生産に距離を置いていたが，その方針はまもなく変わることになった。

カナダに対しては，輸出規制が始まって以来，日本企業は投資にほとんど関心を見せなかった。割当量が最大のときでさえ，日本企業は，カナダのことを忘れているようであった。この日本企業の無関心さに直面して，カナダでの販売権を交換条件にカナダ製部品の調達を要求すべきだとの主張も強まった。しかしカナダ政府は，現地調達を求める代わりに港での輸入通関業務のサボタージュを行い，日本企業のカナダでの販売を混乱させ，現地生産に踏み切らざるをえないように仕向けたのである。

これが，1981年の「ヨコハマ締め出し」事件であった。バンクーバー港の税関職員が，輸入される自動車の検査対象の台数を，それまでの1％未満から10％に引き上げたのである。これにより，トヨタ車の陸揚げを行う荷役業者のフレーザー・ワーブズ（Fraser Wharves）社では，従来1，2日で済んだ1400～1500台の作業に20日かかるようになり，船は港外へ追いやられた。

港でのサボタージュは，すぐに狙った効果をもたらした。1982年中頃には1万台から1万6000台の車がバンクーバーに留め置かれ，カナダ中の日本車のディーラーが連邦政府の行動に苦情を訴えていた。設立されたばかりのカナダの日本車ディーラーの団体は，日本側との会合を翌日に控えたオタワの政府関係者と面会して窮状を訴えた。しかしカナダ政府は，断固として譲らなかった[35)]。

### 3）日系メーカーによるカナダ現地生産

こうしたやり方に直面して，ホンダは，カナダへの組立工場の設立という歴史的な決断を下した。1984年に，オンタリオ州のアリストンに1億ドルを投資し，300人を雇用して年間約4万台を生産する計画を発表したのである[36]。続いて1985年には，トヨタが，アメリカとカナダの両国に工場を建設する計画を決定した。アメリカの工場は投資額8億ドルで，3000人を雇用し，カローラよりも高価格であるカムリを年間20万台生産する。カナダ工場の規模はずっと控えめだった。オンタリオ州ケンブリッジにあるカナダ工場は，当初は1億5000万ドルの投資で，1000人を雇用し，年間5万台のカローラを生産する予定であったが，トヨタがプレス工場や塗装工場の設置も承認すると，潜在的な雇用は2000人まで増加し，投資額もすぐに3億ドルにまで拡大した[37]。

トヨタがケンブリッジ進出を発表した数日後，ホンダがアリストン工場を拡張することを急遽発表し，また日産は，カナダに組立工場か部品工場を新設する可能性を示唆した。こうした日本企業の進出は，オンタリオ州インガーソールで，1989年4月にカナダ市場向けの小型車の生産を開始するスズキとGMの5億ドルの合弁事業につながった。日本の投資を自国に向けさせるカナダの策略は成功したのである。1990年代には，カナダにおける日系自動車メーカーの生産台数は，日本からの輸入量の3倍から4倍に上り，そのほとんどはアメリカへ輸出された。

日本企業が国境北側のカナダへの投資拡大を決定した当初の動機は，カナダの破壊的な作戦を回避したいというものであり，必ずしも乗り気ではなかったが，ほどなく新たな確信に変わっていった。1980年代半ばには控えめだった日本企業による直接投資は，1990年代には急速に拡大した。日本企業は，カナダとアメリカの工場を一体的に運用することで，1989年の米加FTAと1993年のNAFTAが要求する現地調達率を達成しやすくなり，規模の経済性を生かせることに気が付いた。またカナダ工場の高い品質と生産性も，新たな理由となった。

1990年代中頃から，北米で売り出されるホンダの新車は，アメリカで生産開始される前にカナダのアリストンで生産されるようになった。同時にホンダは，アリストンをオデッセイミニバンの唯一のグローバル生産拠点として利用し，日本へも逆輸入した。カナダでの生産に対する確信を最も明瞭に示すのは，レクサス330の生産をカナダのケンブリッジで行うことにしたトヨタの決断であろう。カナダはそれによって，レクサスブランドを生産する日本以外の唯一の場所となる栄誉を得たのである。カナダにおける日本企業の生産が，日本車の需要よりも4倍以上上回っている（大部分はアメリカへ輸出されている）という事実は，カナダへの日本の投資が，カナダのみならず，日本企業自体にも利益となっていることを明白に示している[38)]。

## おわりに

およそ100年の間，選択的グローバル化という戦略は，カナダ自動車産業発展の基礎となってきた。最初の段階では，カナダは，アメリカとの地理的近接を前提とする輸入代替策を選択し，その結果，完全に「分工場」経済となった。しかしそれでも，カナダはアメリカの影響力の恩恵を受けた。カナダが有する海外，特にイギリス連邦の市場へのアクセスの助けを得て，自国の組立メーカーを持たない小国としては異例なことにかなりの規模と成功を得たのである（表5-2）。

1950年代，60年代には，これらの輸出市場は枯渇し，また技術的要求も能力の限界を超えたため，カナダ自動車産業は変化を迫られた。自動車協定に含まれる保護貿易主義と自由貿易主義の独特な形態を利用して，カナダの政策立案者は，選択的グローバル化の新たな段階である「大陸化」に乗り出すようにアメリカとビッグスリーを説得した。この自動車協定によって，カナダにある組立工場は，新たに大陸を単位として編成された自動車産業のもとで繁栄し，カナダ資本の部品業者は，カナダの現地調達率と最低生産保証から恩恵を受け，その上，同時に大陸のスケールメリットも享受することが可能になったのである。

1980年代に輸入日本車が北米に溢れ，アメリカの政策当局者が現地生産を推し進めようとした時には，カナダの政策当局者は，日本企業に対して北米での生産地としてカナダも考慮に加えるように，再び抜け目のない政策を利用した。輸出「自主」規制や部品の現地調達要求，そして通関サボタージュのような異例の非関税障壁によって，カナダは北米における自動車投資の一定割合を獲得した。NAFTA 体制は，北米各国の現地調達に影響し，日本企業は北米生産者としてこの体制に組み入れられたが，カナダは引き続き北米における自動車生産市場の重要な拠点であり続けた（表 5-1，表 5-3）。

**表 5-2**　世界自動車生産台数上位 10 国（乗用車・トラック，1999 年）

| 順位 | 国名 | 生産台数 |
|---|---|---|
| 1 | 米国 | 13,024,010 |
| 2 | 日本 | 9,904,298 |
| 3 | ドイツ | 4,994,723 |
| 4 | フランス | 3,190,227 |
| 5 | カナダ | 3,048,693 |
| 6 | スペイン | 2,772,416 |
| 7 | 韓国 | 2,687,004 |
| 8 | イギリス | 1,956,179 |
| 9 | 中国 | 1,757,878 |
| 10 | イタリア | 1,686,439 |

出所）*Ward's Automotive Yearbook*, 2000.

北米の自動車産業にとってのカナダの重要性は明らかである。1999 年，カナダの自動車生産は，北米全体の 1500 万台の 5 分の 1 である 300 万台を超えた（表 5-2）。カナダのオンタリオ州は，2005 年にはアメリカ・ミシガン州をしのいで北米最大の自動車生産州となっており，またカナダは，依然として世界でトップ 10 位以内に入る自動車生産国であった。オンタリオ州は，2000 年から 08 年の間，毎年 200 万台以上を生産しており，また GM，フォード，クライスラー，ホンダ，トヨタ，スズキの工場が集中する世界で唯一の行政区域であった。

しかしながら，2000 年代初め以降，カナダ自動車産業は厳しい課題に直面している。WTO における 2001 年の自動車協定廃止は，協定の保護貿易主義的な条項に対する日本と欧州の不満がきっかけとなったものであり，カナダの組立工場にはもはや自国需要分以上の生産が割り当てられることがないことを意味していた[39)]。ガソリン価格が 2000 年代中頃に 20 年ぶりの水準に高騰すると，カナダの工場で生産されていた大型車の需要は縮小した。より深刻であったのは，海外投資家によるカナダ西部の石油やガスへの投機によってカナダドルが高騰し，カナダでの自動車生産がコスト面で不利になったことである。組立メーカーや部品メーカーはよりコストの低い地域へと生産を移し，オ

**表 5-3**　カナダ自動車産業の発展

| 時　期 | 制度的要素 | 貿易政策 | カナダ自動車産業の支配者 | 主要市場 | 生産様式／組織形態 |
|---|---|---|---|---|---|
| 19 世紀～1930 年代 | 保護貿易主義 | 輸入関税<br>英帝国内特恵関税（1932 年～） | カナダ組立メーカー（マクローリン 1918 年まで）<br>米国組立メーカー（GM1918 年～，フォード 1904 年～，クライスラー 1921 年～）<br>米国部品メーカー<br>小規模カナダ部品メーカー | カナダ（60～90%）・英帝国（オーストラリア，ニュージーランド，マレーシア含む） | 小規模，ローカル市場，限定された効率性，高コスト |
| 第二次大戦 | 戦時生産 | 戦時生産下の輸出 | 米国組立メーカー | | 商業生産はなし，戦時生産 |
| 1945～85 年 | 為替相場の変動<br>電気料金，インフラ，国民保険制度への支援<br>貿易政策<br>国境を越える労働組合，全米自動車労働組合 | 米加自動車協定（1965 年），管理貿易 | 米国組立メーカー（スチュードベーカー 1948～66 年）<br>スウェーデン，米国（ボルボ 1964～98 年）<br>日本（いすゞ，トヨタ）<br>カナダ（部品生産の 30 % 以下） | カナダ（70～90%）<br>英連邦諸国 | 1965 年まで：ローカル生産，小規模，限定された効率性，生産・技術革新の欠如，少量の輸出<br>1965～89 年：米加関税撤廃，大規模生産，生産性と効率性の向上，カナダ製部品内製要求 |
| 1985～2001 年 | 企業誘致，投資助成制度<br>労働ナショナリズム，カナダ自動車労働組合 | 米加自由貿易協定（FTA）（1989 年～）<br>北米自由貿易協定（NAFTA）（1993 年～） | 組立メーカー：米国，日本<br>部品：米国，日本，カナダ<br>日本（ホンダ，トヨタ，スズキ，1985 年～）<br>韓国（現代，1989～93 年） | 米国（80 %） | 北米部品内製要求，大規模生産，主要カナダ部品企業の出現 |
| 2001 年～ | 部分的国有化（GM，クライスラー）<br>2008～15 年 | 北米自由貿易協定（NAFTA），世界貿易機関（WTO），メキシコの台頭 | 米国＋日本組立メーカー<br>ビッグスリーの衰退 | 米国（80 %） | 米国組立メーカーの減少，カナダ部品メーカーの国際化 |

出所）筆者作成。

ンタリオ州の工場は閉鎖された。この「オランダ病」によって，1970 年代と 80 年代，その後の 90 年代にカナダが有した生産コスト上の競争力は失われた。

　このように，北米という地域の内部でも地球規模の競争構造の中でも，自動車産業の再編は続いている。こうした中で，カナダの自動車産業がいかに生き残っていくのか，今後も注目されよう。

**注**

1）Ha-Joon Chang, *Kicking Away the Ladder : Development Strategy in Historical Perspective*, Anthem, 2002.
2）Pankaj Ghemawat, *World 3.0 : Global Prosperity and How to Achieve It*, Harvard Business School Press, 2011.
3）Dani Rodrick, *The Globalization Paradox : Democracy and the Future of the World Economy*, WW Norton, 2011.
4）Andrew Smith and Dimitry Anastakis, *Smart Globalization : The Canadian Business and Economic History Experience*, University of Toronto Press, 2000.
5）Tom Traves, *The State and Enterprise : Canadian Manufacturers and the Federal Government, 1917–1931*, University of Toronto Press, 1979, p. 101.
6）Tom Traves, "The Development of the Ontario Automobile Industry to 1939," in Ian Drummond (ed.), *Progress Without Planning : The Economic History of Ontario from Confederation to the Second World War*, University of Toronto Press, 1987.
7）Charles Hyde, "The Dodge Brothers, the Automobile Industry, and Detroit Society in the Early Twentieth Century," *Michigan Historical Review* 22(2), 1996, pp. 49–82.
8）Mira Wilkins and Frank Earnest Hill, *American Business Abroad : Ford on Six Continents*, Wayne State University Press, 1964.
9）Heather Robertson, *Driving Force : The McLaughlin Family and the Age of the Car*, McClelland and Stewart, 1995.
10）Michael Moritz, *Going For Broke : The Chrysler Story*, Doubleday, 1981.
11）Vincent W. Bladen, *Report of the Royal Commission on the Automotive Industry*, Queen's Printer, 1961.
12）Robert E. Ankli and Fred Frederiksen, "The Influence of American Manufacturers on the Canadian Automobile Industry," *Business and Economic History* 9(1), 1981, pp. 101–113.
13）Donald F. Davis, "Dependent Motorization : Canada and the Automobile to the 1930s," in Douglas McCalla (ed.), *The Development of Canadian Capitalism*, Copp Clark Pitman, 1990.
14）Dimitry Anastakis, "From Independence to Integration : The Corporate Evolution of the Ford Motor Company of Canada, 1904–2004," *Business History Review* 78(2), 2004, pp. 213–253.
15）Bladen, *op. cit.*, p. 101.
16）David Roberts, *In the Shadow of Detroit : Gordon M. McGregor, Ford of Canada, and Motoropolis*, Wayne State University Press, 2006.
17）Sun Life Assurance Company Canada, *The Canadian Automotive Industry*, Queen's Printer,

1956.

18) Charlotte Yates, *From Plant to Politics : The Autoworkers Union in Postwar Canada*, Temple University Press, 1993 ; Sam Gindin, *The Canadian Auto Workers : The Birth and Transformation of a Union*, James Lorimer and Company, 1995 ; Don Wells, "The Impact of the Postwar Compromise on Canadian Unionism : The Formation of an Auto Worker Local in the 1950s," *Labour/Le Travail* 36(2), 1995, pp. 147-173.

19) John Holmes, "Industrial Reorganization, Capital Restructuring and Locational Change : An Analysis of the Canadian Automobile Industry in the 1960s," *Economic Geography* 59(1), 1983, pp. 251-271.

20) Dimitry Anastakis, *Auto Pact : Creating and Borderless North American Auto Industry, 1960-1971*, University of Toronto Press, 2005.

21) *Ibid.*

22) James F. Keeley, "Cast in Concrete for all Time? The Negotiation of the Auto Pact," *Canadian Journal of Political Science* 16(2), 1983, pp. 281-298.

23) Carl Begie, *The Canada-U.S. Automotive Agreement*, Private Planning Commission, 1970.

24) John Holmes, "Restructuring in a Continental Production System," in John N. H. Britton (ed.), *Canada and the Global Economy : The Geography of Structural and Technological Change*, McGill-Queen's University Press, 1996 ; Maureen Appel Molot (ed.), *Driving Continentally : National Policies and the North American Auto Industry*, Carleton University Press, 1993 ; Ross Perry, *The Future of Canada's Auto Industry : The Big Three and the Japanese Challenge*, James Lorimer, 1982.

25) Chris Roberts, *Harnessing Competition? The UAW and Competitiveness in the Canadian Auto Industry, 1945-1990*, Ph. D. Dissertation, York University, 2002, p. 508.

26) Simon Reisman, *The Canadian Automotive Industry : Performance and Proposals for Progress*, Queen's Printer, 1978, pp. 79, 86.

27) "Life in the Fast Lane," *Report on Business Magazine* 12(1), 1986.

28) David Halberstam, *The Reckoning*, Morrow, 1986 ; John Holmes, *Divergent Paths : Restructuring Industrial Relations in the North American Auto Industry*, McGill-Queen's University Press, 1992 ; John B. Rae, *The American Automobile Industry*, Twayne, 1984 ; Kenneth P. Thomas, *Capital Beyond Borders : States and Firms in the Auto Industry, 1960-1994*, Palgrave Macmillan, 1996 ; Sidney Weinstrub and Christopher Sands (eds.), *The North American Auto Industry Under NAFTA*, Centre for Strategic and International Studies, 1998.

29) Ralf Nader, *Unsafe at Any Speed*, Grossman Publishers, 1965 ; Thomas Whiteside, *The Investigation of Ralph Nader : General Motors Vs. One Determined Man*, Arbor House, 1972.

30) Michael Moritz and Barrett Seaman, *Going for Broke : Lee Iacocca's Battle to Save Chrysler*, Doubleday, 1983.

31) Richard A Johnson, *Six Men Who Build the Modern Auto Industry*, Motorbooks, 2005.

32) Ernest J. Yanarella, *The Politics of Industrial Recruitment : Japanese Automobile Investment*

*and Economic Development in the American States*, Praeger, 1990； Robert Perrucci, *Japanese Auto Transplants in the Heartland : Corporatism and Community*, Aldine, 1994；Akira Kawahara, *The Origin of Competitive Strength : Fifty Years of the Auto Industry in Japan and the U.S*, Springer, 1998.

33）Dimitry Anastakis, *Autonomous State : The Struggle for a Canadian Car Industry from OPEC to Free Trade*, University of Toronto Press, 2013.

34）Robert L. Shook, *Honda : An American Success Story*, Prentice Hall, 1988.

35）JAMA Canada（Japanese Automotive Manufactures Association of Canada）, *A Short History of the Japanese Auto Industry in Canada*,（http://www.jama.ca.industry/ history）, 2004.

36）Greig Mordue, "Government Foreign Direct Investment and the Canadian Automotive Industry, 1977-1987," Ph. D. Thesis, University of Strathclyde, 2007, p. 2016.

37）Anastakis, *op. cit.*, p. 287.

38）JAMA Canada, *op. cit.*, pp. 17-18.

39）Dimitry Anastakis, "Requiem for a Trade Agreement : The Auto Pact at the WTO, 1999-2000," *Canadian Business Law Journal* 34(1), 2001, pp. 313-335.

（牧　幸輝訳）

# 第6章

# 絶えざる技術開発とグローバル競争優位
## 重電機器

西 村 成 弘

## はじめに

重電産業は，ボイラーや原子炉等の蒸気発生装置，発電用各種タービン，発電機，変圧器，スイッチギア等の製造および設置と維持・管理を行う産業部門であり，その製品は電力システムの主要要素として社会的インフラストラクチャーを構成している。中でも本章が分析対象としているタービン（蒸気タービン，ガスタービン）は発電システムの効率を左右する重要な装置の一つである。

重電産業を産業史の視点から捉えた場合，二つの特徴が指摘できる。第一は，重電産業は100年以上前から同じようなシステムを産出し続けていることである。1880年代初頭にニューヨークのパールストリートで蒸気ボイラー，蒸気機関，発電機で構成されるT. A. エジソンのシステムが運転を開始して以来，中央発電所における発電と配電というシステムは基本的に変化していない[1]。他方で，システムを構成する各装置とその性能は100年間にわたり，政治的・経済的な条件による影響を受けながら，絶えず進化してきた。第二の特徴は，重電産業を構成するグローバル企業の顔ぶれも100年前からほとんど変化していないことである。2010年代初めに重電機器を世界的に供給していたのは，アメリカのGE（1892年設立），ドイツのジーメンス（Siemens）（同1847年），フランスのアルストム（Alstom）（同1928年），日本の三菱重工（同1934年），日立製作所（同1920年），東芝（同1904年）といった企業であった。グローバル企業間の提携関係は歴史的に何度か組み替えられたが，アメリカ，ヨーロッパ，そして日本に拠点を置く一握りの大企業が主要機器を生産し，グローバルに供給するという産業の構造は，基本的に変わっていない。したがって，重電産業の展開は，長期的な産業のグローバル化の進展，あるいは産業のグローバルな性格の変化を考察する適切な素材の一つである。

2011年の世界の重電機器市場を見ると，最も大きなシェアを占めるのはGEで，グローバル市場の32％に製品を供給している。第2位以下はアルストム（19％），ジーメンス（13％），そして三菱重工業（12％）と続いている[2)]。グローバルな重電産業は，世界生産の4分の3以上がこれら4社によって行われている，極めて寡占的な構造を持っている。また，三菱重工業が12％のシェアを占めることから，地域的に見れば，日本（日本およびアジア）が一定の競争優位を持っているといえる。他方，産業構造は寡占的とはいえ，決して静態的ではなく，産業再編がグローバル規模で進んでいる。2006年には東芝がウェスチングハウス（Westinghouse）の原子力発電部門を買収し，2014年には三菱重工業と日立製作所がそれぞれの火力発電事業を統合し，三菱日立パワーシステムズを設立した。さらに同年には，アルストムのエネルギー事業部門をめぐりGEとジーメンスが買収合戦を繰り広げ，結果として6月末にはGEとアルストムが提携することで決着した。グローバル化の進展と軌を一にして行われたこのような産業再編には，どのような力学と意思決定が働いているのであろうか。また，グローバルな産業再編を，重電産業に固有の時間の流れの中で捉えるならば，どのように説明できるであろうか。

重電産業における競争力決定要因は，1970年代までを対象とした研究では，国や電力会社の設備購買政策と，製品の技術であると指摘されてきた[3)]。しかし1980年代以降の世界的な電力事業の民営化・自由化の流れの中では，技術が競争力を規定する要因として重要性を増した。電力会社は単位電力当たりのコストを最小化するシステム，すなわちより少ない燃料でより多くの電力を生み出す発電システムを求め，重電産業はそのような条件を実現する設備を低コストで製造する能力を求められるようになったのである。

本章では，主に1980年代以降の日本の重電産業の発展を，蒸気タービンとガスタービンの技術発展，生産および国際競争力，さらに海外生産の展開から明らかにする。中でも，今日のグローバル競争の焦点の一つとなっているガスタービンに注目する。というのは，グローバル市場では，ガスタービンと蒸気タービンを組み合わせたガスタービンコンバインドサイクル（GTCC）発電が火力発電の主流となっており，高効率ガスタービンの製造能力を有しているかどうかが，その企業のグローバルな競争力を左右しているからである。

以下，次節では主要な発電システムの進化を概説した後で，日本における蒸気タービンとガスタービンの技術，生産，国際競争，そしてグローバル化への対応をそれぞれ明らかにしていく。

## 1　蒸気タービンからGTCCへ

タービンは，水，空気，水蒸気，燃焼ガスなどの高速流体を回転力に変える装置である。火力・原子力発電システムは，燃料を燃焼（原子力の場合は核分裂）させて熱エネルギーに転換し，ボイラーや原子炉を用いて蒸気やガスの高速流体を発生させ，それをタービンで回転力に転換し，発電機を回して電力を得るという共通する仕組みを持つ。しかし，流体の種類や条件によってタービンとその技術発展の方向は異なる。

従来型の火力発電は，石炭，石油，液化天然ガス（LNG）といった化石燃料を燃焼させてボイラーで蒸気を発生させ，その蒸気でタービンを回す。蒸気の熱エネルギーを回転エネルギーに転換する蒸気タービンは，大容量化と蒸気条件の上昇によって効率が高まり，一定の燃料からより多くの回転力を得ることができる。したがって技術開発では，大容量化と蒸気条件の高温・高圧化が目指された。

原子力発電も，蒸気を利用する点では従来型火力発電と仕組みが似ている。

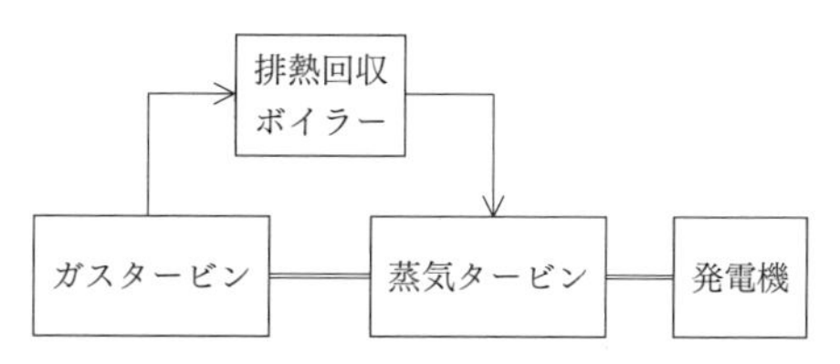


**図 6-1**　ガスタービンコンバインドサイクル（GTCC）発電システム

出所）筆者作成。

原子力発電はウランの核分裂から発生する熱で蒸気を発生させ，蒸気タービンを回す。しかし，原子炉の制約のため蒸気条件は低く抑えられている。他方で蒸気は大量に必要で，同じ出力の火力発電用タービンと比べると，蒸気量は2倍必要である。このような条件を持つ原子力発電用の蒸気タービンは，いかに容量を大きくするか，つまりタービンの最終段のタービン翼をいかに長くするかを目指す歴史であった[4)]。

ガスタービンは，圧縮空気の中でLNGなどの燃料を燃焼させ，発生した高温高圧のガスでタービンを回す装置であり，タービンで発生した回転力の一部は圧縮空気を発生させる圧縮機を回転させ，残りの力が発電機の回転に用いられる。ガスタービンでは，タービン入口温度の高温化が高効率化につながるから，高温・高圧のガスを発生させる燃焼器の開発と，極めて高温の燃焼ガスに耐えられるタービン翼の開発が大きな課題であった。

GTCCは，LNGやガス化石炭を燃料としてガスタービンを回転させて動力を得，さらにガスタービンの排気熱を用いてボイラーで蒸気を発生させ，タービンを回転させるシステムである（図6-1）。GTCCはガスタービンと蒸気タービンを組み合わせることにより高い熱効率を実現でき，今日，全世界的に火力発電システムの主流となっている。

このように，火力・原子力発電システムは，第二次大戦後に従来型火力発電，原子力発電，そしてGTCCへと進化・多様化を遂げた。発電システムの進化に伴い，日本の重電産業，わけても蒸気タービンとガスタービン製造分野は特徴的な変化を見せた。図6-2は，1970年以降における蒸気タービンとガスタービンの国内生産額の推移を表している。蒸気タービンの生産額は1990年代前半期まで拡大し，ピークの生産額は約8700億円であった。他方，ガスタービンの生産額は1980年代前半期には約400億円と，同時期の蒸気タービンの生産額約7300億円と比べると，圧倒的に小さかった。しかし，ガスター

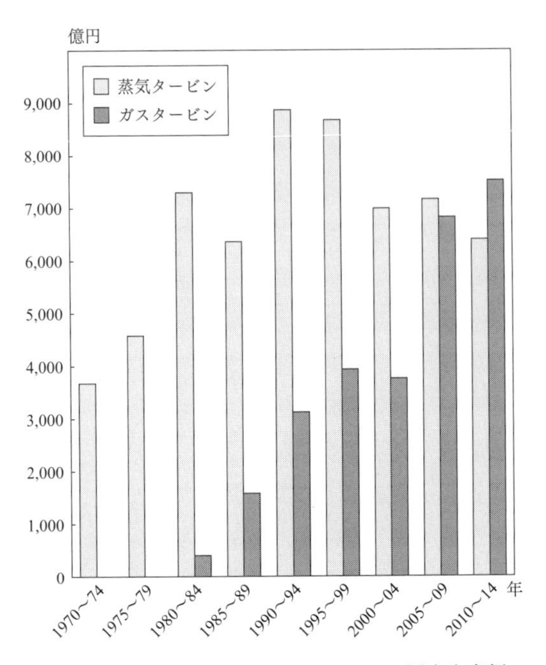


**図 6-2**　蒸気タービンとガスタービンの国内生産額（1970～2014 年）

出所）通商産業大臣官房調査統計部編『機械統計年報』通商産業調査会，各年版より作成。

ビンの生産額は徐々に拡大し，2010 年から 14 年までの 5 年間には約 7500 億円となり，同時期の蒸気タービンの生産額を凌駕するまでになった。日本におけるタービン生産の重点は，発電システムの進化に対応して，蒸気タービンからガスタービンへと移動したといえる。

日本の重電産業が，蒸気タービンと大型ガスタービンの技術開発をどのように進めてきたのか，どのように国際競争力を獲得したのか，そしてどのようにグローバル化に対応しているかについて，節をあらためて分析していこう。

## 2　蒸気タービン技術の展開と国際競争力

### 1）技術導入と国家政策による産業の確立

第二次大戦後の日本の重電産業の，特に火力発電設備の生産に関する技術は欧米諸国のそれから大きく立ち遅れていた。産業の再生と復興をはかるため，重電各社は海外企業と技術提携を行い，先進技術の導入を行った。東芝は1952年にGEと技術導入契約を復活させ，三菱電機はウェスチングハウスと，富士電機はジーメンスとの技術提携を復活させた。また，日立製作所も1953年にGEと契約し，技術導入を進めた。重電機器に関する技術導入契約は，1952年から60年までに25件に達した[5)]。

火力発電システムは大容量化，蒸気条件の高温高圧化にしたがって熱効率が上昇するので，発電設備を導入する電力会社は，より効率の良い大容量システムを導入しようとした。日本の重電企業はこのような需要に対応するため，より大容量の蒸気タービン技術を継続的に導入するとともに設備投資を行った[6)]。しかし，当時はまだ重電企業の技術水準は低く，電力会社は，国産の電力設備を購入するよりも，効率性と経済性に優れたGEやウェスチングハウスの発電機器を輸入する方にメリットがあった。このような状況に対して，重電産業の育成を目指す政府による行政指導によって，「1号機輸入，2号機国産」方式が編み出された[7)]。蒸気タービンの最大容量が1955年当時の150 MW（メガワット）から1969年の1000 MWまで拡大する中で，電力会社は各ステップにおいて1号機はGEやウェスチングハウスから輸入したものの，重電各社はますます大容量化する蒸気タービンの国産化努力を続け，大容量機の製造能力を蓄積することができた。その結果，「1980年代には少なくともハード面では国際的な技術水準に達した」のである[8)]。

### 2）超臨界圧から超々臨界圧へ

1950年代から約20年間，日本では蒸気タービンの大容量化が追求され，1969年には1000 MWのクロスコンパウンド機が国産化された。1970年代になると，タンデムコンパウンドで 700 MW の容量を持つ蒸気タービンが国産化され，中部電力知多発電所 4 号機として納入された。他方でこの期間において，蒸気条件の飛躍的な上昇は見られなかった。知多発電所 4 号機の蒸気タービンは，蒸気圧力が 24.6 MPa で主蒸気温度と再熱蒸気温度が 538 ℃であった。これら水の臨界点（22.06 MPa，374 ℃）を超える蒸気条件を利用する蒸気タービンを超臨界圧ユニットと呼ぶが，超臨界圧技術はアメリカから 1960 年代後半に導入されたものであった。24.1 MPa，主蒸気温度 538 ℃，再熱蒸気温度 566 ℃が標準的な蒸気条件として定着し，1980 年代まで約 20 年間にわたって維持され，この蒸気条件を持つタービンが数多く生産された[9]。

しかし，1980 年代終わりから 90 年になると，蒸気条件の上昇が見られた。超臨界圧で温度が 593 ℃以上の蒸気条件の蒸気タービンを超々臨界圧ユニットと呼ぶが，1993 年には圧力 24 MPa，主蒸気温度 538 ℃，再熱蒸気温度 593 ℃という，超々臨界圧技術を実現した設備が建設された。その後も次々と高温・高圧の蒸気条件が実現され，2002 年には主蒸気温度 600 ℃，再熱温度 610 ℃，2009 年には主蒸気温度 600 ℃，再熱温度 620 ℃のプラントが実現された[10]。蒸気タービンの超々臨界圧技術は，「比較的燃料コストが高い日本で開発された技術で，蒸気条件の向上による高効率化により燃料使用量を減らし，発電コストの低減を狙ったもの」であった[11]。

超臨界圧ユニットも超々臨界圧ユニットもタービンの構造は同じであるが，超々臨界圧蒸気タービンの実現には，高温・高圧に耐えられる材料の開発が不可欠であった。特に蒸気タービンは，中空技術や空気冷却技術を用いることができるガスタービンと異なり，タービン翼の構造ではなく材料自体の高温強度を高めることによって高い蒸気条件を実現しなければならない。超々臨界圧技術は，超臨界技術で用いられた 12 Cr 鋼を進化させ，改良 12 Cr 鋼，新 12 Cr 鋼という新素材を開発することによって実現した[12]。日本の重電産業が独自に超々臨界圧技術の開発に成功した要因の一つは，日本の鋼材開発能力であり，競争力のある鉄鋼業の存在とそれとの共同開発が，蒸気タービンの競争優位の源泉であるといえる。

### 3）技術移転と生産のグローバル化

日本の蒸気タービン技術は，1990 年頃に超々臨界圧技術が開発され，アメリカ企業が開発した超臨界圧技術を凌駕した。超々臨界圧技術を背景とした国際競争力は貿易統計からも確認できる。表 6-1 は 1970 年代以降の蒸気タービンとガスタービンの国内生産額と貿易の動向を示したものである。蒸気タービンの国内生産額は 1970 年以降上昇傾向にあり，1990 年代前半には約 8900 億円となったが，その後減少し 2010 年代前半には約 6400 億円となった。輸出は 1980 年代前半に約 2000 億円まで拡大し，輸出比率も 26.7 % にまで上昇した。その後一時減少するが，2000 年頃から再び拡大し，2010 年代前半には輸出が 2520 億円と，国内生産の減少にもかかわらず規模を維持しており，輸出比率

**表 6-1**　蒸気タービンとガスタービンの国内生産および輸出入（1970〜2014 年）

（百万円）

| | 年 | 国内生産 | 輸出 | 輸入 | 収支 | 輸出比率(%) |
|---|---|---|---|---|---|---|
| 蒸気タービン | 1970〜74 | 367,562 | 43,300 | 3,723 | 39,577 | 11.8 |
| | 1975〜79 | 457,840 | 162,964 | 1,396 | 161,567 | 35.6 |
| | 1980〜84 | 729,752 | 194,490 | 17,508 | 176,982 | 26.7 |
| | 1985〜89 | 636,746 | 105,341 | 3,049 | 102,291 | 16.5 |
| | 1990〜94 | 886,692 | 164,594 | 3,502 | 161,092 | 18.6 |
| | 1995〜99 | 867,888 | 162,736 | 17,030 | 145,706 | 18.8 |
| | 2000〜04 | 699,261 | 198,466 | 4,350 | 194,116 | 28.4 |
| | 2005〜09 | 716,251 | 252,396 | 8,350 | 244,046 | 35.2 |
| | 2010〜14 | 640,052 | 252,039 | 11,536 | 240,503 | 39.4 |
| ガスタービン | 1970〜74 | | 39,448 | 4,448 | 35,000 | |
| | 1975〜79 | | 85,637 | 14,245 | 71,393 | |
| | 1980〜84 | 40,463 | 53,867 | 60,938 | ▲ 7,072 | |
| | 1985〜89 | 158,195 | 51,278 | 37,085 | 14,193 | 32.4 |
| | 1990〜94 | 312,736 | 111,914 | 72,508 | 39,407 | 35.8 |
| | 1995〜99 | 393,842 | 112,181 | 138,896 | ▲ 26,715 | 28.5 |
| | 2000〜04 | 375,877 | 289,697 | 73,613 | 216,083 | 77.1 |
| | 2005〜09 | 682,242 | 247,594 | 88,997 | 158,596 | 36.3 |
| | 2010〜14 | 751,675 | 187,866 | 101,223 | 86,642 | 25.0 |

出所）『機械統計年表』，『財務省貿易統計』各年版より作成。
注）蒸気タービンの国内生産は船舶用，部分品を除いた「一般用蒸気タービン」，輸出入は船舶推進用および部分品を除いた蒸気タービンの金額。ガスタービンの国内生産は部分品を含む「ガスタービン」，輸出入はジェットエンジンと部分品を除いたガスタービンの金額。なお，国内生産は 1982 年より「ガスタービン」の項目が設定されている。

は約40％にまで上昇した。他方で，輸入は1970年代以降低い水準のまま推移しており，貿易収支は1975年半ば以降一貫して1000億円を超える貿易黒字を記録している。このように，日本の蒸気タービン産業は，2000年頃を境に国内生産を減少させる一方で輸出を拡大させたこと，その製品はグローバル市場で競争力を高めたことがわかる。

他方で，日本の重電企業は，海外現地企業との技術提携によってもグローバル化を進めている。1991年に日立製作所は東方電気集団と，中国国内における火力発電所向け蒸気タービンの製造について技術提携を行った。日立製作所はこの提携を通して中国市場に参入し，2008年までに1000億円を超える受注を獲得した。さらに両社は中国国外でも協働して火力発電所事業を行っている[13)]。三菱重工業は，2002年6月にハルピン・タービン廠公司に超臨界圧蒸気タービンの主要コンポーネントを提供することで合意した。さらに2013年1月には，青島タービンと合弁で三菱重工捷能（青島）汽輪機有限公司を設立することが発表された。この会社は中小型の蒸気タービンと舶用タービンの販売と設計を行う会社で，三菱重工は青島タービンに製造ライセンスを供与し，この会社を通してそれを販売する計画である[14)]。

2000年代の後半に，日本の重電企業はインドに新たな生産設備を建設し始めた。東芝，日立，三菱重工はインド市場に進出し，現地のパートナー企業と共同で工場を建設した。2008年に東芝は現地資本と共同して東芝JSWタービン・発電機社を設立し，超臨界圧方式の蒸気タービンと発電機を製造する設備を設置した[15)]。東芝にとってこの会社は，京浜事業所に続くグローバル製造拠点という位置づけである。三菱重工業は，2007年にラーセン・アンド・トゥブロ（Larsen & Toubro）社と合弁でL&T-MHIタービン・ジェネレーター社を設立し，2010年から稼働を開始した。この会社はインド市場において蒸気タービンおよび発電機の製造販売を行っており，1000人余りの従業員を雇用している[16)]。2010年になると，日立製作所がインドのBGRエナジーシステム（BGR Energy System）社と合弁会社BGRタービン社を設立した。この会社は2013年にインド国営発電所向け800 MW超臨界圧発電所用蒸気タービン発電機を2機受注し事業を進めている[17)]。

## 3　ガスタービン技術の開発と産業発展

### 1）1970年代まで

日本の最初のガスタービンは，1948年に東芝（当時，石川島芝浦タービン。1961年に吸収合併）によって完成された。これは第二次大戦中に高速艇エンジンとして設計されたもので，戦後，鉄道技術研究所で研究用として使用された[18]。しかし日本企業がこの分野で技術を蓄積しグローバルな競争力を持つようになったのは，戦前からの技術蓄積というよりも，戦後に外国企業と技術提携し，先進的な技術を導入することを通してであった。

東芝は1958年にスイスのブラウン・ボヴェリ（Brown, Boveri）と技術導入契約を締結し，ガスタービンをライセンス生産して国内の炭鉱やガス工場，韓国の発電所向けに出荷した。1970年から76年にかけては，ブラウン・ボヴェリと共同でガスタービンの主要部品である冷却翼の研究開発を行い，試験機を完成させた[19]。三菱重工業（当時は新三菱重工業神戸造船所）は1961年にウェスチングハウスとガスタービンに関する技術提携を締結し，ライセンス機種の生産を行った。三菱重工業はウェスチングハウスのガスタービンの生産を通して技術を蓄積し[20]，1970年代初頭には，ウェスチングハウスと機械駆動用のタービンを共同開発するまでになった。日立製作所は，1964年にGEと陸用ガスタービンの技術提携を行い，GE設計による標準機種を国際分業の一環として生産し，技術を蓄積した[21]。

大型ガスタービンの生産は1970年代前半から開始された。しかし，当時のガスタービンは性能が低く，蒸気タービンと組み合わせてGTCCとして稼動させても，従来型火力発電の熱効率を超えることができなかった。熱効率を左右する燃焼ガスのタービン入口は700℃から1000℃程度であり，発電容量も小さく経済的ではなかった[22]。

### 2）1980年代以降の技術導入

1980年代になると，省エネルギーと低公害化という社会的要請に応える一つの方法として，高効率ガスタービンを用いたGTCCが注目されるようになった。ガスタービンの熱効率を左右する燃焼ガスのタービン入口温度は1100℃にまで高温化し，LNGを燃料として用い，蒸気タービンと組み合わせることで従来の火力発電システムを大幅に上回る熱効率を実現できるようになった。しかし，そのような高効率ガスタービンの技術は，外国企業とくにアメリカ企業から導入され，国産化されたものであった。

日立製作所はGEと1100℃級ガスタービンの技術提携を行い，ライセンス生産を行った。1981年にはMS9001B形（123.4 MW）を国鉄川崎火力発電所向けに納入した。このガスタービン設備は「日本における排熱回収方式のコンバインドサイクル発電設備の第1号機」[23)]といわれている。

東芝はそれまでのブラウン・ボヴェリとの技術提携を解消し，1982年にGEと大型ガスタービンに関する技術提携を締結した。東芝はGEから特許ライセンスと技術情報の提供を受け，STAGE 109E型の生産を行った。このGTCCシステムは93 MWの高性能ガスタービン（1100℃）と50 MWの蒸気タービンを組み合わせたもので，東京電力富津1号系列に納入された。また1987年には107E型（74.8 MWガスタービンと37.2 MW蒸気タービンを組み合わせたもの）を5台製作し，中部電力四日市火力発電所4号系列向けに納入した[24)]。

三菱重工業は，ウェスチングハウスとの技術提携のもと，1980年に1150℃級のMW701D形ガスタービンの開発に着手した。このタービンは，ウェスチングハウスが開発した60Hz用のW51D形ガスタービンを50Hz用に設計変更したもので，最初の純国産機でもあった。また，独自技術としてガス燃焼器を予混合方式とするなど，三菱重工業の技術も取り入れられた。このガスタービンはGTCCに適したタービン入口温度（1150℃）を実現でき，1984年12月に東北電力東新潟火力発電所3号系列に納入され，総合熱効率48.3％（低位発熱量基準LHV）を実現した。これは従来の火力発電システムよりも約10％効率のよいものであった[25)]。

### 3）自主技術の開発

高効率ガスタービン技術をアメリカ企業から導入する一方で，重電各社は国家プロジェクトへの参加を通して，自主技術の開発を進めた。

1978年から10年間にわたり実施された通産省工業技術院の「高効率ガスタービンプロジェクト」（ムーンライト計画）では，先進的な技術目標が設定され，ガスタービン関連企業の技術水準を飛躍的に高めることとなった。このプロジェクトでは，GTCCシステムの総合熱効率55％（LHV）を達成するための高効率ガスタービンの開発が目標とされた。この研究プロジェクトには，旭硝子，石川島播磨重工業，川崎重工業，京セラ，神戸製鋼所，大同特殊鋼，電力中央研究所，東芝，日本碍子，日立金属，日立製作所，三井造船，三井金属中央研究所，三菱重工業の14社が参加した[26)]。

GTCCシステムに適した高効率ガスタービンには，熱効率が高いこと，ガスタービンから排気されるガスが蒸気タービンに適した蒸気を発生させるほど十分に高温であること，そして窒素酸化物など環境汚染物質の発生が抑制されていることが求められた。プロジェクトでは，超高温耐熱合金の開発，ガスタービン要素技術の開発などが行われた。要素技術開発では，プロジェクトに参加した民間企業は，タービン翼の冷却・空力性能の向上，燃焼器の高温化および低NOx化，タービンと圧縮機の内部効率の向上，制御システムの研究などを行った。参加企業各社が開発した技術は，発電容量100 MW，タービン入口温度1300℃の再熱方式のパイロット・ガスタービンに集められ，1984年から87年まで東京電力袖ヶ浦発電所構内で運転試験が行われた[27)]。

高効率ガスタービンプロジェクトの歴史的な意義は，このプロジェクトをきっかけに，日本のガスタービンの技術水準が高まり，外国技術に頼らず自主技術で設計開発できる程度にまでなったことである[28)]。つまり，プロジェクトを契機として，日本のガスタービン企業の技術は，外国から先進技術を導入しライセンス生産を行っていた段階から，質的な飛躍を遂げたのである。

プロジェクトに参加した三菱重工業は，1986年に1250℃級のガスタービンMF111形を完成させたが，このタービンはウェスチングハウスのライセンス技術を用いず，すべての設計と生産を国産技術で行ったものであった。このガスタービンには，ムーンライト計画で獲得された技術であるタービン翼の冷却技術（空気冷却翼）が組み込まれた[29)]。1989年になると，三菱重工業はF形と呼ばれるガスタービンを開発した。このタービンの入口温度は1350℃で熱効率は52.8％（LHV）と非常に高効率なものであった。F形の開発はウェスチングハウスの協力を得て三菱重工業主導で行われたものであり，これを機に両社の提携関係が解消された[30)]。1997年には，三菱重工業はタービン入口温度1500℃級のG形ガスタービンを開発した。G形の開発ではウェスチングハウスとの技術的な関係は完全になくなり，「自主独立の道」を歩むこととなった[31)]。このガスタービンには，三菱重工業が独自に開発した予混合方式に加えて燃焼器の蒸気冷却方式も採用され，GTCCプラントでは熱効率58％を達成した。さらに2011年になると，1600℃級のJ型ガスタービンを開発し，姫路第2発電所に納入した（熱効率61％LHV）。J型ガスタービンは，2004年から開始された国家プロジェクト「1700℃級ガスタービン要素技術開発」の成果が組み込まれている[32)]。このように，三菱重工業は2度の国家的な研究開発プロジェクトに参加し，そこで開発された技術を用いて，タービン入口温度1350℃，1500℃，1600℃といった高効率ガスタービンを完成させた。

日立製作所は，GEと技術提携しガスタービンの共同開発と改良を行った。1990年には日立が乾式低NOx燃焼器を自主開発し，それをGE設計のガスタービンに組み込んでいたが，2000年になると1300℃級のガスタービンMS6001FAをGEと共同開発するようになった。他方で，GEの技術に頼らない，自主技術によるガスタービンの開発にも取り組んだ。1988年には初めて自主技術で設計から製造までを行ったH-25を製品化した[33)]。このガスタービンは出力が26.8 MWで，タービン入口温度が1260℃であり，当初は国内石油化学会社向けのコージェネレーション（熱電併給）用として納入されたが，2000年になると韓国の電力会社へ発電用として輸出されるようになり，以降，世界各国へ販売される製品となった。さらに日立製作所は，出力99.3 MWのH-80形を自主開発し，2010年に九州電力新大分発電所に納入した[34)]。

東芝もGEからの技術導入とは別に，独自技術によるガスタービンの開発を目指した。1986年には試験圧縮機駆動用の25 MWガスタービンを開発した。このガスタービンの燃焼ガス温度は1000℃であった。1991年には高効率ガスタービン（1300℃, 15 MW）を自主開発し，自家発電装置として2年間にわたり東京電力へのピーク電力供給を担った[35]。しかし，東芝が開発したこのガスタービンは製品化されることはなかった。

## 4　重電産業のグローバル展開

### 1）ガスタービンの国際競争力

日本のガスタービン生産は，1980 年代後半から 90 年代にかけて，アメリカの技術を用いたライセンス生産から，自主技術に基づく生産へと移行した。このような技術開発の流れを背景として，日本のガスタービンの国際競争力がどのように実現したかを，輸出入とグローバル展開の両側面から検討しよう。

まず，生産と輸出の状況を検討しよう。表 6-2 は，大型ガスタービンの輸出比率の推移を示している。輸出比率をユニット数で見ると，1948 年から 2013 年まで通期で 78.1 % となっており，大型ガスタービンの輸出性向の高さがわかる。大型ガスタービンは初期の頃から，国内市場よりもむしろ海外市場に供給され，グローバル競争が行われていたのである。また，輸出比率の推移（ユニット数）を見ると，1983 年までの比率が約 90 % と高かったのは，熱効率が

**表 6-2**　大型ガスタービン（22,065 kW 以上）輸出比率（1948～2013 年）

（台，MW，%）

| 年 | 内需 | | 輸出 | | 合計 | | 輸出比率 | |
|---|---|---|---|---|---|---|---|---|
| | ユニット数 | 容量 | ユニット数 | 容量 | ユニット数 | 容量 | ユニット数 | 容量 |
| 1948～78 | 20 | 923 | 166 | 5,500 | 186 | 6,422 | 89.2 | 85.6 |
| 1979～83 | 8 | 919 | 74 | 2,388 | 82 | 3,308 | 90.2 | 72.2 |
| 1984～88 | 12 | 843 | 47 | 2,275 | 59 | 3,118 | 79.7 | 73.0 |
| 1989～93 | 40 | 3,891 | 80 | 7,942 | 120 | 11,833 | 66.7 | 67.1 |
| 1994～98 | 56 | 8,017 | 92 | 11,401 | 134 | 17,038 | 68.7 | 66.9 |
| 1999～03 | 24 | 2,648 | 116 | 16,399 | 140 | 19,046 | 82.9 | 86.1 |
| 2004～08 | 33 | 4,632 | 134 | 15,643 | 167 | 20,275 | 80.2 | 77.2 |
| 2009～13 | 55 | 9,162 | 126 | 20,182 | 181 | 29,343 | 69.6 | 68.8 |
| 合　計 | 248 | 31,033 | 835 | 81,730 | 1,069 | 110,383 | 78.1 | 74.0 |

出所）統計作成委員会『国産ガスタービン資料集』日本ガスタービン学会，各年版より作成。
注）容量は各期間の平均を四捨五入して求めているため，合計の数値と一致しない場合がある。

低く従来型火力発電と比べて発電用に向かないガスタービンを設置する機会がなく，海外に輸出したためと考えられる。その後 1990 年代後半までは輸出比率が 70 % 程度に低下するが，1999 年からの 10 年間は 80 % を超えるまでに上昇する。これは，日本で開発された高効率ガスタービンが海外市場に受け入れられた結果であるといえる。

次いで，ガスタービンの貿易収支について前掲表 6-1 を用いて見てみよう。この表は表 6-2 と異なり金額で評価しており，すべての容量のガスタービンが含まれており，さらにガスタービン単体だけではなく部分品も含まれていることに注意が必要である。金額で見た場合，ガスタービンの輸出額は生産額とともに増大しており，特に 2000 年以降に輸出が急拡大していることがわかる。輸出比率は，2000 年から 04 年までの 77.1 % を除くと，およそ 30 % 前後で推移している。他方で，蒸気タービンと異なり，ガスタービンは輸入額も大きく，貿易収支を見ると 1980 年代前半や 1990 年代後半には入超となっていることが特徴である。しかし 2000 年以降になると，多少増減はあるものの大幅な貿易黒字となっている。

このように，日本のガスタービン産業は初期の頃からグローバル競争に組み込まれており，世界市場とともに国内市場でも競争していることがわかる。貿易統計上ガスタービンの輸入額が大きいのは，次項で見るように，アメリカの最先端ガスタービンを日本の重電企業が輸入し，自らが競争優位を持つ蒸気タービンと組み合わせて発電プラントを納入する場合があるからである。

### 2）グローバル競争の新しい局面

日本の重電企業は 1980 年代から大型ガスタービンの自主技術の開発を進め，グローバル競争を新しい局面へと進展させた。しかし，自主技術開発の内容や成功度合いにより，グローバル競争にくみする戦略は異なっていた。グローバルな競争力を持つ独自のガスタービンを開発できた三菱重工業，H-25 や H-80 といったコージェネレーション向けガスタービンを開発し製品化できた日立製作所，そして技術開発には成功したものの製品化には至らなかった東芝の，それぞれのグローバル競争戦略を見てみよう。

三菱重工業は1980年代から90年代にかけて，ウェスチングハウスとの技術提携関係の解消を進めた。蒸気タービンとガスタービンに関して，ウェスチングハウスと三菱重工業は1960年代に相次いで技術提携を行ったが，蒸気タービンでは1989年に，ガスタービンでは1991年に契約が見直され，対等な関係となった。さらに1998年になるとウェスチングハウスの火力発電事業がジーメンスに売却され，これを機に提携が完全に解消された。長期間にわたる技術援助契約を解消できたのは，第一に，ウェスチングハウスが新たな技術領域の開発で主導権を三菱重工業に与え，それが三菱重工業の自主技術確立につながったこと，第二に，ムーンライト計画を利用して自主技術が開発されたことが要因であると指摘されている[36)]。ウェスチングハウスとの関係解消は，三菱重工業がグローバル競争を行う上で，大きな条件となった。というのも，関係解消によって「三菱重工業は米国を含む全世界に対してガスタービンや蒸気タービンを販売することができるようになった」[37)]からである。

2000年代になると，三菱重工業はガスタービンの技術移転と現地生産を行うようになった。2004年に中国に三菱重工東方ガスタービン（広州）有限公司を設立し，自主技術によるF形ガスタービン（1350℃級）の技術を移転し，高温部品の製造・補修を開始した[38)]。また，中国だけではなく，アメリカにおいても現地生産を開始した。2009年には三菱パワーシステム・アメリカ社を中心に大型プロジェクトProject USAが開始され，2013年にはアメリカにおいてガスタービンを年間12台生産する体制を構築した。高砂製作所の年間36台生産の体制と合わせて，競争力のあるガスタービンをグローバル市場に投入できるようになった[39)]。

日立製作所の選択は，今日のグローバル競争の構図をより明確にさせるものであった。日立製作所は，2014年に三菱重工業と火力発電事業を統合し，三菱日立パワーシステムズを設立した。このジョイントベンチャーは，GTCC，従来型火力発電，石炭ガス化複合発電（IGCC），地熱，燃料電池など多角的な製品群を持つことによる範囲の経済性だけでなく，規模の経済性も実現しようとしている。これは明らかに，GEとジーメンスとのグローバル競争に対抗するために行われたものである。

他方で，東芝の戦略は前2社とは異なっていた。2013年1月に，東芝はGEとGTCC発電システム分野において，GEのガスタービンと東芝の蒸気タービンを組み合わせた高効率GTCCをグローバル市場に供給する戦略的提携関係を構築した。具体的には，GEの最新型ガスタービン7F7形（1600℃級）を用いたGTCC発電システムを製品化し，それは中部電力西名古屋火力発電所7号系列に納入され，2018年に営業運転を開始する予定である[40]。なお，GEは日立製作所とも技術提携していたが，1500℃級のガスタービンについては提携せず，東芝との提携に限定した[41]。

このように，ガスタービン技術の開発を回転軸として，日本の重電産業は三菱重工業・日立製作所，そして東芝・GEという二つのグループに集約・再編され，そこにジーメンスを加えてグローバル寡占競争が行われるようになったのである。これはグローバル化の新しい局面である。

## おわりに

日本における蒸気タービンとガスタービンの産業史を概観すると，第一に，重電各社は常に国際的な企業間関係の中に置かれ，アメリカやヨーロッパ企業との緊張関係の中でタービン生産を継続していたことがわかる。

第二次大戦後から1980年代にかけて，蒸気タービン分野においてもガスタービン分野においても，外国企業と提携して最新鋭の技術を導入し国産化を進めた。1990年前後になると，それまでの外国技術の導入と国産化の段階から，自主技術を開発しそれに基づいた独自製品の生産へと産業発展の段階が進んだ。蒸気タービン分野では超々臨界圧技術が開発され，日本の重電産業は技術的な優位性を獲得した。ガスタービン分野でも，1980年代後半から各社で自主技術の開発が取り組まれ，三菱重工業の事例に見られるように，自主技術の開発に成功することにより，外国技術を脱して自主技術で大型ガスタービンを開発・製造することができるようになった。その結果，三菱重工業は長年にわたるウェスチングハウスとの提携関係を解消し，グローバル市場で競争力のある企業の一つとなった。他方で，高効率な蒸気タービン技術を持つが競争力のあるガスタービン技術を持たない東芝は，GE と戦略的提携関係を構築することによって，グローバル競争に対応しようとしている。このように，タービンを中心に見た重電産業は，常にグローバルな動きをしており，決して一国的な枠組みで動いていないことがわかる。

第二に，重電産業の競争力は，特に電力事業の民営化・自由化が行われた1980 年代以降，より高効率なシステムを設計・製造する能力に規定されていた。高効率な蒸気タービンとガスタービンは，それぞれ高温・高圧な蒸気条件と高いタービン入口温度を実現することによって得られるが，そのためには高温・高圧に耐えうるタービン翼の素材や形状の開発が必要であった。日本には競争力のある鉄鋼企業が存在しており，また，国家プロジェクトによって支援されることにより，日本の重電産業はグローバル化に対応できる技術を得ることができた。これが歴史的に日本において重電機器が製造され続ける優位性，そしてグローバル競争の中で各市場に高効率なシステムを供給し続けることのできる優位性の源泉である。

**注**

1）T. P.ヒューズ『電力の歴史』市場泰男訳，平凡社，1996 年。
2）DATAMONITOR, *Global Heavy Electrical Equipment*, April 2011, p. 13.
3）Barbara Epstein, *Politics of Trade in Power Plant: Impact of Public Procurement*, Trade Policy Research Centre, 1971.
4）野本秀雄「蒸気タービンの進展と将来展望」『日本ガスタービン学会誌』第 41 巻第 1 号，2013 年，78-79 頁。
5）長谷川信「重電機工業の発展と発電設備供給能力の形成――戦後復興から 1980 年代までを中心に」『青山経営論集』第 41 巻第 1 号，2006 年，11 頁。
6）竹内宏『電気機械工業』東洋経済新報社，1966 年，239-241 頁。
7）長谷川，前掲論文，14-16 頁；橘川武郎『日本電力業発展のダイナミズム』名古屋大学出版会，2004 年，259-263 頁。
8）長谷川，前掲論文，28 頁。
9）荻野良平・岩崎祥史「発電用蒸気タービン技術の変遷」『IEEJ Journal』第 132 巻第 12 号，2012 年，836-837 頁；野本，前掲論文，81-83 頁。
10）福田雅文「先進超々臨界圧火力発電（Advanced-USC）要素技術開発プロジェクト」『日本ガスタービン学会誌』第 42 巻第 4 号，2014 年，15 頁；野本，前掲論文，81-83

頁。

11）福田，前掲論文，15頁。

12）野本，前掲論文，81-83頁。

13）「日経ビジネスオンライン」（http://business.nikkeibp.co.jp）2008年6月25日。

14）三菱重工業『三菱重工業ニュース』第4017号，2002年7月23日；第4187号，2003年12月19日；同『Press Information』第5306号，2013年1月15日。

15）東芝『プレスリリース』2012年2月12日。

16）三菱重工業『Press Information』第5015号，2011年1月11日；第5028号，2011年2月2日。

17）日立製作所『ニュースリリース』2013年1月23日。

18）池上壽和「産業用大型ガスタービンの技術系統化調査」『国立科学博物館　技術の系統化調査報告』第13集，国立科学博物館，2009年，87頁。

19）伊東正雄・本間友博・佐藤岩太郎「東芝ガスタービン開発の歴史」『日本ガスタービン学会誌』第36巻第3号，2008年，63頁。

20）塚越敬三「三菱産業用ガスタービンの開発の歴史」『日本ガスタービン学会誌』第36巻第3号，2008年，74頁。

21）後藤仁一郎・久芳俊一・寺西光夫・神野賢治・広瀬文之「日立ガスタービンの歩みとシリーズ展開」『日立評論』第94巻第11号，2012年，20頁。

22）池上，前掲論文，98頁。

23）後藤他，前掲論文，21頁。

24）伊藤他，前掲論文，64-65頁。

25）三菱重工業株式会社社史編さん委員会『陸に海にそして宇宙へ2［沿革——昭和から平成へ］三菱重工業社史』三菱重工業株式会社，2014年，330頁；塚越，前掲論文，74-75頁。

26）堀昭史「高効率ガスタービンの研究開発について」『日本機械学会誌』第84巻第747号，1981年，129頁。

27）松本正勝「AGTJ-100A（ムーンライト計画，高効率ガスタービン）」『日本ガスタービン学会誌』第29巻第5号，2001年，90-92頁；堀，前掲論文，21頁。

28）池上，前掲論文，113頁。

29）三菱重工業，前掲『陸に海にそして宇宙へ2［沿革］』330-331頁；塚越敬三「発電用ガスタービンの高温・高効率化の進展と将来展望」『日本ガスタービン学会誌』第41巻第1号，2013年，54頁。

30）塚越，前掲「三菱産業用ガスタービンの開発の歴史」75頁。

31）三菱重工業，前掲『陸に海にそして宇宙へ2［沿革］』332頁。

32）塚越，前掲「三菱産業用ガスタービンの開発の歴史」75頁。

33）井上洋「日立におけるガスタービン開発の歩み」『日本ガスタービン学会誌』第36巻第3号，2008年，67頁。

34）後藤他，前掲論文，23頁。

35）伊東他，前掲論文，65頁。

36）みずほ銀行産業調査部「米国の競争力の源泉を探る――今，米国の持続的成長から学ぶべきことは何か」『みずほ産業調査』第 45 巻第 2 号，2014 年，106，108 頁。
37）三菱重工業，前掲『海に陸にそして宇宙へ 2［沿革］』335 頁。
38）同上，336 頁。
39）三菱重工業株式会社社史編さん委員会『海に陸にそして宇宙へ 2［技術・製品事業編／資料編］三菱重工業社史』三菱重工業株式会社，2014 年，106 頁。
40）服部祐太・俵盛勝博「高効率コンバインドサイクル発電システムの最新技術」『東芝レビュー』第 68 巻第 11 号，2013 年，8-9 頁。
41）みずほ銀行産業調査部，前掲論文，105-106 頁。

# 第7章

# 多様な顧客に育まれた競争優位
## 電子部品

中 島 裕 喜

## はじめに

いまや多くの人が使用している高機能スマートフォン（スマホ），パーソナルコンピュータ（PC），地上デジタルテレビなどのエレクトロニクス機器には多数の電子部品が組み込まれている。こうした機器の性能や品質は当然のことながら部品によって規定される。高機能なエレクトロニクス機器には大量の部品が組み込まれているから，一つ一つの部品は小さくなければならないし，その中の部品が一つでも壊れてしまうと機器が作動しないので，非常に高い品質条件をクリアすることが求められている。そこでアップル，サムスン，LG，シャオミ（北京小米科技），そして日本のパナソニックやソニーなどの大手エレクトロニクス機器メーカーは部品を生産している企業と密接に協力し，ときには自社内に部品工場を設けて製品開発を進めてきた。

戦後の日本経済を牽引してきた代表的産業であるエレクトロニクス産業については，その競争力の源泉，または近年における苦境の要因などについて，様々なことが指摘されてきた。ところがエレクトロニクス製品に組み込まれている部品を製造販売している企業については，あまり注目されず，どちらかというと脇役に甘んじてきたといえるだろう。本章ではエレクトロニクス産業の

「縁の下の力持ち」であり，過去から現在に至るまで長期にわたって高い国際競争力を維持してきた，電子部品産業の発展史を見ていこう。また，そこから導かれる同産業の競争力の源泉についても考えてみたい。

あらかじめポイントを述べておくと，部品は完成品（例えばテレビやスマホ）とは違って，用途が非常に多岐にわたるという特徴に注目したい。それだけ多くの顧客を相手にして，様々なニーズに応えながら新しい部品を開発し，効率よく生産することが求められる。その長期にわたる経験の蓄積が電子部品産業を鍛え上げてきたのではないかと思われるのである。以下，第1節では日本の電子部品産業の近年の動向，国際競争力の高さについて確認する。第2節では電子部品産業の戦後の発展史を三つの時代に分けて概観する。第3節では前節を踏まえ，同産業の競争力要因について，いくつかのアプローチから考えてみる。

## 1　電子部品産業の現状

### 1）電子部品の分類

電子部品には大別して，電子管，半導体デバイスおよび集積回路などの「能動部品（Active Components）」と呼ばれる製品群と，それ以外の複数の電子部品を総称した「一般電子部品」といったものがある。一般電子部品の中でもコンデンサ・抵抗器・トランスなどは「受動電子部品（Passive Components）」として区分され，日本のみならず国際的な統計においても生産量が集計されている[1)]。

2013年次の日本国内における生産実績を見ると，能動部品にあたる「電子管・半導体素子および集積回路」は約5兆1218億円であるのに対し，一般電子部品は約2兆405億円であり，その中で受動部品は7736億1500万円と38%程度を占めている[2)]。産業規模の大きさから通常は半導体や集積回路が注目されがちであるが，これらの分野は日本の国際競争力の衰退が指摘され，多くの分析があるため，本章では取り上げない。これに対して，次に述べるように一般電子部品の分野では日本企業の国際競争力は高く，その要因を分析することには意義があると思われる。

なお薄型テレビ，DVD，ビデオカメラ，デジタルカメラ，オーディオなど「民生用電子機器」として分類される製品群の国内生産額は約8222億円で，一般電子部品の半分以下である[3)]。日本企業が海外に生産拠点を移したことや，アジア諸国の新興企業が国際的にシェアを伸ばしていることが大きな要因として考えられるが，ここでは立ち入らない。さしあたり日本のエレクトロニクス産業は広義の電子部品によって代表されるといって良い状況であることを確認しておきたい。

### 2）世界市場における日本企業のシェアの高さ

そこで次に一般電子部品に対象を絞って，生産および消費の国際的な動向を確認しよう。図7-1はアメリカ（合衆国）とアジア各国の一般電子部品の国別生産額の推移について，1984年から2010年まで見たものである。欧州地域は生産額が小さいために割愛した。これによると，まず同産業を牽引してきた日本とアメリカの生産額が1990年代中頃まで上昇した後に停滞もしくは減少していること，また2000年代に入ると中国が猛烈な勢いで生産額を増やし，こ

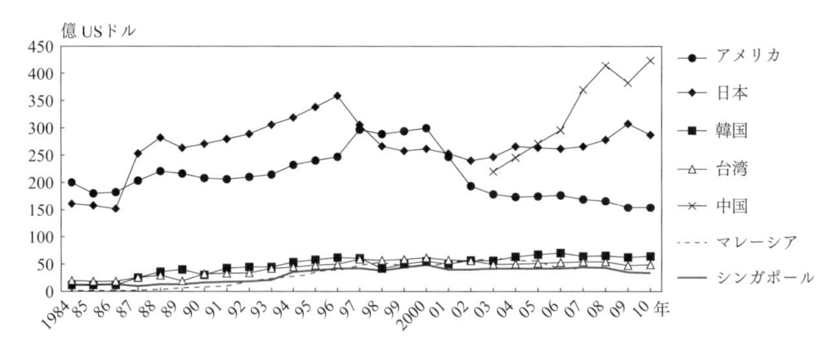


**図7-1**　一般電子部品の生産額（1984〜2010年）

出所）Reed Electronics Research (ed.), *Yearbook of World Electronics Data, Vol. 2 : America, Japan & Asia Pacific*, each year より作成。

注）集計の対象となった部品は元資料で，コンデンサ，抵抗器，コネクタ，リレー，スイッチ，プリント配線板，マイクロホン，スピーカー，アンプ，その他，と分類されている品目。

## 吉野作造と上杉愼吉
—日独戦争から大正デモクラシーへ—

今野　元著

A5判・484頁・6300円

「民本主義」対「国家主義」の単純な枠組みに収まりきらない、近代社会科学最大のライバルの共通基盤と真の分水嶺はどこにあったのか。ドイツ経験などの見過ごされた契機も手掛かりに、近代日本政治の現実の焦点を捉え、デモクラシーと帝国をめぐる議論に新たな地平を拓く。

978-4-8158-0926-3

## ジェノサイド再考
—歴史のなかのルワンダ—

鶴田　綾著

A5判・360頁・6300円

一九九四年の悲劇を導いた力学は、「多数派部族による少数派の虐殺」という標準的な解釈では捉えきれない。脱植民地化から体制の転換を経て内戦へと向かう複雑な過程を、旧宗主国や国連の動向、冷戦などの国際的な文脈に置きなおして丹念にたどり、その深奥から理解を一新する意欲作。

978-4-8158-0931-7

## 台湾外交の形成
—日華断交と中華民国からの転換—

清水　麗著

A5判・344頁・5400円

「一つの中国」という原則と、国際社会での地位存続との板挟みのなかで、台湾は何を選択してきたのか。安全保障をめぐる米国との交渉、国連の中国代表権問題、日中国交回復とその裏での対日断交などを、台湾側の動向を軸にたどり、今日の台湾外交の真の根源を浮き彫りにする画期的著作。

978-4-8158-0935-5

## 詳解テキスト 医療放射線法令［第三版］

西澤邦秀編

B5判・222頁・4500円

医療放射線法令の全体像を理解するために、医療法施行規則第四章の内容を、関連通知も含めて体系的に整理。図表や写真を豊富に用いて視覚的・直感的に把握できる。診療放射線技師をめざす学生だけでなく、医療放射線実務のための参考書としても必携の、最新の通知内容を追加した改訂版。

978-4-8158-0934-8

## 繁殖干渉
—理論と実態—

高倉耕一／西田隆義編

A5判・380頁・5400円

近縁異種との間の性的相互作用である繁殖干渉は、シンプルな枠組みでありながら、すみ分けや資源分割など生態学・進化学での数多くの難問を、統一的に説明できる。この普遍的かつ強力なメカニズムの全容を、タンポポやマメゾウムシなどの実証例を示しながら、初めて体系的に記述。

978-4-8158-0925-6

アントワーヌ・リルティ著　松村博史／井上櫻子／齋藤山人訳

## セレブの誕生

—「著名人」の出現と近代社会—

A5判・474頁・5400円

スキャンダラスな公共性——。称賛と批判につつまれた「セレブ」とは、現代のメディアが作り上げた虚像なのか、それとも新たな威光の形なのか。王族・政治家から作家・俳優・音楽家まで、近代の始まりとともに生まれた「セレブリティ」の展開をたどり、公共圏が孕むパラドックスを問う。

978-4-8158-0933-1

高田英樹編訳

## 原典 中世ヨーロッパ東方記

菊判・852頁・12000円

モンゴル帝国の侵攻はヨーロッパを震撼させ、その世界像に転換を迫った。当時、東方に派遣された修道士や商人たちは何を見、どのように記録したのか。ルブルクやマルコ・ポーロ、ハイトンらの旅行記から、書簡、教会壁画、世界地図まで全一五篇を原典から訳し、アジア認識の展開を辿る。

978-4-8158-0936-2

林　采成著

## 飲食朝鮮

—帝国の中の「食」経済史—

A5判・388頁・5400円

牛肉、明太子、ビールなど、帝国による「食」の再編は日韓の食文化を大きく変えた。収奪論をこえて、帝国のフードシステムの歴史的意義をはじめてトータルに解明、生産・流通から植民地住民の身体に与えた影響まで、統治にはたした「食」の決定的な役割を浮かび上がらせる。

978-4-8158-0940-9

多和田眞／柳瀬明彦著

## 国際貿易

—モデル構築から応用へ—

A5判・356頁・2700円

国際貿易の経済的仕組みをスタンダードかつ最新の体系にもとづいて丁寧に解説。リカードに端を発し、国際経済の発展にともないアップデートされてきた理論モデルを学び、保護貿易政策や自由貿易協定の影響、環境や公共財の問題まで、世界経済の重要課題を読み解く力を身につける。

978-4-8158-0924-9

田中　光著

## もう一つの金融システム

—近代日本とマイクロクレジット—

A5判・360頁・6300円

日本の発展を導いた、大衆資金ネットワークの挑戦とは。現代の郵便貯金や農協に連なる個人少額貯蓄のインフラが地方経済の安定と成長に果たした役割を、資金供給の実例などから解明、日銀中心の銀行システムの影で見過ごされてきた半身に光を当て、経済成長の条件を問い直す意欲作。

978-4-8158-0932-4

# 刊行案内

＊ 2018.10 〜 2019. 2 ＊

**名古屋大学出版会**

ロボットに倫理を教える　ウォラック他著　岡本／久木田訳
自己犠牲とは何か　田村均著
日本中世市場論　安野眞幸著
近代世界の誕生［上］　ベイリ著　平田雅博他訳
近代世界の誕生［下］　ベイリ著　平田雅博他訳
セレブの誕生　リルティ著　松村博史他訳
原典 中世ヨーロッパ東方記　高田英樹編訳
飲食朝鮮　林采成著

国際貿易　多和田眞／柳瀬明彦著
もう一つの金融システム　田中光著
吉野作造と上杉愼吉　今野元著
ジェノサイド再考　鶴田綾著
台湾外交の形成　清水麗著
詳解テキスト 医療放射線法令［第三版］　西澤邦秀編
繁殖干渉　高倉耕一／西田隆義編

■お求めの小会の出版物が書店にない場合でも、その書店にご注文くだされればお手に入ります。
■小会に直接ご注文の場合は、左記へお電話でお問い合わせ下さい。宅配もできます（代引、送料２３０円）。
■表示価格は税別です。小会の刊行物は、http://www.unp.or.jp でもご案内しております。

◎第40回サントリー学芸賞『イエズス会士と普遍の帝国』（新居洋子著）６８００円
◎第40回サントリー学芸賞『パチンコ産業史』（韓載香著）５４００円
◎第61回日経・経済図書文化賞『経済成長の日本史』（高島正憲著）５４００円

〒464-0814 名古屋市千種区不老町一 名大内 電話〇五二(七八一)五三五三／FAX〇五二(七八一)〇六九七／e-mail: info@unp.nagoya-u.ac.jp

**表 7-1**　地域別メーカーシェア（2011年）

(%)

| 電子部品 | | 日本 | 韓国 | 台湾 | その他アジア | 欧米 | その他 |
|---|---|---|---|---|---|---|---|
| 能動部品 | NAND フラッシュメモリ | 35.4 | 48.6 | 1.1 | | 15.0 | |
| | DRAM | 14.1 | 61.6 | 9.9 | | 14.4 | |
| | シリコンウェハ | 66.4 | 3.3 | 2.3 | 1.3 | 24.8 | 1.8 |
| 受動部品 | 積層セラミックコンデンサ | 49.2 | 19.3 | 20.3 | 3.9 | 7.4 | |
| | アルミ電解コンデンサ | 54.7 | | 27.3 | 18.0 | | |
| | タンタル電解コンデンサ | 44.0 | 5.2 | 4.1 | | 46.7 | |
| | インダクタ | 52.1 | 5.3 | 28.7 | 13.9 | | |
| | 水晶振動子 | 54.0 | 8.5 | 26.6 | 10.9 | | |

出所）富士キメラ総研編『有望電子部品材料調査総覧　2013』下巻（プリント配線板，半導体，ディスプレイ，タッチパネル，受動部品，新素材編），同所，2012年，68，98頁。

の2国をあっという間に抜き去っていることが確認できる。資料からは1990年代における中国の生産額を確認することができなかったが，この時期の日米の生産額減少の一因が中国の生産増によるものだったのではないかと推察される。

しかし，こうした生産拠点としての中国の台頭は日本企業の競争力喪失を直ちに意味するものではない。日本の一般電子部品メーカー約70社を対象として，仕向地別の出荷額を集計した資料によると，2012年度までは日本国内への出荷が30％台で第1位を維持してきたが，2013年度になって中国が第1位になり，他のアジア諸国との合計では約5割を占めている[4)]。ノートPC，薄型テレビ，デジタルカメラなどのエレクトロニクス製品がアジア諸国で生産され，その伸びに牽引されて電子部品需要がこれらの地域で高まった結果，日本の電子部品メーカーも生産拠点を中国などのアジア地域に移して出荷量を増やしていることがわかる。つまり中国における生産量の増加の一端を日本企業が担っていると考えられるのである。企業経営の国際化が進展した現在においては，各国政府による一国レベルの生産統計では産業競争力の実態を把握することは難しく，企業の動向に目を向ける必要がある[5)]。

そこで電子部品産業の国際競争力を企業レベルで確認してみよう。表7-1は限られた分野についてではあるが，2011年の電子部品の出荷数量の企業別推定シェアを国・地域の単位で集計したものである。まず比較のために能動部品について見ると，フラッシュメモリやDRAMについては韓国企業のサムスン

**表 7-2**　コンデンサ事業規模世界上位 40 社の日本メーカーと創業年（2010 年）

| 順位 | 企業名 | 事業規模（億円） | 創業年 | 備考 |
|---|---|---|---|---|
| 1 | 村田製作所 | 2,000～2,300 | 1944 | |
| 2 | TDK-EPC | 1,250～1,500 | 1935 | 設立時，東京電気化学工業 |
| 4 | 日本ケミコン | 1,000～1,250 | 1931 | |
| 6 | 太陽誘電 | 1,000～1,250 | 1950 | |
| 9 | ニチコン | 700～800 | 1950 | |
| 10 | ルビコン | 500～700 | 1952 | |
| 14 | 京セラ | 200～300 | 1959 | |
| 15 | NEC トーキン | 200～300 | 1938 | 設立時，東北金属工業 |
| 19 | 指月電機製作所 | 100～150 | 1939 | |
| 20 | 日立エーアイシー | 100～150 | 1949 | 設立時，安中電気 |
| 29 | エルナー | 50～100 | 1937 | |
| 31 | サン電子工業 | 50～100 | 1958 | |
| 35 | 松尾電機 | 50～100 | 1950 | |
| 36 | ローム | 50～100 | 1954 | |

出所）産業情報調査会編『コンデンサ市場――電子部品アウトルック』2011 年版，110 頁。
注）第 7 位：PED（旧，松下電子部品），第 12 位：三洋電機は省略。

が高いシェアを獲得し，これに SK ハイニックスが続いている。これに対して日本企業はフラッシュメモリでは東芝と米サンディスク社が四日市工場で行っている合弁事業，また DRAM ではエルピーダメモリーのシェアが取り上げられているが，同社は 2012 年に会社更生法の適用を受け，米国のマイクロンメモリに買収された。この分野における日本企業の国際競争優位の喪失は明らかである。なおシリコンウェハは日本企業の信越化学が高いシェアを持っているが，これは能動部品というよりも電子材料に分類されるべき製品である[6]。

これに対して受動部品の各種コンデンサ，インダクタ，および水晶振動子については日本企業のシェアの高さが一目瞭然であり，これに台湾と韓国の企業が続いている。タンタル電解コンデンサについては欧米のシェアが高いが，これは日本の電子部品メーカーである京セラの連結子会社，AVX Corporation がアメリカ企業として集計されているからである[7]。

またコンデンサに対象を限定して，2010 年時点における事業規模上位 40 社に占める日本企業を見たものが表 7-2 である。合計 14 社がランクインしており日本企業の存在感の高さを示している。ここで注目すべきは，これらの電子部品メーカーの創業年が1930年代から50年代までの限定された時期に集中していることである。これらの企業群は高度成長期における産業の形成から発展にかけての歴史的な経験を共有しており，現状の競争優位を理解する際にも，こうしたことを踏まえる必要があると思われる。

### 3）日本企業の競争優位の要因

これらの企業が高い競争力を持つ要因を正確に知るためには綿密な現状調査が必要であるが，本章ではそこまで立ち入った分析を行う余裕がない[8)]。そこで各種の報道などから判明する事実を頼りに，次節で述べる同産業の長期的な発展史を分析するための論点を抽出しよう。

まず世界市場シェアの約5割を日本企業が占めている積層セラミックコンデンサについて見ると，日本企業の技術力は韓国や台湾の企業と比べて依然として優位性を維持しているという指摘がある。積層セラミックコンデンサの製造コスト低減や小形化に大きく貢献するシート厚の縮小技術において，日本企業はこれまで他国の企業を寄せつけてこなかったという。2008年頃に台湾企業はシート厚2 μm（マイクロメートル），また韓国企業は1 μmの製品を主力としていたが，これに対して村田製作所などの日本企業はすでに0.5 μmや0.7 μmの量産化に入っていた。また部品メーカーが単独で開発に取り組むのではなく，開発過程において多様なパートナーとの連携を模索している点も重要である。積層セラミックコンデンサにおいても「電子部品はノウハウの塊で製造装置も内製比率が高いから，DRAMのように簡単に海外勢に追いつかれるとは考えにくい」との指摘があり，製造設備や実装装置との一体的な開発が現状の国際競争優位の一要因として評価されている[9)]。

次に電子部品メーカーの競争力について考える際に重要であると思われるのは，新たな市場を開拓する能力の高さである[10)]。上述の村田製作所は台湾の半導体ファブレス大手である聯發科技（メディアテック）と取引し，台湾に技術拠点を設けて開発面でも連携してきた。メディアテックは同じ台湾の半導体専業ICファウンドリーメーカーの台湾積体電路製造（TSMC）に半導体を生産委託し，中国のスマートフォンメーカーにコアチップを供給している。こうした取引の結果，村田製作所は中国のスマートフォンメーカーで2010年創業のシャオミと契約を結び，同社製のスマートフォン一台に村田製作所の電子部品が500個ほど搭載されるようになった。アメリカの半導体大手であるクアルコムとも同様の関係を築いており，世界中のスマートフォン市場の動向を把握することができている。このように日本のエレクトロニクス機器メーカーのサプライヤーという枠を超え，世界規模で顧客を開拓してきたことが，新たなニーズの発掘につながり，世界1位のシェア獲得に貢献している。2013年にはアップル社のiPhoneへ電子部品を供給していた日本企業が同製品の売れ行き不振に連動して業績を悪化させた「アップルショック」が発生したが，多様な顧客を持つ同社への影響は軽微であったという。他の電子部品メーカーも同様に取引先の多様化によってスマートフォン大手2社であるアップルとサムスンの業況が自社の業績に与える影響を緩和させようとしており，中国のスマートフォンメーカーに営業活動を積極化している[11)]。これ以外にも電子部品の用途は多岐にわたっている。2012年の調査によると，電子部品の主な市場は携帯電話，パソコン，テレビ，ゲーム機であり，近年では自動車にまで及んでいる[12)]。様々な機器に電子回路が組み込まれた結果として用途の多様化が進んでいるが，これは電子部品メーカーの市場開拓力の高さを示している。

高い技術力を梃子にして，多様な取引先を開拓し，電子部品の用途を広げていく。これが日本の電子部品メーカーの強さの秘訣であると思われる。用途が広がれば，特定の完成品（例えばノートPCや薄型テレビ）の製品ライフサイクルが成熟期から衰退期に入った場合でも，新しい成長期の完成品へと部品を供給することで事業の維持拡大が可能となる。しかしこうした能力は一朝一夕に獲得できるものではない。そこで次節では電子部品産業の歴史的な歩みをたどることにしよう。

## 2　電子部品産業の戦後の歩み——競争優位の確立過程

### 1）敗戦後の軍民転換と電子部品産業の形成

電子部品は19世紀末に電信・電話機器用の部品として研究されはじめ，1925年のラジオ放送が契機となって国内生産が増加していった。この過程を明らかにした平本厚の研究によると，部品の需要者には，小売店やラジオファンによるラジオの自家生産に使用されるための部品需要，ラジオのセットメーカー，逓信省や陸海軍といった三つのタイプが存在したという。逓信省や陸海軍には理化学研究所や東京電気のような有力企業の製品が供給されていたが，このように電子部品には産業発展の初期から複数の市場が開かれていたことがわかる[13)]。

アジア・太平洋戦争期には，統制経済によって企業の生産活動に必要な資材が配給制となった。比較的小規模な企業が多い電子部品メーカーの多くは直接的に資材配給を受けることができず，陸海軍と取引をしている有力企業の下請工場の地位に置かれることになった。戦時の兵器生産を目的とした電子部品の取引は平時と異なり，技術が認められたものは高値でも注文が相次いだ。例えば抵抗器メーカーの興亜電工では「軍需用の抵抗器が民需用の10倍という破格の値段であった」という[14)]。しかしこうした状況は長続きせず，戦争経済の破綻が避けられなくなると，資材の不足や空襲の激化によって生産活動を維持することすら難しくなっていった。

1945年の敗戦によって電子部品の需要構造は大きく変化した。それまでの軍需が失われ，民間需要に向けた部品の生産販売をすることになったからである。いわゆる軍民転換である。民間需要の中心となったのは戦前と同様にラジオ受信機の部品であった。終戦直後の一時期，それまでの軍需を頼りにできなくなった大企業は，生産再開の目処が立たず不振にあえいでいたので[15)]，部品の多くは小売店やラジオファンによる自家生産向けに販売されていた[16)]。こうした状況は，1950年に勃発した朝鮮戦争の需要創出効果によって，ラジオ受信機セットメーカーの経営状況が改善するまで続いた。ラジオ部品取引の中心地は東京・秋葉原や大阪・日本橋に形成された問屋街で，これらの地域には全国から多くの人が集まって部品を買い求めた。また日本橋の問屋は秋葉原から仕入れた部品を九州や四国を廻って販売していた。終戦直後は鉄道輸送が十分に復旧しておらず，西日本の商人が東京から部品を仕入れることは容易ではなかった。日本橋の問屋は電子部品流通の拡大に重要な役割を果たしていた[17)]。

前述のように，陸海軍に部品を納入する際には性能や品質において厳しい基準が設けられ，それをクリアした部品メーカーは破格の値段での取引が許されていた。しかし終戦後の市場経済においては「価格の安さ」が最も大事な競争上のポイントであった。例えば，前節でも取り上げた村田製作所は戦時中に三菱電機伊丹工場の協力工場としてコンデンサを納入していたが，終戦後は電熱器の生産販売などでなんとか経営を保ち，その後はラジオセットメーカーにコンデンサを販売しようとした。ところが単価 50 銭という安値での取引を求められたので，一時は販売を断念するほどであった[18)]。戦時中まで軍需に依存していた電子部品メーカーは，価格を重要なシグナルとする市場経済の洗礼を受けたのである。

一方で終戦後には新しい部品メーカーが次々と創業した。例えば，現在はオーディオメーカーであるオンキヨーは松下電器で音響機器の研究をしていた五代武が 1946 年に創業した会社で，当初はスピーカーの生産販売をしていた。また電子部品業界の最大手であるアルプス電気は 1948 年 11 月に創業した。創業者の片岡勝太郎は 1938 年から 45 年まで東京芝浦電気（以下，東芝）小向工場で無線機の部品製造に従事し，終戦後はコンデンサメーカーの菊名電気の営業部長をしていた[19)]。東京都大田区に資本金 50 万円，従業員 23 人で同社を創業した当初の販売先は神田や秋葉原の問屋街であった[20)]。この他にも，いわゆる「四畳半工場」と呼ばれる零細な生産業者が多数存在した。アマチュアが製作する自家生産のラジオには品質が悪くても安価な部品が使われることがあり，そうした部品は高価な生産設備を持たない職場で手作業によって生産されていた。

この時期の電子部品はラジオ受信機に向けた用途が中心を占めており，必ずしも多様な用途が開かれていたとはいえない。しかし戦時中までのような下請生産と異なり，問屋を通じた全国市場に部品を販売するビジネスチャンスが存在した。部品は製品に組み込まれるものであるから，通常は消費者が部品の製造業者を認識することは難しい。ところがこの時期には消費者が認識できる電子部品のブランドが数多く存在した。最も有名なブランドは東芝の真空管に付けられた「マツダ」ブランドで，秋葉原では偽ブランド品が横行するほどの人気であった[21]。また上述の片岡電気（現，アルプス電気）は可変コンデンサ（バリコン）を製造販売していたが，赤箱に入った同社の「アルプス」ブランドはアマチュアの間では引っ張りだこであった[22]。戦後の一時期ではあったが，優れた製品を作ることができれば自社のブランドで市場を開拓することができる経営環境が電子部品産業には存在したのである。企業家論の研究で有名な清成忠男は，経済の構造変化を進めるためにはイノベーターとなる新企業の参入を保証する「誕生権経済（birthright economy）」の確立が必要だと説いており，日本の経験では第二次大戦の直後に既存の経済体制が解体されたことによって数多くの中小企業が設立されたと指摘している[23]。終戦直後の電子部品市場はまさに誕生権経済だったといえるだろう。

### 2）電子部品産業の成長と専門メーカーの登場

1951年に民間のラジオ放送が，また1953年からはテレビ放送が開始され，さらに前年に勃発した朝鮮戦争によって上向いた景気の影響もあって，それまで苦境にあえいでいたセットメーカーが息を吹き返した。1955年に東京通信工業（現，ソニー）から自社製トランジスタを使用したトランジスタラジオが発売されて以後[24]，大手家電メーカーから零細な町工場まで含めて，様々な企業によって生産され，その多くはアメリカ市場を中心に輸出された[25]。

民間ラジオ放送の受信にはスーパーヘテロダインという新式の回路を採用したラジオ受信機が必要で，これにあわせて中間周波トランス，ダイナミックスピーカーといった部品が生産されるようになった。またトランジスタラジオは従来の真空管式ラジオよりも電力消費が小さいため，電子部品の大幅な小形化が不可欠であった。さらにテレビ受像機にはブラウン管に取り付ける水平偏向コイルと垂直偏向コイル，フライバックトランス，選局のためのチューナーといった新しい部品を開発する必要があった。ラジオ受信機と比較して，テレビ受像機に使用される電子部品の点数は 10 倍以上に達し，故障を防ぐためには電子部品の品質向上が不可欠であった。

松下電器のような大企業は部品工場を有していたものの，すべての部品を自社内で生産していたわけではない。また当時は部品生産を全く行わない，組立工程だけに特化したアセンブラーと呼ばれる中小企業が多数存在した。上述の東京通信工業も 1946 年の創業時には従業員 8 名からスタートし，トランジスタラジオの販売で 1958 年頃には 2,000 名を超えるまでに急成長したが，それだけに電子部品を社内で開発および生産する余裕はなかった。ここに電子部品メーカーが大きく成長するチャンスがあった。例えばソニーからの要請に応えて，小形スピーカーや小形コンデンサを開発した信濃音響（現，フォスター電機），三美電機（現，ミツミ電機），松尾電機，また中間周波トランスの開発に成功した東光ラジオコイル研究所など多くの電子部品メーカーが急速に成長し，中には従業員数 1,000 人を超えるものまで現れた[26]。三美電機を 1954 年に創業した森部一は「大企業はライバル同士であるから，敵方のものは買わない。そこで第三者のパーツならいいということになる。それなら皆同じように作るであろう。ここに専門メーカーとしての一つの道がある」[27]と述べている。大企業と競合する分野は避けて，特定の電子部品の開発や生産に経営資源を集中し，他社の追随を許さない地位を確立するニッチ戦略である。こうした専門メーカーが 1950 年代末までに電子部品産業に数多く登場した。

電子部品の用途はテレビ受像機やラジオ受信機など，いわゆる民生用電子機器が中心であったが，個々の電子部品メーカーがテレビやラジオのセットメーカーだけを顧客としていたわけではない。上述したコンデンサメーカーの松尾電機では，次のように顧客を開拓していた。同社が「PH 型」という商品名で発売したコンデンサは耐寒性，耐熱性および品質安定性に優れ，しかも小形であったため，発売当初は無線通信機やレーダーといった産業用電子機器に使用されていた。やがてその性能の高さが認められて，1953 年からは東京通信工業のテープレコーダー，また早川電機（現，シャープ）のテレビに使用された。つまり発売を開始した段階では高い性能や品質を求められる産業用電子機器用の部品として販売されており，1〜2年の生産経験によって量産化が可能な段階になると民生用電子機器のセットメーカーとの取引へ移行している。価格について見ると発売当初は既存製品の1.5〜2倍に設定しており，明確な差別化を図っている。

注目すべきは同社の製品は産業用電子機器と民生用電子機器の双方に使用されており，多様な顧客に納入される汎用性を備えていた点である。すなわち不特定多数の顧客に対して販売が可能で，特定ユーザーとの関係に製品技術が規定されることのない市販品だったのである。技術に汎用性がある場合，取引先企業数の増加は直ちに製品生産量の拡大によるスケールメリットをもたらすであろう。大阪に本社のある同社では1953年に東京駐在所を設け，セットメーカーだけでなく当時まだ部品を扱っていた秋葉原問屋街にも売り込み，顧客の獲得に努めた。こうした積極的な販売活動も新型部品の量産化と価格引き下げに重要な役割を果たしていたと思われる[28]。

表7-3は前掲表7-2に登場したコンデンサメーカーの1960年頃における主要顧客の一覧である。すでに複数の取引先を獲得しており，民生用電子機器だけでなく通信機や精密機械，さらに電電公社などの官公庁にも市場を広げていることが確認できる。以上のような事実に鑑みると，現在の日本の電子部品メーカーの競争優位を説明する技術的優位性や顧客の多様性といった論点は，高度成長期から始まる長期的な産業発展史との連続性において理解するのが適切であると思われるのである。

それでは電子部品メーカーはそもそもなぜ，これほどまでに顧客の多様化を志向してきたのであろうか。後述のように，特定の顧客との安定的な取引関係，系列的もしくは専属的な下請関係が企業発展にとってポジティブな効果を持つと評価する見方もあり，顧客多様化は部品メーカーの市場戦略として必ずしも自明のものではない。電子部品メーカーがこうした市場志向性を持つに至った要因として注目したいのは，経営者たちの信念である。前節でも紹介したアルプス電気の創業者である片岡勝太郎は創業時から下請脱却，自主経営への強い意思を持っており，次のようなことを述べている。「(戦後) 下請け企業からの脱皮が真剣に取り上げられはじめた。まず取り組んだのが，みずからが

**表 7-3**　電子部品メーカーの主要販売先（1959〜61 年）

| 販売先 | | 村田製作所 | TDK-EPC | 日本ケミコン | ニチコン | 指月電機製作所 | 日立エーアイシー | 松尾電機 |
|---|---|---|---|---|---|---|---|---|
| 民生用電子機器 | 東芝 | ● | ● | | | | ● | |
| | 日立 | ● | ● | ● | ● | ● | | |
| | 三菱 | ● | | ● | | ● | ● | ● |
| | 松下 | ● | ● | | | ● | | |
| | 三洋 | ● | ● | ● | | ● | | ● |
| | 早川 | ● | ● | ● | | | | ● |
| | ソニー | | | ● | | | | ● |
| | ビクター | | | ● | | | | |
| | 八欧電機 | | ● | | | | ● | |
| | 神戸工業 | ● | | | ● | | | ● |
| 通信機精密機械 | 日本電気 | ● | ● | | | | ● | |
| | 沖電気 | ● | ● | | | | | |
| | 富士通 | ● | | | | | | |
| | 日本無線 | ● | | | | | | |
| | 安立電気 | | | | | | ● | |
| | 横河電機 | | | | | | ● | ● |
| | 北辰電機 | | | | | | ● | ● |
| | 島津製作所 | | | | | ● | | |
| 官庁等 | 防衛庁 | ● | | | | | ● | |
| | 国鉄 | | | | ● | | | |
| | NHK | | | ● | | | | ● |
| | 電電公社 | ● | | | ● | | ● | |
| | 電力会社 | | | | ● | | | |

出所）科学技術庁監修『電子科学』第 9 巻第 1〜7 号，1959 年；日本経済新聞社編『会社総監』1961 年版より作成。
注 1）電子部品メーカーの会社名は 2010 年のもの。
2）販売先は子会社などを含む。

設計し，みずからが作って，みずからが検査するという部品企業の自主独立である」。また片岡は日本生産性本部が主催した電気通信機械工業専門視察団に参加し，1957 年 5 月にアメリカの電子部品メーカーを訪れて次のような感想を述べている。「米国業界視察は，わが国部品メーカー全体の方向，部品輸出の将来を決める重要なポイントになった（中略）米国ではセットメーカーと部品メーカーが分業のかたちで存立している（中略）米国ではすでに部品メーカーが『みずから設計，製造し』その製品をセットメーカーに売る力を持っていたのであり，われわれ日本の部品メーカーが念願していた自主独立の経営が，分業というかたちで米国では現実のものになっていた」[29)]。こうした思いが当時の電子部品メーカーの経営者によって共有されていた歴史的背景を理解することが産業史研究においては重要だろう。

### 3）顧客との信頼関係を基礎とした電子部品市場の拡大

1970年代以降，日本のエレクトロニクス産業に対する国際的な評価は揺るぎないものとなった。その背景には技術力を高めた電子部品メーカーが存在していたが，特にセットメーカーとの間に形成された強い信頼関係が重要であった。それを象徴するのが無検査納入である。それまでのセットメーカーでは他社から部品や材料を購買する際に何らかの検査を実施していたが，それでは手間や時間がかかってコストを増やす要因になる。そこでセットメーカーでは検査のプロセスを省略するようになった。例えば，松下電器では1970年代初頭に購買対象品の約3分の1で無検査受入を実施しており，その比率は1980年には70％に達した[30)]。検査を経ずに部品が納入されるためには，それを生産している電子部品メーカーの品質管理能力がセットメーカーから高く評価されていなければならない。セットメーカーは自社が購買する部品を厳しくチェックして，優れた電子部品メーカーとの取引関係を強化していたのである。

電子部品メーカーの側でも無検査納入に対応するために，1960年代から品質改善に取り組んだ。例えば，テレビやラジオのボリューム（可変抵抗器）の専門メーカーである帝国通信工業では，1967年からQCサークルが社内に結成され，製品不良の原因特定および改善策の考案を全社的に展開した結果，1969年に三菱電機京都製作所から優良な部品メーカーであることを表彰された。またコンデンサを生産販売していた同社の子会社も，日立製作所東海工場から品質の高さを認められ，無検査納入の条件となる優良品質認定書を交付された[31)]。こうして高められた電子部品メーカーの技術力や品質管理能力は，第1節で確認した現在の高評価の基礎となっている。

電子部品の用途も民生用から産業用まで幅広く展開した。日本のエレクトロニクス産業の生産額を示した図7-2によると，1980年代以降は民生用電子機

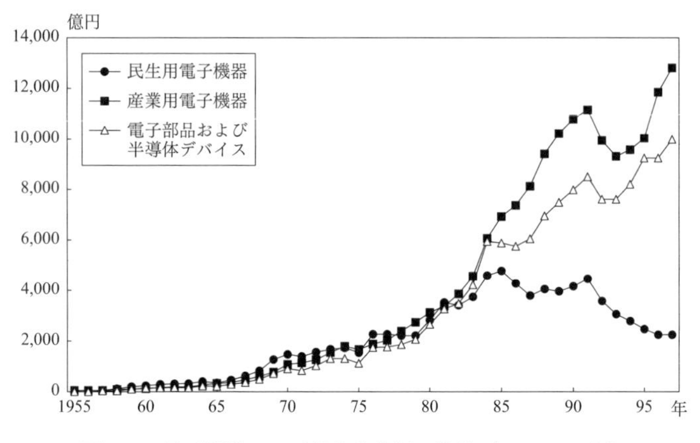


**図 7-2**　電子機器および部品生産額の推移（1955〜97 年）

出所）日本電子機械工業会編『電子工業 50 年史』日経 BP 社，1998 年，資料編掲載の表より作成（元資料は通産省編『機械統計年報』各年版）。

器の国内生産は減少し，産業用電子機器は増加した。具体的にはコンピュータ，有線通信機，無線通信機，電気計測器，および電子式卓上計算機のような事務機器である。一方，1970 年代から生産が本格化した IC（集積回路）によって，既存の電子部品が不要になってしまうと危惧する声があり，IC が主流となる時代に必要とされる電子部品の開発が急務となった[32)]。

IC 化への対応において重要なのは，電子部品の「微小化」技術である。電子部品はチップとなり，その寸法は 1970 年代初頭に 3.2 mm×1.6 mm であったものが，1990 年代には 1.0 mm×0.5 mm ないし 0.6 mm×0.3 mm までになった[33)]。その過程では 1980 年代にチップの形状をめぐる「角形」と「丸形」の熾烈なシェア争いがあった。両者の形状類型は生産方法や実装方法が大きく異なり，それぞれに利点と欠点があった。小形化の寸法的な制約から大勢としては角形が主流を占めつつも，丸形はソニーが積極的に採用してきたことから，同社と緊密な取引関係にある電子部品メーカーは開発と生産を継続した[34)]。電子部品を回路に組み付ける工程の詳細な情報がエレクトロニクス機器メーカーから電子部品メーカーにもたらされ，その開発要請に応えることで電子部品メーカーの技術力が鍛えられる関係が存在したと思われる。しかも当時「角丸戦争」とまで呼ばれた激しいシェア争いは両者の技術向上に大きな刺激を与えたであろう[35)]。

用途の広がりについて，時計の電子化をもたらしたアナログ式水晶（クォーツ）ウォッチ（水晶発振子を用いた腕時計）の開発を見てみよう。水晶時計には水晶の発振周波数を調整するために，トリマ・コンデンサという電子部品が使用される。掛け時計や置き時計などは形状が大きいため電子部品の小形化は必要ないが，腕時計には小さい形状のトリマ・コンデンサが必要であり，1969年に精工舎から村田製作所に水晶ウォッチ用超小形トリマ・コンデンサの開発依頼があった。村田製作所では当時すでに製品化されていた積層チップコンデンサの技術を応用して1971年に商品化し，これを契機に同社は精工舎だけでなく，他の時計メーカーにも取引関係を広げることができた。時計業界では顕微鏡を使って外観を厳しくチェックすることが常識であり，村田製作所が納品したトリマ・コンデンサについても顕微鏡でカシメの切り粉や傷までチェックされた。こうした経験も同社の技術力を鍛えることになったと思われる。この電子部品は1980年代初頭に時計のトリマレス化によって市場が縮小するまで同社の売上に貢献した[36)]。

産業用電子機器の代表的製品であるパソコンに関連する部品として，キーボード・スイッチが挙げられる。その前身は卓上電子計算機（電卓）用キースイッチであり，国内で初めて電卓を商品化したシャープ向けに片岡電気が1965年に開発した。これはアメリカのベル研究所が開発したスイッチ技術を採用し，耐久性100万回を保証するもので，関連技術は後に電話機用プッシュスイッチにも応用された。二つのキーが同時に入力されないような機構を備えており，1970年代以降はパソコン用フルキーボードとして市場を拡大していった[37)]。

他方で民生用電子機器の国内生産は減少しているが，これは多くの企業がアジアを中心に生産拠点の国際化を進めた結果であった。電子部品メーカーもこの流れに追随し，1970年代から次第に生産拠点を海外に移した。1980年代末で判明する限り，台湾に77，韓国に53，マレーシアに27，香港に19，またアジア以外では北米に49，南米に27，欧州各国に31の生産拠点が存在する[38)]。

**表 7-4**　アジア各国の電子部品生産に占める日本企業の比率（1991 年）

(%)

| 電子部品 | 韓国 | 台湾 | 香港 | タイ | シンガポール | マレーシア |
|---|---|---|---|---|---|---|
| スピーカー | 34 | 50 | 70 | 80 | 100 | |
| 可変抵抗器 | 65 | 60 | | 80 | 100 | 100 |
| 固定抵抗器 | 45 | 14 | | | 80 | 98 |
| アルミ電解コンデンサ | 76 | 37 | | 80 | 85 | 94 |
| 磁器コンデンサ | 10 | 54 | | 100 | 100 | 95 |
| トランス | 30 | 15 | 0 | 80 | 95 | 100 |
| コイル | 60 | 91 | 60 | 90 | 100 | 95 |
| コネクタ | 25 | 15 | 65 | 95 | 0 | 95 |
| スイッチ | 30 | 65 | 5 | 100 | 0 | 100 |
| 小型モーター | 50 | 98 | 100 | 100 | 65 | 100 |
| 磁気ヘッド | 60 | 95 | 40 | 100 | 60 | 100 |

出所）総合電子部品年鑑編集部編『総合電子部品年鑑』1993 年版，中日社，33-36 頁。
注）空欄は元データに記載なし。

表 7-4 はアジア各国における電子部品生産に占める日本企業の生産量の比率（1991 年）であるが，多くの国において多数の部品が日本企業によって生産されていたことがわかる。同時期の調査によると，海外生産拠点では主として高度な生産技術を必要としない，汎用的で標準的な電子部品を手掛けており，労働集約的な要素が強い電子部品ほど海外生産比率が高いという指摘がある[39)]。

しかし 1990 年代になると台湾でノートパソコン産業が興隆するなど，新しい展開が生じてきた[40)]。村田製作所の 1998 年の営業体制を見ると，国内の営業拠点に配属されている人員が 460 名なのに対して，海外は 780 名と大きく上回っており，その中でアジアが 360 名を占めている。また国内本社にも海外販売部門の統括組織として 100 名が配属されている[41)]。冒頭でも述べたように同社は台湾企業と長期にわたって開発協力を継続しており，それが現在の顧客開拓に結びついている。その具体的なプロセスの検討は今後の課題であるが，営業活動において重要な役割を果たすと思われる技術者，すなわちセールスエンジニアが電子部品産業に登場したのが 1960 年代であることには注目しておきたい[42)]。台頭するアジア系エレクトロニクス企業との関係構築において日本の電子部品メーカーが優位性を発揮しているのだとすれば，その能力は長期的な産業発展の中で育まれたものと考えられるのである。

## 3　電子部品産業発展の論理

前節で述べた電子部品産業の発展史から，私たちはどのような産業発展の論理を導くことができるだろうか。これまで部品産業の発展については，いくつかのアプローチから研究が蓄積されてきた。それらを手掛かりに考えてみよう。

### 1）下請制研究

まず部品生産は下請制として理解されてきた。部品を発注する「親企業」は技術的にも経営的にも優れた大企業であり，これらの点で相対的に劣るとされる中小規模の「下請工場」は親企業からの指導や資金援助を通して，はじめて発展の道を拓くという考え方である。この場合，親企業は下請工場を育成する方針で部品を発注することになるが，そのためには両者の関係は固定的で安定的な「専属下請」となることが重要である。反対に，両者の関係が安定しない「浮動的下請」においては部品メーカーに発展の展望はないとされ，これを判断基準として下請工場の現状把握が試みられた[43]。

たしかに発注側の大企業によって中小規模の部品メーカーが育てられた事例は豊富に存在する[44]。しかし電子部品メーカーの歴史を顧みると，特定の大企業の下請専属化によって発展したというよりも，むしろ多数の顧客を相手として発展の機会をつかんでいった点を重視すべきであり，この論理の適用は難しい。

### 2）サプライヤーシステム論

発注側の完成品メーカーと受注側の部品メーカーを企業規模や技術力の優劣で区分するのではなく，両者の取引関係の長期継続性が双方に多くのメリットをもたらすという視点から論じた，サプライヤーシステムに関する研究が重要である[45]。部品の受発注の関係を何度も繰り返すうちに双方に取引相手の様々な情報が蓄積されてくる。特に部品メーカー（サプライヤー）では発注側の自動車メーカーや電機メーカーが次に何を開発しようと考えているのかを正確かつ迅速に理解して，そのニーズに応えた部品を生産販売することができる。発注側のメーカーでも部品サプライヤーの製品開発力や品質管理能力などを十分に把握して，適切な取引相手との安定的な関係を維持することができる。前節では，電子部品の無検査納入が実施され，部品メーカーが厳しい品質条件をクリアした事実を述べたが，その結果としてサプライヤーシステムに不可欠な品質面での信頼関係が形成された。

このようにサプライヤーシステム論から当該産業の発展史の多くを説明することが可能である[46)]。ただし，次のような課題が残る。まず部品メーカーの発展要因を企業間関係の視点から論じるために，その企業に備わった固有の経営能力を明らかにすることができない。またサプライヤーシステム論では発注企業と受注企業の相対（あいたい）的な関係が分析の中心となるため，電子部品メーカーのように複数の顧客と取引することが誘発するメリットを解明することが難しい。

**3)「顧客の多様性の利益」の論理**

上記の論点について，近年の台湾ノートパソコン産業に関する川上桃子の研究が重要な視点を提示している[47)]。それによると，台湾のノートパソコンメーカーは先進的な技術を持つ日本のパソコンメーカーなどから，生産ノウハウ・製品設計機能・製品出荷方式などの指導や支援を与えられたが，その過程において「複数の顧客と取引関係を結んだ一部の受託生産企業が享受した学習速度の加速の効果」が確認された。これを川上は「顧客の多様性の利益」と呼んでいる[48)]。複数の顧客との間に取引関係を築いた受託生産企業は多様な技術や市場に関する情報を持ち，様々な要求を突きつけてくる顧客と同時的に取引を行うことで学習効果を加速させ，それによって向上した能力が顧客範囲の拡大をもたらすという論理である。

川上の議論は，伊丹敬之が提唱する「情報的経営資源」の企業観に基づいている。伊丹によると，情報的経営資源は獲得に時間を要し，また市場取引が難しく，さらに同時多重的に利用可能という性質を持ち，他社には容易に模倣できない競争優位の源泉となるため，その蓄積が企業成長を駆動する。中でも企業による知識や経験獲得の深まりと広がり，すなわち「深化」と「拡幅」という学習プロセスがダイナミズムを生み出すことで企業成長が可能であると説いている[49)]。「見えざる資産」としての情報的経営資源の価値に着目し，その幾筋もの情報フローの中に身を置くことで可能となる学習プロセスから企業成長を考えることによって，川上は顧客多様性の意義を評価したのである。

もちろん川上が明らかにした 1990 年代以降の台湾ノートパソコン産業と，本章で見てきた戦後の電子部品産業には，地域性や時代性，製品技術の特性などの相違点が多々あり，これを直截に適用することは慎まねばならない。特に川上が「圧縮された」と表現したような台湾企業の急速な能力構築の過程と日本の電子部品産業が 50 年以上を費やしてきたそれは明確に峻別されるべきであろう。川上はあくまでノートパソコン産業内部の顧客多様性を論じたのであるが，日本の電子部品産業はこれを大きく超える用途の市場開拓に成功している。そのことがもたらす「利益」の大きさを理解することが必要であり，それは長期的な産業史の展開を追うことによってのみ明らかにしうるであろう。

## おわりに

「時代性という論理次元に立つことで有意義な認識が可能だという公準を選んだ者が歴史家である」[50)]とするならば，本章で取り上げた電子部品の発展史はどのような時代性において展開したと総括できるであろうか。

まず本章では電子部品メーカーが顧客の要請に応えて，市場開拓に努めてきたことを評価した。戦後日本について考えると，その市場の広がりは民生用と産業用の別はあるものの，基本的には民間需要の枠内で展開してきた。これはアルプス電気の片岡勝太郎が先進国と仰ぎ見て，やがて追い越していったアメリカのエレクトロニクス産業の歴史とは大きく異なる。つまり日本の電子部品メーカーの戦後史は軍需を喪失した時代の産業発展，もしくは技術発展という特徴を色濃く映したものだといえるだろう。

また清成忠男が指摘したように，終戦後の経済構造変動によって生み出されたイノベーターの事例として電子部品産業の歴史を理解することもできる。後の時代にも新規の市場参入は見られるものの，現在の電子部品業界における有力企業の多くは軍民転換の時代を経験しており，そこを起点に成長を遂げたという時代性を共有している。翻ると，新しいイノベーターの一群が誕生するほどの大きな経済構造変動は，少なくとも電子部品産業において終戦後から現在に至るまで生じていないともいえる。

こうした時代性はそれを担ってきた当事者たちが共有する産業発展への意思によって支えられている。電子部品産業においては下請の地位に甘んじることのない，自主独立の精神を経営者たちが共有してきたが，こうした経営者の意思は従業員と共有されてこそ具体的な形で企業経営に発揮されるのではないだろうか。電子部品産業の発展史に関わった，より多くの人々の歩みを描くことが，本章の大事な課題として残されていると思われる。

**注**

1）電子部品の世界的かつ長期的な生産統計については，国際連合統計局編『国際連合貿易統計年鑑』などによって一部の能動部品が取り上げられているが，一般電子部品については1984年から次の統計が利用可能である。Read Electronics Research (ed.), *Yearbook of World Electronics Data*.

2）経済産業省大臣官房調査統計グループ『経済産業省生産動態統計年報　機械統計編平成25年』2014年。

3）同上。

4）電子情報技術産業協会『電子部品グローバル出荷統計データ』(同協会のホームページ http://home.jeita.or.jp/ecb/information/info_stati.html に掲載)。

5）この点を重視して各国シェアを「生産国基準」と「メーカー基準」から捉え，東アジアの産業動態を分析した研究として，塩地洋編著『東アジア優位産業の競争力――その要因と競争・分業構造』ミネルヴァ書房，2008年。

6）富士キメラ総研編『有望電子部品材料調査総覧　2013』下巻（プリント配線板，半導体，ディスプレイ，タッチパネル，受動部品，新素材編），同所，2012年，66頁。

7）同上，97頁。

8）現在の電子部品メーカーの競争力を業界アナリストが論じたものとして，村田朋博『電子部品だけがなぜ強い』日本経済新聞社，2011年。

9）本段落の内容は，『日経エレクトロニクス』2008年10月20日号，52-53頁に基づく。

10）本段落の内容は，『日本経済新聞』2014年2月26日に基づく。

11）『日本経済新聞』2014年7月9日。
12）富士キメラ総研編，前掲書，266頁。
13）平本厚「日本における電子部品産業の形成」『研究年報　経済学（東北大学）』第61巻第4号，2000年，35-36頁。
14）KOA50周年企画室編『KOA50年史 1940～1990』1991年，33頁。
15）中島裕喜「ラジオ産業における生産復興の展開」『経営論集（東洋大学）』第71号，2008年。
16）高橋雄造「戦後日本における電子部品工業史」『技術と文明』第9巻第1号，1994年，71-73頁。
17）中島裕喜「復興期日本のラジオ・パーツ流通と問屋街――大阪・日本橋の分析を中心に」『大阪大学経済学』第48巻第3・4号，1999年。
18）村田製作所50年史委員会編『不思議な石ころの半世紀　村田製作所50年史』1995年，14-22頁。
19）岩間政雄編『全ラジオ産業界銘鑑』ラジオ産業通信社，1952年，114頁。
20）アルプス電気株式会社『アルプス50年のあゆみ』1998年，15頁。
21）日本電子機械工業会電子部品部『電子部品技術史　日本のエレクトロニクスを隆盛へと先導した電子部品発展のあゆみ』1999年，5頁。
22）アルプス電気株式会社，前掲書，17頁。
23）清成忠男「経済の構造変化と中小企業」土屋守章・三輪芳朗編『日本の中小企業』東京大学出版会，1989年，28-29頁。
24）ソニー株式会社広報センター編『ソニー創立50周年記念誌「GENRYU 源流」』1996年，85-88頁。
25）中島裕喜「トランジスタラジオ輸出の展開――産業形成期における中小零細企業の役割を中心に」『経営論集（東洋大学）』第79号，2012年，76頁。
26）中島裕喜「戦後日本における専門部品メーカーの発展――1945年～1960年，電子部品産業の事例」『経営史学』第33巻第3号，1998年，5頁。
27）坂本藤良「単なる成長企業ではない」福本邦雄編『電子部品ひとすじに――ミツミ電機』フジインターナショナルコンサルタント出版部，1966年。
28）以上，松尾電機の事例については，松尾電機35年史編纂委員会『松尾電機35年史』1985年，33-48頁。
29）日本電子機械工業会編『電子工業20年史』電波新聞社，1968年，366-371頁。
30）橋本寿朗「長期相対取引形成の歴史と論理」同編『日本企業システムの戦後史』東京大学出版会，1996年，229頁。
31）中島裕喜『戦後日本における電子部品産業の発展――市販部品生産を中心に』大阪大学博士論文（第18184号），2003年，215頁。
32）村田製作所編『驚異のチタバリ――世紀の新材料・新技術』丸善株式会社，1990年，423頁。
33）日本電子機械工業会電子部品部，前掲書，186頁。
34）総合電子部品年鑑編集部編『総合電子部品年鑑』1993年版，中日社，7-9頁。

35）村田製作所は角形積層チップコンデンサを開発し，携帯電話などに採用された（猪木武徳・西島公「電子部品工業における技術革新と市場競争――1980年代までの村田製作所の場合」『大阪大学経済学』第57巻第3号，2007年，30頁）。
36）日本電子機械工業会電子部品部，前掲書，191-192頁。
37）同上，223-224頁。
38）総合電子部品年鑑編集委員会編『総合電子部品年鑑』1989年版，中日社，1989年，34-40頁に掲載の図表より集計。
39）同上，19頁。
40）川上桃子『圧縮された産業発展――台湾ノートパソコン企業の成長メカニズム』名古屋大学出版会，2012年。
41）『電子部品大手3社受動部品に関する調査』興人社，1999年，8-9頁。
42）中島裕喜「承認図部品メーカーの製品開発戦略――市販部品取引からの転換をめぐって」『国民経済雑誌』第191巻第2号，2005年，93頁。
43）下請工場の専属化による発展の可能性を最初に指摘した研究として，小宮山琢二『日本中小工業研究』中央公論社，1941年。また高度成長期における専属下請の広がりを指摘した研究として，三品頼忠「機械工業における中小企業の再編過程」押川一郎・中山伊知郎・有沢広巳・磯部喜一編『高度成長過程における中小企業の構造変化』東洋経済新報社，1962年，第2章。
44）自動車産業では，1950年代に実施された系列診断を契機として，部品メーカーの指導や援助が強化されたことが明らかになっている（和田一夫「自動車産業における階層的企業間関係の形成――トヨタ自動車の事例」『経営史学』第26巻第2号，1991年；植田浩史「高度成長期初期の自動車産業とサプライヤ・システム」『季刊経済研究』（大阪市立大学）第24巻第2号，2001年）。
45）サプライヤーシステムの研究については枚挙に暇がないが，とりわけ重要なものとして，浅沼萬里『日本の企業組織 革新的適応のメカニズム――長期取引関係の構造と機能』東洋経済新報社，1997年。
46）サプライヤーシステムの重要な要素の一つである承認図部品取引について，電子部品メーカーの事例を明らかにしたものとして，中島，前掲論文。
47）川上，前掲書。
48）川上，前掲書，127頁。
49）情報的経営資源については，伊丹敬之・加護野忠男著『ゼミナール経営学入門 第3版』日本経済新聞社，2003年，第1章，および伊丹敬之・軽部大編著『見えざる資産の戦略と論理』日本経済新聞社，2004年を参照。
50）安丸良夫『安丸良夫集6　方法としての思想史』岩波書店，2013年，20頁。

# 第8章

# グローバルな産業形成と欧米優位の長期持続
## 産業ガス

レイモンド・G. ストークス

## はじめに

「国の競争優位」を論じたマイケル・ポーターは，大きな反響を呼んだその著書において，実際には「国際市場で競争しているのは国ではなく企業である」と主張した[1)]。また彼は，企業は産業の中で競争するのであり，産業とは「競争を理解するための分析の基本単位」であるとも述べ，産業を，製造業でもサービス業でも，「互いに直接競争し合う競争企業の集団」であると定義した。したがってポーターは，ある単純な図式を想定していた。産業とは競争を理解し説明するための「分析の基礎単位」であり，したがって産業とは，その中で企業が互いに競争する場である，というわけである。

しかし彼は，その著書ではそれ以上この主張を深めなかった。同書の大部分は，この「競争優位」を形づくる政治的・経済的要因やその他の要素の分析にあてられた。残念ながら，地理的要素や政策，人的資本に関する精力的な分析とは対照的に，産業と企業とが，その他の要因とどのような相互作用を持つのかについては，十分な検討がなされなかった。

本章では，この捻れつつ絡みあった競争力の二つの次元を解きほぐすために，1885年から21世紀初頭にかけての産業ガス（industrial gas）[2)]の歴史と，その製造に携わる企業の歴史を取り上げる。ただし本章は，その主眼を，「産業」という用語を批判的に検討し，この概念を歴史的な観点で捉え直すことに置く。というのも，この産業という語は，歴史的な要素の重要性を強調する社会科学者の間でさえも——残念なことに大部分の経営史家もこれに含まれる——，ほぼ例外なく，静態的な統計上の概念として用いられてきたからである。

本章では，ある産業がどのように成立するのかという中心的な問題に入る前に，まず第1節において，産業ガスについて簡単に説明する。第2節の分析では，企業の戦略・行動を，この「産業」という集合から切り離す。第3節では，この産業において競争力がどう変遷してきたかという問題に立ち返り，地域の競争優位についても検討を行う。最後に，本章の分析の含意を確認する。

## 1　産業ガス「産業」はいつ成立したのか

### 1）産業ガス——「見えない」産業の製品と用途

産業ガスは「目に見えない産業」と呼ばれてきた。この産業にふさわしい呼び名といえる。というのも，産業ガスを分析した研究者は数えるほどで，しかもそれらは総じて社史の域を出ないからである[3)]。また概説書もわずか二冊にとどまる。一冊は業界関係者が書いたもので，経済的側面や経営の問題よりも，技術面に焦点を当てている[4)]。もう一冊は経営史的な分析であるが，英語版が出版され認知されるまでには，もう少し時間がかかりそうである[5)]。いずれにせよ，現時点では産業ガスは文字通り目には見えず，またその産業も，実態が見えないのである。産業ガス産業の最大手企業は「フォーチュン500」の企業ランキングに登場するが，産業ガスメーカーを知る人は少ない。

この見えない産業に属する企業は，いったい何をしているのだろうか。2007年版の北米産業分類表（NAICS）は，一見した限りでは，非常に明確な定義を示しているようにも見える。それによれば，産業ガス産業は，表8-1に挙げられた各製品（販売額の順）を2007年に製造していた企業によって構成される[6)]。

**表 8-1**　2007年北米における産業用ガスの品目（販売額が高いものから降順）

| |
|---|
| 水素，アルゴン |
| その他産業用ガス（ヘリウム，キセノン，クリプトン等） |
| 窒素 |
| フルオロカーボン（フロンガス） |
| 酸素 |
| 二酸化炭素 |
| アセチレン |
| その他 |

出所）注6）参照。

これらの産業ガス製品は，幅広い用途を持ち，製造業でもサービス産業でも多様な用途を持つ。主な用途には切断（バーナーでの燃焼熱）や溶接が含まれる。酸素は製鋼に用いられ，窒素は石油精製過程で火災や爆発を防ぐために使われる。窒素やその他のガスは，電子部品の製造業者によってクリーンルームの清掃に用いられるなど，多様な目的で使われる。また，窒素は肉類その他の食品の急速冷凍に用いられるし，さらに窒素やその他のガスは，食品加工業でガス置換包装（MAP包装）に用いられ，さらに炭酸飲料の製造でも使用される。ネオンその他のガスは，照明で用いられる。これら以外にも多数の用途があり，実際，産業ガスの利用が関係しない製造工程はほとんどない。

### 2）産業分類の限界

この2007年の北米産業分類表の定義は，明確であるように見えるが，しかし少なくとも三つの理由のために，企業の戦略と競争力を長期にわたって分析するための基準としては不十分である。

第一に，産業ガス特有の現象であるが，表8-1のいくつかの製品の最大の生産者は，通常は「産業ガス産業」には分類されない企業である。例えば1962年の時点では，酸素の製造での上位5社は，順番にBASF（西ドイツ），サソール（Sasol，南アフリカ），アニッチ（Anic，イタリア），アメリカン・シアナミド（American Cyanamid，米国），デュポン（DuPont，米国）であった[7]。しかしこれらはいずれも，自社で使用するためにガスを生産しているのであって，産業ガスのメーカーとは呼べない。これより新しい統計は見あたらないが，エアガス・メーカー[8]以外の企業が自社で用いるエアガスの大半を内製するという状況は，今日も変わっていない。そのため北米産業分類表は，世界中のガス生産のほんの一部しか捉えていない。ガス企業以外の企業が自家消費する産業ガスは市場では販売されず，統計には反映されないからである。

第二に，産業ガス企業とみなしうる企業のうち，市場シェア（世界シェア約80％）と収益性で最も業績のよい4社は（2007年の数字），いずれも，表8-1に挙げた各種のガスを製造・販売するだけでなく，これらのガスを製造したり取り扱ったりするための専用の装置を製造・販売している。北米産業分類表は，ガス企業の事業の一部しか捉えていないのである。

第三に，北米産業分類表の2007年版の定義は，産業の歴史的な分析には適していない。というのも，リストの製品構成や，その前提となる各製品の市場規模は，産業ガス部門が登場した1886年（酸素のみが製品化されていた時代）にはもちろん，第二次大戦直後（酸素とアセチレンが圧倒的に重要だった時代）についてさえも，まったく当てはまらないからである。実際，表8-1のうちのいくつかの産業ガス製品は，1970年代・80年代に入ってようやく大手産業ガス企業の製品ラインナップに入ったのである。

### 3）4大企業が競争する「産業」——その歴史の新しさ

以上の点は非常に重要である。たしかに今日では，産業ガス産業は四つの巨大企業によって支配されている。フランスのエア・リキード（Air Liquide），ドイツのリンデ（Linde），米国のプラクスエア（Praxair），そしてやはり米国のエア・プロダクツ・カンパニー（Air Products Company，以下AP社とも表記）である。このうちリンデは，2000年にスウェーデンのAGAを，また2006年にはブリティッシュ・オキシジェン・カンパニー（British Oxygen Company：BOC）を買収して，エア・リキードとほぼ同等の市場シェアを獲得した。これら4社はいずれも主要な製品のすべてを取り扱い，顧客に密着しながら，新しい用途の開発を進めている。また4社すべてが，①ガスの製造・販売・流通のみならず，②空気分離装置や関連装置の製造・販売も行い，しかもこれらの事業は国際的である。4社は，かなりの程度，この互いに関連する二つの事業分野に専業化している。このうち①は，化学的なプロセス，高度な物流の能力，技術的サービスを，また②は，専門的なエンジニアリング・建設事業を柱とする。

したがって今日では，ポーターやその他が用いるような意味での産業が存在しており，互いに競争し合う企業が，これを構成している。しかしこれは比較的最近の現象であり，1990年代末以降に成立したにすぎない。それ以前においては，これら4社やそれ以外の企業は，お互いに必ずしも競争関係にあったわけではないのである。しかもこれら企業間の競争は，各社の戦略・行動や，「産業用ガス産業」のあり方を大きく左右するようなものではなかった。

## 2　企業戦略と「産業」のずれ

### 1）各国市場の分立

産業は企業の戦略・行動を分析する際の基本単位であるという，ポーターその他の研究者の理解に立つならば，ある企業の戦略や行動は，これと競合する他社の能力・戦略・実践に対する見方でもっぱら決まる，ということになるだろう。

ところが，産業ガス産業の120年の歴史の大部分の期間，そのような状況はなかった。その初期，1886年から第一次大戦勃発の1914年前後の時期には，産業ガス産業は急速な成長と技術的変化を経験した。空気を液化するための複数のプロセスや，効率的な空気分離のための精留が発明され，酸素アセチレンガスを用いた溶断・溶接のための多様な機器が発明されたのである。ある程度の国際競争も見られた。例えばリンデとエア・リキードは米国への投資を競い合ったし，また両社のイギリスへの投資は，BOCと競争することになった。しかしヨーロッパで戦争が勃発する1914年に先立って，国際競争は弱まり始めていた。各社が，知的財産の共有の協定や，地理的な市場分割協定を結んだからである。

第一次大戦は，主要市場での国際競争を根絶やしにする決定的な一打となった。大戦以降は紳士協定が結ばれ，主要ガス企業は，各社の「本国市場（ホームマーケット）」では，有力な競合他社との競争を免れるようになった。BOC とエア・リキードでは，このホームマーケットには，それぞれイギリス帝国とフランス植民地が含まれた。主要ガス企業間の競争は，イタリアなど第三国市場である程度続いていたにとどまったのである。このような状況は，1960 年代初めまで続いた。

### 2）各国市場における独占的地位の形成

それに対して，主要なガス生産国のホームマーケットの内部では当初は国内企業の間でかなり競争があり，酸素とアセチレン間のシナジー効果が明瞭になるとこの傾向は強まった。例えばBOC は，1920 年代にはアセチレン部門ではまったく存在感がなかったが，この間にアセチレンを製造するアレン・リバシッジ（Allen Liversidge）との協力を深めてゆき，1930 年には規模で劣った同社を買収した。

1930 年代初めの BOC にとっては，メタル・インダストリーズ（Metal Industries）の子会社であるオキシジェン・インダストリーズ（Oxygen Industries）も，手強い競争相手になりかねなかった。というのも，同社は，液体酸素の新しい製造・流通・貯蔵の技術の特許をイギリスで取得していたからである。この技術は，液体の状態にしたエアガスを従来よりも広範囲に供給することを可能にするもので，この産業に革命をもたらすことが確実視されていた。BOC は，この潜在的な競争相手が起こした訴訟で脅かされると，このオキシジェン・インダストリーズをやはり買収することにより（1933 年），この危険を取り除いたのである[9)]。

それ以降 1950 年代後半まで，BOC は事実上，その独占的地位のためにいわばイギリスの「酸素省」となっていた[10)]。1956 年には，英国独占委員会（前年の法改正で権限を強化された独占禁止政策主体）の調査により，BOC が酸素とアセチレンの市場の双方で 98.5 % を支配することが判明した。委員会は是正を命じたが，それには報告書の公表から数年を要した[11)]。

フランスでは，エア・リキードが，同時期のイギリスでの BOC とよく似た地位を確立しており，フランス国内市場をほとんど独占していた。

他方，産業ガスでは第三の主要市場であったドイツでは，いくつかの点で異なっていた。両大戦間期にリンデとヒェミッシェ・ヴェルク・グリスハイム（Chemische Werke Griesheim）という二つの大手ガス企業があり，また第二次大戦後には，それまでガス装置の設計と製造に特化していたメッサー（Messer）が，三番手企業として加わったからである[12]。このうちグリスハイムは，1925 年に隔絶した規模を持つイーゲー・ファルベン（IG Farben Industrie，以下 IG ファルベンと表記。1925 年にドイツの化学大手 3 社の合同で誕生）の一部となった。これは，IG ファルベンと比べてはるかに規模の小さいリンデにとっては，その地位を脅かしかねない事態ではあった。とはいえ，IG ファルベンの成立以前においてさえ，これら企業は地域的な市場分割協定を結んでおり，ガスの配送のために，共同出資でフェアアイニクテ・ザウアーシュトッフヴェルケ（Vereinigte Sauerstoffwerke：VSW）を設立していたのであって，やはり競争は総じて制限されていたのである。

### 3）米国――独占禁止政策と複占体制

主要市場のうち残るは米国であるが，これは 1920 年代には，すでに世界最大の市場となっていた。ドイツと異なり，市場を明示的に分割する企業間の協定はここでは違法であったが，しかしそれでも，ドイツと同じく，米国では支配的な企業（「チャンピオン」）は 1 社に限られなかった。市場分割協定が違法化されていたにもかかわらず，特に米国市場の巨大さのために，直接的な競争が限定されたからである。その一つの帰結は，実効性のある複占の成立であった。リンデ・エア・プロダクツ（Linde Air Products）――1917 年に 4 社合併でユニオン・カーバイド・コーポレーション（Union Carbide Corporation）の一部となり，以後はドイツのリンデとは無関係となる――とエアコー（Airco）は，いずれも，それぞれ自社が優位に立つ地域で圧倒的な地位を築くことができた。両社を合わせると，1930 年代末には，米国市場の 8 割を実質的に支配していたのである。

米国市場は巨大であり，もっぱら特定地域に基盤を持つ企業にも存立の余地があった。この傾向は，この産業が登場して最初の数十年の間に，酸素配送が持つ顕著な特性によって強まった。圧縮されたガスの配送で用いられる金属製ボンベの重量は，内容物である酸素の 10 倍に達し，長距離輸送に用いるには不経済であったのである。液体酸素を使った実用性を持つ代替的配送方法が 1940 年代以降に広く普及するまで，しばしば「パパママストア」と呼ばれたローカル企業が，顧客と濃密な関係を有したのみならず，とうの昔に償却を終えた高価な鋼鉄製ボンベを使い続けていた。特に中小規模の顧客にとっては，これは依然として配送手段の柱であった。こうしたローカル企業に挑戦しようとする企業は大量のボンベに莫大な投資をしなければならなかったが，そうした投資は非常に高くつき，そのためほとんどされることがなかった[13)]。

#### 4）戦略の多様性①：地理的な市場基盤と戦略

このように，産業ガスという「産業」は，少なくとも 1914 年の数年前から 1950 年代にかけての時期には，国際競争がほとんどない「産業」であり，また各国内でも，少なくとも主な工業国では競争が限られる「産業」であった。他方，企業間の協調の面では，2 度の大戦の時代を除くならば，とりわけ技術開発では国境をまたいだ協調で重要な事例があり，また主要企業のうち数社のプラント建設事業も，しばしば国境を越えて行われていた。とはいえ，ポーターの「産業」概念の最も重要な要素が欠落していることからすると，個々の企業の戦略と行動が互いに著しく異なっていたことも，驚くに値しない。

スウェーデンに本拠を置く AGA は，産業ガスの大手企業のうちでは自社の国内市場が最も小さく，そのため，その売上高・投資・戦略は最も国際化していた。同社は，その国際志向と国外での販売の経験を活かして，特に南アメリカやヨーロッパなど，多くの小規模な市場で大きなプレゼンスを確立した。しかし，AGA の戦略と行動が産業ガス事業のみで決まることも，もっぱらこれで決まることもなかった。1970 年代までは，同社の経営陣は自社を産業ガス業界の企業とはみなしていなかった。むしろ同社は，数多くの，往々にして産業ガス事業とは明らかに無関係な発明を実用化するための手段であった。1970 年代初めになってようやく，経営陣は「(産業) ガス・ビジネスへの回帰」という意識的な決定を下し，多くの非関連事業から撤退したのである[14)]。

イギリスの BOC の場合，この AGA に比べてずっと巨大なホームマーケットで支配的な地位を築いており，また特に，イギリス本国に限らず大英帝国内の各国でも事実上市場を独占していたから，その企業行動はまったく異なっていた。1930 年代初頭までイギリスの産業ガス事業では BOC に挑む者はおらず，そのため同社は高収益であり，同時に退屈な会社でもあった。また同社は自社独自の技術の開発には消極的で，ドイツやフランスで開発された技術にまったく依存していた。BOC が例外的にとった冒険的な行動としては，1930 年代から第二次大戦の時期にその潤沢な利益を持て余してノルウェーのオッダで行った炭化カルシウム（アセチレン製造で使用）製造向けの投資や，1920 年代から 60 年代にかけ，また時にそれ以降にもなされた非関連部門への多角化投資を挙げることができる。とはいえそれさえも，さしたる冒険とはいえなかった[15)]。

### 5）戦略の多様性②：事業構造――多角化企業・ガス販売・エンジニアリング

この「産業」には，両大戦間期以降，この AGA や BOC の他にも，上述のように三つの有力企業があったが，やはりそれらの企業の戦略も，この「産業」が明確な定義を持たず，またこれら企業の事業がこの「産業」の範囲に合致することもないという中で，多種多様であった。

米国に本拠を置くリンデ・エア・プロダクツは，1920 年代には世界最大の酸素製造企業となっており，ガスのみならずプラントや装置の製造にも携わっていた。しかし，同社が 1917 年設立のユニオン・カーバイド・アンド・カーボン・カンパニー（Union Carbide and Carbon Company，後にユニオン・カーバイド・コーポレーションと改称）の一部門となっていたという事実は，同社の戦略・行動が，産業ガスの動向よりも，むしろ全社のより広い事業での判断に制約され左右されたということを意味している。

リンデとエア・リキードは，これとは違い独立を維持した。この 2 社は，空気分離技術の 2 人の重要な革新者，カール・フォン・リンデとエア・リキード創業者のジョルジュ・クロードが築いた伝統を守っており，いずれも産業ガス業界を牽引する技術的先進企業であった。両社は今日まで，技術面での優位と国際的なリーダーシップを維持している。

しかしこの2社の間でさえ，その戦略は非常に異なっていた。エア・リキードの戦略は，自社を「プラントも作るガス会社」と位置づけたところに根ざしていた。これとは対照的に，リンデの動きは，「たまたまガスも販売することになったエンジニアリング企業」という意識に基づいていた[16)]。

そのためエア・リキードは，ガスを市販せず自家消費する鉄鋼業・化学工業・その他の企業には多数の空気分離ユニットや関連の装置を積極的に販売したが，ガス産業の同業他社に対するプラント販売については，消極的であった。同社はその歴史を通じて，プラント建設事業のみならずガスの製造・流通でも，その見方や方向性が極めて国際的であったのである。

それに対してリンデは，他産業の企業のみならずガス産業の企業に対しても積極的にプラントを販売した。ドイツや他の少数の市場では，プラント・ユーザーに対し，ガスの販売・配送地域を限定する条項を付した契約を求めるのが常であった。いずれにせよ1990年代までの同社は，それほど国際的ではなく，しかもそのガス事業は，プラント事業に比して貧弱で重視もされていなかった。こうした自己認識からすると，同社が，空気分離技術の出発点となった冷凍技術について，非常に長い間関心を持ち続けたということも，驚きではない。同社はまた，大戦前からトラクターと工作機械の生産も始めており，ついにはフォークリフトの設計・製造にまで手を広げた。リンデの一企業としての行動は，その歴史の大部分の期間にわたって，産業ガス産業という括りを用いるだけでは理解することはできないし，またこれを主な切り口とすることでも説明できないのである。これは他の産業ガスメーカーについても，多かれ少なかれあてはまる。

## 3　産業ガスにおける長期的な競争力

### 1）国際競争の開始

直接の競争なしには，あるいは少なくとも国際的な競争なくしては，ある産業における国際競争力について議論することはできない。産業ガス産業では，前節で見たように，その最初の 50 年から 60 年の歴史の大部分において，そうした状況が見られた。

しかし 1950 年代になると，この産業でも国際競争がようやく始まり，産業用ガス産業は，徐々に以前よりも明瞭な輪郭を持つようになっていった。企業は，次第にこの業界の一員として自らを位置づけるようになり，またそうした企業の意識と行動が，逆にこの業界の輪郭を強めていったのである。もっとも，この変化は数十年を要する過程であった。

国際競争の活発化には多くの要因があった。国際貿易と国際資本移動に対する障壁が徐々に低くなり，米国の影響の下に各国で独占禁止法が制定され，また米国企業の主導で多国籍企業による対外直接投資が盛んになった。しかし，産業ガスにおいて国際競争の直接の原因となったのは，何よりもエア・プロダクツ・カンパニー（AP 社）という新規参入者の登場であった。レオナルド・プールによって 1940 年に設立された AP 社は，その後，世界の 4 大産業ガス企業の一角を占めるに至った。AP 社は，この大手 4 社のうち，1907 年以降に設立された唯一の企業であって，先発の企業により支配される産業への参入に成功したことは，特筆に値しよう[17]。

## 2）AP 社のイノベーション

プールは野心的な新しいコンセプトで AP 社を始めた。製鋼所や化学企業といった大口ユーザーに対して，ユーザーの工場内からガスを供給するのではなく，AP 社が所有する近隣の工場から酸素を供給したのである。この考えは 1940 年代でも珍しいコンセプトというわけではなかった。しかし彼の構想はそれにとどまらず，AP 社は酸素だけでなく，ガスの製造過程で副生成物として生じる窒素やアルゴン，その他のガスを，周辺の多様な顧客に販売しようとしたのである。大口顧客との間では，「テイク・オア・ペイ（take or pay）」として知られるようになる契約を結んだ。この契約では，顧客は最低引取量（ベースロード）を AP 社に保証し，購入量がこれを下回る場合には違約金を払う。これにより，AP 社は供給設備への資本投資を確実に償却することができ，ある程度の利益を確実にすることができた。残りのガスを小口ユーザーに売ることができれば，稼働率を上げ，より大きな利益を得ることができる。この大胆な構想により，プールは登場したばかりの新技術を実用化して，純度を不断に上げつつもトン規模での大規模生産を実現することが可能になった[18]。

プールの構想は非常に野心的かつ大胆なものであり，であればこそ，彼の新会社は当初はずっとささやかな規模から着手しなければならなかったはずである。しかし彼の会社の技術者は，幸いにもこの構想の実現につながる技術と技能を磨く機会を得た。戦時体制への備えを急ぎ，ついには参戦するに至ったアメリカ軍との契約である。最新の航空技術で高い高度での飛行が実現すると，搭乗するパイロットへの酸素補給が不可欠となった。1940 年から 45 年の間，AP 社は，アメリカ陸海軍向けや，武器貸与法による供与を通じて世界各地の連合国の施設向けに，小型の空気分離装置を大量に生産した。

戦争の終結は，当然ながら戦時の特需の終焉を意味した。しかし，創業間もない AP 社は，プールの夢の実現に近づくために，戦中の経験を活かしつつ，戦後直後のアメリカ製造業の急成長という機会をつかんだ。AP 社は資金力に乏しかったが，大手製鋼企業との契約を材料に，現場に新しい空気分離機を設置するための資金を銀行から借りることができた。販売と急速な償却は，製鋼企業とのテイク・オア・ペイ契約によって保証され，さらに追加収益が，小規模企業に余剰ガスを売ることで得られたのである。それまでは，例えば軍への小型空気分離装置の販売でも，ガスの販売が続くことはなかったが，上記の過程で，AP 社はエンジニアリング専業企業から，エンジニアリングとガスの双方を柱とする企業へと変化したのである。AP 社はまた，他の点においても革新的であった。顧客サービスに重きを置き，効率的な配送技術を開発し，また食品加工企業との共同で，窒素の新用途を開拓したのである[19]。

### 3）AP 社の国際化と競争

AP 社の革新性は，国際化戦略にも及んでいた。同社は，時流を捉えて 1940 年代末にはイギリスに足掛かりを築いていた。この海外進出は，小規模なプラントに対するライセンス供与という形で純粋にエンジニアリング的な事業から始まり，その後，工場建設のための合弁会社の設立に乗り出した。しかし1950年代後半末には，合弁事業の不調が明らかになり，アメリカ本社もまだ小規模ではあったが，イギリスにその100％子会社としてエア・プロダクツ・リミテッド（Air Products Limited，APリミテッド）を設立した。前述のように，BOCの独占については，イギリス独占委員会がその報告で指摘していたが，これを受けてイギリス商務省はBOCの事業に制限を課していた。APリミテッドは，このまたとないチャンスを見逃さなかった。同社は，米国親会社の現場での戦略を忠実に模して，顧客サービス，配送技術，契約形態・財務での革新，それに米国の食品加工会社との共同開発で蓄積したノウハウなどを活用したのである。1960年代中頃までにAP社はイギリスで地盤を固め，さらに，市場分割協定に安住する既存企業に挑戦しつつ，ベネルクス諸国とドイツへ進出していった[20]。

実際，1950年代後半から60年代のヨーロッパにおけるAP社の企業行動は，直接挑戦を受けたヨーロッパの企業間だけでなく，ユニオン・カーバイドのリンデ事業部（かつてのリンデ・エア・プロダクツ）や，日本に本拠を置き規模ではずっと劣る日本酸素においてさえ，動揺を引き起こした。日本酸素は日本市場においては突出した存在で，エレクトロニクス産業という要求水準の厳しい分野の産業ガスにおいて，技術を蓄積しつつあった（後述）。

いずれにしても1960年代末までに，ヨーロッパの大手企業と日本酸素は，米国市場への参入に真剣に取り組むようになっていた。1970年代から80年代には，それらの企業は，資金調達やその他の手法をエア・プロダクツから学びこれを模倣した。これらの企業はいずれも，顧客と共同しての産業ガスの新用途の開発に積極的になった。これは，売上高や事業への見方の中で切断や溶接が支配的であった時代には見られなかったことである。新用途の開発により，各社の品揃えの中で酸素とアセチレンの重要性は低下し，それ以外のガスや新種のガスが伸びていった。

このように，産業ガス・ビジネスは，1970年代には，国際競争が活発になったことで，ポーターが描いたような産業の姿に近づき始めた。しかしそれでも，依然としてそれとの距離は大きかった。例えばBOCは，マークス＆スペンサー（Marks & Spencers，イギリスの大手小売業者）にチルド食品を配送していたし，ドイツのリンデはフォークリフトを製造していた。AP 社は有機化学製品の製造・販売にも事業を広げていた。各社は，複数の産業を同時に視野に入れながら，戦略を調整し最適解を得ようとしていた。

他方，ユニオン・カーバイドのリンデ事業部とドイツのメッサー・アンド・グリースハイム（Messer and Griesheim, 1965 年に合併により化学大手ヘキスト〔Hoechst AG〕のメッサー・グリースハイム部門となった）は，巨大企業内の比較的小さな部門として存続した。この場合にも，求められるものがそれぞれ異なる複数の「産業」を睨みながら，その戦略は構築されたのである。

一つの重要な例外は，フランスのエア・リキードであった。同社は，自らを何よりも産業ガスの会社とみなしており，そこから逸脱することはなかった。また同社は，産業ガスの会社として本領を発揮するためには，ガス製造での専門的なエンジニアリングと関連機器での能力と，溶接・切断機器とが，決定的に重要であることも認識していた[21)]。

### 4）例外から標準へ――エア・リキードとそのモデル

1950 年代に米国で始まり世界へ広がった産業ガス・ビジネスでの技術・販売・財務の各方面での再編は，エア・リキードのモデルに有利に働き，他社もまた，後にはこれに追随した。製品ラインナップの拡張と，多様な産業の企業との間で進める新用途技術の共同開発に対応するため，世界中から経験と知識を集めなければならなくなった。やはりこれも資金力を要したから，規模の経済（economy of scale）と範囲の経済（economy of scope）の二兎を今まで以上に追わなければならなくなった。とりわけ重要であるのは，産業ガスの生産とこれに付随するテクニカルサービスの能力を，他方での，製造設備に関するエンジニアリングの能力と結びつけることが，決定的に重要であることが明らかになったことである。この両者は，財務的には互いに補完関係にあった。というのも，ガスの製造・販売は，上記の長期契約と高い利益率のために非常に安定した実入りのよいビジネスであるが，エンジニアリングは，やはり利益は大きいものの景況やその他の短期要因に業績が大きく左右されるからである。しかしそれにとどまらず，この二つのビジネスは，競争力という点でも補完的であった。エンジニアリング事業は顧客への直接の窓口となるし，ガスの販売は，新しい用途の共同開発につながりうるからである。

### 5）他社の追随と大手各社の収斂，M&A

1990 年代には，この産業の他の大手企業のすべてが，エア・リキードのモデルに追随するようになっていた[22]。エア・プロダクツ社は早い時期に路線を変更していたし，プラクスエアも同様であった。なおプラクスエアの親会社であったユニオン・カーバイド・コーポレーション（UCC）は，この間，所有するボパール（インド）の化学工場で 1984 年に発生した巨大爆発事故で経営に打撃を受けていた。UCC は敵対的買収に直面し，これを回避するため巨額の資金を費やした後，1992 年にプラクスエアを分離した。これによってプラクスエアは独立した企業となったのである。多角化した巨大企業の単なる一部門にすぎない UCC のリンデ事業部とは異なって，プラクスエアはその誕生の瞬間から，この発展しつつある産業で競争力の核心をなす産業ガスとエンジニアリング事業の二つに専念していた。

残るヨーロッパの主要 3 社，すなわちリンデ（ドイツ），AGA（スウェーデン），BOC（イギリス）の 1980 年代から 21 世紀にかけてのポジショニングのあり方は，競争力の点だけではなく，独立企業として生き残るという点でも，エア・リキードのモデルが中心となることをよく示している。前述したようにリンデはずっと以前から，自社を，たまたまガスも販売するようになったエンジニアリング専門企業と位置づけていた。1980 年代の初め，ハンス・マインハルト CEO（最高経営責任者）のもとでリンデは，同社の専門特化したエンジニアリング事業にとってガス事業が不可欠の補完的事業であることを再認識し，特に米国やヨーロッパの小国で，新規設備に狙いを絞った買収という形で，生産能力拡張の投資を始めた。また 1990 年以降は，体制転換の下にある中東欧に進出し，ガス事業でも拡大路線をとった[23]。

スウェーデンの AGA も，競争力の維持のためには産業ガス事業に再び集中することが必要であるとの結論に至り，1970 年代から 80 年代初めにかけ，非中核事業から撤退した。国際化を積極的に続け，特に中南米市場に強みを持った。AGA とリンデの決定的な違いは，AGA のこの明確なグローバル化戦略とともに，AGA が実際には，エンジニアリング事業では限られた能力しか持たなかったことである。AGA はその世界的な事業展開では空気分離プラントや関連の装置を他社から調達していた。とりわけリンデからの購入が多く，リンデは，1950 年から 97 年の間に 37 のプラントを AGA に供給している。しかし 1990 年代半ば頃にはすでに，産業ガスの製造や配送関連のエンジニアリングから派生的に得られるノウハウや顧客との関係が，競争力の維持のために不可欠であるとの認識を持つに至っていた。AGA の CEO であったレナート・セランダーは，これを獲得するにはリンデと戦略的提携を結ぶほかないと考え，1997 年にこれに踏み切った。相手方のリンデから見ると，これにより，エンジニアリング・サービスの主要顧客となった AGA から，独占的かつ保証された形で売上を得ることができた。さらにリンデは，この戦略的提携を，ガス事業とエンジニアリング事業との間の比重を再調整するという，同社の長期的経営戦略を実現するための足掛かりとした。1999 年にリンデは，戦略提携からさらに進んで，AGA を買収したのである。AGA の事業は，ガスの生産と販売でリンデが進出していなかった領域のすべてに及び，地理的にも，リンデには未開拓であった地域を事実上すべてカバーしていたため，この合併は，リンデの事業の広がりを根底から変えた。リンデは，これにより一挙に国際化を進め，また既存のエンジニアリング事業を補完する形でガス企業としての業容を拡大したのである[24)]。

イギリスの BOC は AGA よりもプラント建設の能力を有していたが，しかしそれは，他社の技術に大きく依存していた。産業が発展し，そうした技術力が競争力の主な源泉となるにつれて，BOC もまた，提携先を模索しなければならなくなった。1999 年に，エア・リキードとエア・プロダクツは BOC 買収の共同提案を明らかにしたが，米国通商委員会（FTC）は，50：50 の合併比率での買収提案を認めなかった。

2006 年になると，これに代わってリンデが，BOC の買収を実現した。買収前には，リンデの米国市場での事業はエア・リキードやエア・プロダクツに比べずっと小規模だったため，FTCは，米国での事業のうち小さな部分の売却のみを条件に，この買収案件を承認したのである。これによってリンデの国際化の度合いはいっそう高まり，ガスの製造・流通の事業も大幅に拡大した。この買収を経てリンデは実質的にエア・リキードと同規模となり，これと並ぶ産業ガス市場の世界的リーダー企業となった。世界の産業ガス売上高に占める両社の比率では，2006年にはそれぞれ約20％であった。エア・プロダクツとプラクスエア（元リンデ・エア・プロダクツ）は各約14％の市場シェアを占める。これらの4社を除くと，4％以上の市場シェアを有する企業はない[25]。産業ガスが初めて市場に登場してから百有余年を経て，ポーターの定義に合うような産業が，初めて出現したのである。

### 6）欧米優位の長期持続と日本メーカーの登場

この産業ガス産業の歴史でなんといっても目を引くのは，産業の発展の驚くべき安定性であり，当初はヨーロッパが，また次いでヨーロッパと米国とが，技術面でも売上の点でも，極めて長い期間にわたり地域としてその優位を維持した。また，今日の産業ガス産業で支配的な4社のうち，エア・リキード，リンデ，プラクスエアの3社がいずれもこの産業のパイオニア企業であるという事実も，この世紀単位の安定性を印象づける。

しかし同時に，主要な市場となる地域は時間の経過とともに大きく変化しており，これは企業の戦略と競争力にもインパクトを及ぼしている。これら主要企業やその他の企業のすべてが，中国や中東欧，その他の成長市場に攻撃的に参入している。この産業は，全体として依然としてヨーロッパの企業と米国の企業によって支配されているが，神戸製鋼（現SAC）や日立製作所，日本酸素（現大陽日酸）を含む日本企業は，空気分離装置とこれに関係するエンジニアリング事業では，世界市場で大きなシェアを獲得するに至った。より重要なことは，日本の産業ガス企業が1960年代以降，エレクトロニクス産業向けの混合ガスの研究開発で先駆者となったこと，またこれらによる研究開発に触発されて，他地域でも競争力のある企業が成長してきたということである。

## おわりに

この章の目的は，「産業」という概念自体を否定することではない。政府統計が産業という概念によっていることは間違いなく，これらの統計の使用や分析にあたっては注意が必要とはいえ，歴史分析を志向した社会科学研究に携わるすべての者にとってこれが有用なことは，間違いない。企業やその他の行為者（アクター）の行動もまた，産業が紛れもなく存在することを示している。業界団体や業界紙はこれを体現しており，政府への働きかけや，共通の利害に関わる問題，安全性や標準化といった事項について議論するために，企業は業界団体に加盟している。また企業は，少なくとも部分的には，同一の製品・サービス・地域市場で事業を行う他社と自社を関係づけて，競争力を保つにはどのような行動が必要かを考え，それを基に動いているのである。

とはいえ，この章の分析結果は，産業と競争に関して三つのことを示唆している。第一は，「産業」を静態的な見方で捉えることの危険性である。120年にわたる産業ガス・ビジネスの歴史は，これをよく示す。産業ガス「産業」は，19世紀後半から20世紀初めの時期以前においては，意味のある形では存在していなかった。この時代になっても，生産物のほとんどは溶接と切断のための酸素とアセチレンであり，今日産業ガスに属する企業が製造・販売する製品とは，生産品目も用いられる技術もまるで異なっていた。製品としての酸素・アセチレン，およびこれらに関連する技術にほとんど依存するという状況は，数十年の間続いたが，その時期，競争は少なく，とりわけ国際的な競争は極めて限られたから，産業ガス産業について議論することは困難である。というのも，企業の戦略は，競合他社の行動やそれについての予測よりも，むしろ一国・一地域の，あるいはまた局地的な市場の状況に基づいて決定されたのである。

マイケル・ポーターが描いたような産業は，1960年代初めから国際化が始まり，その後の半世紀の間にこれが徐々に進んだことで，ようやく姿を現した。この半世紀の間に，主として買収によって産業の集中度が上がっていった。また，産業ガスの世界的な大手企業の戦略と構造が，次第に収斂してきたのも，この時期の特徴であった。この動きは，米国企業２社とヨーロッパ企業２社からなる大手４社が，国際的に支配的な地位につくことによって，最高潮に達した。ただし，他地域の産業ガス産業もまた競争力を伸ばす可能性を持っていたことも，日本の産業ガス企業による空気分離装置の販売と，エレクトロニクス向けの特殊ガスの事例から読み取れる。

第二は，産業をより動態的に見る際には，企業と産業の範囲のずれを認識することが重要であり，これによってこの二つをよりよく理解しうるということである。企業や業界団体といった行為者は産業を定義するが，しかしそうした企業自体は，複数の産業で事業を行っていることが非常に多い。この事実は，それら企業の競争戦略や，これら企業が持つ選択肢を左右し，また少なくともある程度は，これら企業が活動する産業にも影響を与えるのである。

第三は，「産業」はかなりの程度，多くの構成概念から成る概念であって，それらの構成概念を分析的に他の構成概念から切り分けることが重要であるということである。産業は，当然ながら経済や経営を分析する目的で，政府やその委嘱を受けた統計の専門家によって定義される。また業界団体は，それとは異なった方法で，業界を定義する。しかし，この二つのいずれの方法による産業概念でも，企業戦略や企業間の動態的な関係性については何一つ捉えることはできない。

例えば，木造の戸建住宅を建てる住宅メーカーも，コンクリート造りのマンションを建設するメーカーも，同じ建設業界に属するものとして，統計的には建設産業に分類される。しかし，両者が直接競合することは，おそらくはあまりないであろう。同じことは産業ガス産業についてもあてはまる。地域市場，ローカル市場で生産しあるいは販売している中小規模の企業は，政府の統計上は産業ガスの販売という項目に分類されるだろうし，また，地域規模や全国規模の産業ガス団体の構成員となり，さらには国際団体である International Oxygen Manufacturers Association（IOMA）にさえ所属するかもしれない。しかしそうした企業は，本章で取り上げた巨大ガス企業と直接の競争関係に立つことはまずないのである。

歴史的な要素を持つ社会科学的な分析や，経営史的な分析では，産業という概念を，これらとは異なる第三の意味で理解する必要がある。第三とは，すなわち，個々の企業あるいは個々の企業の一部の間で競争が行われている場として，これを理解するのである。言い換えれば，企業が互いに競争する一つの市場ないしは複数の関連する市場としての産業に，焦点が当てられなければならない。そして，市場と，それに関わる産業もまた，時の経過とともに変化するのであり，しばしばそれは，根底的なものとなることを認識することが，非常に重要なのである。

**注**

1）Michael Porter, *The Competitive Advantage of Nations : With a New Introduction*, Palgrave Macmillan, 1998（土岐坤他訳『国の競争優位』上・下，ダイヤモンド社，1992 年）.

2）［訳注］産業ガスは，家庭で使用される燃料用の都市ガス・LP ガスと区別して用いられる呼称であり，工業用途の酸素・窒素・アルゴンを主体としていたこともあって，従来は「工業ガス」と称されることもあった。しかし近年，半導体用途の「特殊ガス」や，病院で利用される医療ガスなど種類や用途が広がっており，「産業ガス」の語に置き換えられている。佐藤豊幸「入門教室 Q&A 産業ガスの基礎知識（第 1 回）」『溶接技術』第 53 巻第 5 号，2005 年，129-134 頁（https://www.tn-sanso.co.jp/jp/business/pdf/tns_gastech_1.pdf）。

3）Andrew Butrica, *Out of Thin Air : A History of Air Products and Chemical Inc. 1940-1990*, Praeger, 1990 ; Hans-Liudger Dienel, *Linde : History of a Technology Corporation*, Palgrave Macmillan, 2004 ; Jörg Lesczenski, *100 Per Cent Messer : The Return of the Family Firm, 1898 to the Present Day*, Piper, 2007.

4）Ebbe Almqvist, *History of Industrial Gases*, Kluwer Academic, 2003.

5）Raymond G. Stokes and Ralf Banken, *Aus der Luft gewonnen : Die Entwicklung der globalen Gaseindustrie 1880 bis 2010*, Piper, 2014.

6）US Census Bureau. NAICS 325120, Industrial Gases, 2007 Census : Product Lines（http://www.census.gov/econ/industry/products/p325120.htm）.

7）Notiz Abschrift aus *Nachrichten aus Chemie und Technik*, 7 March 1962, p. 67, in BASF Unternehmensarchiv, Ludwigshafen, G1101-1105.

8）［訳注］「エアガス（air gas）」とは，酸素，窒素，アルゴンの総称である。これらは空気を原料として製造され（エア・セパレートガス），産業ガスでは最大の部門である。それに対し，ヘリウムや水素，半導体材料ガスなどは空気以外から製造される。

9）BOC, *The Birth and Development of an Industry*, BOC, "The Birth and Development of an Industry (unpublished manuscript, 1946)," in BOC Archives located at the Linde Unternehmensarchiv in Munich（以下，BOC LUM, Box 425, 19-26；quotation, 18）. pp. 44, 49.

10）"International Gas Man," *Industrial Management* 72(2), 1972.

11）UK Monopolies and Restrictive Practices Commission, *Report on the Supply of Certain Industrial and Medical Gases*, HMSO, 1956；Stokes and Banken, *op. cit.*

12）Ernst Koch, *Ein Unternehmen im Wandel der Zeiten*, Messer Griesheim, 1993；Lesczenski, *op. cit.*

13）2008年10月28日，ペンシルヴェニア州アレンタウンでの Dexter Baker（エア・プロダクツ）からの聞き取り。

14）Ebbe Almqvist, *Technological Change in a Company：AGA-The First 80 Years*, AGA, 1992, p. 32.

15）BOC, *Around the World in 100 Years*, BOC, 1986.

16）Almqvist, *op. cit.*, pp. 201-202；Alain Jemain, *Les conquérants de l'invisible：Air Liquide. 100 ans d'histoire*, Fayard, 2002, p. 42.

17）Andrew Butrica, *Out of Thin Air：A History of Air Products and Chemical Inc. 1940-1990*, Praeger, 1990.

18）*Ibid.*, p. 13.

19）2008年10月28日，ペンシルヴェニア州アレンタウンでの Dexter Baker（エア・プロダクツ）からの聞き取り；AGA Group Planning, "Innovation in Gas Applications," February 1974, in AGA archive, file E5 SA1.

20）Stokes and Banken, *op. cit.*

21）Jemain, *op. cit.*

22）この傾向の一つの例外は，1980年に設立されたエア・ガス社（Airgas Corporation）である。同社は，シリンダーの販売に専業化しており，エンジニアリングの能力はわずかしか持たなかった。そのビジネスモデルは，現代の産業ガス産業の中ではユニークなもので，小規模な地域的配送業者の買収を柱にしており，ついには AP 社の充填ガス事業・ハードウェア事業を買収するに至った。この会社の存続と成功とは，アメリカ市場の特殊な構造，すなわち多数の地域的な配送業者の存在と，AP 社やその他の大手企業が21世紀初めの10年間に下した，シリンダー事業からの撤退という戦略的な決定によっていた。アメリカの大手企業は自らの失敗に気づき，AP 社はエア・ガスを2010年に買収しようとしたが，この敵対的買収の試みは成功しなかった。Boris Krantz, "Airgas Celebrates 20 Years with a very Spec (ial) Anniversary Present," *Cryo Gas International* 40(6), 2002. および PR Newswire（http://www.prnewswire.com/news-releases/air-products-offers-to-acquire-airgas-for-6000-per-share-in-cash-83614327.html）. 2015年11月，エア・ガスは，エア・リキードにより134億ドルで買収された。Reuters（http://www.reuters.com/article/2015/11/18/us-airgas-m-a-air-liquide-idUSKCN0T62H420151118）.

23）Various Vorstandsprotokolle of Linde AG starting in 1979, in BOC LUM 37 A 06；2008年9月10日，ドイツのプラッハにおける Dr. Gunnar Eggendorfer（リンデ元取締役）からの聞き取り；Hans-Liudger Dienel, *Linde：History of a Technology Corporation*, Palgrave

Macmillan, 2004.

24) Linde Process Engineering and Contracts Division, "Linde Air Separation Plants for AGA," 2 June 1996, および Linde AG, Press Release : "AGA AB and Linde AG form Alliance in Cryogenic Air Separation Technology," 18 June 1997, いずれも BOC LUM (no file number), Standort 54 E 4 ; 2010 年 11 月 23 日，ドイツのプラッハにおける Lennart Selander（AGA の CEO）からの聞き取り。

25) Dr. Peter Vocke, Linde AG, "The World Market for Industrial Gases," presentation in Munich, 8 October 2007 ; idem, "Tier 2. Marktanteile, lokale Bedeutung und regionale Besonderheiten der Gasefirmen mit Jahresumsatz kleiner [als] 1 Mrd. US$," presentation in Munich, 25 September 2008.

（下門直人訳）

# 第9章

# シェール革命下の2正面作戦
## 化　学

橘川武郎

## はじめに

国内市場を中心に繰り広げられてきた企業間競争が，世界市場を舞台に展開されるようになったとき，特定国の特定産業で事業遂行してきた企業が高い国際競争力を構築するためには，どのような対応が求められるのか。あるいは，それに深く関係するが，企業間競争のグローバル化（地球規模化）が進んだとき，それに参画する企業の差別化戦略は，いかなるものであるべきか。これらの問いについて，日本の化学産業の事例にあてはめて解き明かすことが，本章の課題である。

日本にとって化学産業は，経済成長を牽引する次のリーディング・インダストリー（主導産業）となりうる可能性を持つ，重要産業である。その化学産業においては，すでに企業間競争のグローバル化が進行している。しかも，シェール革命に象徴されるような，競争条件を大きく変える国際的事象も発生している。本章が化学産業に注目する理由は，これらの事情に求めることができる。

## 1　化学産業は日本の新しいリーディング・インダストリーになりうるか

### 1）リーディング・インダストリーとなる可能性

日本経済の次のリーディング・インダストリーとして，化学産業に対する期待が高まっている。リーディング・インダストリーになるということは，世界に追いつき，追い抜くということである。本章では，日本の化学産業が世界を追い抜き，日本経済全体をリードする時代を到来させるためには，今，何をなすべきかを掘り下げてみたい。

日本の化学産業がリーディング・インダストリーになる可能性があるというのには，それなりの根拠がある。

図 9-1 は，経済産業省に設置された化学ビジョン研究会が 2010 年 4 月にまとめた報告書に掲載されたものである。この図からわかるように，化学製品の世界市場規模は，自動車や電子機器，電子部品のそれに比べれば小さい。また，日本の化学企業の売上高も，自動車メーカーや電子機器メーカーのそれに及ばない。しかし，LCD（液晶ディスプレイ）用偏光板保護フィルム・化合物半導体・カーボンファイバー・リチウム電池用正負極材・シリコンウエハなど機能性化学部材に関しては，日本製品の世界シェアが，自動車・電子機器・電子部品の場合よりはるかに高い。この最後の点に注目すれば，化学産業のリーディング・インダストリー化は，大いにありうることなのである。

これが，「日本の化学産業がリーディング・インダストリーになる可能性がある」とみなす第一の根拠である。

### 2）2 度目の波に乗る化学産業

「日本の化学産業がリーディング・インダストリーになる可能性がある」とみなす第二の根拠は，大局的に見て，日本経済史上 2 度目の化学産業隆盛の波が強まっているからである。

日本の近代化のプロセスでは，その時々のリーディング・インダストリーが，経済発展全体を牽引してきた。製造業に限定すると，それは，明治初期の

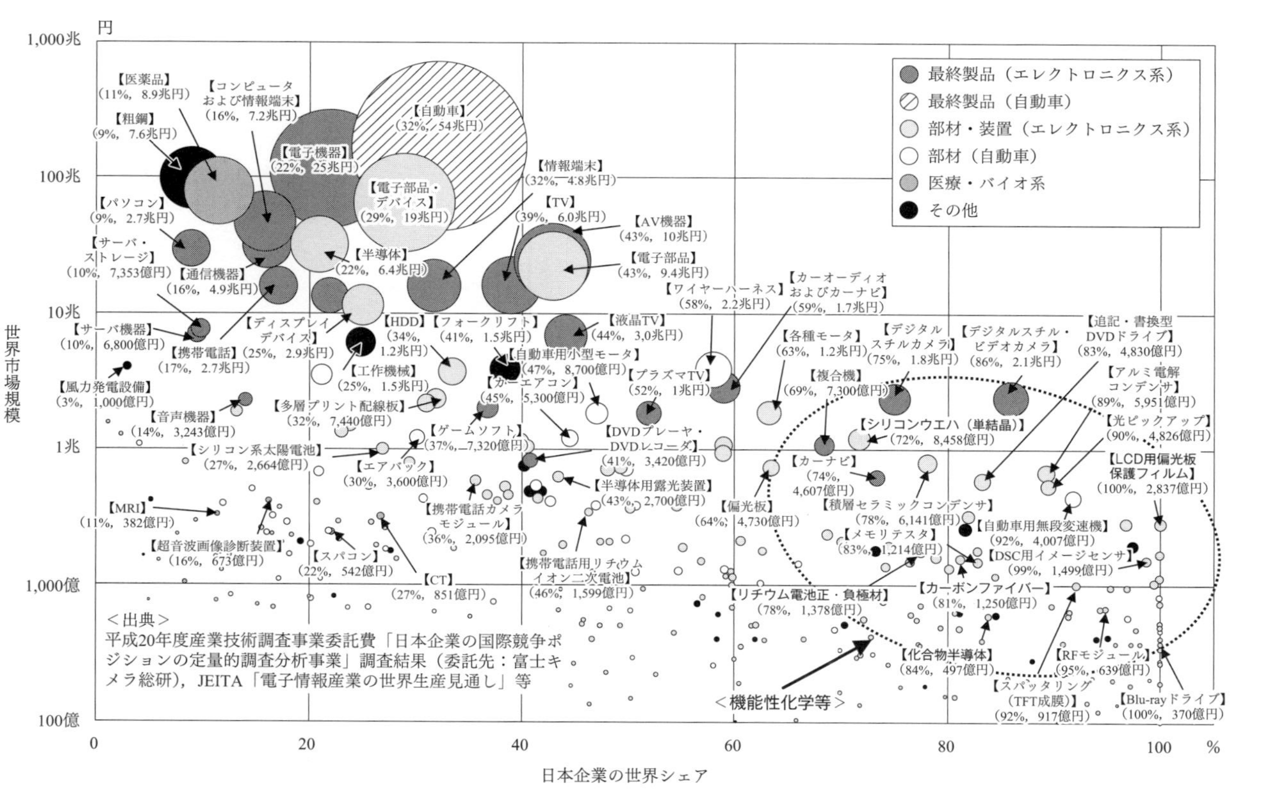


**図 9-1**　主要製品・部材の市場規模と日本企業の世界シェア（2007 年）

出所）化学ビジョン研究会『化学ビジョン研究会報告書』2010 年 4 月，4 頁。
注）数字は日本企業の世界シェア，日本企業の売上額。バブルの大きさは日系企業の売上額の大きさ。

**表 9-1**　日本における純利益ランキング上位 50 社の業種別構成の推移（1929～2002 年度）

（社）

| 業　種 | 1929 年下期 | 1943 年上期 | 1955 年下期 | 1973 年上期 | 1987 年度 | 2002 年度 |
|---|---|---|---|---|---|---|
| 化　学 | 1 | 2 | 4 | 3 | 1 | 3 |
| 製　薬 | 0 | 0 | 0 | 0 | 0 | 5 |
| 製　糖 | 3 | 1 | 0 | 0 | 0 | 0 |
| 綿紡績 | 4 | 3 | 2 | 0 | 0 | 0 |
| 製　紙 | 3 | 1 | 1 | 0 | 0 | 0 |
| 石　油 | 1 | 1 | 4 | 0 | 1 | 0 |
| 機　械 | 0 | 3 | 2 | 3 | 0 | 5 |
| 電気機械 | 0 | 2 | 3 | 7 | 6 | 4 |
| 自動車 | 0 | 0 | 1 | 3 | 3 | 4 |
| 鉄　鋼 | 0 | 7 | 5 | 4 | 1 | 0 |
| 鉱　山 | 3 | 4 | 1 | 0 | 0 | 0 |
| 鉄　道 | 6 | 2 | 0 | 0 | 0 | 3 |
| 電　力 | 10 | 7 | 5 | 2 | 6 | 6 |
| 通　信 | 0 | 0 | 0 | 0 | 1 | 3 |
| 金　融 | 11 | 10 | 13 | 21 | 28 | 7 |
| 小　売 | 0 | 0 | 0 | 1 | 0 | 4 |
| その他 | 8 | 7 | 9 | 6 | 3 | 6 |
| 合　計 | 50 | 50 | 50 | 50 | 50 | 50 |

出所）山崎広明「序章」経営史学会編『日本経営史の基礎知識』有斐閣，2004 年，5，8 頁より作成。
注）数値は，ランクインした会社数。一度でも 3 社以上ランクインした業種は，すべて掲載してある。

製糸業に始まり，綿紡績業，化学繊維産業，造船業，鉄鋼業，電気機械産業，自動車産業と，受け継がれてきた。

このリストの中に化学繊維産業が含まれていることが示すように，日本の化学産業は，1950 年代から 70 年代初頭にかけて，日本のリーディング・インダストリーの一翼を担った。これが，日本経済史における化学産業隆盛の 1 度目の波である。この時期には，東レ，帝人，旭化成工業が，化繊メーカーとして，常に「日本の優良企業」ランキングに名を連ねた。

表 9-1 は，日本における純利益ランキング上位 50 社の業種別構成の推移を，長期にわたって一覧したものである。この表は，公益事業や第三次産業も含む包括的なものであるが，それでも，製造業中の特定の業種がリーディング・インダストリーの色彩を強めると，このランキングに 3 社以上が登場するようになる。化学産業の場合には，1973 年上期には上記の化繊 3 社がランクインし

ていたが，1987年度には1社（富士写真フイルム）へ後退し，リーディング・インダストリーの座を失った。しかし，2002年度になると，再び3社（花王，富士写真フイルム，信越化学）がランクインするに至った。しかも，2002年度には，化学産業の隣接業種である製薬産業が，一挙に5社（武田薬品工業，山之内製薬，三共，大正製薬，エーザイ）もランクインを果たした。2000年代に入って以降，日本経済史上2度目の化学産業隆盛の波が強まっているのである。

### 3）雁行形態論やプロダクト・サイクル論では理解困難な現象

ここまで述べてきた，①機能性化学部材に関しては日本製品の世界シェアが高い，②2000年代に入ってから日本経済史上2度目の化学産業隆盛の波が強まっている，という二つの事象は，産業発展の国際展開に関するこれまでの常識をある程度覆す意味合いを持っている。国際産業発展分析に関する通説的理解となってきた雁行形態論やプロダクト・サイクル論では，日本化学産業固有のこれらの事象を理解することが困難なのである。

赤松要の雁行形態論は，直接的には後発国の諸産業の発展パターンを論じたものであり，輸入⇒国内生産（輸入代替）⇒輸出⇒衰退（新たな後発国によるキャッチアップ）という長期的過程が，順々に雁の群れが飛ぶように現れることを指す。この長期的過程は，ある商品の国際競争力の担い手が先進国⇒中進国⇒後進国と変化する様子に置き換えることができ，その場合も，雁の群れになぞらえることが可能である。そして，この雁行形態論は，製品のライフサイクルが導入期（Introduction）⇒成長期（Growth）⇒成熟期（Maturity）⇒衰退期（Decline）という過程をたどるとしたレイモンド・バーノンのプロダクト・サイクル論（product lifecycle theory）と，あい通じるものがある[1)]。なお，図9-2は，大来佐武郎が，雁行形態論を説明するために，1985年に描いたものである[2)]。

しかし，日本の化学産業の発展のパターンは，雁行形態論やプロダクト・サイクル論では説明することが難しい。日本化学産業は隆盛したのち，いったん勢いを失いながらも，再び隆盛しつつある。同じ化学産業が生み出す製品で

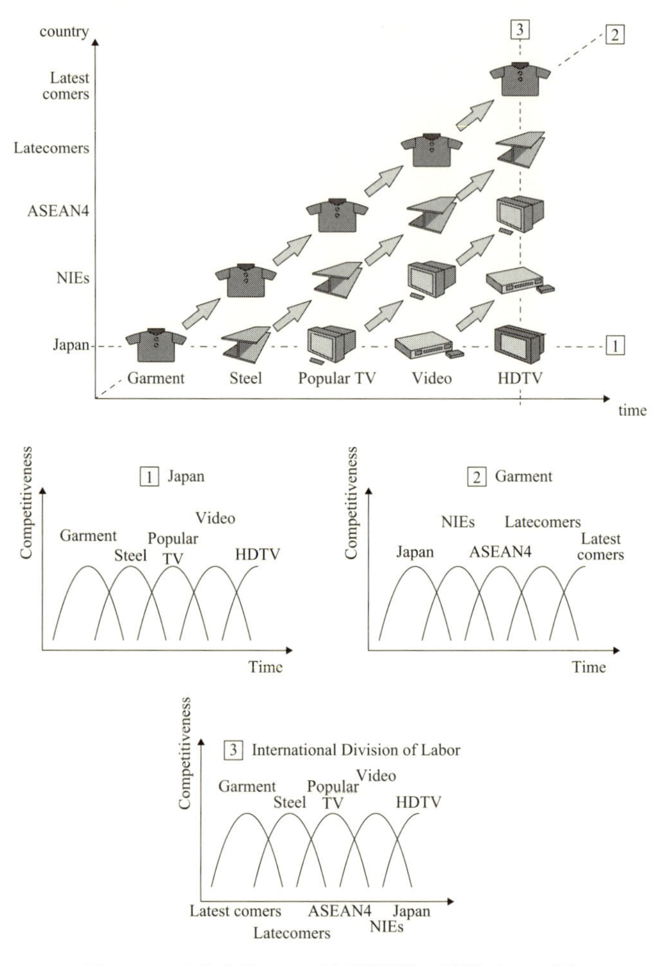


**図 9-2**　大来佐武郎による雁行形態論の説明（1985 年）

あっても，製品ごとに国際競争力は大きく異なり，場合によっては特定製品の高い競争力が長期にわたって継続することがある。これらの事象は，雁行形態論やプロダクト・サイクル論では説明困難なのである。

### 4）化学産業をめぐる伊丹敬之の見解

これまで日本の化学産業といえば，国際競争力が弱い産業というイメージが強かった。そのようなイメージの形成に一役買ったのは，1991 年に刊行された伊丹敬之・伊丹研究室『日本の化学産業——なぜ世界に立ち遅れたのか』（NTT 出版）である。同書は，日本においては，「小さすぎる企業，細かすぎる分業という望ましくない産業構造」が「研究開発での規模の経済，連産品の生産での範囲の経済がとくに意味があると思われる化学産業での，企業成長の足かせになっ」た，と論じた（11 頁）。そして，あわせて，日本の化学産業における「ファインへの取り組みの遅れ」「国際志向の遅れ」も，問題視した（12 頁）。

この見解に関連して注目しておきたいのは，かつて日本の化学産業に対して厳しい評価を下した伊丹が，2009 年に発表した論稿[3)]の中で，近年の日本では，「産業の化学化」[4)]が進行していると指摘したことである。伊丹によれば，1980 年代の日本では「産業のエレクトロニクス化」が観察されたが，その後，わが国のエレクトロニクス産業は今日まで，経済全体を牽引するリーディング・インダストリーの役割を果たすことになった。つまり，伊丹が指摘する通り，最近，「日本産業の化学化」が進行しているのであれば，化学産業が次のリーディング・インダストリーとなる可能性は存在するわけである。

ただし，伊丹自身は，「産業の化学化」が，日本の化学産業のリーディング・インダストリー化には直結しないことを強調している。「総合化学会社」が多すぎ，ファインケミカルや機能性素材への集中が不十分であるという産業構造上の弱点がいまだに残存している，と考えているからである[5)]。

### 5）二つの課題

伊丹敬之の議論は，日本の化学産業には次のリーディング・インダストリーとなる可能性があること，しかし，そのためには，化学産業がクリアしなければならない課題も多いこと，を示唆している。日本化学産業がリーディング・インダストリー化するためには，大きくいって，以下の二つの課題をクリアしなければならない。

**表 9-2**　化学製品の売上高による世界の化学企業上位 20 社ランキング（2008 年）

| 順位 | 企業名 | 国　名 |
|---|---|---|
| 1 | BASF | ドイツ |
| 2 | Dow Chemical | アメリカ |
| 3 | Ineos Group | スイス |
| 4 | LyondellBasel | オランダ |
| 5 | Exxon Mobil | アメリカ |
| 6 | SABIC | サウジアラビア |
| 7 | Sinopec | 中国 |
| 8 | DuPont | アメリカ |
| 9 | Total | フランス |
| 10 | Formosa Plastics Group | 台湾 |
| 11 | Royal Dutch/ Shell | オランダ |
| 12 | Bayer | ドイツ |
| 13 | Akzo Nobel | オランダ |
| 14 | 三菱ケミカル | 日本 |
| 15 | Air Liquide | フランス |
| 16 | Evonik | ドイツ |
| 17 | PetroChina | 中国 |
| 18 | Yara | ノルウェー |
| 19 | 三井化学 | 日本 |
| 20 | Linde | ドイツ |

出所）前掲『化学ビジョン研究会報告書』参考資料集，4 頁。

まず，日本の化学メーカーは，事業規模の点で，欧米のトップメーカーに大きく水をあけられている。これは，欧米メーカーと互角ないしそれ以上の売上高をあげている，自動車業界や電機業界の場合とは異なる現象である。

表 9-2 は，化学製品の売上高による世界の化学企業上位 20 社ランキングを，2008 年について示したものである。日本企業の順位の低さが印象的だが，トップメーカーとの規模の格差は，売上高も視野に入れるといっそう際立つ。売上高で見て世界第 1 位の BASF（ドイツ）が 700 億ドル強であるのに対して，国内第 1 位の三菱ケミカルホールディングスは 200 億ドル弱で世界第 14 位にとどまる。また，国内第 2 位の三井化学も，150 億ドル前後で世界第 19 位にすぎない。

先に挙げた日本の歴代のリーディング・インダストリーは，すべてではないにしても多くの場合，一時的ではあれ産業全体の生産高が世界一となるか日本メーカーが世界トップカンパニーとなるかして，「ジャパン・アズ・ナンバーワン」の時代を築いてきた。化学産業がリーディング・インダストリーとなるためには，第一に，事業規模の拡大という課題を達成しなければならないのである。

また，日本の化学メーカーは，高付加価値部材を日本のセットメーカー（自動車メーカーや電機メーカーなど）に供給しつつも，サプライチェーンの中で主導権をセットメーカーに握られることが多かった。その上，最近では，日本のセットメーカーの国際競争力自体が，①必ずしも高品質な製品ばかりが求められる状況ではなくなってきた，②コストの安価な他のアジア諸国でも高品質の製品がコモディティとして作られるようになった，③まず国内生産からスタートし，その後に海外展開を図ってきたわが国のセットメーカーが，当初から新興国市場ニーズを反映した商品開発を進めてきた海外のセットメーカーに出遅れるケースが目立ち始めた，④標準化やビジネスモデルなどで欧米企業に先行されている，などの理由で低下しつつある[6]。化学産業がリーディング・インダストリーとなるためには，サプライチェーンの中での主導権を確保し，セットメーカーから自立して，高付加価値化の果実を収益化するという，第二の課題も達成しなければならない。

## 2　2正面作戦の重要性

### 1)『化学ビジョン研究会報告書』

日本の化学産業がこれらの課題をクリアし，リーディング・インダストリーとなるためには，どのような将来ビジョンを持つべきか。この問題に答えるべく，『化学ビジョン研究会報告書』は，日本の化学産業が進むべき方向軸として，図9-3にある通り，以下の四つの点を打ち出した。

第一の軸は，新興国のボリュームゾーンの攻略，石油化学等の原料国立地，石油化学誘導品等の消費国立地などからなる「国際展開」である。これらのうち，ボリュームゾーンの攻略は，海外展開する際に，先進国のハイエンド市場ばかりでなく，コスト削減を進めて，急伸する新興国のボリュームゾーンをもターゲットにするということである。石油化学等の原料国立地については住友化学のラービグ・プロジェクト（サウジアラビア）[7]，石油化学誘導品等の消費国立地については三井化学・出光興産のニソン・プロジェクト（ベトナム）という，先行事例がある。

第二の軸は，システム化・ソリューション志向，素材から部材へ・部材から

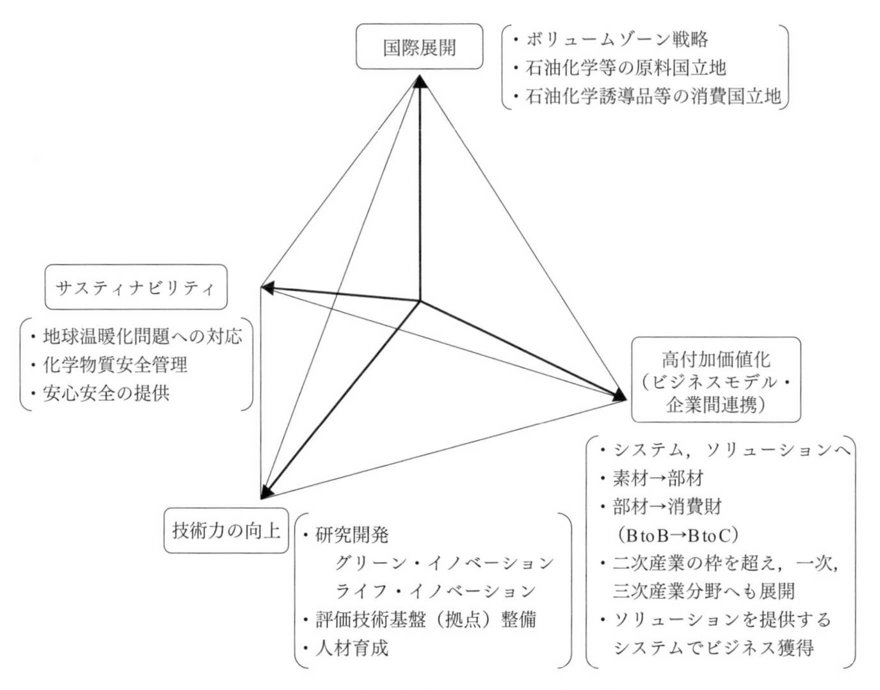


**図 9-3**　日本の化学産業の四つの方向軸

出所）前掲『化学ビジョン研究会報告書』参考資料集，12 頁。

消費財へ，第一次・第三次産業への展開などからなる「高付加価値化」である。これらのうち，システム化・ソリューション志向，素材から部材へ・部材から消費財へ，などの項目は，化学産業がサプライチェーンの中で主導権を確保することと深く関連している。また，第一次・第三次産業への展開は，バイオリファイナリーの実用化など，化石資源からの脱却につながるものである。

第三の軸は，地球温暖化問題への対応，化学物質安全管理の強化，安心安全の提供などからなる「サスティナビリティの向上」である。これらのうち，地球温暖化問題への対応に関しては，二酸化炭素原料化やバイオマス利用，エネルギー効率の向上，温室効果ガス排出抑制効果の高い製品による貢献などが重要である。また，化学物質安全管理の強化に関連して『化学ビジョン研究会報告書』は，「化学物質管理制度のアジア標準化に向けたロードマップ」を明らかにした。

第四の軸は，研究開発の強化，評価技術基盤（拠点）の整備，人材の育成などからなる「技術力の向上」である。これらに関連して『化学ビジョン研究会報告書』は，「化学分野における評価研究開発拠点整備に向けたロードマップ」と「化学人材育成プログラムへ向けたロードマップ」を提示した。

### 2）2正面作戦の必要性

化学ビジョン研究会が打ち出した日本の化学産業が進むべき方向軸の大きな特徴の一つは，高付加価値化とボリュームゾーン攻略の2正面作戦を鮮明にした点に求めることができる。高付加価値化は第二の軸において，ボリュームゾーン攻略は第一の軸において，それぞれ明記されている。

高付加価値化がターゲットとするのは先進国が主体となるハイエンド市場であり，ボリュームゾーン攻略の対象となるのは新興国を中心とするローエンド市場である。これら両市場を同時に攻めることがいかに難しいかは，クレイトン・クリステンセンの名著『イノベーションのジレンマ――技術革新が巨大企業を滅ぼすとき』（伊豆原弓訳，翔泳社，2000年）がすでに明らかにした通りである。

しかし，日本の化学産業が次のリーディング・インダストリーとなるためには，ハイエンド市場とローエンド市場とを同時に攻略する2正面作戦の展開が，必要不可欠である。なぜなら，ハイエンド市場を攻略することは，高付加価値化の果実を収益化するという上記の第二の課題を達成することと同義であり，ローエンド市場を攻略することは，事業規模の拡大という第一の課題を達成する上で避けて通ることのできない関門だからである。すでに述べた通り，これら二つの課題を達成することは，化学産業のリーディング・インダストリー化を可能にする。

### 3）『石油化学サブワーキンググループ報告書』

日本の化学産業全体の中で大きなウエートを占めているのは，石油化学部門である。その石化部門にとっても，ハイエンド市場とローエンド市場とを同時

**表 9-3**　中東と中国におけるエチレン需給の見通し（2008/13 年）

（万トン）

| 年 | 中東 | | 中国 | |
|---|---|---|---|---|
| | 生産能力 | 需要 | 生産能力 | 需要 |
| 2008 | 1,447 | 348 | 1,303 | 1,965 |
| 2013 | 2,583 | 636 | 2,055 | 2,748 |

出所）化学ビジョン研究会石油化学サブワーキンググループ『化学ビジョン研究会石油化学サブワーキンググループ報告書』2010 年 3 月，5 頁より作成。

に攻略する 2 正面作戦の展開は，極めて重要な意味を持つ。

化学ビジョン研究会は，2010 年 4 月に発表した包括的な『報告書』とは別に，『石油化学サブワーキンググループ（SWG）報告書』を，その 1 カ月前の同年 3 月に公表した。ここで，『石化 SWG 報告書』の概要を紹介しておこう。

石油化学産業をめぐる世界の動向で最も注目すべきは，中東や中国での生産力増強が著しいことである。『石化 SWG 報告書』は，表 9-3 にあるように，エチレンの年間生産能力は，2008 年から 13 年にかけて，中東では 1447 万トンから 2583 万トンへ，中国では 1303 万トンから 2055 万トンへ，それぞれ急伸すると見込んでいた。そして，この見込みに基づき，日本や欧米など先進国の石化産業のウエートが低下することは避けられないとの見方をとった。

2010 年の時点で『石化 SWG 報告書』は，次のように述べている。「日本において石油化学産業は，化学産業中，出荷額で 56 %，従業員数で 23 % を占める大きな産業である。ただし，近年，国内でのエチレン需給は，年間の生産量が約 770 万トンであるのに対して需要量が約 560 万トンにとどまる状況が続いており，ほぼ 30 % を輸出にたよっているのが実情である」。

このような経営環境のもとで，日本の石油化学企業には，いかなる将来ビジョンがありえるだろうか。ここで，留意しておく必要があるのは，石化企業には①総合化学型（三菱ケミカル，三井化学，住友化学，旭化成，昭和電工，東ソー等），②石油精製事業一体型（JX エネルギー，出光興産，東燃化学等），③石油化学専業型（丸善石油化学等）という三つのタイプが存在することである。石化企業の将来ビジョンとしては，(A)高付加価値化の推進，(B)石油精製・化学の一体化，(C)輸出への注力，(D)海外への事業展開，という 4 点が考えられる。(A)の高付加価値化は①の総合化学型企業に，(B)の精製・化学一体化は②の石油精製事業一体型企業に，(C)の輸出注力は③の石油化学専業型企業に，それぞれ適合的な戦略だとみなすことができる[8)]。

これに対して，(D)の海外展開は，①②③のどのタイプの企業にも適合的な戦略である。そして，それは，新興国のボリュームゾーンに攻め込む戦略でもある。

このように見てくると，日本の化学産業全体にとっても，石油化学産業にとっても，高付加価値化とボリュームゾーン攻略の 2 正面作戦をとることが重要であるといえる。高付加価値化は主として先進国のハイエンド市場を対象とし，ボリュームゾーン攻略はおもに新興国のローエンド市場をターゲットとする。ハイエンド市場とローエンド市場を同時に攻めることは決して容易ではないが，その困難な課題を達成するとき，日本の化学・石化産業の未来は開かれることになる。

### 4）『化学産業の時代』

バブル経済が崩壊して，早くも 20 年が経過した。しばらくの間は，1990 年代を対象にして「失われた 10 年」という言葉が使われていたが，最近では，2000 年代まで含めて「失われた 20 年」という表現も散見されるようになった。日本経済の混迷は，今も続いているのである。

この閉塞状況を打ち破り，日本経済が活気を取り戻すためには，かつての自動車産業やエレクトロニクス産業のように，経済全体を牽引するリーディング・インダストリーが新たに出現する必要がある。それでは，どの産業が次のリーディング・インダストリーになりうるのか。それは化学産業であると考え，筆者は，平野創とともに『化学産業の時代――日本はなぜ世界を追い抜けるのか』（化学工業日報社，2011 年）を刊行した。

図 9-4 は，この『化学産業の時代』の分析結果をまとめたものである。この図が示すように，日本の化学メーカーが採用しうる高収益シナリオは，

①特定の高機能品事業に集中する「特定機能化学」

②エチレン製造設備を擁しながら軸足を高機能事業に移す「総合機能化学」

③特定の汎用品事業をグローバルに展開する「グローバル汎用化学」

④エチレン製造事業をグローバルに展開する「グローバル総合化学」

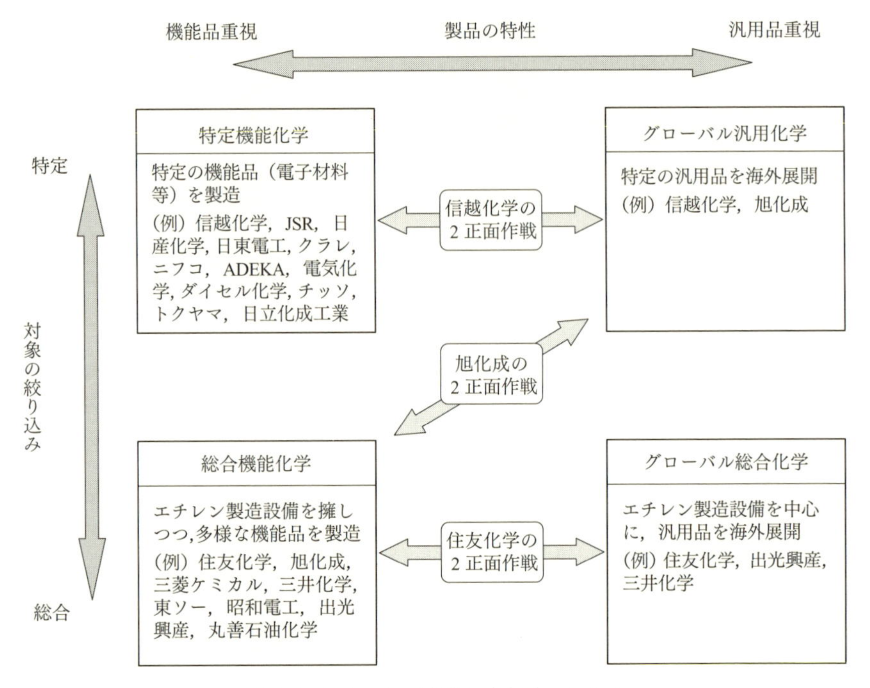


**図 9-4**　日本の化学産業の高収益シナリオ

出所）橘川武郎・平野創『化学産業の時代――日本はなぜ世界を追い抜けるのか』化学工業日報社，2011 年，283 頁。

の四つに分けることができる。

この図から，日本の化学メーカーの基本戦略は高付加価値化であることがわかる。大半のメーカーが，①ないし②のシナリオのどちらかを追求しているからである。ただし，塩化ビニル樹脂で世界トップの信越化学と，アクリロニトリルで世界 2 位の旭化成は，合わせて③のシナリオにも取り組んでいる。また，サウジアラビアでラービグ・プロジェクトを進める住友化学は，同時に④のシナリオも実行しているといえる。つまり，信越化学は①と③，旭化成は②と③，住友化学は②と④の，それぞれ 2 正面作戦をとっているわけである。

既に述べたように，日本の化学産業が次のリーディング・インダストリーとなるためには，ハイエンド市場とローエンド市場とを同時に攻略する 2 正面作戦の展開が，必要不可欠である。なぜなら，①や②のシナリオでハイエンド市場を攻略することは，高付加価値化の果実を収益化するという前述の第二の課題を達成することと同義であり，③や④のシナリオでローエンド市場を攻めることは，事業規模の拡大という第一の課題を達成する上で避けて通ることのできない関門だからである。2正面作戦を展開し，これら二つの課題を同時に達成することができれば，日本の化学産業は，次のリーディング・インダストリーとなり，世界を追い抜くことができる。以上の内容が，『化学産業の時代』の結論であった。

## 3　二つの変化――シェール革命の進行と中国経済の成長鈍化

### 1）二つの変化

しかし，『化学ビジョン研究会報告書』と『石化 SWG 報告書』が発表されてからの6年間，『化学産業の時代』を刊行してからの5年間に，化学産業をめぐって，これらの報告書・著作では想定していなかった大きな変化が二つ生じた。アメリカにおけるシェール革命の進行と中国における経済成長の減速とが，それである。

シェール革命の進行は，原料安によるアメリカ化学工業の国際競争力再構築（復活）を可能にした。日本の石化企業にとってアメリカは，中東，中国に続く「第三の脅威」となりつつあるといえる。

一方，石油化学製品に関して輸入ポジションを強めると見られていた中国は，経済成長の減速により，むしろ輸出ポジションに転じることになった。そのことは，石油化学製品の市況を悪化させ，日本の石化企業の国際戦略に打撃を与えた。旭化成のアクリロニトリル事業が苦境に立たされるようになったことは，その端的な事例である。

二つの変化の重大な影響を認識した経済産業省は，2014年11月，新たに『石油化学産業の市場構造に関する調査報告（産業競争力強化法第50条[9]に基づく調査報告）』をとりまとめた。この報告書は，日本の石油化学産業にとってのリスク要因として，従来からの①中東での基礎化学産業への投資拡大，②中国での化学製品の生産拡大，の2点に加えて，最近になって顕在化した③シェール革命による北米の基礎化学品生産コストの低下，④中国での化学品需要の減退，の2点を挙げ，日本国内での石油化学製品生産量の減少のおそれを検討したものであった。

### 2）シェール革命の変容と継続

筆者は，2013年の9月，アメリカ・テキサス州サンアントニオ周辺のシェールガス関連施設を見学する機会があった。2012年の4月には同じテキサス州のダラス付近のバーネット・シェールガス田を見学したことがあるが，その当時と比べて，米国のシェールガス事情はある変化を遂げていた。

その約1年半の間に米国での天然ガス価格は，MMBTU（百万英国熱量単位）当たりでいったん2ドルまで低落し，その後若干回復したものの，2013年9月当時も4ドル前後にとどまっていた。このため，メタン主体のドライなリーンガスを産出するシェールガス田の開発，生産にはある程度ブレーキがかかり，プロパン，ブタン等を含み付加価値が高いウエットなリッチガスを産出するシェールガス田に，開発，生産の重点が移行した。リーンガス田に代わってリッチガス田が，シェールガス革命の牽引役になっていたのである。

2013年に見学したエンタープライズ・プロダクツ・パートナーズ社（Enterprise Products Partners）のヨーカムのプラントでは，近くのイーグルフォード・シェールガス田で産出されたリッチガスをパイプラインで集め，それからメタンとNGL（天然ガス液）を分離，生産していた。NGLの生産能力は日産14万4000バレルに及び，北米一の規模を誇っていた。

ヨーカムプラントで生産されたNGLは，ヒューストン近郊のモントベルビューにパイプラインで搬送され，化学工場等に供給されるとともに，一部は輸出される。2015年8月にモントベルビューにあるエンタープライズ社の加工・貯蔵施設を見学した際には，積極的な設備投資が行われていることに驚かされた。2014年の夏以来，原油価格が下落傾向をたどっているにもかかわらず，シェール由来のガスを原料とする化学産業関連の設備投資はむしろ勢いを増しており，エンタープライズ社はそれに対応しているのである。

ここで見落としてはならないのは，リッチガス開発に重点が移行したとはいえ，ともかくもシェールガス田の開発，生産が継続していることは，シェールガス革命が継続していることを意味する点である。それを牽引しているのは，シェール由来のガスを原料として使用するアメリカ化学産業の積極的な設備投資にほかならない。

## 4　2正面作戦の精緻化

### 1）シェール革命の影響はC1〜C3とC4〜C8とでは異なる[10)]

シェール革命が変容を遂げながらも継続している事実を踏まえれば，それが原料安を通じたアメリカ化学産業の国際競争力強化につながることは間違いない。ただし，それが及ぼす影響は，C1〜C3とC4〜C8とでは明らかに異なることを，しっかりと認識しなければならない。

C1のメタノール系誘導品とC2のエチレン系誘導品については，シェールガス由来のメタンやエタンを利用するアメリカ化学産業の競争優位は遺憾なく発揮されるに違いない。したがって，日本国内でのナフサ由来のエチレンおよび同誘導品の生産は，苦境に立たされることになる。

C3のプロピレン系誘導品については，シェール革命の直接的影響というよりも，間接的な影響とでもいうべきNGL中のプロパンを使ったPDH（プロパン脱水素）のアメリカでの規模拡大が問題となる。プロピレンおよび同誘導品に関するシェール革命の影響はエチレンおよび同誘導品の場合より小さいかもしれないが，C3については中国でのプロパン脱水素や石炭由来オレフィンの増産を忘れてはならない。日本国内でのナフサ由来のプロピレンおよび同誘導品の生産も，やはり苦難の道をたどるといわざるをえない。

一方，「ライトフィード」と呼ばれ，C1〜C3系誘導品の生産に適するシェールガス由来の原料を使うアメリカ化学産業の方向性から想定されるのは，C4〜C8関連の誘導品の供給不足である。C4のブタジエン系誘導品，C5

のイソプレン系誘導品，C6〜C8 の芳香族系誘導品は，世界的に見ても需給が逼迫する可能性が強い。ナフサを原料とする日本国内の石化工業にとって，C4〜C8 に関するビジネスチャンスは，シェール革命によってむしろ大きくなったとみなすことができる。

そうであるとすれば，日本国内のコンビナートは，付加価値の高い C4〜C8 系誘導品の生産比率を上昇させるべきだということになる。そのためには，石化企業のみならず石油精製企業をも巻き込んだコンビナート統合のさらなる進展が大きな意味を持つ。2010 年の『石化 SWG 報告書』が強調した高付加価値化の推進(A)や石油精製・化学の一体化(B)の重要性は，今日，いっそう増大しているのである。

**2)「2 正面作戦」の変容と継続**

すでに述べたように，2010 年の『化学ビジョン研究会報告書』と『石化 SWG 報告書』，および 2011 年の『化学産業の時代』の特徴は，高付加価値化とボリュームゾーン攻略を同時に追求する 2 正面作戦の大切さを強調した点にあった。2 正面作戦の必要性は，シェール革命の進行や中国経済の成長鈍化を受けても変わることはない。ただし，その具体的なあり方は，いくつかの点で変容を迫られていることを見落としてはならない。2 正面作戦の精緻化が求められているのである。

『化学ビジョン研究会報告書』や『化学産業の時代』が発表された時点では，ボリュームゾーン攻略の主要な手段は中東や新興国への直接投資であると考えられていた。ラービグ・プロジェクトやニソン・プロジェクトが典型視されたのは，そのためである。シェール革命を経た今日，ボリュームゾーン攻略に関してもう一つの有効な手段が登場した。それは，シェール革命の本場であるアメリカでの直接投資である。日本の化学企業は，そこでシェールガス由来の安価な原料を使って C1〜C3 系誘導品を生産し，アメリカ市場ないし世界市場へ向けて販売攻勢をかければ良い[11]。ここで重要な点は，アメリカは，中東や新興国に比べて，カントリーリスクが低いことである。その点を考慮に入れれば，日本の石化企業にとって，成長戦略にとって欠かすことができないボリュームゾーンの攻略は，シェール革命の結果，むしろ遂行しやすくなったとさえいえる[12)]。

シェール革命は，日本の化学企業の高付加価値化戦略にも若干の影響を与える。高機能部材へのシフトが重要だという基本線は変わらないが，コンビナートではC4〜C8系誘導品の生産比率を高める必要があるだろう。

日本国内のコンビナート内でC4〜C8系誘導品の生産比率を高めることは，C2・C3系誘導品の生産縮小につながり，産業空洞化につながるのではないかという懸念を持たれる読者がいるかもしれない。もちろん，その可能性は存在する。しかし，それをおそれて立ち止まり，何もしないのであれば，肝心の石化企業そのものが競争に敗れ，消滅してしまう危険性がある。アメリカ・中東・新興国等へ進出して国際競争力を強め，ボリュームゾーンに攻め込まない限り，日本の石化企業に未来はない。海外進出により国際競争に勝ち抜き企業が成長することができれば，本社機能の拡大，R&D（研究開発）機能の強化，高付加価値品生産への特化，あるいは海外工場のマザーファクトリー化などの様々な経路を通じて，日本国内の仕事（雇用）も増えるであろう。シェール革命はピンチではなく，むしろチャンスである。このチャンスを活かして日本の化学産業は，成長の好循環を作用させなければならない。

## おわりに

本章の課題は，競争のグローバル化の状況下で，企業が高い国際競争力を構築するためにはどのような対応が求められるのか，それと関連して，企業の差別化戦略はいかなるものであるべきかについて，検討することにあった。本章では日本の化学産業を具体的な分析対象としたが，同産業は，①機能性化学部材に関しては日本製品の世界シェアが高い，②2000年代に入ってから日本経済史上2度目の化学産業隆盛の波が強まっている，という二つの特徴を有していた。そして，これらの特徴について，国際産業発展分析に関する通説的理解となってきた雁行形態論やプロダクト・サイクル論で説明することは，困難であった。

国際産業発展分析は，グローバル経営史の中で極めて重要な意味を持つ研究テーマである。本章で検討した日本化学産業の事例は，国際産業発展分析のあり方に関して，どのような示唆を与えるであろうか。二つの点が，重要であろう。

第一は，企業は国境を越えることによって，既存の国際産業発展分析の枠組みが伝えるような成熟・衰退への道から脱却し，新たな成長の道を歩むことができるという点である。国際産業発展分析における通説である雁行形態論やプロダクト・サイクル論においては，産業や企業を特定の国の中に閉じ込めて議論することが多い。この傾向は，雁行形態論において，特に顕著である。しかし，グローバル経営史が取り扱うようなグローバル競争が活発な時代には，企業は国境を越えて，市場の急成長が見込まれる新興国や，有利な競争条件（例えば，低廉な原料）が存在する国外の地域に，事業の重心を移行することができる。出光興産・三井化学のニソン・プロジェクトは前者の事例であり，住友化学のラービグ・プロジェクトは後者の事例である[13)]。

第二は，企業はグローバル市場でニッチ（すき間）戦略をとることにより，既存の国際産業発展分析の枠組みが伝えるような成熟・衰退への道から脱却し，新たな成長の道を歩むことができるという点である。雁行形態論やプロダクト・サイクル論においては，特定産業内の製品・サービスの多様化を度外視して議論することが多い。この傾向は，プロダクト・サイクル論において，特に顕著である[14)]。しかし，グローバル競争が活発な時代には，ニーズの多様化に対応してニッチな製品・サービスの競争優位をいったん確立すれば，それを長期にわたって維持することも可能である。個々の市場規模は大きくはないが，かなり多くの分野で，機能性化学部材に関する日本製品の高い世界シェアが継続している事実は，その証左であるといえる。

**注**

1）ここでの雁行形態論とプロダクト・サイクル論に関する説明は，主として，小島清「雁行形態論とプロダクトサイクル論」『世界経済評論』第19巻第3号，1975年，による。

2）Okita, Saburo, “Special Presentation : Prospect of Pacific Economies,” in Korea Development Institute, *Pacific Cooperation : Issues and Opportunities*, 1985 を参照。

3）伊丹敬之「日本産業の化学化」『化学と工業』第62巻第2号，2009年。

4）伊丹敬之によれば，「産業の化学化」には，①多くの産業で化学技術への需要が拡大した，②様々な消費財・産業財で化学素材が必須の部材として使われるようになった，という二つの意味がある。

5）以上の点については，伊丹敬之「『集中への覚悟』が生き残りへの鍵」（談話記事）『週刊エコノミスト』2010年11月30日号を参照。

6）化学ビジョン研究会『化学ビジョン研究会報告書』2010年4月，8頁を参照。

7）三菱グループのアルジュベール・プロジェクト（サウジアラビア）もまた，石油化学等の原料国立地の先行事例とみなすことができる。アルジュベール・プロジェクトの最近の状況については，橘川武郎「サウジアラビアの石油化学工場」『電気新聞』2015年1月26日を参照。

8）なお，(C)の輸出注力が将来ビジョンの一つになりうると判断したのは，表9-3からわかるように，中国のエチレン市場では，2008〜13年に，需要が生産能力を上回る勢いで増大し，輸入がむしろ若干拡大すると見込んだからである。

9）産業競争力強化法第50条は，供給過剰に陥っている業界について，政府がその商品やサービスの市場動向を調査し，事業統合やM&A（合併・買収）が必要であるとの認識を示すことにより，業界再編を促す狙いを持つ条項である。

10）ここでの「C」は，炭素（Carbon）を意味する。Cのあとの数字は，化合物中の炭素原子数を表す。

11）この観点から，信越化学の子会社であるシンテック社がアメリカ・ルイジアナ州で進めるエタンクラッカーの新設計画は，重要な意味を持つといえる。

12）一方，中国経済の成長鈍化は，一般的にいって，日本の化学企業にとって，ボリュームゾーンの攻略を遂行しにくくしている。石油化学製品に関して輸入ポジションを強めると見られていた中国が，むしろ輸出ポジションに転じたため，石油化学製品の市況を悪化させたからである。ただし，この面でも，アメリカや中東で直接投資を行い，低廉な原料コストを武器に国際競争力を強化することは，有効な対抗手段となりうる。アメリカ・テキサス州やサウジアラビア・アルジュベールでMMA（メタクリル酸メチル）生産設備への積極的な投資を進める三菱レイヨンの動きは，その典型的事例である。

13）後者の事例には，信越化学のエタンクラッカー建設計画や，三菱商事のMMA生産増強計画も，含めることができる。

14）もともと，プロダクト・サイクル論には，単一製品・サービスの時系列に即した変転に関心を集中しており，「製品・サービスの多様化」という視点が欠落している。

# 第 III 部

# サービス産業の競争フロンティア

# 第10章

# 文化産業での競争とグローバル企業の成立
## 出　版

ヌリア・プーチ

## はじめに

出版業は，今日の知識経済を支える極めて重要な産業である。この産業は，一面では本や雑誌などの「もの」をつくる製造業である。しかしその製品の価値は情報の媒体であることで生じるから，この産業は，情報の創出・伝達という，サービス産業の一部とも共通する特殊な機能を有する[1)]。その製品は，多くの場合は消費財であるが，少なくともその一部は資本財として用いられ，個人や社会の生産性を左右する。出版物は人々の能力や行動，見方にも影響を与えるのであって，出版業は，売上高や名目的な付加価値額で測られる市場規模を上回る重要性を持つといえよう。他方，出版物に体化される情報は複製が容易であり，著作権といった特殊な制度的要素と不可分である。情報が価値を持つためには個々の製品は特殊性・個別性を持たねばならず，それゆえ商品の多様性それ自体――書籍業では出版点数――も，この産業の活発さの指標となる。

国際的な競争力という観点でも，出版業は注目に値する。言語という決定的な障壁と，情報ニーズの地域性のために，その市場は，長らく各国・各言語圏に分立し，国際競争は限られていた。しかし，多くの情報は汎用性や世界的な通用性を持ち，複製が容易であることから，一定の条件さえそろえば，むしろ容易に国際競争が生じる。実際，特に戦後においては国際的な競争が活発になり，1970 年代以降は多国籍化や輸出入の拡大が著しくなった。

このような観点で世界の出版業をみると，特に書籍業では，ヨーロッパのプレゼンスが目をひく。ヨーロッパは，20 世紀を通じ米国と並ぶ世界最大級の書籍市場であった。また出版点数では，ヨーロッパは一貫して米国を大きく上回っている。貿易でも，ヨーロッパの主要国は書籍の重要な輸出国である。さらに企業のランキングで見ると，ヨーロッパの優位はより鮮明であり，世界の書籍出版企業上位 10 社のうち 7 社をヨーロッパ企業が占めている。そこで本章では，出版業でも特にヨーロッパの書籍業を対象としつつ，競争構造の変化やその背景，競争力の要因について，検討してゆきたい。

第 1 節では，世界の書籍市場におけるヨーロッパの位置を確認する。続く第 2 節では，書籍の大衆化と大量出版の成立，国際的な統合の過程をたどり，ヨーロッパの競争力の背景を探る。最後に第 3 節では，個別企業に対象を移し，ヨーロッパの三つの大企業，ベルテルスマン（Bertelsmann，ドイツ），ピアソン（Pearson，イギリス），サルヴァート（Salvat，スペイン）の事例を取り上げる。

## 1　書籍産業におけるヨーロッパの優位

世界の書籍市場におけるヨーロッパ市場の位置は，表 10-1，表 10-2，表 10-3 から確認することができる。ヨーロッパの書籍市場の規模（2013 年）は，主要 11 カ国では 292 億ユーロと米国を上回る。新刊点数でも主要 5 カ国で 48 万点超と，米国の約 30 万点を凌駕し，またはるかに巨大な人口を持つ中国の 44 万点をも上回っている。各国市場としては，ドイツ，フランス，イギリス，イタリア，スペインが大きいが，オランダ，ポーランドなど，これに続く諸国も無視しえない。人口当たりの出版点数でも欧州は高い水準にあり，特にイギリスの数字は極端に大きい。

歴史的にこれを遡ってみよう。1955 年に世界で刊行された書籍の総出版点

**表 10-1**　各国の出版企業純益・市場規模・人口当たり刊行点数（2013 年）

| 国　名 | 企業の純収益総額（億ユーロ） | 消費者価格での市場規模(億ユーロ) | 人口 100 万人当たりの新刊点数（再編集版含む） |
|---|---|---|---|
| 欧州主要国計 | 173.7 * | 292.0 ** | 1,325 |
| 米国 | 195.6 | 274.0 | 959 |
| 中国 | 91.7 | 153.4 | 325 |
| ドイツ | 63.5 | 95.4 | 1,172 |
| 日本 | n.a. | 54.1 | 613 |
| イギリス | 46.6 | 38.8 | 2,875 |
| フランス | 26.4 | 44.0 | 1,008 |
| イタリア | 19.0 | 31.1 | 1,002 |
| 韓国 | 14.1 | 29.7 | 795 |
| スペイン | 18.2 | 27.1 | 1,692 |

出所）International Publishers Association (IPA), *Annual Report*, 2013-2014 より作成。
注）＊表に示した欧州 5 カ国の合計。
＊＊欧州の市場規模上位 11 カ国の合計。11 カ国とは，表に示した 5 カ国に加え，オランダ，ポーランド，スイス，スウェーデン，オーストリア，ノルウェー。

**表 10-2**　各国の書籍出版点数（1950〜73 年）

| | | 1950 | 1960 | | 1970 | | 1973 | |
|---|---|---|---|---|---|---|---|---|
| | | A | B | B/A | C | C/A | D | シェア ** |
| | 欧州（下記掲載国）計 | 92,402 | 128,194 | 138 | 201,794 | 218 | 226,006 | 49.4 % |
| 1 | 米国 | 11,022 | 15,012 | 136 | 79,530 | 721 | 83,724 | 18.3 % |
| 2 | ソビエト連邦 | 43,100 | 76,064 | 176 | 78,899 | 183 | 80,196 | 17.5 |
| 3 | 西ドイツ | 14,094 * | 21,103 | 149 | 45,369 | 321 | 48,034 *** | 10.5 |
| 4 | 日本 | 13,009 | 23,682 | 182 | 31,249 | 240 | 35,857 | 7.8 |
| 5 | イギリス | 17,072 | 23,783 | 139 | 33,441 | 195 | 35,177 | 7.6 |
| 6 | フランス | 9,993 | 11,872 | 118 | 22,935 | 229 | 27,186 | 5.9 |
| 7 | スペイン | 3,633 | 6,085 | 167 | 19,717 | 542 | 23,608 | 5.1 |
| 8 | インド | 18,769 | 10,741 | 57 | 14,145 | 75 | 14,064 | 3.1 |
| 9 | オランダ | 6,537 | 7,893 | 120 | 11,159 | 170 | 11,640 | 2.5 |
| 10 | ポーランド | 5,218 | 7,305 | 139 | 10,038 | 192 | 10,744 | 2.3 |

出所）Division of Statistics on Culture and Communication Office of Statistics, UNESCO より作成。
注）＊ 1951 年。
＊＊ 1973 年各国シェアは，1973 年の出版点数上位 20 カ国の総点数に対する割合。
＊＊＊ 1974 年。11 以下の順位と 1973 年の対上位 20 カ国新刊総点数シェアは，ユーゴスラビア（2.2 %），ルーマニア（2.1 %），ブラジル（1.8 %），ベルギー（1.8 %），チェコスロバキア（1.8 %），スウェーデン（1.7 %），イタリア（1.7 %），スイス（1.6 %），ハンガリー（1.5 %），トルコ（1.5 %）である。ソビエト連邦，ユーゴスラビア，ルーマニア，チェコスロバキアの数字には，多数の政治的パンフレット類が含まれる。

**表 10-3**　各国の書籍出版点数（1970〜2013 年）

| | | 1970 | 1985 | | 1999 | | 2013 | |
|---|---|---|---|---|---|---|---|---|
| | | A | B | B/A | C | C/A | D | D/A |
| | 欧州 5 大国計 | 137,101 | 195,356 | 141 | 291,563 | 212 | 481,661 | 351 |
| 1 | 米国 | 85,287 | n.a. | n.a. | 62,039 | 72 | 304,912 | 357 |
| 2 | ソ連／ロシア | 78,697 | 83,976 | 106 | n.a. | n.a. | 101,981 | 128 |
| 3 | ドイツ | 40,616 | 54,442 | 133 | 74,174 | 182 | 93,600 | 230 |
| 4 | イギリス | 35,526 | 52,861 | 148 | 101,764 | 286 | 184,000 | 518 |
| 5 | 日本 | 34,590 | 44,686 | 129 | 65,438 | 189 | 77,910 | 225 |
| 6 | フランス | 28,245 | 37,860 | 134 | 34,766 | 123 | 66,527 | 235 |
| 7 | スペイン | 23,527 | 34,648 | 147 | 48,467 | 206 | 76,434 | 325 |
| 8 | 中国 | n.a. | 40,265 | n.a. | n.a. | n.a. | 444,000 | n.a. |
| 9 | イタリア | 9,187 | 15,545 | 169 | 32,365 | 352 | 61,100 | 352 |

出所）Division of Statistics on Culture and Communication Office of Statistics, UNESCO ; German Publishers & Booksellers Association ; IPA, *Annual Report*, October 2013–October 2014, and Associazione Italiana Editori より作成。

注）ドイツの数字はドイツ連邦共和国の数字であり，1970 年・1985 年は西ドイツの，また 1999 年・2013 年は統一ドイツの数字である。また 1999 年の米国の数字は目立って低いが，1990 年でも 4 万 6743 点であり，それ以前からの趨勢の延長にある。他方，2005 年の米国での出版点数は 17 万 2000 点であり，21 世紀に入っての急増が目立つ。

数（＝タイトル数）は 27 万点であった[2)]。世界人口の 15.2 % を占めるにすぎないヨーロッパ（ソ連を除く）は，そのうち 48.7 % を占めていた。米国では戦後，ポケットブックの大量出版（後述）で一タイトル当たりの部数が急拡大しており，1960 年代には出版部数総数で世界首位となったが，出版点数では 1960 年代を通じ，ドイツ・イギリス・日本に及ばなかった。

貿易でもヨーロッパのプレゼンスが目立ち，書籍輸出の上位に位置したのは，1965 年にはイギリス，オランダ，米国，フランス，スイス，西ドイツであった[3)]。輸出入の地域構成は，言語圏を強く反映している。1966 年には，スペインの書籍輸出のうち 83 % はラテンアメリカ向け，イギリスの輸出の 28 % は米国向け，18 % はオーストラリア向けであった。また西ドイツの輸出の 28 % はドイツ語圏を持つスイスに，また 21 % はやはりドイツ語圏のオーストリアに向けられていた。フランスからの輸出も，フランス語圏人口を持つベルギー（輸出の 15 %），カナダ（13 %），スイス（13 %）へ向けられていた。

特筆すべきことは，この優位が，その後も 20 世紀を通じて続いたことであ

表 10-4　世界の書籍出版企業ランキング（2013 年）

| 順位（2012） | 出版社名（グループ／部門名） | 企業所在地 | 所有者 | 企業所有者の国籍・所在地 | 収益（百万 US ドル） |
|---|---|---|---|---|---|
| 1 | Pearson | イギリス | Pearson（corp.） | イギリス | 7,801 |
| 2 | Reed Elsevier | イギリス／オランダ／米国 | Reed Elsevier（corp.） | イギリス／オランダ／米国 | 6,093 |
| 3 | ThomsonReuters | 米国 | The Woodbridge Company Ltd. | カナダ | 5,576 |
| 4 | Wolters Kluwer | オランダ | Wolters Kluwer | オランダ | 4,920 |
| 5 | Random House | ドイツ | Bertelsmann AG | ドイツ | 3,664 |
| 6 | Hachette Livre | フランス | Lagardère | フランス | 2,851 |
| 7 | Holtzbrinck | ドイツ | Verlagsgruppe Georg von Holtzbrinck | ドイツ | 2,222 |
| 8 | Grupo Planeta | スペイン | Grupo Planeta | スペイン | 2,161 |
| 9 | Cengage | 米国 | Apax Partners et al. | 米国／カナダ | 1,993* |
| 10 | McGraw-Hill Education | 〃 | The McGrawHill Companies | 米国 | 1,992 |
| 11 | Scholastic（corp.） | 〃 | Scholastic | 米国 | 1,792 |
| 12 | Wiley | 〃 | Wiley | 米国 | 1,761 |
| 13 | De Agostini Editore | イタリア | Gruppo De Agostini | イタリア | 1,724* |
| 14 | 中国出版集団公司 | 中国 | 政府所有。株の一部は公開・上場 | 中国（国家） | 1,499 |
| 15 | Houghton Mifflin Harcourt | 米国 | Education Media and Publishing Group Limited | 米国／アイスランド | 1,379 |
| 16 | HarperCollins | 〃 | News Corporation | 米国 | 1,369 |
| 17 | Springer Science and Business Media | ドイツ | EQT and GIC Investors | スイス／シンガポール | 1,301 |
| 18 | Oxford University Press | イギリス | Oxford University | イギリス | 1,254 |
| 19 | 集英社 | 日本 | 一ツ橋グループ | 日本 | 1,191 |
| 20 | Informa | イギリス | Informa plc | イギリス | 1,185 |
| 21 | 中国教育出版传媒有限公司 | 中国（国家） | China Education and Media Group | 中国（国家） | 1,152 |
| 22 | 講談社 | 日本 | 講談社 | 日本 | 1,143 |
| 23 | Egmont Group | デンマーク／ノルウェー | Egmont International Holding A/S | デンマーク | 1,101 |
| 24 | Grupo Santillana | スペイン | PRISA | スペイン | 1,020 |
| 25 | 小学館 | 日本 | 一ツ橋グループ | 日本 | 1,011 |
| 26 | Bonnier | スウェーデン | The Bonnier Group | スウェーデン | 976 |
| 27 | 角川書店 | 日本 | 角川グループホールディングス | 日本 | 900 |

| 28 | Simon & Schuster | 米国 | CBS | 米国 | 809 |
|---|---|---|---|---|---|
| 29 | Klett | ドイツ | Klett Gruppe | ドイツ | 622 |
| 30 | Woongjin ThinkBig | 韓国 | Woongjin Holding | 韓国 | 616 |
| 31 | Groupe Madrigall (Gallimard, Flammarion) | フランス | Madrigall | フランス | n.a. |
| 32 | Lefebvre-Sarrut | 〃 | Frojal | 〃 | 559 |
| 33 | Readers Digest | 米国 | RDA Holding Co. | 米国 | 533* |
| 34 | Messagerie/GeMS (Gruppo editoriale Mauri Spagnol) | イタリア | Messagerie Italiane | イタリア | 543 |
| 35 | Media Participations | フランス | Media Participations | ベルギー | 481 |
| 36 | Mondadori | イタリア | The Mondadori Group | イタリア | 462 |
| 37 | Cornelsen | ドイツ | Cornelsen | ドイツ | 456 |
| 38 | Cambridge University Press | イギリス | Cambridge University Press | イギリス | 433 |
| 39 | Perseus | 米国 | Perseus | 米国 | 425* |
| 40 | Sanoma | フィンランド | Sanoma WSOY | フィンランド | 422 |
| 41 | Westermann Verlagsgruppe | ドイツ | Medien Union (Rheinland-Pfalz Gruppe) | ドイツ | 401 |
| 42 | Harlequin | カナダ | Torstar Corp. | カナダ | 374 |
| 43 | Kyowon | 韓国 | Kyowon | 韓国 | 353 |
| 44 | RCS Libri | イタリア | RCS Media Group | イタリア | 348 |
| 45 | EKSMO | ロシア | 私有（非上場） | ロシア | 343 |
| 46 | La Martinière Groupe | フランス | La Martinière Groupe | フランス | 329 |
| 47 | Weka | ドイツ | Weka Firmengruppe | ドイツ | 316 |
| 48 | Haufe Gruppe | 〃 | 私有（非上場） | 〃 | 315 |
| 49 | OLMA Media Group | ロシア | N/A | キプロス | 306 |
| 50 | 学研 | 日本 | 学研ホールディングス | 日本 | 297 |
| 51 | 文藝春秋 | 〃 | N/A | 〃 | 253 |
| 52 | 新潮社 | 〃 | 私有（非上場） | 〃 | 245* |
| 53 | Editions Atlas | フランス | Gruppo De Agostini | イタリア | 230* |
| 54 | Groupe Albin Michel | 〃 | Groupe Albin Michel | フランス | 232 |
| 55 | Abril Educação | ブラジル | Abril group | ブラジル | 216 |
| 56 | Saraiva | 〃 | Saraiva | 〃 | 215 |

出所）"The World's 56 Largest Book Publishers, 2014", *Publishers Weekly*, June 27, 2014.
注）＊は2012年の数値。

る。1973 年時点で，ヨーロッパの対世界上位 20 カ国シェアは 49.2 % となお圧倒的であった。1970 年代に米国は出版点数でも首位になったが，その後低迷してイギリスやドイツに逆転された。21 世紀に入ると米国でも技術革新によって少部数出版が急拡大し，およそ 30 年ぶりに世界首位に返り咲くが，南欧諸国の伸びはこの期間にも目覚ましく，欧州の地位は揺らいではいない。

このヨーロッパ市場で書籍を供給したのは，もっぱらヨーロッパ企業であり，またそれらの企業は，米国など域外市場で活発な事業活動を行っていた。表 10-4 に見るように，世界の出版社ランキング上位 10 社のうち 7 社，上位 20 社では 11 社，上位 56 位では 31 社が，ヨーロッパ企業である。その他の地域の構成は，米国（10 社），日本（7 社），中国（2 社），韓国（2 社），ブラジル（2 社），ロシア（1 社）であるが，米国の一部企業を除き，これらの企業は自国の市場の外では無名であり，世界的な影響力という点では，ヨーロッパ企業とは比較にならない。

こうした世界的な不均衡と集中は，世界の政治・経済の赤裸々な反映であり，またその一因でもある。そのため，例えば P. G. アルトバックのような論者は，「中核」と「周辺」という，かつて「従属理論」で用いられた鍵概念を用いて，知の世界における地球規模の支配構造を明らかにしている[4)]。人口，識字率，「世界言語」の使用，所得水準，出版インフラストラクチャーの存在，活発な出版の歴史などのすべてが，出版産業の競争力に影響を及ぼし，またそれらは，世界における知識の創造・拡散・利用において一国が占める位置を大きく左右する。さらに，この中核 = 周辺の構造は，いっそうの地理的な集中を生み出してゆく。

## 2　大量出版の成立からグローバルな産業の再編へ

### 1）産業革命からポケットブックへ――書籍の大衆化と大量生産

以下では，まずは産業革命から今日に至る書籍産業の発展過程をたどってみよう。

安価なリプリント版の書籍の最初の時代は，19 世紀に産業革命とともに訪れた。この時代，出版業も他の産業と同じく大きな変貌を遂げた。供給側では，木材パルプを原料に使った紙が印刷用紙に用いられるようになり，抄紙機が登場して印刷用紙が安価となった。鉄道と運河の発達も本の価格を下げた。他方，需要側では，勃興していた中流階級や，識字能力のある労働者階級が，新たな読書家として登場した。両者を結びつけたのは，公共図書館や，寄贈により設けられた各種のコレクションの拡大，イギリス，ドイツ，米国で 19 世紀のうちに勃興した既刊本を安価なポケットブック（ペーパーバック）の形態でリプリント（再版）し販売する業者であった[5)]。

大量生産と大量販売，書籍と文化の大衆化という点で次に注目すべき動きは，20 世紀前半に見られる[6)]。1935 年，イギリスの出版社ペンギン・ブックス（Penguin Books）のオーナーであるレイン兄弟は，刊行されて間もない既刊書を対象に，そのリプリント版を販売し始めた。タバコ一箱の値段でしかない 6 ペンスという衝撃的な価格や，魅力的なデザインのために，これは国内外で大きな成功を収めた。米国でも，ペンギン社による米国への輸出に刺激されて，ロバート・デ・グラーフが同様の試みを 1939 年に始めた。彼の会社であるポケット・ブックス（Pocket Books）が最初に刊行したのは，14 タイトルであり，その販売部数は 150 万部に達した。1950 年には，16 社の出版業者が，タイトル数 1000 以上，部数にして 3 億部超の複製本を作成したが，その部数はハードカバーの本を 1 億部上回っていた。版を重ねるごとに，複製本の一タイトル当たりの部数も拡大していたのである。

しかし，この「ポケットブック革命」（ポケットブック＝廉価版「文庫本」による革命）が世界市場を席巻するまでには，幾分の時間を要した。1950 年代半ば，同種の試みはスペインやベルギーなどヨーロッパの国々では失敗に終わり，ソビエト連邦では試みられることもなかった。また，巨額の資本を投じて極端に大きな部数のポケットブックを製造販売したのは米国に限られた。とはいえ，ポケットブックは，それまで本とは縁のなかった世界中の貧しい人々に福音をもたらした。このポケットブックによって，書籍は，他の近代的な産業の製品に肩を並べ，大量生産に向いたモダンで簡素なデザインの製品となったのである[7]。

### 2）米国――戦後高度成長期の構造変化

第二次大戦の後に先進国で 30 年近く続いた高度成長期は，出版業の歴史の中でも，最も興味深い変化の時期の一つであり，本の生産と消費のパターンが世界規模で変化した。前述したように，低価格で良質の書籍が大量に生産・消費されるようになったが，これは印刷・出版・流通技術の進歩によって実現した。この「ペーパーバック現象」の下では，たった 1 日のうちに，一国内での販売部数が数十万に及ぶことさえ見られるようになった。こうした事態は，著者・出版社・読者の関係を劇的に変えた。

米国では，ベビーブームと教育の大衆化，公教育の拡大と質の向上が，巨大な教育出版市場を生み出し，これがその後の変化を生み出した。1952 年から 67 年の 15 年間に，書籍の総売上は 5 億ドルから 25 億ドルに拡大し，年間平均成長率は 10 % から 15 % に達した[8]。

出版業を変貌させた最大の要因は，外部資本の参入であった。市場の急拡大の下で，出版社は慢性的に資本不足状態にあった。本の出版は大規模工場を必要とするわけではないが，編集経費や何千点の商品につきそれぞれ在庫を持たねばならないことなどで，資本力を要する。企画から出版，そして印刷・製本した部数を売り切るまでには非常に長い年数がかかるのが普通で，資金回収までの期間は非常に長い。需要の拡大が即座に資金力につながるわけではなく，外部資本の導入は不可欠であった。

新たな資本は，四つのルートで流入した。①合併，②株式公開，③新聞・雑誌社による参入，④より最近では IT 産業からの参入である。この中で最も重要なのは③の書籍業界の外からの新規参入であるが[9]，いずれにせよこれらにより企業規模は拡大した。またこれに伴い，専門的な経営陣による経営が一般化し，会計・管理業務のコンピュータ化，マーケティング・調査・人事管理などのシステム化が進行した。これらを備えた資本力ある企業は，「紳士の職業」の雰囲気を残す伝統的な出版社よりも，製品と市場の双方を形づくる能力に秀でていた[10]。

本の作り方も，これに伴って変化した。出版社が構想し誰かに執筆を委託する形でつくられる本は，従来からも見られた。しかし，大規模でマーケティングに通じた企業が支配力を強めるにつれ，その種の本の割合は劇的に高まった。「伝統的な出版社はまず本から出発し，それをどう売るかを考える。しかしこの種の本では，まずは市場から出発し，販売方法を考え，その上で，その販売手法に適した本をつくろうとする。出版社が作品の構想から本を売り切るまでを実際に管理できるところまでいけば，著者の予測不可能性，読者の好みの気まぐれさ，業務の繁閑，不適切な流通システム等のために博打を打たねばならないという，ずっと出版企業を脅かしてきた不経済な不確実性から解き放たれる」[11]。

こうした中で，財務の重要性が高まり，人材の専門化も進み，業界内の教育訓練の主流も変化した[12]。それまでは，出版業界で働く職業人の大半は，自らを何よりも編集者であるとみなしていた。彼らは通常，見よう見まねで学び経験を積み，やがてマクミラン（Macmillan, 1843年創業，本拠イギリス），ファーバー（Faber, 1929年創業，本拠イギリス），マグロウヒル（McGraw-Hill, 1899年創業，本拠米国）といった，業界の中ではいわば大学にあたるような先進的かつ教育訓練機能を持つ会社で，職を得たのである。しかし1970年代になると，コロンビア大学やニューヨーク大学など多くの大学が，出版に特化した課程を設けるようになり，出版業界に人材を供給するようになった。同様に，財務やマーケティングに通じた専門的経営者が雇われるようになった。これらの専門経営者は，伝統的な編集者や大学の出版業界向け専門課程で教育を受けた者と同等かそれ以上の存在感を示すようになった。

アメリカでの出版業界は，合併・買収（M&A）と外国企業の対米進出によって，大きな変貌を遂げた。1958年から70年の間に，大手企業のほとんどは，公開企業となるか，多くはM&Aを通じて大規模な企業グループの一部となった[13]。しかし1970年代になると，この動きは減速した。米国市場では少数の大手企業への集中が早くも高い水準に達し，また石油危機をきっかけに高度成長が終焉を迎え，金融環境の悪化の中でいくつかの部門では多くの企業が経営危機に陥ったからである。他方，ヨーロッパの大手出版社は，この間に，外国市場を開拓する上で米国企業が持つ戦略的な価値に注目するようになっており，この危機を，米国企業を安価に買収しうる機会として利用した。

しかし 1980 年代半ば以降も，ヨーロッパ企業と米国企業との間の合併・買収は相次いだ。目立った例として，ベルテルスマンによる米デル・アンド・ダブルデイ（Dell and Doubleday）の買収（1986 年），ピアソンによる米ニュー・アメリカン・ライブラリー（New American Library）の買収（1987 年，傘下の米ペンギン社経由），オーストラリアの新聞王ルパート・マードックによる米ハーパー・アンド・ロウ（Harper & Row）の買収（1990 年），オランダのエルゼビア（Elsevier）やカナダのトムソン・コーポレーション（Thomson Corporation）による米国市場への参入を挙げることができる。1989 年時点で米国市場は高度に寡占化し，トップ 15 社が市場の 72.4 % を支配していたが，それにもかかわらずこの合併の動きは 1990 年代も続き，680 件を数えた。その多くが，外国の出版社か，あるいは米国内のメディア・通信関係の企業グループによるものであった[14)]。

### 3）ヨーロッパの反応と欧州企業の競争力基盤

ヨーロッパにおいても，戦後の高度成長期にまで遡るならば，成長の推進力は米国とよく似ていた。需要側では，経済の高成長や所得水準の向上，福祉政策の拡大と福祉国家の整備，とりわけ識字能力の向上と高等教育の大衆化が重要であった。供給側では，やはり技術革新と近代的な経営管理技術の普及が見られ，これは比較的規模の小さな企業も例外ではない。

こうした中，ヨーロッパの書籍産業も，「根底的な変化」を経験した[15)]。米国と同様，市場の成長，企業の集中，マーケティング上の革新，ファイナンスの重要性の高まりが見られた。大量生産技術とペーパーバックは，元々は米国というよりはイギリスの発明であったが，やはりこれも，大陸ヨーロッパの書籍出版を大きく変えることになった。

しかし 1970 年代初頭の時点では，ヨーロッパの書籍業では依然として各国・各地域市場の分立が著しく，状況は非常に多様であった。これは，多数の言語の存在や文化的な多様性が垂直統合や企業の集中を遅らせたからでもあったが，しかし，各国に固有の制度や規制もその理由であった。重要な例を挙げておこう。米国では――この点は 1980 年代以降のイギリスも同様であるが――，書籍は再販制ではなく販売価格を縛るものはなかった。これとは対照的に，ほとんどの大陸ヨーロッパ諸国では，行政は教育への公的支出を通じて出版市場に影響を及ぼしたのみならず，再販価格による定価販売を認めることで，出版社の経営の安定性を支えた。

専門職業人の重要性の高まりと組織的な養成という点でも，米国と同様の動きが見られた。ドイツのヘルダー（Herder）や，フランスのセークル・ド・ラ・リブレリ（Cercle de La Librairie，1847 年設立の書店・出版社・書籍印刷業者の業界団体）付属の専門学校など，企業や業界団体は実践的な教育機会を提供してきたが，これに，オックスフォード・ポリテクニーク（Oxford Polytechnic）や各地のビジネススクール，公立大学などのより制度化された教育課程が加わり，あるいは後者が前者にとって代わったのである。

### 4）ヨーロッパ書籍業の成長要因と企業の競争力基盤

ここでは，戦後ヨーロッパの出版産業の発展を支えた五つの要因を挙げておこう。

第一に，ヨーロッパの出版社と書店――両者は兼業されることが多い――は，国レベルでもヨーロッパ規模でも，高度に組織化されていた。ほとんどの国が，一国レベルの業界団体を持つ。また，欧州出版社連盟が 1967 年に創設され，今日では EU（欧州連合）本部のあるブリュッセルに居を構える。これらの団体はいずれも，戦後の高度成長期には，出版業のルールづくりに大きく貢献した。

第二に，非常に多数のマーケティング上の革新が，著者主導の出版から市場主導の出版への極めて短期間での転換を実現した。ブッククラブ，分冊販売，文芸賞，訪問販売，書店以外のブックスタンドでの販売などがそれであり，ドイツ，フランス，イタリアの企業は，これらの点でとりわけ革新的であった。

第三に，業界レベルでの制度的な取り組みも書籍業の成長を支えた。その後に世界 3 大ブックフェアとなる見本市の開催（1949 年フランクフルト開催，1963

年ボローニャ開催，1971 年ロンドン開催）や，著作権代理人（元来はアングロ・サクソンの制度）の活用などの制度的革新は，ヨーロッパ書籍産業の成長の重要な要因となった[16)]。

第四に，もっぱら合併と買収によって企業の集中が進んだ。当初は国内企業相互の合併が主であったが，その後国際的な M&A が活発となった。1970 年代初めまでは株式市場もまた関連・非関連分野からの新規参入企業も重要ではなかったが，それにもかかわらず，1960 年代から 70 年代にかけての時期には，ドイツ，フランス，イギリスの各国市場の寡占度は非常に高まっていた。これが，国外市場への進出を後押しした。ヨーロッパの書籍市場は各国に分断されていたため，企業として成長を維持し競争力を保つためには国際化するほかはなく，また実際にヨーロッパの大手企業は，国際化によって競争力を維持したのである。1980 年代の国際的な買収は，巨大な多国籍的コングロマリットを生み出したが，それによって生まれた企業グループが，今日なお，出版業とコミュニケーション産業の市場を支配している。M&A，戦略提携や合弁企業の設立は，ヨーロッパ企業の国際化戦略においては，自社の既存組織の拡大による成長よりもはるかに重要な役割を演じた。

第五に，専門職化や国際化にもかかわらず，企業の所有構造の変化は緩慢で，所有権はヨーロッパにとどまり続けた。多くの企業は，依然として同族の所有と管理の下にあったからである。むしろ逆に，同族支配と人的ネットワークが，企業成長や国際化戦略を左右する要因となった。

## 3　企業戦略の事例――ベルテルスマン，ピアソン，サルヴァート

この節では，三つの事例を取り上げ，大量出版や新たな出版物の登場，ヨーロッパ外の出版社との競争の激化に直面して，ヨーロッパの大規模な書籍出版社がいかなる戦略をとったのかを描く。この 3 社はいずれも 19 世紀に設立され，20 世紀の半ば頃にこの業界のリーダー的企業となった企業である。なお，ベルテルスマンとピアソンは，リーダーとしての地位を長期にわたり維持して

おり，他方，サルヴァートは，1988 年にアシェット・ラガルデール（Hachette-Lagardère）グループによって買収されている。

### 1）ベルテルスマン――20 世紀大企業の典型的な成長過程

ドイツの出版社であるベルテルスマンの成長は，M&A よりも自社組織の成長によってなされたものであった。ドイツの経営史家 H. ベルコフによれば，この世界最大級のメディア・グループの成長の基礎は，著名な経営史家であるアルフレッド・チャンドラーがモデル化した 20 世紀的大企業の基本要素に基づいていた。すなわち，規模の経済と範囲の経済（「スケール・アンド・スコープ」）の追求，三つ又投資（生産・流通・マネジメントへの投資）の実施，それに，事業部制に基づく分権的な企業内管理組織である。

1835 年にドイツで設立されたベルテルスマンは，その後長い間，宗教書，それもプロテスタント関係書籍の出版という非常に狭い市場で事業を営んでいた。しかし 1920 年代から 30 年代の時期に，同社は大きな変貌を遂げ，専門職化・大量生産・多角化を開始した。それまで同社は 4 世代にわたりモーン家の出身者によって経営されていたが，その後の経営は専門経営者の手に委ねられ，コスト低減と利益拡大のために一タイトル当たりの部数拡大が追求された。多角化（当初は書籍の分野拡大）は時間を要したが，雑誌を手始めに，小説，信者と家族のための娯楽的な読み物へと，着実に進められた。

より大きな跳躍の局面は，1950 年代に訪れた。一連の革新によって，垂直統合（販売流通経路の直接の把握）が進められた。1950 年，ベルテルスマンは初めて，自社独自の書籍頒布クラブである「ベルテルスマン・レーザーリンク（読者クラブ）」を設立した。このクラブでは会員は，会費を対価に 3 カ月の間に一定数の本を買えることになっていた。これによりベルテルスマンは需要予測を立て，それに合わせ生産能力を準備できるようになった。このクラブは大成功を収め，自信をつけた同社は，1956 年には音楽レコードの頒布クラブ（「シャルプラッターリンク」）を設け，またすぐに，自社独自のレコード・レーベル（音楽ブランド）会社としてアリオラ（Ariola）を，またレコード制作会社としてソノプレス（Sonopress）を設立した。1960 年代になるとベルテルスマンはメディア事業に参入した。最初は自らテレビ番組制作部門を設け，次いで，他の制作会社を買収していった。ウファ・フェルンゼー・プロドクチョン（Ufa Fernsehproduktion〔旧ユニヴェルスム・フィルム・アーゲー。今日ドイツ最大のフィクション・テレビ番組制作会社〕）など Ufa グループ各社は，これによりベルテルスマンの傘下に入った。1969 年には，ベルテルスマンは，ハンブルクの出版社，グルナー・ヤー（Gruner + Jahr）を買収した。後者はその後，欧州第二の印刷・出版社となっている[17)]。

事業の複雑化に対処するため，ベルテルスマンは，かなりの自立性を持つ八つの部門からなる事業部制組織を導入した[18)]。その後 1971 年には，ベルテルスマンは自社株を上場して公開会社となった。これは，中堅企業（ドイツ語での「ミッテルシュタント」）的な会社から，近代的で専門経営者に率いられたメディア企業への転換を象徴的に示す出来事であり，また同社の国際化を加速させることになった。

ベルテルスマンの最初の在外子会社はスペインに設けられた（1962 年）。この子会社は，スペイン語圏初のブッククラブ，シルキュロ・ド・レクトレス（Círculo de Lectores）を設けた。規模の経済と利益を最大限引き出すために，スペインの子会社組織を本社組織に完全に統合したものの，言語・文化の障壁を克服するため，ベルテルスマンはこの子会社を現地スタッフとの混成チームとし，成功を収めた。その後，ベルテルスマンは欧州各地や中南米に次々と在外子会社を設けた。従来の方針とは異なり，1970 年代以降の同社の成長は，M&A によるものであった。これは同社が，グローバル市場で優越的な地位を有したことを示している。

しかし M&A によって成長しえたのはベルテルスマンに限られなかった。各国で産業集中度が高まると，アシェット（Hachette，フランス），ピアソン，モンダドーリ（Mondadori，イタリア）といった大企業は，外国市場への参入の最も迅速かつ容易な手段として進出先国での企業の買収を選ぶようになった[19)]。

ベルテルスマンは，1960 年代から 70 年代に大規模かつ多国籍的な，しかも多角化した組織を作り上げており，これに続く 80 年代・90 年代には，いっそう攻撃的となった。本国ドイツと大陸ヨーロッパで強固な基盤を築いた同社は，その後の狙いを，英語圏とスペイン語圏に定めた。米国では，1977 年から 81 年にかけバンタム（Bantam）を，また 1985 年には ダブルデイ・デル（Doubleday Dell）を買収した。1989 年には，これによって生まれたバンタム・ダブルデイ・デル（Bantam Doubleday Dell）は，全米で 7 位の出版社であり，5.19 % の市場占有率を有した。

とはいえ，同社の拡大の画期となったのはやはり 1998 年のランダムハウス（Random House）の買収である。ランダムハウスは，英語圏でも有数の出版社であり，1970 年代に買収によって手に入れたアルフレート・A・クノプフ（Alfred A. Knopf），ビギナー・ブックス（Beginner Books），パンテオン・ブックス（Pantheon Books）といった部門を傘下に有していた。この買収により，ベルテルスマンは英語圏でもトップクラスの出版社となり，またこれにより，ランダムハウスはベルテルスマンの出版事業の柱となった。

スペイン語圏での事業の強化では，ドイツに本拠を置くこのベルテルスマン・グループは，英語圏とは異なった戦略を用いた。イタリアの出版社であるモンダドーリとの合弁会社をスペインのバロセロナに設け，2001 年以降は集権的な構造としたのである。この合弁会社は，この企業グループ全体の出版事業にシナジー効果と，スペイン・ラテンアメリカ市場に関する知識・ノウハウをもたらした。多国籍企業であるベルテルスマンが持つ資金力，交渉力，国際的なネットワーク，強力な広告・マーケティング能力，販売網と，その傘下に入った中小規模の出版社の専門性の間には，大きな補完関係があった。

### 2）ピアソン――異業種コングロマリットの M&A を通じた多国籍化

世界最大の出版社の事例は，英語圏のメディア・教育市場が演じた決定的な役割を浮き彫りにする。ベルテルスマンやほとんどの欧州の出版社同様，ピアソンも同族企業であった。しかしそれらと異なり，このイギリスの企業は，1921 年という遅い時期に買収によって出版業に参入したアウトサイダーであり，非関連事業にも多角化した異業種コングロマリット企業である。

ピアソンは，1844 年にサミュエル・ピアソンが創設した建設・エンジニアリング企業に遡る。同社は 20 世紀初めに，創業者の孫にあたるヴェートマン・ピアソン（コードレイ卿）が指揮した非関連事業への多角化により，目覚ましい成長を遂げた。1921 年，ピアソンは地元の新聞社である UK プロヴィンシャル（UK Provincial）グループを買収し，メディア部門に参入した。出版業への多角化路線はその後も続き，1968 年にはロングマン（Longman）を買収した。1724 年創業の老舗であるロングマンは，イギリスで最も重要な教科書会社であり，またイギリスを代表する経済紙『ファイナンシャル・タイムズ』（*The Financial Times*）の所有企業でもあった。

ピアソンの成長は，1969 年の株式公開以降，加速した。同族による支配は続いたが，同社は五つの事業部門を有する持株会社になっていた。銀行・金融サービス，投資信託，新聞・出版，石油，そして製造業企業への各種の出資である。株式公開直後の 1970 年，同社はペンギン・ブックスを買収した。これは，ヨーロッパ書籍市場でのトップを目指すレースでは決定的な一歩であった。というのも，これによって手に入れたペンギンは，前述のようにペーパーバック市場のパイオニアであり，英語圏を代表する出版社であったからである。ピアソンは，傘下に取り込んだペンギンに，新しい戦略と組織，大量販売市場の顧客に手を伸ばすためのノウハウを提供した。1975 年のヴァイキング・プレス（Viking Press）買収は，ペンギンの米国でのプレゼンスを強化したが，このほかにも同社は M&A を活発に行った。

ペンギンの買収によって，出版業務はピアソンの稼ぎ頭となった。1974 年には収益全体の 42 % を占めており，これに続く銀行・金融サービス部門（17 %）を大きく上回った。またペンギンは，持株会社ピアソンの国際化にも大きく貢献した。同じ 1974 年には，ピアソンの利益総額のうち，44 % はイギリス以外での収益であった。これは出版子会社であるペンギン・ロングマンの国外収益に負っている。ペンギン・ロングマンではイギリス市場の割合は 3 分の 1 近くを割っており，むしろアラブ諸国，アジア，オーストラリア，ヨーロッパ，南北アメリカ大陸，アフリカの大半の地域で事業を拡大していたからである。1980 年代以降も，ピアソンは M&A 戦略を追求し続けた。マスキュー・ミラー（Maskew Miller，南アフリカ，1983 年買収），アディソン・ウェズリー（Addison-Wesley，米国，1985 年買収），ハーパー・コリンズ・エデュケーショナル・パブリッシング（Harper Collins Educational Publishing，イギリス，1996年），NCS（米国，2000年），桐原書店（日本，2001年），ウォール・ストリート・イングリッシュ（Wall Street English，米国，2009年）などがそれである。

### 3）サルヴァート——スペイン語圏での競争優位

サルヴァートは，ヨーロッパ出版市場で，買収によらず自社組織の拡大で急成長を遂げた事例の一つである。元々は高額な百科事典を緻密につくることに専門化していたが，この同族会社は，垂直統合や新製品・新販売手法の開発，イタリア最大手のデアゴスティーニ（De Agostini）との合弁事業，専門職化，国際化，さらに政府補助などによって，印象的な進化を遂げた。

1868年に出版社として創業したサルヴァートは，医学書，大型本，辞書，百科事典に特化していた。19世紀のうちに，同社はラテンアメリカに地域を限った国際化で成功した[20]。この国際化戦略は，スペイン内戦（1936〜39年）と，アウタルキー（自給自足）を目指すフランコ将軍の経済政策によって，1939年から59年まで中断された。その後1960年代になると，スペインが急激な経済成長局面に入る中で同社は大きく成長し，スペイン最大の出版社となった。また海外では，バルセロナを基盤にした同社は広域的な販売網（ブエノスアイレス，メキシコシティ，カラカス，リオデジャネイロ，ボゴタ）を構築し，その書籍の60％を輸出した。サルヴァート創業家の4代目となる経営者は，上で触れたような書籍産業の大量生産・大量販売への転換に巧みに対応した。マクロ的な経済情勢は申し分なく，しかもスペイン政府は出版業を支援しており，これが，結果として企業統合や国際化を促した。

サルヴァートの資産は，確立したブランドとスペイン語圏で最大の市場での強力な地位であった。また同社は，分冊販売と文庫という二つの新たな部門で大量販売に取り組んだ。分冊販売は非常に収益が高く，まずは同社のラテンアメリカでの成長を支え，次いでヨーロッパでも重要な柱になった。スイス，フランス，ドイツ，ベルギー，イギリス市場へは，イタリアのデアゴスティーニと合弁で進出した。

これらの新しい事業部門は，生産・流通の改革を必要とした。大規模生産のためには新鋭の機械と最新の技術が必要であった。一冊当たりの利幅はわずかなので，分冊本と文庫で利益を上げるには，高品質だが安価な材料と，低コストで生産するための印刷技術が必要である。小さな印刷工場の旧態依然たるシステムではどうにもならず，サルヴァートは印刷能力の拡大のために大規模な新鋭工場を建設した。流通では，サルヴァートはあるイタリア企業をモデルに，1964 年に自前の販売会社を創設し，新聞スタンドやデパートといった新たな販売ルートで分冊本を販売した。

この新しい成長戦略でサルヴァートは拡大し，1950 年末には 50 人ほどだった社員も，1972 年には国内外合わせて 4000 人を超えるに至り[21]，専門的な経営が必要になった。スペインの名門ビジネススクールである IESE（Instituto de Estudios Superiores de Empresa，欧州初の 2 年制 MBA）が，サルヴァートの専門職化で大きな役割を果たした。同社の第 4 世代の経営陣となった 3 名はここで学び，また同社は IESE の教員陣による定期的なコンサルティングを受け，また幹部は IESE のマネージャー養成講座を受講していた。

サルヴァートは，スペイン語圏の出版市場では首位であったが，その売上は依然としてヨーロッパの大手出版社を大きく下回っていた。1970 年にはサルヴァートの売上高は 10 億ペセタ程度であったが，アシェットの売上高は約 320 億ペセタ，ベルテルスマンでは約 140 億ペセタ相当の規模となっていた。サルヴァートは，ヨーロッパ的基準では中規模企業にすぎなかったのである。同社は買収によらずに垂直統合，国際化，関連部門への多角化を着実に進めていたが，それでもその成果は，ヨーロッパ最大級の出版社に比べると，見劣りするものであった。1980 年代に集中と競争が激しくなると，この企業間の差は拡大し，スペイン市場でも海外市場でも，サルヴァートの地位は弱くなった。サルヴァートはスペイン市場に参入してきた巨大出版社と競争することができず，同社の所有者一族は，同社をアシェットへ売却したのである。

1986 年，フランスのアシェットは，ヨーロッパの出版業の爆発的な拡大の中で，スペインの大規模出版社であればどんな企業であれ買収するという方針を固めた。同社は 20 世紀初頭からスペイン市場でフランス語書籍販売会社 SGEL を介して事業を行っていたが，ベルテルスマンに対抗するためにも，経営陣はスペイン語圏でのシェア拡大の道を模索していた。サルヴァートの事業は魅力的であり，また既存路線が行き詰まって後継者問題にも悩んでいたので，恰好の買収先であった。この買収の結果，アシェットは，1988 年以降，スペイン市場で大手企業の一角を占め，持株会社のラガルデールを通じ，多数の子会社を所有している。

## おわりに

ヨーロッパの出版社は，どのようにしてその競争力を維持したのだろうか。本章の分析では，戦後高度成長期が決定的な重要性を持ったこと，アメリカでのダイナミックな発展と，これが果たしたモデルとしての効果——規模の経済と範囲の経済の利用，専門職化——が，ヨーロッパの書籍業にとっても重要な意味を持ったことが浮き彫りになった。大量生産は急成長，垂直統合，多角化，組織の複雑化をもたらした。この全てが，それまで乏しい資金しか持たず，属人的なやり方で管理されていた伝統的な産業にとっては，試練であった。戦後の大量生産・大量販売では米国が世界のリーダーであったが，しかしヨーロッパの出版社も，各種のイノベーションでは決して後塵を拝してはいなかった。

国際競争で焦点となったのは，企業の集中である。ヨーロッパの出版社は，米国市場での変化に本腰を入れて対応した。1960 年代・70 年代には二つの傾向が際立つ。世界最大の米国市場での企業集中の動きと，比較的規模の大きな米国企業が，買収を通じて英語圏の市場を確保しようとする動きである。それとは対照的に，1980 年代・90 年代の成長は，規制緩和とグローバル化という大きな状況の下で，EC（欧州共同体）から EU へ至る市場統合への対応の中で実現したものであり，ヨーロッパの大手企業は，自社組織の漸次的成長による拡大よりも，買収・合併による成長を目指したのである。

ヨーロッパ企業がなぜ国際競争力を強化することができたのかを考えると，書籍産業の複雑性とともに，ヨーロッパという地域の競争優位が浮かび上がる。

第一に，本章では，出版社の成長にとって，また規模の経済の実現と，グローバル化する市場での競争において，合併・買収が最速かつ最も効率的な道であったことを強調した。ただし，ほとんどの企業グループが，買収した相手企業が元来の市場で持つ強みを活かすために，そのアイデンティティを尊重する道を選んだことも重要である。

第二に，国際的な出版社となるためには，非常に高い文化的な障壁を乗り越えなければならなかった。ベルテルスマン，ピアソン，サルヴァートが採用した戦略の多くは，もっぱらこの障壁の克服を狙いとしていた。英語の支配力の圧倒的な強まりにもかかわらず，言葉の多様性は決定的に重要であったし，しかも，非英語圏のヨーロッパが有した隣国や旧植民地に対する影響力は，それらの非英語圏に本拠を持つ出版社にとって，有利な条件となった。

第三に，イノベーションへの取り組み，文化的な感性，同族が所有し支配する企業の内外での専門職化の進展は，出版産業を支配した企業に際立つ特徴である。

第四に，政府の規制と干渉という，米国との比較ではヨーロッパ的ともいえる文化は，大陸ヨーロッパに，定価販売制度をはじめ各種の制度的条件をもたらした。これらは，ヨーロッパ出版業の発展にも貢献していた。

**注**

1）出版とは，著者の意識にあるアイディアを印刷媒体やデジタル媒体の製品の形に変えて読者の手に届けるための，多様な一連のプロセスの調整である。出版物の内容を管理し配布するという出版社の機能からして，出版は同時にマーケティングそのものでもある。また書き手がその作品を書籍・電子書籍という製品の形に変え流通させるには資金と組織が必要となるが，出版社は書き手に代わってこれを提供する。なお，出版業を，「コンテンツ産業」あるいは「メディア産業」の一部と捉えることも可能である。この二つの概念は，コンテンツ自体に注目するかその流通に着目するかで幾分異なるが，製造業・サービス業の双方にまたがる事業・経済的行為を捉えようとする点では共通する。

2）Ronald E. Barker, *Books for All : A Study of International Book Trade*, UNESCO, 1956.

3）UNESCO, *Courier*, September 1965, p. 15.

4）Philip G. Altbach, "Book Publishing," in UNESCO, *World Information Report*, 1997/98,

Unesco Publishing, 1997, p. 320.

5）ペーパーバックは製本上の概念であり，ソフトカバーを用いた並製本の書籍を指す。ハードカバーの対義語であって，初版本か再版本かの区別とは本来は直接には関係がない。ポケットブックは，廉価に製造された小型のペーパーバックであり，大衆市場向けにデザインされた商品であって，ペーパーバックの一範疇である。

6）Iain Stevenson, *Book Makers : British Publishing in the Twentieth Century*, British Library, 2010.

7）Robert Escarpit, *The Book Revolution*, Unesco, 1965, p. 4.

8）Dan Lacy, "Major Trends in American Book Publishing," in K. L. Henderson (ed.), *Trends in American Publishing*, University of Illinois, Graduate School of Library Science, 1967, p. 3.

9）20 世紀初頭の参入であり戦後高度成長期の事例ではないが，雑誌出版から書籍に参入したマグロウヒル（McGraw-Hill）の例が目立つ。

10）John Tebbel, *Between Covers : The Rise and Transformation of Book Publishing in America*, Oxford University Press, 1987.

11）Lacy, *op. cit.*, p. 5.

12）"The Big Story in Books is Financial," *Business Week*, May 16, 1970.

13）Albert N. Greco, "Mergers and Acquisitions in the U.S. Book Industry, 1960-89," in P. G. Altbach and E. S. Hoshino (eds.), *International Book Publishing : An Encyclopedia*, Fitzroy Dearborn Publishers, 1995, pp. 229-241.

14）Greco, *op. cit.*, pp. 229-241.

15）Instituto Nacional del Libro (1958-1986), *El Libro Español*, Madrid, 1974, pp. 175-182.

16）Peter Weidhaas and Wendy A. Wright, *A History of the Frankfurt Book Fair*, Weidhaas and Wight, 2007.

17）Moya Fernández and Christina Lubinski, "Business Groups in the Publishing Industry : A Cross-Cultural Analysis of Internationalization," paper presented at the XVIth World Economic History Congress, 9-13 July 2012, Stellenbosch University, South Africa, 2012.

18）Hertmut Berghoff, "From Small Publisher to Global Media and Services Company――Outline of the History of Bertelsmann, 1985 to 2010," in *175 Years of Bertelsmann――The Legacy for Our Future*, Bertelsmann, p. 29.

19）Dick van Lente and Ferry de Goey, "Trajectories of Internationalization : Knowledge and National Business Styles in the Making of Two Dutch Publishing Multinationals, 1950-1990," *Enterprise & Society* 9(1), 2008, pp. 165-202.

20）María Fernández Moya, "A Family-Owned Publishing Multinational : The Salvat Company (1869-1988)," *Business History* 52(3), 2009, pp. 453-470.

21）Fundación Germán Sánchez Ruipérez, *Conversaciones con editores en primera persona*, Papeles de la Fundación Germán Sánchez Ruipérez, 2006.

（安岡邦浩訳）

# 第 11 章

## 競争力の源泉としての規制
### 生命保険

マティアス・キッピング

### はじめに

本章では，19 世紀後半から今日まで，1 世紀半にわたり強い国際競争力を維持してきたカナダの生命保険業[1)]について，国内規制がその競争力の重要な基盤であったことを明らかにする。

生命保険は，家族のセーフティーネットとして契約されることが多く，主たる生計維持者の死亡・疾病・障害への備えとして（リスク型生命保険），あるいは「長生きのリスク」に備える長期貯蓄（蓄積型生命保険）として用いられる。生命保険は，非常に大きな信頼を必要とする。なぜならば，契約者は保険料を長期にわたって定期的（通常月ごと）に支払う一方，保険会社は，最終的な支払いを保険契約が結ばれてから数十年経って 1 回行うのみということもあるからである。そのため，企業の成功の度合いは，主に次の二つのケイパビリティに左右されている。

①正確に死亡率や関連リスクを予測するケイパビリティ。これは，保険数理を発展させ，専門職を生んだ。もっとも，これらのノウハウの多くは公知のものになり，それゆえに特定の企業の競争優位はほとんどない。

②保険契約者，会社の事業，株主（保険契約者によって所有される相互会社形

態の会社もあるが）のために十分な収益が得られるよう賢明な投資を行うケイパビリティ。投資収益とリスクの間で適切なバランスをとることが必要となる。

政府は，こうした生命保険会社の業務に規制を課す傾向にあった。過大なリスクを伴う投資で失敗したり，あるいは長期の保険契約で長期金利の予測が甘いと，保険会社は，保険契約者の死亡時や契約満期時に必要な保険金の支払いができなくなるからである。政府は，そうした事態から保険契約者を保護する必要があった。しかし，政府は，自身の利益のためにも規制を行っていた。生命保険会社によって集められた資金は，国の発展に利する投資に流れるように「指導」されていた。また，外国の保険会社に対しては，提供すべき保障，あるいは受入国内で投資運用される資金の割合について，厳格な要件を課す傾向にあった。そこで，本章では，特にカナダの事例を取り上げ，カナダ政府が生命保険産業をどのように規制したのか，またそれはカナダの生命保険業とどのような関係にあるのかを議論する。結論を先どりすれば，カナダ政府の規制は，カナダを本拠地とする保険会社の世界的な成功を説明する非常に重要な要因であった。

カナダが1867年に建国されて以来，カナダの生命保険会社は，世界的に有力な存在であり続け，かつ，最もグローバルに活動していた。例えば，1871年に設立されたサン・ライフ（Sun Life）は，わずか30年後には保険料の半分を国外から得ていた。しかし，注目すべきはサン・ライフのみではない。両大戦間期に目覚ましく成長を遂げた中国の生命保険市場に目を転ずると，サン・ライフは，その市場を支配していた4大カナダ保険企業のうちの一社にすぎなかった。第二次大戦後に一時的に停滞したものの，1980年代以降は，カナダの生命保険会社は，再びグローバル化を推し進めていった。その結果，2014年には，4社が時価総額で世界トップ20にランキング入りしていた。具体的には，8位にマニュライフ（Manulife），11位にグレート・ウェスト・ライフ（Great West Life），15位にパワー・コーポレーション（Power Corporation），16位にサン・ライフがランキング入りした[2)]。カナダ企業が，中国，米国の巨大ライバル企業と比べて異質な点は，国際化が非常に進んでいる点であろう。例えば，マニュライフは，2002年に中国市場で，中国中化集団との合弁企業の形で，外国の保険事業者として初の免許を得た。また，名の知れた保険会社であったジョン・ハンコック（John Hancock）を2003年に買収し，米国市場でも有力企業となった。加えて，同社は，カナダから日本への直接投資においては，最大の企業でもある（なお，日本企業で世界トップ20に入っているのは第20位の第一生命のみ）。

規制について，マイケル・ポーターは，これが世界的な競争優位の源泉となりうることを強調した。彼は，規制をある種の望まざる制約として捉えるのでなく，規制が先駆的なものであり，それにより国の企業が先行者となることができるのであれば，その国の産業は国際競争力を高めることができると論じた。この説明として，「製品の安全性と環境保護について厳しい基準を課した国内規制」によって，スウェーデンや日本の自動車メーカーが世界的有力企業となった例が用いられた[3)]。ポーターの主張は，後に「ポーター仮説」と呼ばれるようになり，基本的には，環境規制に関して議論がなされ，検証が行われてきた。ただし，その検証結果はまちまちであった[4)]。

本章は，「ポーター仮説」に対して，かなり違った産業から別の事例を提供する。しかし，さらに重要なことは，本章が提示するのは，カナダ生命保険業の事例の場合，規制のタイミングやその中身が最適であったわけではないことである。カナダはこれまで，生命保険業の規制に関して先駆者であることはほとんどなかった。また規制の強化であれ緩和であれ，カナダ政府は，イギリスないしは米国に倣う傾向にあった。むしろ重要であるのは，例えば経済的・金融的な危機の時代に，カナダ政府が支払能力規制を一時的に棚上げにしたことである。これにより，カナダ政府は，金融システム全体へのショックを避けながら，生命保険会社の存続を助け，保険契約者を守ることに成功した。もう一つの重要な例としては，外国の競合他社や投資家がカナダの生命保険会社の独立性を脅かしたとき，カナダ企業どうしの合併を政府が厳しく制限し産業内の競争を十分に確保しながらも，カナダの生命保険会社の独立性が保たれるようなルールを政府が採用したことが挙げられるだろう。

概して，生命保険会社，保険契約者，国の利害に目配りしたカナダ政府の適応性に富む規制体系は，長期間の方向づけを必要とする生命保険業に高い安定性，確実性をもたらした。結果として，カナダの大手生命保険会社は一社も倒産することはなかった。中小企業では倒産があったものの，その場合でも保険契約者は損失を全面的に補償された。消費者の安心感を得る上でこれは絶大な効果を持ち，これによりカナダ生命保険業の世界的な評価は，確固たるものになった。もちろん，安全で，中立的で，「退屈」なカナダというイメージもそれに寄与していた。

以下，本章ではカナダ生命保険産業と大手企業の歴史的発展を概観する。特に，カナダにおける規制体系，変わりゆく環境に対する柔軟な規制の適用と適応が，どのようにカナダ生命保険産業を国内での成功と世界的な拡大に駆り立てていき，また，それらを支えていったのかを明らかにする。

## 1　外国による支配――カナダにおける保険の起源（17世紀～1867年）

今日のカナダ領がイギリス帝国の一部であった植民地時代，カナダの生命保険市場を支配していたのは外国企業であった。規制は，イギリスの伝統を引きずっていた。一つの例を，ライフ・インシュランス・アンド・トラスト・カンパニー（Life Insurance and Trust Company）に見ることができる。同社は，アッパー・カナダ（今日のオンタリオ州）の州議会によって特許状を得たものの，イギリス本国の植民地相は，「生命保険業務，預金業務，財産受託業務の兼業」は，イギリスの伝統からして不適切であるとし，営業許可を与えなかったのである[5)]。1867年にカナダ連邦が結成されて以降，初めて作成された統計では，連邦へ登記されたカナダ内で事業を行う生命保険会社の内訳では，13社はイギリス企業，9社は米国企業であり，カナダ企業は1社のみであった[6)]。

そのただ1社のカナダ企業とは，カナダ・ライフ（Canada Life）であった。1849年に特許状を得たカナダ・ライフは，イギリスの例を参考にし，業務ノウハウを身につけた。カナダ・ライフは，1815年カーライル生命表を採用し[7)]，ナショナル・ローン・ファンド・ライフ・アシュランス・ソサイエティ・オブ・ロンドン（National Loan Fund Life Assurance Society of London）の保険証券を見本として使い，総支配人にイギリスの同業他社の出身者を選んだ。カナダでは，生命保険はまだほとんど理解されていなかったが，カナダ・ライフは，「身分の低い層」をターゲットにすることで成長機会をつかむことに成功し，1869年までに15％の市場シェアを持つに至った。

しかしこの時期には，カナダ・ライフは，その危うい投資方針のために，倒産の危機に瀕したこともあった。1850年代，より高い収益を得ようと，カナダ・ライフは，投資の比重を市町村債と州債から不動産担保ローンに傾けた。しかし，不動産ブームが1857年に終わると，不動産担保ローンの債務不履行が増加し，カナダ・ライフの経営状態は極端に悪化したのである。もっとも保険契約者が比較的若く，その数が伸び続けていたので，保険料から新たな現金が得られ，何とかして破産を免れることができた。

カナダ・ライフが倒産の危機に瀕したという経験は，カナダ生命保険業にとって重要な教訓となった。これはカナダ・ライフばかりでなく，カナダの政策立案者にも共有された。保険業には規制が必要であるとの教訓を得た新政府は生命保険を規制するための介入を迅速に行ったが，これは企業家たちに事業機会を与えることになった。

## 2　形成期（1867年～第一次大戦）

### 1）カナダの規制体系

連邦結成後の数十年間でつくられた新しい規制体系は，基本的に1980年代末に大幅な規制緩和がなされるまで維持された。次第に厳格となった規制と，国内企業と国外企業の差別的取り扱いは，カナダの生命保険会社に事業機会を提供した。

この時期の保険会社への規制について具体的に述べると，まず，カナダ自治政府の初代政権は，ジョン・A. マクドナルド首相の下，1868年に自治領保険法（Dominion Insurance Act）を制定した。その法律は二つ以上の州で活動を行うすべての会社に対して，次のことを義務づけていた。①財務大臣から免許を得ること。②大臣に年次報告書を提出すること。③保険種目ごとに預け金（deposit）を支払うこと。なお外国企業の預け金の額は，国内企業の 2 倍の水準に設定された。

1875 年と 1877 年には，二つの法令が追加され，規制がさらに強化された。1875 年の法律では，金融省の中に保険監督官（Superintendent of Insurance）が設立された。1877 年の法律では，監督官の権限が，保険会社すべての監督に拡大され，保険会社には，年次報告書を公開する義務が課せられた。保険会社は，保険契約者からの潜在的な保険金請求のすべてに応じるため，貸借対照表上に十分な準備金があることを示すよう求められた。しかも，すべての会社はカナダでの保険契約を履行するのに十分な資産をカナダ国内に有さねばならなかった。これは，資本の国外流出を避け，保険契約者を守るための規定ではあったが，同時に，外国企業にとっては制約となった[8)]。

1899 年にも法律が追加され，投資に対する一般的な規制が初めて設けられた。1899 年の法律は，生命保険会社に対し，保険契約債務に対する準備金の運用予定収益率を 4.5 % から 3.5 % に引き下げるよう求めた。同法はまた，企業が，特段の制限なしで，カナダ政府債，外国政府債，各種の企業債（社債，株式）に投資することを可能にもした[9)]。後者の規定は，カナダの生命保険会社の国際化にとって，重要な規定となった。というのは，これにより投資を外国支店に留めることが可能となり，国外投資先で課される準備金の基準を満たせるようになったからである。

### 2）カナダ企業の成長

上で述べたような一群の立法によって，それまでカナダ市場を支配していた外国の生命保険会社の位置は大きく揺らいだ。表 11-1 が示すように，イギリスの生命保険会社の市場シェアは，世紀転換期までには 40 % 超から 10 % 未満までに下落した。米国企業の市場占有率も，19 世紀の終わりまでには約 30 % へと減少した[10)]。

反面，カナダを本拠地とする生命保険会社は，新しい規制体系に由来する成

**表 11-1**　保険会社（本社）所在国別のカナダでの生命保険保有契約高（1870～1945 年）

| 年 | カナダ (%) | 米　国 (%) | イギリス (%) | 合　計 (百万カナダドル) |
|---|---|---|---|---|
| 1870 | 15.0 | 44.3 | 40.7 | 42 |
| 1875 | 25.8 | 51.3 | 22.9 | 85 |
| 1880 | 41.5 | 36.9 | 21.7 | 91 |
| 1885 | 49.7 | 33.0 | 17.3 | 150 |
| 1890 | 54.4 | 32.8 | 12.7 | 248 |
| 1895 | 59.0 | 30.3 | 10.8 | 319 |
| 1900 | 62.0 | 28.9 | 9.2 | 431 |
| 1905 | 63.1 | 29.9 | 7.0 | 630 |
| 1910 | 66.1 | 28.3 | 5.6 | 856 |
| 1915 | 63.3 | 32.3 | 4.4 | 1,311 |
| 1920 | 62.6 | 34.5 | 2.9 | 2,657 |
| 1925 | 64.3 | 33.1 | 2.6 | 4,159 |
| 1930 | 66.5 | 31.7 | 1.8 | 6,492 |
| 1935 | 66.5 | 31.5 | 2.0 | 6,259 |
| 1937 | 65.8 | 32.1 | 2.1 | 6,541 |
| 1945 | 66.1 | 32.0 | 1.9 | 6,441 |

出所）J. Owen Stalson, *Marketing Life Insurance : Its History in America*, Harvard University Press, 1942, Appendix 32 ; Edward P. Neufeld, *The Financial System of Canada : Its Growth and Development*, Macmillan of Canada, 1972, table 8. 1.

長の機会を逸せずに捉えていった。首位のカナダ・ライフに加え，他の国内保険会社も急速に力をつけていった。表 11-2 はカナダの有力な生命保険会社の大まかな情報である。

カナダの生命保険会社の多くが，企業家精神に富むオーナー経営者を持ち，国内外の双方で急速に拡大していった。トロントには生命保険会社が多数設立されて集積をなしており，またそれ以外の主要都市でも，それぞれ 1 社ずつ，地元の生命保険会社が事業を行っていた。

トロントを本拠地とした生命保険会社のうち，重要な 2 社は，コンフェデレーション・ライフ（Confederation Life）とマニュファクチャラーズ・ライフ（Manufacturers Life）であった。コンフェデレーション・ライフは，1871 年に設立され，世紀転換期には，第 3 位のカナダ生命保険会社となった[11]。他方，1887 年に設立されたマニュファクチャラーズ・ライフは，首相ジョン・A. マクドナルドを名誉社長として迎えた。彼が死去すると，蒸留業者であるジョー

**表11-2**　1900年時点の10大カナダ生命保険会社の概要と各年の相対資産規模

(%)

| | 設立年 | 本社地 | 1900 | 1920 | 1930 | 1945 | 現　在 |
|---|---|---|---|---|---|---|---|
| カナダ・ライフ | 1847年 | ハミルトン | 38.1 | 18.1 | 12.5 | 9.6 | グレート・ウェスト・ライフ (2003年〜) |
| サン・ライフ | 1865年あるいは1871年 | モントリオール | 17.6 | 27.3 | 39.0 | 37.1 | |
| コンフェデレーション・ライフ | 1871年 | トロント | 13.1 | 6.5 | 5.4 | 6.0 | 清算（1994年〜） |
| ミューチュアル・ライフ・オブ・カナダ | 1868年，オンタリオ州にて許可，1878年，連邦で認可 | ウォータールー | 8.7 | 10.1 | 7.7 | 7.8 | サン・ライフ (2001年〜) |
| ノース・アメリカン・ライフ | 1879年あるいは1881年 | トロント | 6.7 | 4.8 | 3.0 | 2.8 | マニュライフ (1996年〜) |
| マニュファクチャラーズ・ライフ (マニュライフ) | 1887年 | トロント | 3.8 | 7.9 | 7.2 | 9.1 | |
| インペリアル・ライフ | 1898年 | トロント | 1.9 | 4.6 | 4.2 | 3.7 | デジャルダン (1994年〜) |
| フェデラル | | | 2.1 | – | – | – | サン・ライフ (1915年〜) |
| ロンドン・ライフ | 1874年，オンタリオ州にて許可，1884年，連邦で認可 | トロント | 1.7 | 3.1 | 4.3 | 6.6 | グレート・ウェスト・ライフ (1997年〜) |
| グレート・ウェスト・ライフ | 1891年 | ウィニペグ | 1.6 | 8.9 | 8.5 | 7.1 | パワー・コーポレーション |
| 5大企業のシェア | | | 84.2 | 72.3 | 74.9 | 70.7 | |

出所）Neufeld, *ibid*., pp. 247–248 ; Michael Bliss, *Northern Enterprise : Five Centuries of Canadian Business*, McClelland and Stewart, 1987, p. 272.

注）マニュファクチャラーズ・ライフは1920年の時点で，テンペランス&ジェネラル・ライフ（Temperance & General Life）を含んでいた。同社は，1884年あるいは1886年に創業され，1910年で1.6%の資産シェアを持っていた。しかし，実際には1901年にマニュファクチャラーズ・ライフに買収されていた。

ジ・グッダーハムが後継者となり，グッダーハム家は，1950年代までマニュファクチャラーズ・ライフを支配した（その時期までには，マニュライフと改名されていた[12]）。

トロント以外に本拠地を構えたカナダの生命保険会社のうち重要なものは次の各社である。ウォータールーに1868年に設立されたミューチュアル・ライフ（Mutual Life）は，1950年代後半まで，大手生命保険会社の間では唯一の相互組合方式の保険会社だった。また，ロンドン・ライフ（London Life）は，1874年に創設され，第二次大戦末頃にはカナダで4番目に大きな生命保険会社となっていた。もっとも，この会社は国外へは進出しなかった[13)]。カナダ西部のマニトバ州ウィニペグで1891年に設立されたグレート・ウェスト・ライフは，1896年までにはカナダのすべての州で有力な事業者となった。ただ，そのビジネスの大部分は1930年代まで地方向けで，小さな町や農場で販売を行っていた[14)]。

この時期に創業されたカナダの生命保険会社の中で最も注目を引くのは，モントリオールで設立されたサン・ライフである。実質的には1871年に設立された同社は，第一次大戦までには，カナダで第1位の生命保険会社となった。そればかりでなく，同社は積極的に外国へ進出していった。この躍進には，サン・ライフの画期的な商品開発が大きく寄与していた[15)]。

1880年に，サン・ライフは，世界で初めて「無条件保険証券（unconditional policy)」を発行した。それまで生命保険会社は，特定の職業（これにはホテルや酒場の経営者まで含まれていた）の者に対し，危険性を理由に保険契約を結ぶことを拒否していた。また，特定の国や地域への旅行を禁じたり，あるいはより高額の保険料を支払うように求めたりしていた。しかし，サン・ライフの保険証券には，次のような簡素な三つの条件だけが印字されていた。

> 被保険者は，追加保険料なしで，世界中いかなる場所にも居住することができる。
> 被保険者は，追加保険料なしで，いかなる職業にも従事することができる。
> この保険契約は，満2年の効力を持った後，いかなる事由があろうとも解除不可能となる。

サン・ライフはまた，カナダから国外に進出した初めての保険会社でもあった。同社は，1890年初頭までに，イギリス領西インド，シンガポール，スリランカ，インド，オスマン帝国，日本，蘭領インドネシアに代理店を設けていた。1893年からはイギリスで，また1895年からは米国でも事業を開始した。

こうして，1900年時点で，サン・ライフは，半分近くの保険料をカナダ外から集めるようになっていた。サン・ライフは，その当時最もグローバル化した生命保険会社であったと考えられる[16)]。

外国へ進出したカナダの生命保険会社はサン・ライフにとどまらなかった。1900年までに6社がカナダ外へ進出し，国外で得られる保険料は，保険料総額の20％超を占めた[17)]。米国事業とイギリス事業は，地理的，文化的な近さから恩恵を受けていた。しかし，カナダの生命保険会社の成功の理由としてより重要であったのは，「低開発植民地の富裕層（その多くがヨーロッパ人の植民地管理者）が，安定した国の安定した会社と保険契約を結ぶことを望んだ」ことにあった[18)]。

上で述べたような安定性は，カナダ政府による国内規制の帰結であった。その後数十年，カナダの生命保険会社は革新の道，国際化の道を歩み続けることになる。しかし，1930年代の大不況によって，カナダの生命保険会社の地位は大きく揺らいだ。だが，カナダ政府は安定性を確保するための対応を行い，会社の救済さえ行ったのである。

## 3　さらなる拡大と大恐慌の「恐怖」(1918〜45年)

### 1）革新性と外国市場での拡大

両大戦間期，カナダの生命保険会社は国内でも国外でも，革新性を維持し，拡大を続けた。最も重要な生命保険商品上の革新は，おそらく，第一次大戦後に導入された団体契約であろう。これによって多くの生命保険会社が，1930年代の大恐慌の影響を切り抜けた。というのは，大恐慌期には，新規の個人契約はわずかにとどまり，他方，多くの既存契約者が保険料を支払えなくなっていたからである。

両大戦間期，サン・ライフは国内市場を支配し続け，1920年代末には40％近い市場シェアを得た。サン・ライフは国外でいっそうの成長を遂げ，1930年には，保険料収入に占める外国の比率は80％となっていた[19)]。

しかし，ここでも外国事業において目覚ましい業績を残したのはサン・ライフに限ったことではなかった。カナダの生命保険会社は，特に米国と中国で事業を拡大していた。カナダの生命保険会社の保有契約高に占める米国での事業の割合は，1920 年代初頭には 7％を下回っていたが，1930 年には 20％を超えるまでになった[20)]。

中国では，サン・ライフ，マニュファクチャラーズ・ライフ，コンフェデレーション・ライフ，クラウン・ライフ（Crown Life）の 4 社が市場を支配していた。サン・ライフとマニュファクチャラーズ・ライフの両社は，19 世紀後半から中国で事業を行っていた。初期には，両社ともイギリス商社に頼っていたが，事業はあまり成功しなかった。しかしサン・ライフは，中国市場を支配していた同業他社を 1923 年に買収し，最大手となった。一方，マニュファクチャラーズ・ライフは買収によらない成長を選び，計八つの支店を設立した。マニュファクチャラーズ・ライフの成功の理由は，当時の上海での販売ターゲットが，トロントの場合と似ていたという事実にあった。コンフェデレーション・ライフとクラウン・ライフも 1930 年代初頭に中国に進出し，1941 年までにかなりの規模を獲得した。最終的には，中国市場の場合，マニュファクチャラーズ・ライフは，先行していたサン・ライフを追い越した。しかし，1941 年には日本による占領で，すべてのカナダ会社は，中国事業を手放すことになった[21)]。

### 2）大恐慌と規制の柔軟な運用

国内市場を支配し続け，国外へも拡大し続けていた一方で，カナダの生命保険会社は，1930 年代に深刻な問題に直面した。それは，カナダの生命保険会社が政策立案者の意図を超えて，米国への長期資本の輸出を積極化させていたことに由来した[22)]。1930 年に，保険監督官は普通株の比率を総資産の 25％以下に制限することを提案した。この比率は，カナダの生命保険会社の発意により 15％（簿価）に引き下げられ，1932 年に法律が成立した[23)]。しかし同法の制定は，多くの企業，特に普通株が総資産の簿価の半分超を占めていたサン・ライフにとっては遅きに失するものだった[24)]。

大恐慌による資産価値の減少に直面すると，保険会社は，カナダと米国の双方の規制者に，救済を求めた。両規制当局とも，保険会社の倒産を望まず，会社が保有株ごとに資産査定を行い，年次報告書に用いる「公式価格」を設定することを認めた。誰もこれらの証券を欲しがらなかったことを考えると，この公式価格とは，完全な虚構であった。しかし，サン・ライフの場合，保有証券の市場価格の総額が十分に回復する 1936 年まで，この措置の庇護を受けることができた[25)]。

このように，大恐慌という明らかに例外的な状況において，カナダの政策立案者は，柔軟な対応をとった。もし破産するようなことがあったならば，会社自身だけでなく，保険契約者や，おそらくは国全体にも被害が及んだであろう。そして，カナダ政府は，第二次大戦直後に，カナダ大手生命保険会社が外国からの買収の脅威にさらされたときにも，これと同様の柔軟さを見せる。

## 4　国内への注力——撤退から再生へ（1945～70 年代）

総じて，カナダの生命保険会社は，第二次大戦後に多くの国際事業から撤退した。例えば，中国事業は第二次大戦後に再開されたが，1946 年，サン・ライフとマニュファクチャラーズ・ライフは中国本土事業を閉鎖し，残りの事業を香港に移した。こうした動きにより，19 世紀末に保険業の国際化が始まって以来初めて，外国での保有資産の割合が減少した[26)]。

この時期，カナダの生命保険会社は成長の著しい本国市場に注力していった。国際化を最も進めていたサン・ライフの場合でも，1950 年代終わりには，北米市場がサン・ライフの事業の大部分を占めるようになり（カナダ 51 %，米国 34 %），イギリス，南アフリカ，他の英連邦諸国は合計でも 13 % にとどまり，それ以外の地域は 2 % のみとなった[27)]。

とはいえ，外国企業による買収が本格的に危惧されたのもこの時期だった。1954 年から 61 年の間に，中小保険会社のうち，数社が外国企業によって買収された。サン・ライフも，ニューヨークの投資家から投機的な攻撃を受け，カナダ政府，バンク・オブ・モントリオール（Bank of Montreal）の援助によって，辛うじてこうした攻撃をかわすことができた[28]。マニュライフでは，1951年，グッダーハム家最後の社長が死去した後，彼の遺産である同社の45％以上の株式がカナダ国外に流失する懸念が生じた[29]。

大手保険会社は，これらの脅威に直面して，保護を求めてカナダ政府に対してロビー活動を行った。政府は，カナダ・ブリテン保険会社法（Canadian and British Insurance Companies Act）の修正に同意し，1957年末にこの修正案は議会を通過した。法改正により，取締役の過半数はカナダに居住地を持つカナダ市民でなければならないとされ，株式の国外流出を禁止する権限が取締役に与えられた。最も重要な点は，会社が自身の株式を「公正で妥当な金額」で買うことを許可したことだった。これによってすべての株を取得した場合には，保険会社を相互会社に転換することが可能になった[30]。こうして，19世紀後半に進まなかった相互会社化の動きが進展し，大企業のうち3社（サン・ライフ，マニュライフ，カナダ・ライフ）が相互会社化した[31]。他の企業はこの流れに従わなかったが，それでもなお，カナダ人の所有下にとどまった。その一例はグレート・ウェスト・ライフであり，同社は，モントリオールを地元とする金融業者ポール・デマレと彼の会社であるパワー・コーポレーション（Power Corporation）によって所有された[32]。

しかし，政府はカナダの生命保険会社を外国人による買収の可能性から保護すると同時に，社会保障立法を行うことでその市場機会も制限した。年金に関していえば，1951年，議会は国民皆保険を提供する老齢保障法（Old Age Security Act）を可決した[33]。医療・保健に関しては，1966年，連邦政府は，州の管轄であった医療保障行政を改め，国民皆医療を提供する法律を制定した[34]。

もっとも，カナダ政府の社会保障立法は，結果的に，生命保険業に新たな事業機会を与えることになった。相次ぐ機構改革と保険料率の引き上げにもかかわらず，四半世紀後の1990年代になると，退職後，公的年金に頼れると信じるカナダ人はほとんどいなくなっていた。そのため個人貯蓄，私的年金が必要視されるようになり，事業機会が生まれた。また，医療に関しても，医薬品への給付，歯科治療，保険外診療といった領域では州による違いが残ったために，団体契約による重要な事業部門として残された[35]。

1960年代から70年代には，ほぼすべての会社が高成長を記録し，市場全体の成長と商品の多様化の進展に対応するために，組織構造の変革を行った[36]。多くの企業は，トップ・マネジメントの役割を，創業家出身のリーダーたちから，自社生え抜きの経営者に委ねた[37]。その中には，アクチュアリーとして訓練された者も多く見られた。さらに重要なことに，1970年代，カナダの生命保険会社は，販売，管理，アクチュアリー，投資という主要職能に基づく従来型の中央集権的な組織を再編し，相当程度に自立的な地域別事業部からなる分権的組織へと移行した。カナダ事業部，米国事業部，それに「遠隔地事業部」（マニュライフ）あるいはイギリス事業部（サン・ライフ）が，それぞれの地域を担当した[38]。

これらの組織改革によって，カナダの生命保険会社は，続くグローバル化の時代の荒波に耐え，成長を成し遂げる基盤を整備した。この新しい環境は厳しく，いくつかの企業の没落を招いたが，国際市場に再進出して成功を収めた企業も現れた。

## 5　合併とグローバリゼーション（1980年代以降）

### 1）規制体系の再編と合併・買収

カナダ政府は，第二次大戦後，外国企業による買収だけでなく国内企業による買収も禁止していたが，大企業からの圧力によって，1978年に政策を転換した。この政策転換を利用し，1984年にマニュライフは，アイオワに本拠を持つ米国企業のカナダ子会社を買収した[39]。

1980年代半ばになると，カナダ政府は規制行政をさらに変化させた。1987年，政府は金融機関監督庁（Office of the Superintendent of Financial Institutions）を創設した。同庁は，「連邦によって特許状・免許を交付され，または登記されたすべての銀行，保険会社，信託，ローン会社，協同信用組合，共済組合」の規制に責任を持った[40]。これは，それ以降，「リトル・バン」[41]と呼ばれたものの一部であり，金融機関の間にそれまで設けられていた多くの障壁が撤廃されていった。

カナダ政府は，規制緩和が競争の激化をもたらすこと，またそれにより破綻のリスクも高まることを考慮し，消費者保護のメカニズムを堅固にするため，保険業界へ圧力をかけた。一方，保険業界は，政府による介入を警戒し，1990年，カナダ生命・健康保険補償会社（Canadian Life and Health Insurance Compensation Corporation）を設立して，この動きに応じた。結果的に，これは絶妙のタイミングであった。というのも，1990年代初頭，コンフェデレーション・ライフを含むカナダの三つの生命保険会社が破綻したからである。生命保険会社の破綻は連邦結成以降，初めての事件であった[42]。

残ったカナダの保険会社を一段と強化するため，政府は合併に対し以前よりも寛容になり，純粋な国内企業相互間の買収をも認めた。この政策転換に乗じた最初の企業は今回もマニュライフであったが，最も活発に合併活動に取り組んだのはグレート・ウェスト・ライフであった。同社は，1997年にロンドン・ライフを買収し，2003年にはカナダ・ライフの支配権を得た[43]。サン・ライフも，この動きに続いた[44]。

### 2）ビッグスリー体制の成立

相次ぐ合併・買収により，2005年までにカナダにおいて，グレート・ウェスト・ライフ，マニュライフ，サン・ライフからなるビッグスリーが誕生した。3社は，2008年には，国内市場シェアの75％を握り，そのうちグレート・ウェスト・ライフが31％，マニュライフが23％，サン・ライフが21％を占めた[45]。

同じ時期，この3社のいずれもが，外国事業を拡大した。そのパターンは，買収を多用するという点を除けば，初期の国際化の特徴と似ていた。グレート・ウェスト・ライフは，主に米国企業に狙いをつけ，大規模な買収を繰り返した[46]。また，サン・ライフは，米国だけでなく，中国，インド両国へも拡大を遂げた[47]。マニュライフも，日本や中国などアジア事業を再建した。現在，マニュライフは，アジアで全収益の20％を得ており，また最大の対外事業部門であるアメリカ合衆国では，収益の3分の1を得ている[48)]。

グレート・ウェスト・ライフを除き，カナダの生命保険会社の近年の拡大は，もう一つの政策転換により促進された。その政策転換とは，相互会社が株式会社化することを認め，またそれによってこれらが資本市場を利用できるようにするというものである。1996年に政府が株式会社化を認める意志を明らかにすると，四つの大手相互会社，マニュライフ，サン・ライフ，カナダ・ライフ，クラリカライフ（Clarica Life）（前・ミューチュアル・ライフ）が株式会社化の意向を表明した[49)]。

21世紀初めには，生き残ったカナダの生命保険会社3社は，国内市場で圧倒的な地位を維持するのみならず，1世紀前に誇った世界的な影響力を取り戻していた。その地位の強さは，近年の金融危機からの回復力からも測ることができる。もちろん，課題も多い。しかし，「カナダの生命保険会社は，世界中のどこの同業他社よりも財務的に健全」と評されているのである[50)]。

## おわりに

カナダの生命保険業の歴史は，国内外で強い競争力を築き，しかもそれを長期にわたり維持しえた要因が，当然ながら企業によって多様であることを示している。サン・ライフの場合には，無条件保険証券といったイノベーションや国外進出の意志に見られた企業家精神によって，20世紀前半，世界的な競争力を獲得した。同様に，マニュライフやグレート・ウェスト・ライフが見せた第二次大戦以降の競争環境変化に対する適応力についても，それぞれの事例について，個別にその理由を求めることができるであろう。

しかし，本章では，規制政策もまた重要な役割を担ったと結論づけたい。連邦結成以後，カナダ政府は，生命保険業のために相互に関連を持つ三つの目標を追求した。第一の目標は，カナダ生命保険業の国内外での拡大を通じてカナダの資本蓄積を促進すること，第二の目標は，カナダ生命保険業が外国勢による買収に対抗できるだけの生存力を確保すること，第三の目標は，財務健全性要件と競争を通じ，国内外の保険契約者を保護することであった。そして，ほぼ150年間にわたり，カナダ政府は，環境の変化に対して規制体系をうまく適応させ続けた。

規制体系は，全期間を通じて政府によって押し付けられるものというよりは，政府と業界とが協議し作り上げるというものだった。こうした中，大きな脅威を回避するというカナダ政府の方針により，国内のみならず国外でも，カナダ生命保険を魅力的なものとした安定性が創出された。

本章の事例が示すのは，持続的な競争優位の創出において規制政策が果たした役割の重要性である。カナダ生命保険業の事例は，規制を他国に先駆けて導入することによる先行者優位によって持続的な競争力が生じるのだとする「ポーター仮説」に疑問を投げかけるものである。なぜならば，カナダの規制当局は，20世紀初頭の規制の強化にせよ，20世紀末にかけての規制緩和にせよ，多くの事例で他国の規制当局に遅れをとっていたからである。むしろ，カナダの生命保険業に関する規制体系を際立たせているのは，環境変化への適応力であり，被保険者，保険会社，国の資本需要といった関連利害すべてに対する考慮であった。

**注**

1）カナダにおける再保険，損害保険を含む保険業については，Matthias Kipping and James Darroch, “Canada : Taking Life Insurance Abroad,” in Peter Borscheid and Niels Viggo Haueter (eds.), *World Insurance : The Evolution of a Global Risk Network*, Oxford University Press, 2012, pp. 252–273 を参照。

2）http://www.statista.com/statistics/376359/largest-life-insurance-companies-by-market-cap/ を参照。

3）Michael E. Porter, *The Competitive Advantage of Nations*, Macmillan, 1990（土岐坤他訳『国の競争優位』上・下，ダイヤモンド社，1992年), p. 47. Michael E. Porter and Claas van der Linde, “Toward a New Conception of the Environment-Competitiveness Relationship,” *Journal of Economic Perspectives* 9(4), Autumn 1995, pp. 97–118 ; idem, “Green and Competitive : Ending the Stalemate,” *Harvard Business Review*, September/ October 1995, pp. 120–134 も参照。

4）ポーター仮説を概観するには，Marcus Wagner, *The Porter Hypothesis Revisited : A Literature Review of Theoretical Models and Empirical Tests*, University of Lueneburg, Centre for Sustainability Management, 2003 を参照。

5 ) Edward P. Neufeld, *The Financial System of Canada : Its Growth and Development*, Macmillan of Canada, 1972, p. 222.

6 ) 以下，この項については，Neufeld, *ibid.*, pp. 222–232 ; Michael Bliss, *Northern Enterprise : Five Centuries of Canadian Business*, McClelland and Stewart, 1987, pp. 271–274 ; David G. Burley, "Baker, Hugh Cossart," *Dictionary of Canadian Biography Online*, Vol. VIII, University of Toronto/Université Laval, 2000 を参照。

7 ) カナダ・ライフがカナダ向けの生命表を初めて発表したのは 1895 年だった。http://www.canadalife.com/003/Home/CorporateInformation/CompanyOverview/EarlyYears/index.htm を参照。

8 ) Neufeld, *op. cit.*, pp. 233–237.

9 ) Neufeld, *op. cit.*, p. 238 ; Joseph Schull, *The Century of the Sun : The First Hundred Years of Sun Life Assurance Company of Canada*, Macmillan, 1971, pp. 44–45.

10) J. Owen Stalson, *Marketing Life Insurance : Its History in America*, Harvard University Press, 1942, pp. 436–438, Appendices 30–32.

11) David Roberts, "Macdonald, John Kay," *Dictionary of Canadian Biography Online*, Vol. XV (http://www.biographi.ca) ; Rod McQueen, *Who Killed Confederation Life? The Inside Story*, McClelland & Stewart, 1996, ch. 1.

12) Dean Beeby, "Gooderham, George," *Dictionary of Canadian Biography Online*, Vol. XIII (http://www.biographi.ca) も参照。マニュファクチャラーズ・ライフ，マニュライフの歴史については以下を参照。Anon., *The First Sixty Years : 1887-1947. A History of the Manufacturers Life Insurance Company*, 1947 ; R. V. Ashforth, *And All the Past is Future : Commemorating the Hundredth Year of the Manufacturers Life Insurance Company*, [1987] ; Rod McQueen, *Manulife : How Dominic D'Alessandro Built a Global Giant and Fought to Save It*, Viking, 2009, ch. 3.

13) James A. Campbell, *The Story of the London Life Insurance Company, Vol. 1. 1874-1918*, London Insurance Company, 1965.

14) The Great-West Life Assurance Company, 100 Years of Service, 1891 to 1991 : The Early Years (http://www.greatwestlife.com/001/Home/Corporate_Information/Company_Overview/index.htm).

15) いくつかの会社史がある。Schull, *op. cit.* ; Jeffrey Norman, *The Path of the Sun : An Informal History of Sun Life Assurance Company of Canada*, [1996] ; Laurence Mussio, *Sun Ascendant : A History of Sun Life of Canada*, McGill-Queen's University Press, 2007.

16) Schull, *op. cit.*, pp. 20–21, 24–26, 33–38 ; Neufeld, *op. cit.*, pp. 255–257.

17) Neufeld, *op. cit.*, pp. 255–257.

18) Bliss, *op. cit.*, p. 277.

19) Neufeld, *op. cit.*, pp. 255–257.

20) Schull, *op. cit.*, pp. 57–58 ; Stalson, *op. cit.*, p. 438, Appendix 33.

21) Stephen Salmon, "The Great Institution of Life Insurance : Canadian Life Insurance

Companies in China, 1894–1941," paper presented at the annual meeting of the Canadian Economic Association, Ottawa, 2003；Stephen Salmon, "Transacting a Successful Business : Knowledge, Informal Empire and Canadian Life Insurance Companies in China, 1892–1941," paper presented at the annual meeting of the Business History Conference, St. Louis, Missouri, 2011.

22）R. T. Naylor, *The History of Canadian Business, 1867–1914, Vol. II*, James Lorimer, 1973, p. 246.

23）Neufeld, *op. cit.*, pp. 240–241.

24）Laurence B. Mussio, "The Political Economy of Solvency : The Case of Sun Life and the Depression, 1929–1939," paper presented at the annual meeting of the Business History Conference, Toronto, 8–10 June 2006.

25）Schull, *op. cit.*, pp. 66, 72.

26）Neufeld, *op. cit.*, p. 256.

27）Schull, *op. cit.*, p. 103.

28）Schull, *op. cit.*, pp. 109–114；Norman, *op. cit.*, pp. 62–65.

29）Ashforth, *op. cit.*, pp. 45–46；http://www.manulife.com/public/article/index/0,,lang=en&navId=610026&artId=144595,00.html を参照。

30）Schull, *op. cit.*, pp. 114–115；Neufeld, *op. cit.*, pp. 246–249.

31）http://www.canadalife.com/003/Home/CorporateInformation/CompanyOverview/EarlyYears/index.htm を参照。

32）詳細は，Power Corporation of Canada, Seventy-Five Years of Growth 1925–2000, pp. 11ff.（http://www.powercorporation.com/powercorp/history/PCC_eng.pdf）.

33）Canadian Museum of Civilization, "The History of Canada's Public Pensions"（http://www.civilization.ca/cmc/exhibitions/hist/pensions/cpp1sp_e.shtml）を参照。

34）Canadian Museum of Civilization, "Making Medicare : The History of Health Care in Canada, 1914–2007"（http://www.civilization.ca/cmc/exhibitions/hist/medicare/medic00e.shtml）.

35）Bruce Little, *Fixing the Future : How Canada's Usually Fractious Governments Worked Together to Rescue the Canada Pension Plan*, Rotman/UTP Publishing, 2008；Wendy Pyper, "RRSP investments," *Statistics Canada Perspectives*, February 2008, pp. 5–11 を参照。

36）Ashforth, *op. cit.*, p. 50.

37）Norman, *op. cit.*, p. 70.

38）Ashforth, *op. cit.*, pp. 53–58；Norman, *op. cit.*, pp. 84–90.

39）Ashforth, *op. cit.*, p. 74.

40）Office of the Superintendent of Financial Institutions, "Our History"（http://www.osfi-bsif.gc.ca/osfi/index_e.aspx?DetailID=372）.

41）James L. Darroch, "Global Competitiveness and Public Policy : The Case of Canadian Multinational Banks," *Business History* 34(3), 1992.

42）*Ibid.*；http://www.assuris.ca/Client/Assuris/Assuris_LP4W_LND_WebStation.nsf/page/Past+Insolvencies!OpenDocument&audience=policyholder を参照。

43）“A Canadian Insurer Attracts a Second Acquisition Offer,” *New York Times*, 20 August 1997.

44）サン・ライフの 2000 年から 10 年の活動については，http://www.sunlife.com/Global/About + us/Our + history?vgnLocale=en_CA を参照。

45）例えば，Robin Arnfield, “Canada Sees Stability,” Life Insurance International, LII 254（March 2010）; http://www.vrl-financial-news.com/wealth-management/life-insurance-intl/issues/lii-2010/lii-245/canada-sees-stability.aspx を参照。

46）Ian Austen, “Canadian Insurance Giant to Buy Putnam Investments,” *The New York Times*, 2 February 2007.

47）例えば，“Sun Life expects more growth in China, India due to middle class growth, insurance penetration is currently low,” *Investment Executive*, 23 November, 2010.

48）McQueen, *op. cit.*, ch. 14.

49）Department of Finance Canada, “Canada's Life and Health Insurers, February 1999”（http://www.fin.gc.ca/toc/1999/health-eng.asp）.

50）Arnfield, *op. cit.*

（井澤　龍訳）

# 第12章

## 地域的な産業集積からグローバルな競争優位へ
## 浚　渫

ブラム・バウエンス／ケーティ・スライタマン

### はじめに

産業集積と地域的クラスターについて，*The Oxord Handbook of Business History* の一つの章で論じたジョナサン・ザイトリンは，今後深められるべき分野として，産業集積の持続可能性についての歴史研究を挙げている。産業集積や，地域に根ざした生産のシステムは，それが成立した後，どのようにして生き残り，長期にわたって存続していくのであろうか。市場や技術の変化や，経済構造の転換に対して，これらは，どのように対応していくのであろうか[1)]。

本章は，オランダの浚渫業（dredging industry）を取り上げ，地域に根ざした産業がいかにしてその活力を維持してきたのかという上記の問題について検討を行う[2)]。なおここでは，オランダでの歴史的な実状に即して，「浚渫業」を，浚渫に限らず，干拓・埋立を含む海洋・治水・港湾土木一般に従事する事業者・産業部門を総称する概念として用いる。これには，人工島の造成など，必ずしも浚渫や「港湾」土木に限られない幅広い海洋関連の建設土木活動――水と土砂の制御を軸とするもの――が含まれる。

第一に，オランダのある特定の地域が19世紀のうちに国内最大の浚渫業の中心地となったのはなぜなのか，そして，この相対的に遅れた地域の人々が，どのようにして，ロシア，中国，オランダ領東インド（現在のインドネシア），南米など世界各地からの国際的な受注を獲得したのか，という問いに取り組む。また第二には，比較的小さな規模にすぎなかった企業が，20世紀に浚渫業が巨大な事業となっていく中で，いかにして支配的企業になったのかについて検討する。当初においては，ネットワーク的関係や濃密な親族関係に優位性の源泉があったと見られるが，20世紀後半には，国外事業比率を高めていく少数の多角化した巨大企業への寡占化が顕著に進展した。本章は，どのような競争優位が，これらの企業による国際浚渫市場での圧倒的な地位の構築を可能たらしめたのか，またこのサクセス・ストーリーにおいて，その本拠地の地域的な特性がどの程度の意味を持ったのかについて，考察する。競争力の源泉を探るために，本章では，浚渫業クラスター全体を視野に入れ，またこれを，オランダの産業全体の中に位置づける。

成功の鍵となったのは，一つには政府による巨大なインフラストラクチャー整備事業であり，また，オランダの浚渫企業と，他の部門のオランダ多国籍企業，とりわけ石油産業，海洋開発産業（offshore industry），造船業における企業のつながりであった。

## 1　オランダにおける浚渫業の勃興（19世紀〜20世紀前半）

### 1）浚渫業への地域的な専門化

オランダの歴史は，治水（water management）の歴史であるといっても過言ではない。海面下にあるその国土は，歴史的に河川・海洋と深く結びついており，輸送・航行・港湾機能と関係が深い経済構造を持つという点でも，オランダが浚渫業と干拓技術の発展に絶好の環境となったのは，いわば当然のことであった。

浚渫は，オランダのあらゆるところで行われていた。とはいえ，ロッテルダムの東南30 kmあまり，メルヴァーデ河に面した小さな町のスリードレヒトとヴェルケンダムは，特別の位置を占めていた。16世紀から，スリードレヒ

**表 12-1**　ヴァール河改修工事への参加企業の本拠地（1830〜1912年）

| 本　拠　地 | 企業数 | 構成比（%） |
| --- | --- | --- |
| スリードレヒト（Sliedrecht） | 83 | 21 |
| ハルディンクンフェルド（Hardinxveld） | 35 | 9 |
| パーナルデン（Pannerden） | 34 | 9 |
| ナイメーヘン（Nijmegen） | 21 | 5 |
| ヒーセンダム（Giessendam） | 14 | 4 |
| ザルトボモル（Zaltbommel） | 11 | 3 |
| ヴェルケンダム（Werkendam） | 8 | 2 |
| その他 | 186 | 47 |
| 合　　計 | 392 | 100 |

出所）Van Heiningen, *Diepers en delvers*, Walburg Press, 1991, Annex 3, pp. 384–390 に基づき算出。

トの出身者たちは，運河掘削や港湾の浚渫，水路の航行維持のための工事，それに排水路の脆い土手を守るための工事を，スコップと手押し車を使って巧みに行うことで名を馳せていたのである。19 世紀になると，スリードレヒトのほとんどの男たちがこの産業で働くようになり，この厳しい肉体労働に，小規模な農業との兼業で従事していた。表 12-1 は，この小村スリードレヒトが 19 世紀にいかに重要であったかを示している。

この地域がなぜオランダ浚渫業の中心地となったのかは，極めて興味深い問題であるが，いくつかの要因を指摘できる。この地域の地理的な条件が，浚渫，干拓，その他の海洋関係の建設土木活動を促進した。河川に面し，またロッテルダムという巨大な港に近いという条件も，当然ながらこの発展の基盤となった。他の就業機会が乏しいことも，遠方まで出稼ぎに行き浚渫・排水・干拓工事に従事する動機となった。勤勉さも一つの要素である。スコップを扱うことができ長時間労働を苦にしない者であれば誰でも，この仕事に就くことができた。この職種は，カルヴァン派らしく禁欲的で厳しい勤労を厭わないこの地域の人々に向いていた[3)]。この産業では高い技能は必要でなく，現場で働きながらこれを習得するのが普通であった。

### 2）政府の役割

浚渫業の発展においては，政府は，巨大なインフラストラクチャー整備事業に着手することで決定的な役割を演じた。19世紀には多くの運河が建設され，主要な河川では水深を確保する工事がなされた。新たに土地も造成された。組織は極めて単純であった。官庁に所属するエンジニアが主導し，プロジェクトの構想・計画・組織・管理のすべてに責任を負った。当初は，請負業者はプロジェクトに対して何ら発言権を持たなかった。これら官庁のエンジニアは，単に技術的な仕様を指示したにとどまらず，労働時間や，労働者の宿舎やその他の労働条件についても決定していた[4]。しかし19世紀の間に，この一方的な関係は次第に変化していった。というのも，政府は，浚渫用の設備や船舶には自らは投資を行わないという決定を下したからである。

19世紀の間に，浚渫に用いられる技術は根底的に変化した。蒸気力で動く浚渫機が，人力や，風力・畜力駆動の浚渫機に取って代わった。蒸気力の登場で，遠心ポンプや回転式カッターヘッドといった発明も可能となった。技術革新は浚渫業者の生産性を飛躍的に向上させた[5]。政府は，この業界による新技術への投資を後押しした。当初は，政府のエンジニアが蒸気力の利用を決めると，外国企業が国内企業に取って代わった。しかしこれに対する対応として，いくつかのオランダの浚渫企業も，これに対抗するために蒸気力の採用を進めた。1860年代以降になると，これらの企業は，蒸気機関利用技術と関連の技術革新に投資するのに必要な資本を集めるために，自発的に——どちらかというと不安定ではあったが——組合を組織した。組合は，既存の地域的なネットワークや家族間のつながりを基盤につくられたが，同時にこの部門の職業的な専門化を促進し，浚渫業の変貌の前提条件を創出した。政府が中心的な役割を担うことに疑問が投げかけられることはなかったが，しかし産業の近代化によって，政府と浚渫業の関係は，長期的には変化していくことになった。

政府当局と工事請負業者の関係は，エンジニアが企業幹部となるようになると，変化した。多くの企業家が，今や，その子弟をデルフト工科大学に通わせるようになったのである。こうして，19世紀末に新しい世代の企業幹部が浚渫業界を担うようになると，これら企業は，単により多くの工学的な知識を集めるようになったのみならず，政府のエンジニアとも緊密な関係を持つに至った。浚渫企業は，政府との間で，より対等の立場で交渉を行うことができるようになったのである。

オランダ人エンジニアの間の人的関係のおかげで，オランダの浚渫企業は，国際的な契約をより容易に獲得できるようになった。オランダ政府に雇用されるエンジニアは国際的に高い評価を得ており，外国政府から，干拓，排水，運河・港湾・堰の建設，水文学（hydrology）等について助言を求められることがしばしばであった[6)]。政府のエンジニアが切り拓いた事業機会を捉えて，オランダの浚渫企業は，多くの工事を国外で受注した。さらには，オランダ領東インドでの事業活動は，他のアジア地域での事業にとっても，その跳躍台となった。ここでも，ネットワークが重要な役割を演じた。オランダのある請負業者は，オランダ政府のエンジニアの推薦を受けて，日本人労働者の監督のために，淀川に赴いている[7)]。オランダの実業家，政治家，外交官は，いずれもオランダ浚渫業の能力向上に対する支援を惜しまず，知識や効率面でその比較優位を強化すべく積極的にこれを支えた。19 世紀末には，銀行家である E. D. ファン・ヴェーレーと，オランダ中国貿易商会（Holland-China-Trading Company）の取締役である F. B. ヤーコプは，中国政府に対しロビー活動を行い，これに成功している。オランダのいくつかの浚渫請負企業が合同して設立した東アジア浚渫会社（The East Asiatic Dredging Company）は，上海の黄浦江の浚渫契約に加わった。こうしたネットワークを通じて，オランダの浚渫企業は，アジアから南米に至るまで，世界中から工事を受注した。いくつかの事例では，小国の浚渫企業であるがゆえに諸外国から脅威とみなされず，そのおかげでこれら外国政府から受注を得たという証拠がある[8)]。

第一次大戦によって浚渫業の国際的な拡大は中断したが，戦後すぐに，オランダにおいて新しい機会が訪れた。19 世紀と同様に，巨大な公共事業が，浚渫業の拡大と業界内の再編を促進したのである。広大な干拓地を作り出すために，5000 $km^2$ の面積を持つ内海であったゾイデル海を閉じるダムを建設することになった。新たに作られた淡水湖の間に堤防が築かれ，排水が行われた[9)]。このプロジェクトはあまりに巨大であり，大手浚渫企業間の密接な協力を必要とした。ほとんどの事業家は互いに顔見知りであり，しばしばそれにとどまらない緊密な関係を持っていた。ゾイデル海干拓計画に加わるために，大手浚渫企業は共同企業体を設立した。まもなく，より規模の小さな企業も，最初の企業連合に対抗するため，合同へと動いた。当然ながら政府も，競合しあう二つの請負企業グループの誕生を歓迎した。

1930年代に入ると，過剰設備と競争の激化が，多くの浚渫企業にとって深刻な問題となった。政府は発注数を削減し，また時を同じくして，巨大なゾイデル海事業関係の契約が終了した。浚渫企業のほとんどは，メンテナンス工事で生き残りを図らざるをえず，利益率は悪化した。浚渫企業は業界団体を組織し，カルテル協定を結んだが，しかしそのいずれも，浚渫業の巨大な過剰設備への対応としては十分なものではなかった。代わりの方策も限られていた。しかしスリードレヒトの浚渫企業のうち数社は，外国子会社の設立に成功した。ボスカーリス（Boskalis）社がイギリスに設立したウェストミンスター浚渫社（Westminster Dredging Company）はその一つである。同社は英蘭企業であるユニリーバ（Unilever）社からボンブロー（リヴァプール近郊）のドック群の浚渫工事を受注したが，これは，英蘭海峡の対岸での事業活動の成功の第一歩となる契約であった[10)]。

## 2　国際浚渫産業での支配的地位の構築（20世紀後半）

### 1）戦災復興需要とデルタ計画

第二次大戦以降，オランダの浚渫は，復興特需の恩恵を享受した。大戦の終結時には，港湾・橋梁は破壊され，国土は洪水に見舞われていた。とりわけボルヘレン島の被害は甚大であった。というのも，連合国は1944年に，ドイツ軍を駆逐するために堤防を爆撃していたからである。ボルヘレンの堤防の修復は困難な挑戦であり，工事に着手するまで1年近い準備期間を要した。常に流入・流出を繰り返す海水によって，開口部がますます広く，また水深も深くなっていたからである。伝統的な工法，すなわち海底を粗朶でできた沈床基礎で保護し，漂礫粘土をその間に投入するという方法では，開口部を塞ぐことはできなかった。結局，中古船を沈めたり，またノルマンディー上陸作戦で用いられ遺棄されていたケーソンを用いるといった尋常でない手段が講じられた。ケーソンの使用は，ゾイデル海の堤防建設の際にも検討されたが，その時点では伝統的な工法が選択されて，しかもそれで成功していた。しかし 1945 年の工事では，ケーソンはその有用性を証明し，それ以降，防潮堤建設時の選択肢の一つとなった[11]。

1953 年，大潮時の満潮と嵐による高潮とが重なり，ゼーラント，北ブラバント，南ホラントの多くの堤防が決壊した。1800 名以上の人命が失われ，800 km の堤防が壊れ，2000 $km^2$ の土地が洪水の被害に見舞われた。しかもその大半は，海水による浸水であった。被害の甚大さは，徹底した対策の必要を認識させた。修復工事が終了した後，政府は，デルタ計画（Delta Plan）と称される巨大な規模の新しい水害防止計画を公表した。この計画は，海岸部の防護をより強固にするため，潮汐にさらされる河口部の封鎖を予定しており，また多くのダムと，防潮堤，海水と淡水を分離するための堰，そして従来よりも高い海岸堤防の建造を含むものであった[12]。当初は，浚渫企業は計画策定にほとんど関わらなかったが，しかしこれら企業の専門知識の重要性が次第に認知されるに至った。

この計画はその全体が巨大であるばかりでなく，その個別の事業も大きな規模であり，しばしば新しい領域にわたるものであった。そのため政府は，たとえ大企業に対してもこれを個別の請負企業に委ねる方針を採らず，工事請負会社が共同企業体を形成して応募すべきであるとした。そのためオランダの大手浚渫企業はこの工事を分け合わねばならず，すべての企業が，この学習過程に関わることとなった。他のセクターも利益を得た。オランダの造船企業は，浚渫船や浚渫機器への需要に応え，また政府は，デルタ計画のより実験的な部分に投じる目的で，特殊目的の運搬船を発注した。デルタ計画は，1954 年にオランズエイシェルの高潮防潮堤から着手され，1988 年，オスタースヘルデ防潮堤の完成によって公式的には完了したが，その後も堤防や新しいダムを設ける工事は続いた[13]。

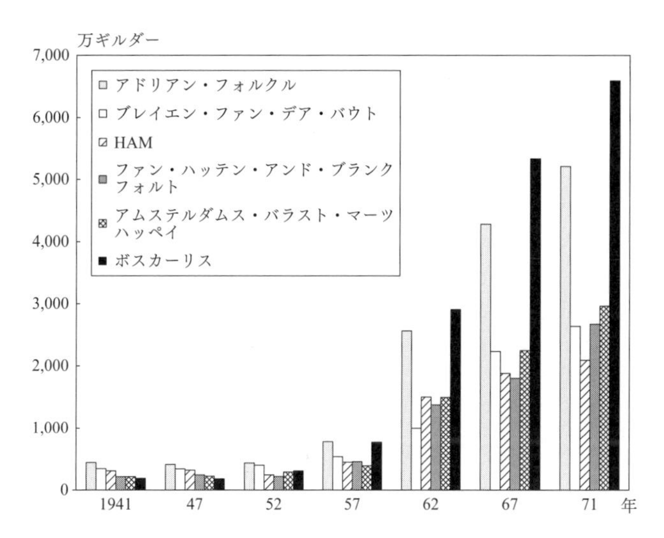


**図 12-1**　オランダ浚渫大手6社の浚渫船等所有設備額（1941〜71年）

出所）国立スリードレヒト浚渫博物館（NBS），浚渫業者中央文書館（Archive Centrale Baggerbedrijf）の資料より作成。
注）数値は残存価値。建造費－減価償却費（年率1.5％）。

デルタ計画は，オランダの浚渫業にとって強力な追い風となった。1941年から71年の間の各社の保有浚渫設備所有額を示した図12-1からは，オランダの6大浚渫企業の拡張ぶりを読み取ることができる。

またこの図12-1は，1941年に大手6社のうち最も小さな規模であったボスカーリスが，1971年には最大の企業となったことも示している。

### 2）浚渫＝石油＝海洋開発クラスター

この国内市場の拡大によって，オランダの浚渫企業は，伝統的な港湾建設・拡張，都市建設土木工事に加えて，その競争力基盤として，革新的な要素を持つ重要な工事を経験することとなった。しかし，オランダの浚渫企業の学習過程の基盤となったのは，このデルタ計画に限られなかった。戦後の発展によって，石油産業が拡大を遂げていたからである。石油の探査と採掘は，多くの浚渫業需要を生み出した。また石油の輸送においても，ますます巨大なタンカーが必要になった。これらの活動のほとんどは国外で行われたが，しかしこれはオランダの浚渫企業にとっては障害にはならなかった。というのも，巨大な国際石油企業の一つであるロイヤル・ダッチ・シェル（Royal Dutch Shell，以下シェルと略記）が，偶然にもオランダと英国にその本拠を有していたからである[14]。

浚渫企業と石油企業の間のこの関係を明らかにするために，浚渫企業であるボスカーリスの事例に焦点を当ててみよう。1930 年代以来，同社は英国に子会社ウェストミンスター浚渫社を有していた。この在英子会社が，石油事業への進出の最初の足がかりとなった。1953 年，ボスカーリスは，英蘭各 2 社からなる 4 社が共同して設立したオーバーシーズ・ドレッジング・カンパニー（Overseas Dredging Company，以下 ODC と略記）の親会社の一つとなった。この ODC は，クウェート，イラン，カタール（ドーハ）で石油関連事業に携わった。イランとドーハでのプロジェクトでは，シェルとの関係も見られた。パキスタンとインドでは，ODC は海運業に関連する事業を行った。しかし当初見込んだ利益が上がらなかったため，ODC は解散し，その親会社はそれぞれ独自に事業を行うこととなった。ボスカーリスは中東での事業を続け，中東のシェル子会社を通じて，石油積み出しターミナルという新しいニッチ市場を開拓した。これは，沖合での係留ブイのメンテナンス，船舶の港湾での荷下ろし・積み込み時の曳航を含む業務である。ボスカーリスは中東からアフリカにも事業を広げ，ナイジェリアや南アフリカの石油ターミナル事業を受注した。この専門化した事業の他にも，ボスカーリスは，ナイジェリアで，シェルの石油関連事業を多数獲得した。掘削機を石油掘削場所まで運搬するための運河建設，掘削用リグを設置するための干拓などがその例である。またナイジェリア政府からは，オランダの浚渫企業は港湾拡張工事と港湾地区の建設用地の造成契約を獲得した[15]。

第二次大戦前から，オランダ領東インドは，オランダ企業の国外事業の中核をなしていたが，これは，1957 年にインドネシア共和国がオランダ企業を接収・国有化すると，終焉を迎えた。しかしこれに代わって，世界の別の場所で，オランダ企業による新しいクラスターが誕生した。そうしたクラスターの一つが，ベネズエラのマラカイボ湖に見られる。ここでは，シェルが1950年代に石油生産を急拡大し製油所を設立していた。オランダの銀行であるHBUはマラカイボに事務所を開設し，石油缶メーカーであるファン・レール（Van Leer）がここに工場を設け，また浚渫企業であるHAMは，運河を建設した。同じようなクラスターは，ナイジェリアにも出現した。英蘭多国籍企業のユニリーバは，その子会社であるUACを通じて，以前から同国で活発な事業を行っていた。ファン・レールは1939年に工場を設け，1950年にはオランダの貿易会社であるハーゲメイヤ（Hagemeyer）と，石油会社のシェルとが，ナイジェリアに進出した。同国での石油生産には，オランダの浚渫企業であるHAMとボスカーリスが参入し，またこれに続いて，造船会社のダーメン（Damen）が，浚渫船のメンテナンスのための合弁会社を設立した。このように，オランダ企業が存在することが，他のオランダ企業の参入を促進したのである。異国にあって，ヨーロッパ人たちは定期的に親睦会やパーティーを催しており，そうした場で将来のプロジェクトや受注につながる話題が出たことは間違いない[16]。

1960年代には，北海で石油生産が開始され，石油関連ビジネスは本国にずっと近いところでも行われるようになった。オランダの大手浚渫企業は，5社の共同出資によるネザーランズ・オフショア・カンパニー（Netherlands Offshore Company : NOC）の設立によって，石油探査事業に参画した。NOCは海上移動型の掘削リグの建設に取り組んだ。しかし同社は，石油掘削自体を直接に手掛けることはせず，これを，NOCと米国企業であるセドコ（Sedco）の合弁企業であるセドニス（Sedneth）に委ねた。建造第一号となる掘削リグの費用の80％は，シェルとの契約によって賄われ，シェルのエンジニアが開発したスタフロ（Stafflo）リグの設計に基づき造られた。さらにNOC自身も，クレーン船を自主開発することで，海洋開発産業に参入していった。タンカーを改造し，海底パイプライン敷設や重量物の引き揚げに用いられる特殊船を建造した。1970年代初頭の好景気の後には，これらの特殊船に十分な市場を確保することが，困難な課題となった。1979年にNOCは同社が所有していた船舶を売却した。他方ボスカーリスにとって，シェルはとりわけ重要な顧客であり，また同社の将来の発展にとっては重要な情報源であった。ボスカーリスが1969年に上場企業となった際には，その監査役会の議長に，シェルの元取締役会役員を迎えた。この人物が退職した際には，新たに他の元シェル取締役会員を迎えたが，この役員は1985年までその座にとどまった。

## 3　世界の浚渫企業とオランダ・ベルギーのクラスター

オランダ浚渫業の業界団体は，1979年における世界の浚渫企業ランキングを公表している（表12-2）。これは所有船舶への投資額の順位を示したものであり，世界の10大企業に，オランダ企業が4社，またベルギー企業が1社，名を連ねている。

1970年代の景気後退期においても，中東での石油ブームが幸いして，浚渫企業にはすぐには打撃が及ばなかった。オランダの浚渫企業や建設企業は，産油国での港湾・道路・産業用地建設で巨額の受注を獲得した。しかし不況は造船業にとって打撃となった。生き残ったわずかな企業のうちの一社で，後にトップ企業となったIHCは，トレイリング・サクション・ホッパー浚渫船や，カッター・サクション浚渫船[17]に専門化した企業である。

**表12-2**　1979年における世界の浚渫企業規模ランキング

（百万ギルダー）

| 順位 | 企業名 | 本社所在国 | 保有浚渫船総額 |
|---|---|---|---|
| 1 | ボスカーリス | オランダ | 467 |
| 2 | 国営企業 | 中国 | 448 |
| 3 | ファルカル・スティーヴィン | オランダ | 408 |
| 4 | 国営企業 | ソビエト連邦 | 234 |
| 5 | HAM | オランダ | 218 |
| 6 | ドレッジング・インターナショナル | ベルギー | 193 |
| 7 | 五洋建設 | 日本 | 171 |
| 8 | アメリカ陸軍工兵隊 | アメリカ合衆国 | 163 |
| 9 | BAM | オランダ | 155 |
| 10 | 国営港湾企業 | イラク | 154 |

出所）Dredging Museum Sliedrecht, Archive Centrale Baggermaatschappij, 3.03, figures about the world dredging market.

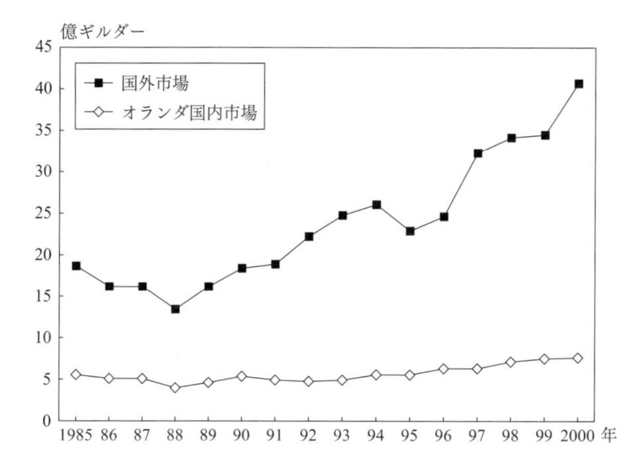


**図 12-2**　オランダ浚渫業企業の国内外売上高の推移（1985～2000 年）

出所）Annual Report Centrale Baggermaatschappij, 1985-2000.

1980 年代に原油価格が下落すると，浚渫業は深刻な打撃を受けた。特にボスカーリスの場合には深刻であった。同社は，1970 年代に多角化を進めていたが，新事業の多くは赤字に陥っていたからである。オランダの浚渫業界では再度の業界再編が不可避であるとの声が高まり，ボスカーリスは市場から消えるほかないと見られていた[18]。しかしボスカーリスは再建策を示して銀行団の同意を取りつけ，中核事業の浚渫業に事業を絞り込んだ。後の ABN アムロ銀行の前身の一つであるオランダのアムロ銀行（AMRO bank）は，ボスカーリスを破産の危機から救う上で枢要な役割を果たした。同行は，国際的に事業を展開するオランダ企業のネットワークが重要であると考え，救済に乗り出したのである。ボスカーリスは，銀行側のこの期待を裏切らなかった。1988 年，スリムになったボスカーリスは市場の信頼を取り戻し，再び拡大基調に乗り始めた[19]。業界再編は起こったが，消え去ったのはボスカーリスではなかった。

図 12-2 は，1985 年以降のオランダ浚渫企業の売上高を示したものである。売上高が底を打って拡大基調に復したのは，ようやく 1988 年のことである。オランダの国内市場はその後も停滞を続けており，緩やかな拡大へと転ずるのは，1995 年以降である。

1990 年代以降の成長市場はアジアであった。世界の浚渫産業にとって最大規模のプロジェクトは，香港での海上空港の建設であった。チェクラップコク国際空港は，二つの島をつないで造られた。14 隻のトレイリング・サクション・ホッパー浚渫船，4 隻のカッター・セクション浚渫船，3 カ所のブースター・ポンプ基地，7 隻のグラブ浚渫船，20 隻のホッパー・バージ船が世界中からかき集められ，この工事に投入された。オランダ，ベルギー両国の浚渫企業は，この工事のためのコンソーシアムに加わった。工事契約が結ばれたのは 1992 年であったが，1998 年には早くも空港は完成していた。工事の間，オランダ人駐在員の数は多数に上り，そのため香港にオランダ人小学校が開校されたほどである[20]。この工事に引き続き，他にも多数の大規模土地造成事業がアジアで行われた。またアジアの経済成長は，大規模な新鋭港湾施設の需要をも生み出した。そうした中，港湾・運河のメンテナンスは，浚渫業の中核的な事業であり続けた。

大規模な干拓・造成事業の結果，浚渫企業は，より大型の専用船を投入するようになった。1968 年，ボスカーリスは，9000 m$^3$のホッパー（土砂積載）容量を持つ世界最大のトレイリング・サクション・ホッパー浚渫船を投入した。1997 年には，2 万 3000 m$^3$の積載量を持つ巨大なトレイリング浚渫船が竣工した。これもまた，当時世界最大規模のトレイリング浚渫船であった。これらと並び，より小さなサイズの浚渫船も建造された。コンピュータ制御を大幅に取り入れた最新鋭の浚渫船は，浚渫作業を従来よりもはるかに正確なものにした。浚渫船に関する技術革新は，浚渫企業と造船企業との間の緊密な協働によって実現した。オランダの造船会社 IHC は多くの受注を獲得し，この部門で確固たる地位を確立した[21]。

1990 年代には，すぐ近くから新しい競争相手が登場した。ベルギーの二つの浚渫企業，DEME とヤン・デ・ヌル（Jan De Nul）が，1990 年代に拡大した新市場で急激な発展を遂げたのである[22]。これはオランダ企業にとって深刻な脅威になった。ベルギー企業はどのようにして競争力を獲得したのであろうか。この問いに対しては，このフラマン（ベルギーのオランダ語圏）系浚渫業は，実際には同じクラスターの一部をなしているということができる。しかも

2 社のうち 1 社は，オランダにそのルーツを有している。

1993 年，マイケル・ポーターの著書に刺激され[23]，「オランダ技術・政策トレンド研究センター（Dutch study centre for technology and policy : TNO）」は，オランダ・ベルギー両国の浚渫業の経済的な強みを，一つのクラスターとして分析している。その強みは，どのように説明されているだろうか。第一に，近代的な浚渫企業たるには，高価な船舶と他のやはり価格の高い設備機器を必要としており，これが新規参入者にとって高い参入障壁となっている。さらに，顧客と工事受注企業，工事受注企業と下請企業，さらにこれらに対するサプライヤー企業の人的ネットワークが，非常に緊密である。浚渫業の場合，これを何か他の主体に代替することは実際上不可能である。浚渫用設備機器サプライヤーに対する浚渫企業の支配力は，浚渫船造船企業である IHC が圧倒的な地位を有しているために，特段強いとはいえない。しかし浚渫企業は，調達先を特定の一企業に完全に依存するような事態を避けようとしている。浚渫企業の顧客に対する支配力には，顧客のほとんどが各地の政府であるということからして，限界がある。他方，工事が非常に専門的な場合には，政府の側にも，あまり選択肢はない。以上を総括して，TNO の研究は，均衡のとれた勢力関係が成立していると結論づけている。オランダ浚渫業の競争力の源泉は，非常に要求水準が高く技術革新も活発な本国市場であった[24]。

2001 年，ボスカーリスは，世界の浚渫業市場の売上高規模を 70 億ユーロと見積もった。そのうち半分の 35 億ユーロが，自由な市場での取引であった。この自由な市場を支配していたのは，西ヨーロッパの大手浚渫企業であり，その世界シェアは 60 % と推計される。ボスカーリスは一社で 20 % を占めており，この業界でトップの座を維持している[25]。同社と首位を争う位置につけているのは，これもオランダ企業であるファン・オールト（Van Oord）と，ベルギー企業の DEME，ヤン・デ・ヌルの両社である。これら 4 社は，いずれも，世界市場で極めて強い競争力を有しているといえる。

## おわりに

100年以上経っても，スリードレヒトとこれに隣接するパーペンドレヒトの街は，依然として浚渫企業の最大の集積地である。というのも，パーペンドレヒトには，オランダ最大の浚渫企業ボスカーリスが立地しており，またスリードレヒトには，浚渫船の造船で支配的な地位を誇るIHCメルヴェデ（IHC Merwede）が本社を構えているからである。他のオランダの大手浚渫企業は，スリードレヒトから30 kmと至近距離にあるロッテルダムに本社を置いている。同時に，浚渫業とその支援産業からなり，また非常に長い歴史を誇るクラスターは，地域的にも拡大を遂げて，オランダの他の地域やベルギーの一部の企業をも含むに至ったといえるだろう。また世界市場の中では，オランダとベルギーは，当然ながら一つの地域として定義することができるだろう。

オランダの浚渫企業は，その母国の自然環境が海洋と河川に対する強固な防護を必要としたという自然的立地条件によって，育まれてきた。同時にこの自然環境はまた，港湾と運河の建設によって人々に恵みをもたらした。これらのために，不断の浚渫工事需要が生まれた。浚渫業にとっては，19世紀の段階で，政府が，浚渫のための設備を浚渫企業が自ら調達する方式を採用したことは，決定的に重要であった。これによって，浚渫業者のうち特に企業家精神に富んだものが成長を遂げて大規模な投資を行い，その結果，政府の側が，これら企業の能力に依存するようになったのである。

ザイデル海干拓事業やデルタ計画に代表されるような20世紀の巨大なインフラストラクチャー事業によって，オランダの浚渫企業はいっそう大規模となり，その能力も高まった。国際市場においては，最大規模の石油会社の一つであるロイヤル・ダッチ・シェルがオランダ（およびイギリス）に設立されたという事実も，オランダの浚渫企業にとっての利点となった。同社の存在のおかげで，浚渫企業は，地元オランダ（およびイギリス）で，国外事業に関する受注交渉を行うことができたからである。ボスカーリスは，シェルの取締役を退任した者を自社の監査役会に迎えることで，意識的に人脈を構築した。実際にボスカーリスはこれによってシェルからの受注を獲得した。もちろん，ボスカーリスは，シェルだけを相手に事業を行っていたわけではない。同社は，他の石油会社や政府からも工事を受注していた。オランダの浚渫業の強い国際競争力は，単に，海に近いという立地条件や，技術的な挑戦といえるゾイデル海干拓やデルタ計画の産物であるとはいえない。というのも，オランダが世界有数の石油会社の本国でもあるという事実が，地理的にも技術的にも，オランダの浚渫業が新しい世界を切り拓くにあたって重要な役割を演じたからである。

高価格で最新鋭の錚々たる浚渫船団を擁する国際的な大手企業がいったん誕生すると，新参者が市場に参入することは困難になった。ベルギーの企業がこれら大手企業に挑みその競争相手となったが，しかし，これらベルギーの企業もまた，オランダ浚渫企業と同一のクラスターから生まれ，同一の支援産業に属するサプライヤーと容易に関係を築くことができたのである。ごく近年においては，中国の国営企業が，この参入障壁を克服するだけの資金調達条件を有しているとも考えられる。今のところ，オランダ企業は，プロジェクトの設計プロセスのより早い段階にまでそのサービスを拡大し，また最新の技術に投資を行うことで，この新たな挑戦に応じている。

## 注

1）Jonathan Zeitlin, "Industrial districts and regional clusters," in Geoffrey Jones and Jonathan Zeitlin (eds.), *The Oxford Handbook of Business History*, Oxford University Press, 2008, pp. 234-236.

2）本章は，筆者らがオランダの浚渫企業であるボスカーリス（Boskalis）社について行った社史研究に基づく。Bram Bouwens and Keetie Sluyterman, *Verdiept verleden : een eeuw Koninklijke Boskalis Westminster en de Nederlandse baggerindustrie*, Boom Onderwijs, 2010.

3）W. Bos, *Sliedrecht : dorp van wereldvermaardheid*, Zaltbommel, 1969, p. 58 ; Hans Vandersmissen, *Ophogen en uitdiepen : uitgegeven ter gelegenheid van het 50-jarig jubileum van de Vereniging "Centrale Baggerbedrijf,"* Smits bv., 1985, p. 56.

4）Bouwens and Sluyterman, *op. cit.*, pp. 30-37.

5）H. van Heiningen, *Diepers en delvers : geschiedenis van de zand- en grindbaggeraars*, Zutphen, 1991, pp. 123-203 ; W. Bos, *Van baggerbeugel tot sleepzuiger : een overzicht van de ontwikkeling in de Nederlandse baggerindustrie*, Sliedrecht, 1974, pp. 27-31.

6）G. P. van de Ven (eds.), *Leefbaar laagland: geschiedenis van de waterbeheersing en landaanwinning in Nederland*, Mattrijs, 2003, p. 181; S. J. Fockema Andreae, "Waterschap-sorganisatie in Nederland en in den vreemde," *Mededelingen der Koninklijke Nederlandse Academie van Wetenschappen: afdeling letterkunde, nieuwe reeks* 14(9), 1951, pp. 319–320.

7）R. de Neve, "De Hollandse methode in Japan," in L. A. van Gasteren et al. (eds.), *In een Japanse stroomversnelling: berichten van Nederlandse watermannen—rijswerkers, ingenieurs, werkbazen—1872–1903*, Euro Book, 2000, pp. 197–198. 明治政府が明治初期に河川・港湾事業のために招聘したオランダ人技師団は総勢 10 名にのぼり，そのうちデレーケが率いるグループが，淀川の治水を中心とする西南日本の工事を担当した。淀川資料館『第 4 回企画展「デ・レーケと淀川，その時代」展』2000 年，および同史料館所蔵資料を参照（http://www.yodo-museum.go.jp/material/index.html）。

8）Bouwens and Sluyterman, *op. cit.*, pp. 54–62.

9）Willem van der Ham, *Verover mij dat land*, Boom, 2007, pp. 211–300; van de Ven (eds.), *op. cit.*, pp. 237–286.

10）Bouwens en Sluyterman, *op. cit.*, pp. 133–139.

11）Willem van der Ham, *Heersen en beheersen: Rijkswaterstaat in de twintigste eeuw*, Europese Bibliotheek, 1999, p. 176; A. Doolaard, *Het verjaagde water: Geannoteerde uitgave door K. d'Angremond en G.J. Schiereck*, Delft University Press, 2001, p. 30, Appendix 4, pp. 540–560, Appendix 5, pp. 561–772, Appendix 6, pp. 573–581.

12）van de Ven (eds.), *op. cit.*, pp. 400–401.

13）van de Ven (eds.), *op. cit.*, pp. 401–406; Alex van Heezik and Bert Toussaint, *Van spelbepaler tot medespeler: een verkennend onderzoek naar het opdrachtgeverschap van Rijkswaterstaat in de negentiende en twintigste eeuw*, RWS, 1996, pp. 67–72; van der Ham, *op. cit.*, pp. 227–228, 239–243.

14）Keetie Sluyterman, *Concurreren in turbulente markten, 1973–2007*, Geschiedenis van Koninklijke Shell, 2007.

15）Keetie Sluyterman, "Boskalis in het kielzog van de olieindustrie, 1950–1980," in Hilde Greefs and Ilja Van Damme (eds.), *In behouden haven. Liber Amicorum Greta Devos: Reflecties over maritieme regio's*, Tielt, 2009, pp. 165–184.

16）Keetie Sluyterman and Ben Wubs, *Over grenzen: multinationals en de Nederlandse markteconomie*, Bedrijfsleven in Nederland in de twintigste eeuw, 2009, p. 167.

17）トレイリング・サクション・ホッパー浚渫船（Trailing Suction Hopper Dredger）とは，搬送機器（ホッパー）を船上に備え，地上設備なしに搬送対象物を積み込み・積み下ろしすることができる自力航行型の浚渫船である。土砂を吸い込む採取パイプや，採取した対象物を移動し積載するための機器を備える。この種の浚渫船の最初のものは 1855 年にアメリカ合衆国で開発され，数年後にフランスでも採用された。またカッター・サクション浚渫船（Cutter Suction Dredger）は，掘削用のカッターヘッドを備えた繫留型の浚渫船であり，カッターにより掘り出された土砂は浚渫ポンプにより船内を経由して運び出される。

18）Bouwens and Sluyterman, *op. cit*., pp. 294–299.

19）Bouwens and Sluyterman, *op. cit*., pp. 281–286, 294–299.

20）*Cohesie*（*company magazine Boskalis*）, June 1994 ; *Terra et Aqua*, no. 100, September 2005 : Forty years of maritime solutions that changed the world ; interview authors with B. van der Zwaan, 13 August, 2009.

21）Hans Vandersmissen and Jaap Stam, "50 jaar IHC," *Ports and Dredging*, Speciale editie–50 jaar IHC, 1993.

22）Mon Vanderostyne, *Waterbouwers : de wereldwijde expansie van de Vlaamse waterbouw na 1945*, Lannoo, 1994, pp. 10–26, 131.

23）M. E. Porter, *The Competitive Advantage of Nations*, The Free Press, 1990 ; idem, *Competitive Advantage : Creating and Sustaining Superior Performance*, The Free Press, 1985 ; idem, *Competitive Strategy : Techniques for Analyzing Industries and Competitors*, The Free Press, 1980.

24）Dany Jacobs, Imke Limpens, Joost Kuijper et al., *De economische kracht van de baggerindustrie : clusterstudie met behulp van de 'methode Porter'*, Vereniging Centrale Baggerbedrijf, 1993, pp. 80–81.

25）Annual Report Boskalis, 2001.

（黒澤隆文訳）

# 第13章

# 中小企業の国際競争力を決定するもの
## 金　融

今城　徹

## はじめに

本章の目的は，第二次大戦後，他の東アジア諸国に比べてより早く製造業中心の経済成長を遂げた日本，韓国および台湾の中小企業政策と中小企業金融を比較検討することである。3カ国で高度経済成長が始まった1960年からアジア通貨危機が起こった1997年までの，3カ国の中小企業育成のスタンスや，それに強く関係する中小企業金融のあり方を検討した上で，これらの違いが，それぞれの国の中小企業の発展にどのように影響を与えたのかを具体的に把握する。

日本，韓国，台湾の中小企業の比較研究は数多くあるが，それぞれの国の中小企業金融に特に焦点を当てた歴史研究は少ない。しかしこの3カ国では，過去から現在に至るまで，中小企業が独自の技術力やアイディアによって，あるいは大企業との連携のもとで，常に競争力のある製品やサービスを提供し続けて経済成長を支えており，成長力のある新規企業の継続的な創立や拡大が大きな雇用を生み出している。

中小企業の経営活動と発展を支えた要因は創業経営者の能力やその人的ネットワークをはじめとして様々であるが，本章では特に政府の中小企業育成のスタンスと中小企業金融に注目する。その理由は，政府が選択した経済成長モデルのもとでの中小企業政策と中小企業金融が，その国の中小企業の国際競争力の強弱を決定するからである。

どの国においても，中小企業の成長は中小企業政策に左右される。潜在的な競争力を持つにもかかわらず，人材，財やサービスの生産に必要な物資や情報，運転資金や設備投資資金といった資源の獲得において大企業よりも不利な中小企業が，大企業とそれほど遜色のない生産性を実現して収益を確保するためには，中小企業の保護育成政策が一定程度必要だからである。

しかし，中小企業政策の重要度は，政府が採用する経済成長モデルによって，また時期によって変化する。政府が中小企業主導の経済成長か，あるいは大企業と中小企業が均等に発展する形での経済成長を選択すれば，中小企業政策の重要度は高くなる。一方，政府が大企業主導の経済成長を選択すれば，その重要度は低下する。

この状況の中で，金融業はそれまでに存在した金融システムと政府が選択した経済成長モデルを前提に，他産業よりも強い規制を受けながらその機能を果たす。多くの場合，政府は重点産業に，より多くの成長資金が流れるような政策を実行し，金融業に対しては，各種参入規制や支店開設規制といった産業内での競争を制限するための政策と，預金・貸出金利をマーケット・メカニズムで決まる金利よりも低く設定する人為的低金利政策を実施し，一方で金融機関の預金吸収を増やすために社債や株式の発行と流通を制約する。

これは信用割り当て政策であり，貸し手は審査の上で実際に貸し倒れリスクが小さく信用力があると判断した企業，もしくは政府の重点政策によって貸し倒れリスクが低いと判断した企業に対して，低利資金を場合によっては過剰に供給する。一方，なんらかの理由で信用力が低いと貸し手にみなされた企業は，信用力があると判断された企業よりも不利な条件での資金調達を余儀なくされる。

大企業に比べて信用力が低いと見なされがちな中小企業に対する経営指導あるいは設備投資資金の助成といった政策や，公営・民営の中小企業専門金融機関の整備は，中小企業の国内外における競争力の向上を金融面から支援するものである。政府の中小企業育成のスタンスは一国の中小企業政策の重要度と中小企業金融のあり方を決めるものであり，これに応じてその国の中小企業の競争力も変わるのである。

上記の考え方を踏まえて，先に結論を述べておこう。まず，日本，韓国，台湾の中小企業政策について。日本は高度経済成長期の中小企業の「底上げ」論から1990年代の「選択と集中」を目指すものに移行していった。日本の中小企業政策の基本は，戦前と高度成長期を通じて，組織化による中小企業の経営難と金融難の改善であった。また通産省は毎年度の「新政策」によって，主要産業大企業の成長促進とともに，経済成長のための積極的な中小企業の育成を目標として示し続けた。

韓国の中小企業政策は財閥の育成と拡大への寄与を強く志向し，一方の台湾のそれは，基本的に中小企業の育成と拡大を意識していた。両国はともに強い外貨制約のもとで，日本よりも輸出志向が強かったが，韓国は政府および財閥主導の経済成長を基本としたので，中小企業育成は副次的なものとならざるをえなかった。他方，台湾では，経済の中心を担っていた中小企業が外貨獲得のための重要な主体であったことから，中小企業政策による中小企業育成は重要だったのである。

中小企業金融について，日本は戦前から戦後への連続性と多様化が見られた。戦前に不十分ながらも中小企業向け融資を行っていた市街地信用組合，無尽会社，貯蓄銀行は，戦後に信用金庫，相互銀行，中規模都市銀行となった。これに新たに設立された政府系の中小企業専門金融機関が加わり，中小企業金融が多様化したのである。また，金融システムが韓国や台湾よりも整備されていたことと，政府によって証券市場の機能が強く制限されていたことから，金融機関は低い預金金利であっても預金が吸収でき，日本の中小企業は韓国や台湾に比べて低利の資金が利用できたのである。

韓国と台湾では，インフレーション対策の違いが貯蓄率に影響し，また，政策の基本の違いが中小企業金融に強く影響した。韓国はあくまでも財閥への資金供給を重視しており，市場金利を無視した低金利政策が採られた。これが私債市場を活発化させ，銀行による預金吸収を制約した。この状況を緩和するために設立された非銀行系金融機関も，財閥への低利資金供給の増加を主な目的としたのである。

一方の台湾は，経済成長を目指した当初から，インフレーションへの対応とマーケット・メカニズムの維持に重点を置いた。もちろん，様々な場面において政策遂行のための低利融資は存在したが，それが物価の急上昇とマーケット・メカニズムの崩壊につながることはなかった。名目預金金利から GDP（国内総生産）デフレーター変化率を差し引いて得られる実質預金金利がプラスであったことが銀行の安定した預金吸収を可能にし，一方で私債市場への過度の資金流入を抑制したのである。

## 1　中小企業の定義の変化と経済的地位

戦後の日本，韓国，台湾はともに資本金規模や従業員数で中小企業を定義し，また，時期の違いはあるが，中小企業専門官庁を設置して中小企業政策を実施していた。中小企業の経済的地位を見ると，1970 年代から 80 年代の日本や台湾の生産性に比べて，同時期の韓国のそれは低かった。

戦前日本においては中小企業の明確な定義は存在せず，現在の経済産業省の前身である商工省が中小企業政策を立案し，実施していた。第二次大戦後の 1948 年に通商産業省の外局として中小企業庁が設置され，現在に至るまで中小企業政策の立案を担当している。

戦後日本の中小企業の定義は 1963 年の中小企業基本法において初めて示された。その定義は製造業において資本金 5000 万円以下の企業であった。この基準は 1973 年に 1 億円以下の法人または個人に変更され，次に 1999 年の中小企業基本法改正において，物価水準の上昇や企業全体の資本金規模の拡大を考慮して，3 億円以下の法人または個人となった[1)]。

韓国の中小企業政策の嚆矢は 1960 年の商工部中小企業課の設置であり[2)]，1966 年に制定された中小企業基本法によって中小企業が定義された[3)]。この定義は，中小企業基本法の改正に伴い，1997 年末までに 4 回改正された。製造

**表 13-1**　日本，韓国，台湾の中小企業（1966〜91年）

**日　本**

(%)

| 年 | 中小企業構成比 | | 中小企業付加価値額 | 大企業付加価値額 |
|---|---|---|---|---|
| | 企業数 | 従業者数 | | |
| 1966 | 97.9 | 63.7 | 49.5 | 50.5 |
| 1976 | 95.7 | 59.5 | 46.7 | 53.3 |
| 1982 | 96.2 | 62.3 | 47.9 | 52.1 |
| 1991 | 96.2 | 63.7 | 49.0 | 51.0 |

**韓　国**

(%)

| 年 | 中小企業構成比 | | 中小企業付加価値額 | 大企業付加価値額 |
|---|---|---|---|---|
| | 企業数 | 従業者数 | | |
| 1966 | 99.0 | 70.2 | 50.1 | 49.9 |
| 1976 | 95.9 | 44.1 | 30.0 | 70.0 |
| 1982 | 97.3 | 53.8 | 36.2 | 63.8 |
| 1991 | 98.5 | 63.5 | 45.8 | 54.2 |

**台　湾**

(%)

| 年 | 中小企業構成比 | | 中小企業付加価値額 | 大企業付加価値額 |
|---|---|---|---|---|
| | 企業数 | 従業者数 | | |
| 1971 | 99.2 | 63.9 | 42.1 | 57.9 |
| 1976 | 99.4 | 69.9 | 47.7 | 52.3 |
| 1981 | 99.5 | 70.5 | 49.4 | 50.6 |
| 1991 | 99.7 | 77.8 | 55.6 | 44.4 |

出所）日本：中小企業庁編『中小企業白書』各年度版。韓国：1966年・1976年・1982年は中小企業研究所編『中小企業の国際比較――韓国編』988号，1987年，72-73頁，表4-8，表4-9，表4-10。1991年は趙淳『韓国経済発展のダイナミズム』深川博史監訳・藤川昇悟訳，法政大学出版局，2005年，75頁，表4-4。台湾：安部誠・川上桃子「韓国・台湾における企業規模構造の変容――「韓国は大企業，台湾は中小企業中心の経済」か」服部民夫・佐藤幸人編『韓国・台湾の発展メカニズム』アジア経済研究所，1966年，151頁，表5-1。

注）中小企業の定義は次の通り。日本：1966年は従業者数10人以上300人未満，1976年以降は従業者数20人以上300人未満の製造業。韓国：従業者数5人以上300人未満の製造業。台湾：従業員数500人未満の製造業。よって，従業者数から見て，台湾の数値は日本や韓国よりも全体的に大きく出ている可能性が高い。

業で見ると，1966年においては，従業員数200人未満または資本金5000万ウォン未満の企業，1977年からは，従業員数300人未満または資本金5億ウォン未満の企業となった。

しかし，企業規模の基準の引き上げが結果的に中規模企業への重点的な支援と，それ未満の企業への不十分な助成につながったことから，1982年以降は中小企業を中企業と小企業に分けて規定するようになり，中企業は常時雇用従業員数が1982年では20人以上，1995年では50人以上300人未満の企業，小企業は同じく20人未満，または50人未満の企業となった。

台湾において中小企業の基準が最初に示されたのは，1967年の行政院の政令である中小企業輔導準則によってであった[4]。この時点での製造業部門の中小企業とは，公称資本金500万元以下または従業員数100人以下の企業であった。その後4回の改正を経て，1995年には，払込資本金額6000万元または従業員数200人未満の企業となった。なお，1981年に，中小企業問題に取り組む官庁として経済部中小企業処が設立された。

日本，韓国，台湾の中小企業の経済的地位を示した表13-1によると，1966年から91年の3カ国の中小企業は，企業数において95％以上，従業者数では，1976年と1982年の韓国を除いて，60％から70％を占める。付加価値生産額については，日本が期間を通じて50％弱で推移し，輸出志向の強い中小企業中心の経済である台湾では42％から56％に上昇するのに対して[5]，韓国では1976年と1982年に30％台となっている。これは，次節で見るように，政府が急速な工業化と輸出主導型の経済成長を実現するために1962年から開始した経済開発5カ年計画が，政府主導で財閥の育成をはかる政策であったためである[6]。

## 2　戦後の日本・韓国・台湾の中小企業政策

戦後日本の中小企業政策は，高度経済成長期においては中小企業，特に製造業関連の中小企業全体の近代化とそれによる生産性の向上を通じた日本産業全体の競争力強化を目指していた。しかし 1980 年代後半から 90 年代にかけて，その後重要となる IT 産業といった新分野で潜在的な競争力を持つ中小企業に対する支援に徐々に変化した。

韓国の中小企業政策の基本は，政府が目指した財閥・大企業主導の輸出志向型の経済成長計画のもとで，政府が重視した産業に属し，また財閥・大企業の成長を支える中小企業に対する支援であった。あくまで財閥・大企業の成長が優先されたのである。

台湾では，少なくとも 1960 年代までは民営企業の大部分が中小企業であり，その後も民営企業である中小企業が輸出主導型の経済成長を牽引した。台湾の産業政策は日本や韓国よりも中小企業育成に強く関係したと考えられる。

### 1）日本――「底上げ」から「選択と集中」への転換

戦前の主要な中小企業政策は組織化による中小企業の経営改善と金融難の解消であったが，戦時期に多くの中小企業は強制的に転廃業させられ，不十分ながら講じられていた政策は一度途絶えてしまった。戦後は中小企業庁の設置を契機に，中小企業政策が産業政策として実施されるようになった。

1953 年から，通商産業省は前年度に検討して当年度に実施する「新政策」を策定した[7)]。日本の工業化の促進と外貨獲得が中心課題となる中で，初めて中小企業の支援と振興に関する項目が登場したのは 1955 年度である。1955 年度から 57 年度には，中小企業の経営内容を安定させ改善するための中小企業金融の拡大や税負担の軽減が，また，1957 年度や 1958 年度では製品の輸出振興や機械設備の近代化が項目となった。

1962 年度から 63 年度にかけては，中小企業政策が最重要の新政策となった。内容はそれまでの新政策を引き継ぎ，中小企業向けの政府系金融機関に対する財政投融資資金の投入と低利融資の実施，中小企業信用保険制度の拡充，中小企業近代化促進法による設備近代化のための資金拠出や，中小企業全体の経営改善や信用力の向上を理念とした中小企業基本法の制定であった。

1964 年度から 67 年度にかけては，自動車工業の振興に合わせた中小企業の近代化や，機械工業や電子工業の国際競争力向上に向けた政府系金融機関による融資も新政策の項目となった。これらの政策の主対象は大企業であったが，高度経済成長期の通産省は，重化学工業化を伴う経済成長を実現するために，大企業の国内外の競争力強化に必要となる重点産業の中小企業の近代化に力点を置いたのである。

1980年代の新政策では，それまでの製造業関連の中小企業に対する施策とともに，小売商業やサービス業の振興に関する施策が提示されるようになった。また，中小企業のエネルギー対策やベンチャー支援，海外投資の円滑化や人材育成支援，金融面からの経営安定化といった項目も登場した。1980年代後半から90年前後の新政策は，それまでの経済成長に直接関係する項目だけでなく，地域経済の活性化や国民生活の質的向上と関わる項目が出てくるようになり，中小企業政策もその変化に合わせた項目が出てくるようになった[8)]。

1990年代になると，バブルの崩壊を受けて，経済構造改革が新政策の最重要項目となった。その中での中小企業政策は，1999年における中小企業基本法の理念の転換に示されるように，中小企業全体の近代化や経営改善を目指す「底上げ」論から，高い技術や能力を土台に新分野を開拓する企業に対する支援を中心とした，「選択と集中」論に変化した。これは中小企業政策の重点が大企業の成長や国内経済の安定から，中小企業そのものの国内外における競争力の強化に移ったことを意味していた。

### 2）韓国・台湾――圧縮された経済成長の中での中小企業政策

1950年から53年の朝鮮戦争の後，韓国経済は主にアメリカからの援助に依存していた。しかし，長期的計画を持たない場当たり的な外国援助の利用，主要産業であった農業振興対策と食料価格安定策の失敗，巨額の復興支出や国防支出がもたらした急激なインフレーションが原因となり，韓国経済は停滞していた[9)]。

この状況の中で，朴正熙大統領は1962年から第一次経済開発五カ年計画（以下，例えば「第二次計画」と表記）を開始した。この計画と1967年から始まった第二次計画の主な目標は，消費材の輸入代替と輸出促進，繊維，セメント，石油精製，石油化学，電気機器，機械，窯業，造船といった基幹産業の建設，インフラストラクチャーの整備であった。

1972年からの第三次計画から第五次計画が終了する1986年にかけて，本格的な重化学工業化が進展した[10]。1970年代前半には，輸出部門となった電気・電子，機械，造船，鉄鋼が重点的な政策支援を受け，これらの産業の担い手であった財閥は政府から手厚い支援を受けながら急成長を遂げた。

しかし，重化学工業の促進と知識・情報産業の開発を主目標とした1970年代後半から80年代には，2回のオイルショックによる世界的不況によって国際収支が悪化し，過度な拡張政策に起因した急激なインフレーションの発生と相まって経済成長は停滞した。この結果，第四次計画では，1962年からの計画実施後初めて成長率が目標に到達しなかった。1979年には，これらへの対応として「経済安定総合施策」が制定され，金融引き締めと重化学工業の縮小が実施された。

1987年から始まった第六次計画は，1985年のプラザ合意後の円高とウォン安がもたらした輸出競争力の向上，原油安による輸入金額の削減，国際金利低下による対外債務利払いの減少といった「三低現象」による好景気の中で始まった。主要産業は鉄鋼，自動車，半導体，コンピュータであり，主目標は自由市場経済の確立，高付加価値部門への産業構造のシフト，自主技術の開発，社会福祉面での充実であった。

これらの計画を実行した結果，各計画中の経済成長率は，第四次計画を除いて目標値を上回った[11]。韓国は強力な政府主導型の経済開発戦略のもとで，海外資本に依存した高い投資率を維持し，また，大企業および財閥に対して資源や資金を優先的に分配する産業政策を実行して，輸出主導型の経済を志向した[12]。これが「漢江の奇跡」と呼ばれる高度経済成長に結実したのである。

一方，各計画において，中小企業政策は優先順位の低い項目であった。とはいえ，計画の実現に寄与する限りにおいて，様々な施策が打たれた[13]。輸出志向型工業の育成が目標であった第一次計画では，輸出の中心であった軽工業製品の担い手である中小企業に対して，輸出奨励補助金制度や輸出実績に応じた外貨配分制度などの輸出奨励策が実施され，政府の優遇措置を受けた輸出産業が急成長した。政府は1964年に輸出可能品を生産する中小企業を選定し，これらの企業が設備投資資金の調達や原材料を確保する際の優遇措置を講じた。1966年には中小企業基本法が制定され，各種産業別の資産総額や従業員規模による中小企業の規定がなされた。

1970年代になると，計画の目標が消費財の輸入代替から輸出主導型の重化学工業の育成に移行した。この中で政府は，中小企業を固有中小企業型，専門系列化型，大企業化型の3類型に区分した上で，特に大企業との系列関係を重視した政策を実施した[14)]。また，金融機関ごとに中小企業融資の義務貸出比率が規定された。しかし，計画は財閥に対する資金と諸資源の重点的な投入を基調としており，日本のように中小企業全体の質的向上を目指したものではなかった。政府が本格的に中小企業政策を重視するようになったのは，賃金上昇による産業空洞化の中で，高付加価値製品の製造を支える中小企業の育成が重要な課題となった1980年代からであった。

台湾が第二次大戦後の混乱，中華人民共和国の成立による大陸との分断，狭隘な国内市場，重い国防費負担といった悪条件のもとで経済成長を実現できたのは，常にインフレーションへの対策を講じながら実施された経済政策によるところが大きい[15)]。台湾の経済発展は，1950年代から60年代前半の輸入代替工業化，1960年代半ばから80年代前半の輸出志向工業化および重化学工業化，1980年代半ばからのハイテク産業志向工業化に大きく区分される[16)]。台湾の経済成長が重化学工業の発展を伴った輸出志向型の成長であったことは韓国と同様である。

このような経済発展の中で，台湾の経済政策には，韓国に比べて，直接的または間接的に中小企業に関するものが多かったといえる。なぜなら，台湾で大企業といえば戦後接収されて官営となった植民地時代の日本企業であり，少なくとも1960年代まで，民営企業のほとんどは台湾では中小企業であったからである。例えば，1965年前後の資本金規模で見た民間企業のランキングにおいて，上場企業では28位に資本金600万元のマッチ製造企業が，非上場企業では26位にやはり資本金600万元の紡績企業がランクインしていた[17)]。この資本金額は，すでに見た当時の中小企業認定基準とかけ離れたものではなかったのである。

1960年代からの主に金融に関する中小企業政策を見ておく[18]。政府による中小企業融資の嚆矢は，1954年の，中小企業に対するアメリカ基金資金の商業銀行経由貸付である。商業銀行は日本の都市銀行に相当するものである。この貸付は申請手続きが簡単であったこともあり，主要な輸出産業であった紡績業関連の中小企業の発展に寄与した。

中小企業融資の基本方針は，1968年の中小企業指導基準において確定した。1974年には中小企業信用保証基金が設立され，1975年には，中小企業に対する中・長期融資の供与や中小企業の設備および財務改善を規定した新銀行法が施行された。この法律に沿って，中小企業専門金融機関として中小企業銀行が設立され，併せて，中小企業に対する融資業務の指導機関として中小企業融資サービス部門が開設された。

1981年に中小企業関連政策の主務官庁として中小企業処が設置され，1991年制定の中小企業発展条例によって，中小企業のレベルアップに必要な各種の指導体制が構築された。その一つとして，中小企業認定基準を満たした企業か，中小企業信用保証基金の保証条件を満たした企業に対する，財務改善を含めた融資指導が実施された。

## 3　戦後の日本・韓国・台湾の中小企業金融

### 1）日本——戦前から戦後への連続性と中小企業専門金融機関の多様化

戦前の中小企業政策の基本は，特に不況期に現れる中小企業の経営難や金融難を改善するための組織化政策であった。資金力の弱い同業種の中小企業が組合を作り，共同で生産に必要な原材料や設備を購入し，また，生産物を販売することや，信用力の弱い中小企業者が組合に預金して，必要なときに借り入れることが目指されたのである[19]。

1900年に制定された産業組合法は，元来，農村の活性化を主目的として，主に農業従事者を組合員とする各種組合を規定したものであった。しかし，第一次大戦前後から，都市部にも信用事業を主業務とする組合が設立されるようになり，特に 1917 年には，組合員以外からも預金を受け入れ，組合員に対して貸出と手形割引を行う市街地信用組合が，市域を営業区域として活動するようになった。

組織化政策による信用組合のほかに中小企業向け貸出を積極的に行った金融機関として，無尽会社と貯蓄銀行があった。無尽会社は，民間で広く行われた無尽講を会社化したものである。無尽講とは，数人で組を作り，メンバーが毎月決まった額の掛金を出し合い，各人が順番に給付金を受け取る仕組みであり，メンバー全員が同額を受け取るのが原則である。

明治期に入って，多数の無尽講の組織と管理を行う無尽会社が設立され，主に都市部の中小企業が資金調達に利用したが，管理者が掛金を持ち逃げするなどの不正が絶えなかった。大蔵省は無尽会社の規制法として 1914 年に無尽業法を制定し，無尽会社は金融当局の監督下で，府県単位での営業区域で中小企業貸出を行うようになった。

貯蓄銀行の主な業務は，普通銀行では預からない少額預金の吸収と証券投資であったが，貸出も可能であった。多くの貯蓄銀行が証券投資で資金運用をする中で，貯蓄銀行中最大の預金量であった不動貯金銀行が，戦前特に昭和恐慌をはさんだ 1932 年頃まで，全国で中小企業貸出を積極的に行った。

上記の金融機関のうち，普通銀行と同じく手形割引が行えたのは市街地信用組合だけであり，無尽会社と貯蓄銀行はともに手形割引が行えず，また無尽会社については，自身の順番よりも前に給付金を受け取りたい場合，加入者はより高利となる入札制度を利用しなければならなかった。

信用力の高い企業は利便性の高い，貸出金利の低い金融機関を利用できた。1931 年頃の各金融機関の貸出金利を見ると，普通銀行は年利 6 %，市街地信用組合は 10 %，貯蓄銀行は 11.3 %，無尽会社は場合によっては 20 % 強であった。しかし，特に 1920 年代から 30 年代にかけて，中小企業が利用しえた中小規模の普通銀行の淘汰が進む中で，中小企業者は信用組合，貯蓄銀行，無尽会社からの借り入れや，問屋や卸売業者からの信用で経営を維持していたのである。

第二次大戦後，中小企業向け貸出を行う主要な金融機関は民営の普通銀行，相互銀行，信用金庫と，政府出資の商工組合中央金庫，中小企業金融公庫，国民金融公庫であった。特に，戦前の無尽会社から転換した相互銀行と市街地信用組合が転換した信用金庫は，民営の中小企業専門金融機関として位置づけられた。信用金庫の業務内容は戦前から変化しなかったが，相互銀行は戦前の無尽業務を改良した相互掛金業務，普通銀行と同じ預金受け入れと手形割引を含む貸出を行う金融機関となった。

政府出資の中小企業向け金融機関のうち，商工組合中央金庫と国民金融公庫は戦前から存在した。前者は政府と組合の折半出資によって 1936 年に創設され，商工組合などの各種組合とその構成員からの預金受け入れとそれらに対する貸付を行い，また，債券発行によっても貸出原資の調達が可能であった[20)]。後者は戦時期に政府が創設した庶民金庫と恩給金庫が戦後合併してできた金融機関であり，零細企業向けの貸出を行った。中小企業に対する設備投資資金貸付を目的とする中小企業金融公庫と同じく，全額政府出資で財政投融資を貸出原資とした。

日本，韓国，台湾の金融機関貸出における中小企業向け貸出の構成比を示した図 13-1 によると，日本の中小企業向け貸出は 1961 年から 90 年に 46 % から 60 % へと上昇し，その後さらに急上昇した。全金融機関ともに絶対額は増加を続けたが，特に 1980 年代以後における普通銀行の中小企業向け貸出の増加は顕著であった。なお，政府系金融機関による貸出は，期間を通じて民間の中小企業向け貸出の約 10 % であった。

預金に対する貸出の割合を示す預貸率は，1961 年から 83 年は 90 % 前後，1986 年以後はほぼ 100 %，1992 年では 100 % を超えた。1986 年頃から，民間の各金融機関は日本銀行からの借入金やコールマネーも用いて貸出を増やしていた。この結果，金融機関の健全性を示す自己資本比率は 1961 年の 1.4 % から低下し[21)]，1986 年には 0.6 % となった。

第二次大戦後の政府，金融界，財界の最重要課題は，金融システムの回復と経済成長の実現であった。限られた資金を適切に配分するために，金融当局は金融機関に強い規制をかける一方，戦前の企業金融にとって重要な存在であった証券市場の機能を制限して，家計の余剰資金が金融機関に向かうように仕向

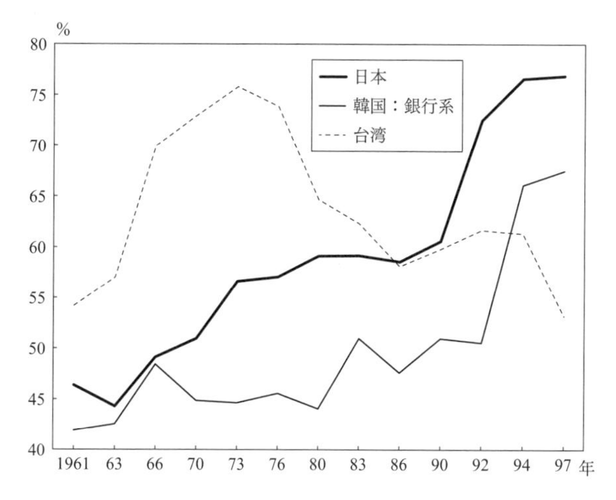


**図 13-1**　中小企業向け貸出構成比（1961〜97 年）

出所）日本：日本銀行統計局『本邦経済統計』各年，日本銀行調査統計局編『経済統計年報』各年。韓国：1961〜66 年：植木三郎編『アジア経済調査研究双書 163　韓国の金融事情』アジア経済研究所，1969 年，128 頁，第 26 表。1970〜78 年：『中小企業の国際比較研究　韓国編』988 号，1988 年，179 頁，別表 7-6。1979〜91 年（1991 年は一般銀行，中小企業銀行，国民銀行の貸出を除く）：『韓国年鑑（最新日本語版）』各年版。1991〜96 年：中小企業総合研究機構編『アジア中小企業の現状に関する調査研究　韓国編』1999 年，55 頁，図表 3-27。台湾：文大宇（拓殖大学アジア情報センター編）『東アジア長期経済統計　別巻 2　台湾』勁草書房，2002 年，統計金融編；中国研究所編『中国年鑑 1998 年版別冊　台湾小辞典』大修館書店，1988 年，51 頁；Jia-Dong Shea, "Taiwan : Development and Structural Change of the Financial System," in Hugh T. Patrick and Yung Chul Park (eds.), *The Financial Development of Japan, Korea, and Taiwan*, Oxford University Press, 1994, p. 287, table 6. A.15.

けた。

1961 年から 80 年における民間金融機関の実質預金金利は基本的にマイナスであったが，他に運用先のない家計が預金を増やしたため，人為的低金利政策のもとでも金融機関は預金吸収が可能であった。一方，企業はやはり人為的に低く設定された貸出金利によって市場金利よりも安いコストで借り入れることができたが[22]，実質貸出金利は 1973 年を除いてプラスであり，1973 年も貸出金利よりも預金金利のマイナス幅が大きかったことから，金利差はプラスとなった。この結果，日本，韓国，台湾の貸出金利と預金金利の差を示した図

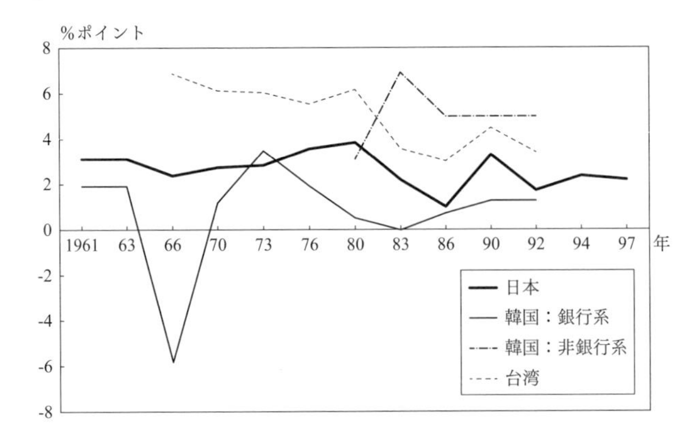


**図 13-2**　金融機関預金・貸出差（1961〜97 年）

出所）日本：図 13-1 と同じ。韓国：1961〜66 年：植木三郎編『韓国の金融事情』39 頁，第 16 表，131-132 頁，第 29 表。1970〜92 年：Yung Chul Park, "Korea : Development and Structural Change of the Financial System," in Patrick and Yung Chul Park (eds.), *The Financial Development of Japan, Korea, and Taiwan*, ch. 4, table 4.6, table 4. A.1；『韓国年鑑』各年版。台湾：Jia-Dong Shea "Taiwan : Development and Structural Change of the Financial System," p. 240, table 6.10, table 6. A.1；Ya-Hwei Yang "Taiwan : Development and Structural Change of Banking System," in Patrick and Yung Chul Park (eds.), *The Financial Development of Japan, Korea, and Taiwan*, p. 296, table 7.2；文大宇『東アジア長期経済統計別巻 2　台湾』統計国民経済計算編。

注）日本：実質金利について。名目預金金利は，1992 年 6 月まで 6 カ月物定期預金金利，92 年 6 月から 93 年 6 月まで預け入れ金額 40 万円未満の貯蓄預金金利，93 年 6 月から 97 年 12 月まで同じく 30 万円未満の貯蓄預金金利を利用。名目貸出金利は，都市銀行，地方銀行，相互・第二地方銀行の貸出金利の平均を利用。これらから，各年の GDP デフレーターの対前年変化率を差し引いてそれぞれの実質金利を算出。韓国：一般銀行の預金と貸出の実質金利は，それぞれの名目金利から GNP デフレーター対前年変化率を差し引いて算出。非銀行系金融機関の預金と貸出の実質金利は，相互信用金庫の積立貯金および積立貯金貸付のもの。台湾：貸出金利は預金金利に Ya-Hwei Yang 論文所収の table 7.2 の "spread" を加えて算出。また，1961 年から 90 年の実質金利の算出には GNP デフレーター変化率を，92 年については GDP デフレーター変化率を使用。

13-2 が示すように，高度成長期の日本の金融機関は貸出によって安定した収益を上げたのである。

1980 年頃から各金融機関，特に普通銀行の中小企業向け貸出が急激に増加した。この原因は，1977 年の赤字国債発行による債券市場の規制緩和と，これに伴う企業の資金調達方法の多様化である。企業が経済成長の中で内部資金を増やし，投資需要の減退と相まって外部資金への需要を減らす中で[23]，普通銀行は新たな貸出先を開拓する必要があったのである。このため，中小企業専門金融機関特に相互銀行は普通銀行と顧客獲得で競合するようになり，これが 1989 年に相互銀行が第二地方銀行に転換した原因となった[24)]。

しかし，1980 年代後半のバブル期における普通銀行の中小企業向け貸出の増加は，不動産業への貸出の増加でもあった[25)]。1986 年まで各金融機関が貸出によって資産を増加させたことを念頭に置くと，この時期に自己資本比率が低下した原因は，不良債権化しやすい中小企業や不動産業向け貸出の増加に対応した資本増強の不足であった。金融機関の中小企業および不動産業への貸出の増加は，中小企業の金融機関の利用を容易にしたが，一方で，金融機関の不良債権の増加，つまり金融機関の破綻リスクを上昇させたのである。

最後に，中小企業の資金調達先の変化を見ておこう。1957 年から 70 年において，中小企業は，長期資金と短期資金を合わせて 52 % を金融機関から，48 % を企業間信用によって調達していた[26)]。また，1970 年からは 85 年にかけては，80 % から 90 % が金融機関から資金を調達していた[27)]。後者の数値は高すぎると考えられるが，1930 年代の中小企業が 30 % 弱しか金融機関を利用しておらず，残りの 70 % 強が企業間信用や個人からの借り入れを利用していたことを考慮すると，1990 年代以降はひとまず措くとしても，戦後の中小企業金融機関の整備は中小企業の金融機関からの資金調達の可能性を拡大したと評価できる。

### 2）韓国と台湾――初期条件に左右された中小企業金融の整備

図 13-3 と図 13-4 は，韓国と台湾の私債の実質金利と金融機関の預金金利および貸出金利の差を示したものである。両国では，金融当局の監督下にある金融機関に加えて，監督外の私債市場が受信と与信の両面で機能していた。預金金利から見ると，台湾の金利差が 10 % ポイントから 20 % ポイントと安定している一方，韓国では，以下で見る銀行系金融機関が 1976 年の 25 % ポイントから 1990 年の 10 % ポイントに，非銀行系金融機関は 1980 年の 18 % ポイント強から 1990 年の 10 % ポイント弱に低下している。貸出金利も，台湾，韓国の銀行系金融機関，非銀行系金融機関ともに，傾向として預金金利と同様

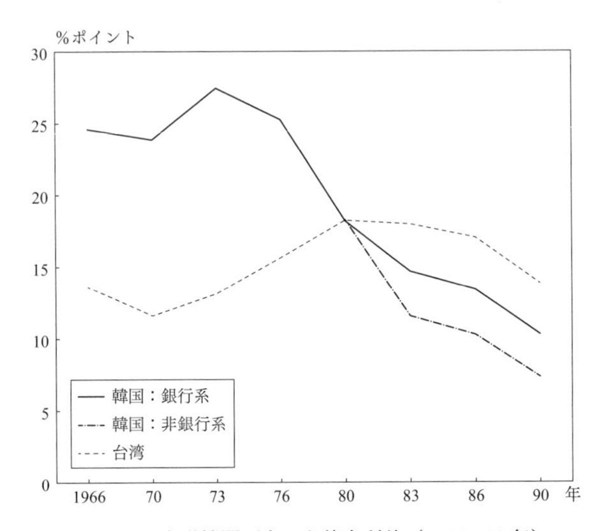


**図 13-3**　金融機関預金・私債金利差（1966～90 年）

出所，注）図 13-2 と同じ。

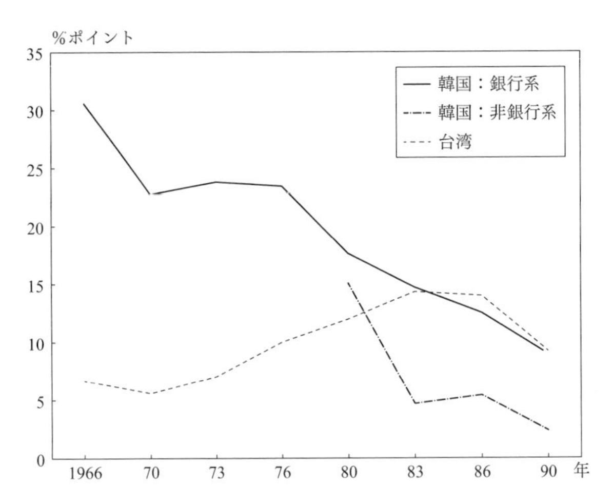


**図 13-4**　金融機関貸出・私債金利差（1966～90 年）

出所，注）図 13-2 と同じ。

である。

韓国から見ていこう。1961年から92年において，韓国の金融機関は銀行系金融機関と非銀行系金融機関に分かれており，さらに銀行系金融機関は，民間の一般銀行と政府系の特殊銀行に分かれていた。主要な一般銀行は日本の都市銀行に相当する市中銀行であり，その他に地方銀行も存在した。特殊銀行もいくつか存在したが，中小企業金融に関係したのは中小企業銀行と国民銀行であった。

中小企業銀行は1961年8月に開業した。一般からの預金，政府または中央銀行である韓国銀行からの借り入れ，債券発行，アジア開発銀行などからの外貨借款によって資金を調達し，中小企業者に対する貸出と手形割引を行った。また，1963年に設立された国民銀行は戦前から活動していた無尽会社を母体とした。

非銀行系金融機関の中で特に中小企業金融に関係したのは，1972年に個別法によって設立された相互信用金庫である。この金融機関は戦前日本の貯蓄銀行に似ており，加入者は予め決められた期間中毎月定額の掛金を行い，満期に定額の給付金を受け取るのが基本であるが，期間中に，給付金額を借り入れることも可能であった。借り入れの利用者は，借り入れた後，毎月の掛金に借り入れ利息を加えた額を満期まで返済した。

1961年から91年の銀行系金融機関，特に一般銀行のバランスシートに見られた特徴は，資産・負債合計における貸出と預金の構成比の低下であった。これは輸入代金に対する銀行保証である支払承諾およびその対の勘定項目となる支払承諾見返と，韓国銀行からの借入金の増加によるものであった。

政府の計画は，始まった当初から常に外貨獲得のための輸出拡大を目指したが，経常収支は原材料の輸入増加によって赤字基調であった。支払承諾の構成比が最も高い1980年は，それまでの計画中で最も大きい赤字を計上した年であり，韓国の過度に外資に依存した経済運営が危惧された時期であった。韓国銀行と一般銀行は，輸出主導型の経済成長を維持するために，計画で優遇された財閥の活動を金融面から支援する存在だったのである。図13-1からわかるように，韓国の銀行系金融機関の貸出に占める中小企業向け貸出の割合は，

1961年に比べれば増加したとはいえ，1986年前後まで50％弱にとどまったのである。

1992年以降に一般銀行の中小企業向け貸出が増加した背景は，1980年代から始まった金融自由化による証券市場の拡大である。1980年代前半までの一般銀行の実質預金金利は，私債市場金利に準じるために高金利政策が取られた1960年代後半から70年代前半を除いて基本的にマイナスであったが，1986年からの金利上昇は預金の増加をもたらした。一方で取引先の銀行借り入れの依存度が低下する中で，一般銀行は中小企業に積極的に融資するようになったのである。

しかし，これを一般銀行の審査能力に基づいた貸出の増加とするには留保が必要である。一般銀行の株式の所有構造がこの傍証となろう。1989年時点で，市中銀行の主要株主は財閥であり，地方銀行も地方の有力企業家であったのである[28)]。この点から推測すると，一般銀行，特に市中銀行の融資の審査基準は，企業の事業計画や返済能力ではなく，財閥や有力企業との関係の強弱であった可能性が高い。1996年頃になっても，市中銀行を中心とする一般銀行は，政府の計画から外れた多くの中小企業が利用できる金融機関ではなかったのであり，この帰結が，1997年の通貨危機直前に顕在化した財閥関連の巨額の不良債権であった。

特殊銀行のバランスシートの特徴は一貫した預貸率の高さであった。特殊銀行は主に預金と韓国銀行からの借入金を利用して中小企業金融を行った。特殊銀行の中でも中小企業銀行は，設立当初から信用保証制度を利用して担保力の弱い中小企業に貸出を行った[29)]。これは，利用者から貸出金利に加えて，貸し倒れを補塡するための信用保証準備金を徴収して，金融機関の貸し倒れリスクに備える制度であった。中小企業銀行は中小企業育成政策と関連した低利の長期貸付や，また1980年からは，信用保証制度と組み合わせた中小企業の新株ないし社債の引き受け業務も行った。特殊銀行は，政府の計画に沿った形で，中小企業金融の拡大に一定程度貢献したといえる。

非銀行系金融機関の相互信用金庫は，預金と一般からの借入金を使って積極的な中小企業向け貸出を行った。1972年に政府が非銀行系金融機関を相次いで設立した主な目的は，この時期の計画の最重点課題であった輸出主導の重化学工業化を推し進めるために，金融当局の規制外で機能していた私債市場を縮小することであった。金融機関よりも高金利な私債市場に資金が集まったために，金融機関の預金吸収が困難になっていたのである。非銀行系金融機関は，私債市場と規制金融市場を仲介する役割を担ったのである。

相互信用金庫は規制金利市場以上，私債市場未満の金利幅で預金吸収と中小企業向け貸出を行った。しかし，非銀行系金融機関の中心は，やはり1972年に設立された投資金融会社であった。この会社は，相互信用金庫と同程度の金利で預金吸収と貸出を行うとともに，自社債券や政府の定めた条件を満たした企業の発行する仲介債券を一般に販売して，私債市場から財閥や大企業に資金をブリッジしたのである[30)]。

韓国では，人為的な低金利と高い物価上昇率によって，一般銀行の実質預金金利がマイナスになることが多く，一方で貸出金利は場合によってはマイナスになった。家計や企業の余剰資金がプラスの実質金利で機能する私債市場に向かったのは当然であった。非銀行系金融機関は私債市場から財閥や大企業に資金を移転して私債市場を縮小させ，市場金利を抑制したのであり，政府は目的をある程度達成したといえる。しかし，中小企業金融の観点からすれば，相互信用金庫が，高利の私債市場から借り入れざるをえなかった多くの中小企業に従来よりも低利の資金を供給したのは事実だが，非銀行系金融機関の中心的存在ではなかったのである。

台湾の金融機関のうちで中小企業金融に関係したのは，商業銀行や台湾合作金庫といった主に台湾省運営の銀行と，中小企業銀行，信用合作社であった。

日本の普通銀行にあたる商業銀行のうち，特に中小企業向け金融機関といいうるのは台湾合作金庫である。この金庫は戦後接収された台湾産業金庫を母体とした，台湾の組合金融機関の中心的存在であった。出資主体は省政府，日本の信用組合にあたる信用合作社，同じく農協にあたる農会であった。主要業務は会員組合に対する貸付と預金受け入れであったが，預金受け入れや貸出に制限はなく，商業銀行と同様に機能した。

中小企業向け金融機関は信用合作社と中小企業銀行である。前者は事実上台湾合作金庫の支店として機能し，組合員に対する貸付と預金受け入れを行った。後者は韓国の国民銀行と成り立ちが似ており，戦前から戦後にかけて機能していた無尽会社を銀行として再編して設立された銀行である。省営の台湾中小企業銀行のほかに，民営の中小企業銀行も存在した。

図 13-1 によると，全金融機関貸出に占める中小企業向け貸出の割合は，1963 年の 57 % から 73 年の 76 % まで上昇し，その後低下して 1997 年では 53 % となっている。期間中絶対額は増加し続けるが，1976 年頃から中小企業向け貸出は停滞したといえる。この理由は判明しないが，1990 年代から顕在化した相対的な中小企業の地位の低下とその反面である大企業の影響力の拡大[31]，1994 年以降の個人・その他向け貸出の増加，1997 年の信用合作社数および貸出額の減少が考えられる[32]。

商業銀行と中小企業向け金融機関それぞれの中小企業向け貸出の増加率を，中小企業向け貸出合計のそれと比較すると，1960 年代から 70 年代前半は一般銀行の増加が目立ち，一方で，1976 年から 90 年は中小企業向け金融機関の増加が商業銀行の停滞をカバーしていた。1994 年以降は，一般銀行が中小企業向け貸出の減退を緩和していた。台湾では，長期で見て中小企業金融が停滞する中で，1960 年代から 70 年代は一般銀行が，1970 年代後半から 80 年代は中小企業専門金融機関が主な担い手であったのである。

商業銀行が 1960 年代から 70 年代前半の中小企業金融を支えたのは，中小企業銀行が未整備だったことを考慮すれば当然である。台湾合作金庫や 3 大商業銀行であった台湾第一商業銀行，華南商業銀行，彰化商業銀行が中小企業向け貸出を増やしたのである。一方，オイルショックによる景気の悪化によって貸出を引き締めた商業銀行の代わりに，信用合作社や，新たに整備された中小企業銀行が中小企業向け貸出を増やしたと考えられる。ただし，信用合作社が事実上台湾合作金庫の支店であったことを考慮すると，同金庫が信用合作社の貸出増加を支えたともいえよう。

台湾の各金融機関は，韓国と違い，基本的に行政府や中央銀行からの借り入れに依存しない経営を行った。これは，行政府がインフレーションのコントロールとマーケット・メカニズムを重視した結果，金融機関はプラスの実質預金金利で預金吸収ができたからであった。また，これが，韓国と同じく台湾でも機能していた私債市場に過度に資金が流入しなかった理由でもあった。1980年代中頃までの日本と同じく，政府が産業政策を通じて重点産業振興の旗振り役となり，金融機関がその産業での資金運用からの収益を期待し，大企業との関係よりも，貸付対象の破綻リスクを審査した上で貸出を行ったと推測されるのである。

## おわりに

これまでの議論を踏まえて，日本，韓国，台湾の中小企業政策と中小企業金融を再度まとめておこう。

3 カ国の中小企業政策について，日本は高度成長期の中小企業の「底上げ」を意識したものから 1990 年代の「選択と集中」を目指したものに移行していった。日本は戦前から組織化によって中小企業の経営難と金融難の改善を目指しており，この方向性は戦後も維持された。また，通産省の毎年の「新政策」は，大企業支援とともに，経済成長のための中小企業育成を政策目標として示し続けており，1990 年代に入っても，理念は変化したものの，中小企業の育成支援は継続したのである。

韓国のそれは中小企業が財閥の育成と拡大に寄与することを主な目的とし，一方の台湾は，基本的にすべて中小企業の育成と拡大を意識していた。両国はともに外貨制約のもとで，日本よりもさらに輸出志向が強かった。しかし，韓国は政府・財閥主導の経済成長を基本としたので，中小企業育成は副次的なものとならざるをえなかった。他方，台湾は，民営企業の大部分であった中小企業が外貨獲得のための重要な主体であったことから，韓国よりも中小企業育成に積極的であった。

3 カ国の中小企業金融については，日本は戦前から戦後への連続と多様化が見られた。戦前に不十分ながらも中小企業向け融資を行っていた市街地信用組合，無尽会社，貯蓄銀行は，戦後，信用金庫，相互銀行，中規模都市銀行となった。これに新たに設立された政府系の中小企業専門金融機関が加わり，中小企業金融が多様化したのである。

韓国と台湾では，インフレーション対策の相違が両国の貯蓄率に影響し，また，政府の経済成長モデルの相違が中小企業金融に強く影響した。韓国はあくまでも財閥への資金供給を重視しており，市場金利を無視した低金利政策が採られた。これが私債市場を活発化させ，銀行の預金吸収を制約した。この状況を緩和するために設立された非銀行系金融機関も，結局は財閥への低利資金のさらなる供給が期待されたのである。

一方の台湾は，経済成長を目指した当初から，インフレーションへの対応とマーケット・メカニズムの維持に重点を置いた。もちろん，様々な場面において政策遂行のための低利融資は存在したが，それが物価の急上昇とマーケット・メカニズムの崩壊につながることはなかった。プラスの実質預金金利は銀行の安定的な預金吸収を可能にし，私債市場への過度の資金流入を抑制したのである。

**注**

1）『中小企業白書』1999年度版，第3部第3章第1節。

2）中小企業研究所編『中小企業の国際比較研究　韓国編』第988号，1987年，57頁。

3）以下の記述は，崔龍浩「韓国の経済発展と中小企業」平川均・劉進慶・崔龍浩編『東アジアの発展と中小企業――グローバル化のなかの韓国・台湾』学術出版会，2006年，34-36頁。

4）劉進慶「台湾の経済発展と中小企業問題」同上書，182-186頁。

5）安部誠・川上桃子「韓国・台湾における企業規模構造の変容――「韓国は大企業，台湾は中小企業中心の経済」か」服部民夫・佐藤幸人編『韓国・台湾の発展メカニズム』アジア経済研究所，1996年，165頁。

6）中小企業研究所編，前掲書，68-71頁。

7）戦後日本の産業政策および中小企業政策の流れや政策思想については，「新政策にみる通商産業政策思想の流れ」通商産業政策史編纂委員会編（尾高煌之助著）『通商産業政策史　1980-2000　総論』経済産業調査会，2013年。

8）例えば，1991年度新政策の最重要項目の一つとして，国民生活の充実と関連した中小企業での労働条件の改善が挙げられていた（通商産業政策史編纂委員会編，同上書，73頁）。

9）植木三郎編『韓国の金融事情』アジア経済研究所，1969年，3-7頁。

10）以下，第六次計画までの記述は，主に中小企業研究所編，前掲書，6頁，図表1-3，8-9頁。
11）趙淳『韓国経済発展のダイナミズム』深川博文監訳・藤川昇悟訳，法政大学出版局，2005年，第3章。
12）中小企業総合研究機構研究部編『アジア中小企業の現状に関する調査研究（韓国編）』第65号，1999年，5-12頁。
13）以下，1990年代後半までの中小企業政策に関しては，同上書第2章。
14）中小企業研究所編，前掲書，60頁。専門系列化型は，特に重化学工業の基盤拡充のために大企業と並行して育成されるべき業種の中小企業である。また，1975年には系列化促進法が制定され，大企業と下請企業間の系列促進のための助成が強化された。
15）植木三郎編『台湾の金融事情』アジア経済研究所，1969年，4頁。
16）以下，主に中小企業総合研究機構編『アジア中小企業の現状に関する調査研究（台湾編）』第67号，1998年，136-140頁。
17）劉進慶「台湾の経済発展と中小企業問題」平川均・劉進慶・崔龍浩編，前掲書，194頁。
18）中小企業総合研究機構編，前掲『アジア中小企業の現状に関する調査研究（台湾編）』136頁。
19）今城徹「戦間期における五大都市中小商工業金融の特徴――中小商工業者と金融機関の取引関係を中心に」『大阪大学経済学』第51巻第13号，2001年，97-113頁；同「戦前期大阪における中小商工業者向け金融機関の展開」『社会経済史学』第69巻第6号，2004年，44-49頁。
20）なお，現在の商工組合中央金庫は，2008年10月に一般からの預金受け入れが可能になったことから，2012年12月に商工債券の新規発行を廃止した。また2008年10月に，国民金融公庫（のちの国民生活金融公庫）と中小企業金融公庫は，農林漁業金融公庫とともに統合されて日本政策金融公庫となった。（商工中金 http://www.shokochu-kin.co.jp/individual/products/increase/bond/oshirase.html，日本政策金融公庫 https://www.jfc.go.jp/n/company/profile.html 参照）。
21）自己資本比率は，総資産に占める純資産の割合である。銀行の場合，借方である総資産は主に貸出と証券投資で構成され，貸方である総資本は他人資本である預金と純資産である資本金，各種積立金，当期利益金で構成される。自己資本比率の高低は不良債権の処理能力の高低であり，自己資本比率の高い銀行ほど破綻リスクは低いと判断できる。
22）星岳雄・A. カシャップ『日本金融システム進化論』鯉渕賢訳，日本経済新聞出版社，2006年，第4章（「系列の時代」）。
23）星・カシャップ，同上書，313，319-322頁。
24）Hiroshi Kitagawa and Yoshitaka Kurosawa, "Japan : Development and Structural Change of the Banking System," in Hugh T. Patrick and Yung Chul Park (eds.), *The Financial Development of Japan, Korea, and Taiwan*, Oxford University Press, 1994, p. 90.

25) 星・カシャップ，前掲書，390 頁。
26) 日本銀行統計局編『企業規模別経営分析』各年版より算出。
27)『中小企業白書』1986 年度版，225 頁，表 5-1-4.
28) Patrick and Yung Chul Park（eds.), *op. cit*., p. 196.
29) 中小企業研究所編，前掲『中小企業の国際比較　韓国編』140，143 頁。
30) 趙，前掲書，135 頁。
31) 劉，前掲「台湾の経済発展と中小企業問題」200-207 頁。
32) 文大宇（拓殖大学アジア情報センター編)『東アジア長期経済統計　別巻 2　台湾』勁草書房，2002 年，322-325 頁。

# 終　章

# 「国の競争優位」から「地域の競争優位」へ

橘 川 武 郎

## 1）競争力研究への経営史学の貢献

企業活動が国境の垣根を越え，競争がグローバル化（地球規模化）する中で，世界的に見て，国際競争力の源泉を解明することは，経営史的研究の重要課題となっている。日本の経営史的研究は，産業史研究を深化させて，その産業を構成する主要企業の競争力構築のメカニズムに迫るという，ユニークな研究方法を発展させてきた[1)]。この方法は，国際競争力の源泉の解明にも応用することができる。

国際競争力をめぐる分析が直面する第一の困難は，経済学の分野でさかんに行われている労働生産性や TFP（Total Factor Productivity，全要素生産性）に基づく分析をいくら進めても，それだけでは，国際競争力の源泉は何であるかを解明できないことである。誤解をおそれず直言すれば，労働生産性上昇率や TFP 上昇率は国際競争力の変動の「結果」を示すものであり，その「原因」を示すものではないのである。

デヴィッド・リカード以来，経済学の主流は，労働生産性を産業の国際競争力を決定づける中心的な要因と位置づけてきた。そして，複数の国の国際競争力が拮抗する産業において，どの国が労働生産性を相対的に上昇させ，競争優位を確保するかという問題に大きな関心を寄せてきた。しかし，労働生産性上昇率の推移を見ても，国際競争力の変動が何によってもたらされたかを知ることはできない。

同様の問題点は，労働生産性に基づく分析についてのみならず，TFP に基づく分析についても指摘できる。TFP は，生産構造の効率性全体を表す指標であり，その上昇分は，生産全体の伸びから労働投入量および資本ストックの伸びの寄与分を除いた残差として導かれる。TFP の上昇は，長期的には技術の進歩や生産組織の効率化，短期的には設備の稼働率上昇や労働者の技能水準向上を反映するから，経済学の分野では最近，TFP が，労働生産性と並んで，国際競争力の分析基準として使用されることが多い。しかし，複数の国・地域間の TFP 水準の産業別格差は，それぞれの国・地域の競争優位が何によってもたらされたかを明らかにするものではない。

要するに，労働生産性や TFP に基づく分析をいくら進めても，それだけでは，国際競争力の源泉は何であるかを明らかにすることはできない。国際競争力の源泉はブラックボックスの中に取り残されたままなのであり，ブラックボックスの内部に光を当てる，新しいアプローチによる国際競争力の分析に取り組むことが求められている。

国際競争力をめぐる分析が直面する第二の困難は，国際競争力が異なる三つのレベルで論じられているため，混乱が生じていることである。三つのレベルとは，国のレベル，産業のレベル，および企業のレベルを指す。

国際競争力の直接的な担い手は企業であるが，ここに，一つの大きな問題がある。それは，国際競争力を論じる際に，いきなり企業レベルで論点を設定することは難しいという問題である。

なぜなら，国際競争力を持つ企業の多くは，事業を多角化しているからである。分析対象が多角化した企業である場合には，複数の部門における事業活動，つまり複数の市場における競争行動を，十把一絡げに取り扱ってしまう危険性が高い。競争は，特定の財ないし特定のサービスに関する市場ごとに個別に展開されており，複数の市場を一括して「分析」してしまっては，競争の実相に迫ることができない。国際競争力の担い手が企業であるにもかかわらず，国際競争力に関する議論をすぐに企業レベルでは開始できない理由は，ここにある。

国際競争力に関する論点を設定しにくいという点では，国の競争力についても，同様のことがいえる。なぜなら，国の国際競争力を判定する客観的な基準や方法を設計することは極めて困難だからである。

国際競争力に関する研究を企業レベルおよび国レベルで着手するのが困難であるとすれば，残る選択肢は，産業レベルでの着手ということになる。産業レベルで国際競争力を論じる際には，競争が実際にどこで行われるかが重大な意味を持つ。例えば，「××国（ないし地域）市場をめぐる○○産業の国際競争」，「△△セグメントをめぐる○○産業の国際競争」などのように，国際競争が実際に展開される市場を特定した上で論じることが必要になるのである。

ここまで述べてきたような事情を考慮すれば，国際競争力に関する研究は，ひとまず，特定市場における特定産業の国際競争の実態を把握することから出発すべきだといえる。それを踏まえて，次のステップとして，そのような競争の実態を生み出すことになった当該産業における企業活動について，光を当てるべきである。国際競争力の担い手である企業の活動を分析することを通じて国際競争力の源泉を解明するという，国際競争力研究の最終目標に到達するためには，このようなやや迂回的な手順を踏むことが求められている。

ここまで，国際競争力の分析が直面する二つの困難について論じてきた。これまでの議論を踏まえて，次に，国際競争力に関する経営史的研究の意義と方法について考察する。

二つのうちの第一の困難を克服するには，ブラックボックスの中に取り残されたままの国際競争力の源泉について実態解明を進めるために，ブラックボックスの内部に光を当てる新しいアプローチを採用することが求められている。この新しいアプローチこそ，国際競争力に関する経営史的研究にほかならない。

経営史学の基本的なスタンスは，プロセスを重視し，特定の事象について，事後的（ex post）ではなく，事前的（ex ante）な視点からの分析に力を入れることにある。国際競争力の源泉を解明する際にも，このスタンスは有効である。ブラックボックスの内部に光を当てるためには，適切なケースを選び出し，信頼できる史資料に基づいて，そこでの国際競争の長期間にわたる展開を濃密に観察，分析する経営史的アプローチが力を発揮する。結果として労働生産性上昇率や TFP 上昇率に表れる国際競争力の変化がなぜ生じたのかを明らかにするためには，経営史的アプローチの採用が必要不可欠なのであり，国際競争力に関する経営史的研究の意義はこの点にあるということができる。

第二の困難を克服するには，ひとまず特定市場における特定産業の国際競争の実態を把握することから出発し，次のステップとしてその競争の担い手となった企業の活動について掘り下げ，最終的にそこでの国際競争力の源泉を析出するという，迂回的な手順を踏むことが求められている[2)]。『グローバル経営史』というタイトルを掲げる本書も，そのような手順を踏む経営史的研究の一翼を担うものである。

**2）国際比較経営史，国際関係経営史，グローバル経営史**

それでは，「特定市場における特定産業の国際競争の実態を把握することから出発」する際に，「特定市場」の地理的範囲が地球規模にまで拡大した場合には，経営史的研究は，どのような対応を迫られるのであろうか。

日本の経営史的研究は，日本企業だけでなく，外国企業も重要な研究対象としてきた[3)]。国際経営史研究に関して日本の経営史学会が世界へ発信した方法上の貢献としては，二つの視角を挙げることができる。国際比較経営史と国際関係経営史が，それである。

ヨハネス＝ヒルシュマイヤー・由井常彦[4)]や米川伸一[5)]らが提唱した国際比較経営史は，複数国の特定産業（あるいは，特定産業に従事する企業）を同時に取り上げ，それらを比較することの重要性を強調した。その際，必ずしも同一の時点において比較するだけではなく，同一の発展段階においても比較する（例えば，18 世紀のイギリス綿業と 19 世紀の日本綿業を比較するなど）点に，方法上のユニークさがあった。国際比較経営史は，比較という方法を積極的に導入することによって，ばらばらでは個別の事例研究にとどまる複数の分析結果から，一定の汎用性を持つ歴史認識を導くことができる点で，極めて有用であった。

これに対して，中川敬一郎は，国際比較経営史を国際関係経営史へ発展させることを提唱した[6]。国際関係経営史は，同一時点における複数国の産業間ないし企業間の相互作用を，決定的に重視する。つまり，ある時点におけるA国のaという企業（産業）の経営行動がB国のbという企業（産業）にどのような影響を及ぼしたか，そのb企業（産業）の対応がa企業（産業）の行動にいかなる変化をもたらしたか，などの論点に注目するわけである。国際比較経営史から国際関係経営史への展開は，静態的な国際経営史研究から動態的な国際経営史研究への展開と言い換えることもできる。中川の提唱は，その後の研究に大きなインパクトをもたらし，国際関係経営史の視角を導入した業績が，相次いで出版された[7]。

ただし，ここで見落としてはならない点は，国際関係経営史が「ある時点におけるA国のaという企業（産業）の経営行動がB国のbという企業（産業）にどのような影響を及ぼしたか」という観点に立つ以上，その視野が，A国やB国という特定の国に限定されがちだということである。しかし，現実には，A国のa企業やB国のb企業の事業範囲は，地球規模に広がりつつある。そうであるとすれば我々は，国際比較経営史や国際関係経営史の視角を発展的に継承しつつ，グローバル経営史へと歩みを進めなければならない。これが，本書を刊行した理由であり，グローバル経営史の課題と方法については，序章で述べた通りである。

### 3）本書が明らかにしたもの

グローバル経営史への一歩を踏み出すことを企図した本書の第I〜III部の各章は，何を明らかにしただろうか。その要点について，確認しておこう。

第I部「グローバル競争の新しい姿」では，企業間競争の地理的範囲が地球規模に広がってゆく様相を検証した。各章で取り上げた商品，サービスの内容は異なるが，それらのいずれにおいても，産業のグローバル化が顕著に進展した。

第1章「米欧アジア3大市場と競争力の三つの型：製紙」は，紙を「先進国型の商品」であるとした上で，グローバルに展開した製紙業が，ヨーロッパ・北米・東アジアという大陸規模の三つの「地域」市場を分立させる形で発展してきた事実を析出した。そして，3 大市場の内部では，「資源国型」「消費国型」「日本モデル」と区分しうる三つの統合・立地モデルが存在すると結論づけた。

第 2 章「クォーツ革命からファッションへ：時計」が描き出したのは，時計産業が各国間の競争からグローバルな事業へと変容していくプロセスであった。そこでは，電子式時計・クォーツ時計の登場に示される技術革新，対外直接投資ないし生産移転を容易にする制度変化，機能第一の商品としての時計からファッション性を持つアクセサリーとしての時計への意味転換，などがグローバル化の推進力となった。

第 3 章「ファストファッションの台頭と百貨店の岐路：アパレル」は，日本のアパレル産業がファストファッションとともに生じているグローバル競争の激化に対して，どのように自らの内部編成を変化させているのかについて論じた。そこでの論点は，ファッション産業，アパレル産業のグローバル化が日本の百貨店経営に与えた影響にまで及んだ。

第 I 部で確認したグローバル化は多くの産業で進行したが，その中で特定の国や地域だけが高い競争力を維持するケースも目立った。このような現象に注目して，第 II 部「製造業の競争フロンティア」では，製造業の国際競争力形成と地理的要因との関係について掘り下げた。

第 4 章「勃興する新興国市場と民族系メーカーの競争力：自動車 I」が強調したのは，産業・企業の国際競争力を供給サイドから理解するのではなく，需要サイドから把握することの重要性である。この観点に立てば，中国やインドのような新興国では，急成長する市場それ自体の中に競争力の源泉が存在するわけであり，それを掌握しやすい地元メーカーにも成長のチャンスが存在することになる。

第 5 章「選択的グローバル化による国境経済圏への集積：自動車 II」は，保護貿易と自由貿易を組み合わせた「選択的グローバル化」という概念を用いて，カナダ自動車産業が国際競争力を獲得してゆくプロセスを描き出した。その過程では，「(北米) 大陸化」と表現できる，技術面や市場面での域内統合が大きな意味を持ったという。

第 6 章「絶えざる技術開発とグローバル競争優位：重電機器」では，1980 年代以降の日本重電産業の発展を，蒸気タービンとガスタービンに焦点を合わせて検討した。欧米企業との厳しい緊張関係の中で，わが国のタービンメーカーが競争力を獲得しえた理由としては，優れた鉄鋼メーカーの存在や活発な国家プロジェクトによる支援などの，日本固有の要因を挙げることができる。

第 7 章「多様な顧客に育まれた競争優位：電子部品」が注目したのは，完成品の場合とは違って，部品の用途は極めて多岐にわたるという事実である。そこから，日本電子部品メーカーの国際競争優位の要因は，多様な顧客との長期の取引関係に基づく高い用途開発能力にあると，結論づけた。そのような取引関係の継続を可能にする条件の一つとして，取引当事者間の地理的近接性を挙げることができよう。

第 8 章「グローバルな産業形成と欧米優位の長期持続：産業ガス」では，産業概念の持つ曖昧さを指摘しつつ，産業ガス産業そのものに関しては，ヨーロッパ企業および北米企業の競争優位の長期継続を強調した。産業のグルーバル化が進む中でも，産業ガス産業のように，産業構造や競争構造が安定的に推移するケースもあることは，注目に値する。

第 9 章「シェール革命下の 2 正面作戦：化学」は，産業のグローバル化に伴い，企業の成長戦略が転換を迫られることを明らかにした。そこでの結論は，日本化学企業には，さらなる成長のために，高付加価値化とボリュームゾーン攻略という，国境を越えた 2 正面作戦の展開が求められているというものである。

第 III 部「サービス産業の競争フロンティア」では，サービス産業の国際競争力形成に注目し，それと地理的要因との関係について掘り下げた。そこでも，産業のグローバル化の中での国際競争力の特定国・地域への偏在が，大きな論点となった。

第 10 章「文化産業での競争とグローバル企業の成立：出版」が取り上げる出版業は，過去 2 世紀にわたる人類の技術的，社会的変化を典型的な形で反映する興味深い業種である。その常に変容を迫られる出版業においてヨーロッパ企業が長期にわたって競争優位を維持できたのは，産業固有の文化的価値や言語の多様性などに配慮した独自の経営努力によるものであり，チャンドラー的な企業成長とは一線を画する意味を持つと，本章は結論づけた。

第 11 章「競争力の源泉としての規制：生命保険」では，状況によっては，規制がイノベーションの契機となり，それを実現した企業は競争優位を確保することがあるという，いわゆる「ポーター仮説」を意識しつつ，カナダ生命保険業の競争力形成過程を検証した。規制は，国や地域によってしばしば異なるわけだから，産業のグローバル化のもとでの競争力の地理的偏在という問題を考察する上で，同章の分析は，極めて示唆的である。

第 12 章「地域的な産業集積からグローバルな競争優位へ：浚渫」は，オランダ浚渫業がどのようにして，またなぜ，国際競争優位を長期的に確保してきたかについて分析した。それを可能にしたのは，政府による巨大なインフラストラクチャー整備事業，他部門（石油・海洋開発・造船など）における有力な多国籍企業の存在などの，オランダ固有の要因であった。

第 13 章「中小企業の国際競争力を決定するもの：金融」では日本・韓国・台湾における中小企業金融の史的展開を比較検討した。そこでは，サポート産業である中小企業金融業のあり方が，日本・韓国・台湾の産業組織全体・競争構造全体のあり方をある程度規定づけたことが明らかにされているが，このことは，競争力の地理的偏在問題を考察する時，サポート産業にも目を向ける必要があることを伝えている。

### 4)「国の競争優位」を超えて――「地域の競争優位」への注目

以上のような本書各章の分析結果からは様々なインプリケーションを導くことができるが，ここでは，あえて，一つの論点だけを取り上げることにしよう。それは，グローバル経営史が注目する世界的規模での国際競争力形成にとって，東アジア，ヨーロッパ，北米のような地理的に隣接する国々からなる「地域」が，重要な意味を持ちつつあるという点である。

そもそも本書は，黒澤隆文京都大学大学院経済学研究科教授を研究代表者とする共同研究プロジェクト「科学研究費補助金：基盤研究（A） 地域の競争優位――国際比較産業史の中のヨーロッパと東アジア」（課題番号 23243055）の研究成果にあたるものである[8]。このプロジェクトの研究期間は2011〜15年度であったが，2011年度の科学研究費補助金交付申請書によれば，同研究の目的は，「欧州・東アジア両地域の歴史的諸条件が，戦後産業史の動態，特に競争力の動態と如何なる関係にあるのかを解明することである」[9]。同プロジェクトのテーマである「地域の競争優位（competitive advantage of regions）」とは，マイケル・ポーターの「国の競争優位（competitive advantage of nations）」[10]への一種の対抗概念だといえる。

産業がグローバル化する中での国際競争力の特定国・地域への偏在の問題を取り扱った本書の第II部および第III部の分析でも，第4章，第6章，第11章，第12章は，主として「国の競争優位」に関わる議論を展開している。一方で，第5章，第7章，第8章，第10章は，「地域の競争優位」を視野に入れた立論を行っている。国際競争力の地理的偏在の問題を考察する際には，「国の競争優位」について論じることはもちろん大切であるが，同時に，それを超えて「地域の競争優位」について考察することも，極めて有意義なのである。

### 5）競争力の源泉としての東アジアと日本企業の成長戦略

本書を締めくくるにあたり，「地域の競争優位」の概念と関連させて，日本企業のとるべき成長戦略について考察しておきたい。ここでの基本的な問いは，「1990年代から2000年代にかけて，東アジア経済の浮揚が目立つ中で，なぜ，東アジアの一角を占める日本の経済は沈降し続けたのか」というものである。この問いは，「日本企業は，どのように東アジア経済の浮揚力を活用すれば，再び成長軌道に乗ることができるか」という問いに発展させることができる。

前者の問いについては，別の機会に論じた[11]ように，「失われた10年」と呼ばれた1990年代の日本経済の危機の本質は，金融システムの危機にあった。ただし，「失われた10年」が2000年代まで含めた「失われた20年」へと長期化した背景には，より深刻な事情が存在した。それは，本来，強い国際競争力を持つはずのメーカーまで含めて日本企業が，「投資抑制メカニズム」に陥っているという事情であった。これを克服し，日本企業が再生を図るためには，長期雇用と実力主義を組み合わせた「新型日本的経営」を構築し，長期的視点に立った成長戦略を展開することが，強く求められる。

後者の問いについては，長期的視点に立つ成長戦略を展開する上で，日本が東アジアの一角を占めることは，極めて有利な条件となる。本書で筆者が担当した化学産業の事例で見た（第 9 章参照）ように，成長戦略の要諦は，拡大するローエンド市場と収益性の高いハイエンド市場を同時に攻略する「2 正面作戦」を展開することにある。東アジアは，①ローエンド市場を中心とした市場規模の拡大，および②ハイエンド市場向け開発拠点・生産拠点としての存在感の増大，という両面から，この成長戦略に貢献しうる。日本・韓国・中国・台湾間の地理的距離が短いことは，人的資源など諸経営資源の移動コストを低下させ，各国・地域への最適立地に立脚したサプライチェーン全体の競争力強化を可能にする。この条件を的確に活用すれば，日本企業は，東アジア経済の浮揚力を活かして，再び成長軌道に乗ることができるのである。

**注**

1）この点については，経営史学会編『経営史学の 50 年』日本経済評論社，2015 年，第 3 部を参照。

2）ここで指摘した手順を踏んだ国際競争力に関する経営史研究の最近の成果としては，湯沢威・鈴木恒夫・橘川武郎・佐々木聡編『国際競争力の経営史』有斐閣，2009 年，を挙げることができる。

3）この点については，例えば，経営史学会・湯沢威編『外国経営史の基礎知識』有斐閣，2005 年を参照。

4）ヨハネス・ヒルシュマイヤー，由井常彦『日本の経営発展』東洋経済新報社，1977 年を参照。

5）米川伸一『紡績業の比較経営史研究』有斐閣，1992 年を参照。

6）中川敬一郎「国際関係経営史への問題提起」経営史学会『経営史学会第 22 回大会報告集』1986 年を参照。

7）工藤章『日独企業関係史』有斐閣，1992 年；森川英正・由井常彦編『国際比較・国際関係の経営史』名古屋大学出版会，1997 年；塩見治人・堀一郎編『日米関係経営史』名古屋大学出版会，1998 年；塩見治人・橘川武郎編『日米企業のグローバル競争戦略』名古屋大学出版会，2008 年；橘川武郎・久保文克・佐々木聡・平井岳哉編『アジアの企業間競争』文眞堂，2015 年などを参照。

8）筆者も，この共同研究プロジェクトに研究分担者の一人として参加させていただいた。

9）黒澤隆文「平成 23 年度科学研究費補助金交付申請書　研究課題名：地域の競争優位——国際比較産業史の中のヨーロッパと東アジア」2010 年を参照。

10）Michel E. Porter, *The Competitive Advantage of Nations*, Free Press, 1990 を参照。

11）橘川武郎「概観——「プラザ合意」以降の日本経済の変容と日本企業の動向」橘川武郎・久保文克編『講座・日本経営史 6　グローバル化と日本型企業システムの変容——1985～2008』ミネルヴァ書房，2010 年などを参照。

# あとがき

本書は，産業と産業競争力の多様な実態を描き出し，それらがグローバル化の中でなぜ，どのように変化したのかを示しつつ，そうした変化の意味を問い直した作品であり，最新の研究成果を広い読者に向けてわかりやすく伝えることを目的としている。

タイトルに掲げたように本書は「経営史」というアプローチに基づいているが，この言葉を初めて聞く読者にとっても，本書は，企業・産業・経済のダイナミックな動きを理解する際の手掛かりとなるだろう。

経営史は，その語から直接にイメージされるよりも，はるかに広い分野である。もちろん経営史は，第一には，経営学や経営教育の中の一つの重要な分野であって，実際にも，日本のほぼすべての経営系の学部・学科で授業科目になっている。経営史には独自の分析概念や理論があり，また現実の企業を事例としたケース・スタディーの蓄積がある。本書は基本概念や学説を順番に説明していくような純然たる教科書のスタイルはとっていないが，イメージしやすい具体的な産業を取り上げながら，一般的な分析のツールや学説を紹介している。よって，経営史を授業で学ぶ読者は，本書を「産業別ケースブック」として活用することができるだろう。

しかし同時に，経営史の分析対象は個々の企業経営の問題や狭義の「経営学」の主題に限られず，経済全体の動きや政策など非常に幅広い事象・主題もその分析に含まれる。経営史の原語が「ビジネス・ヒストリー（Business History)」であることからすると，これは不思議ではない。英語では，日本であれば「経済」の語が使われる文脈で「ビジネス」の語が用いられる傾向が強いからである——例えば新聞・雑誌の「経済」欄は英語圏では通常「ビジネス」欄である。実際，英語圏の「ビジネス・ヒストリー」は，日本での経済史・社会史・技術史や政策論を含む幅広い研究領域である。本書もこの「ビジネス・ヒストリー」に相当する広い角度から分析を行っており，経済史や政策論に興味を持つ読者の関心にも応えるであろう。

本書では副題に「産業」の語を掲げているが，「産業」への関心の強さは，一般社会と研究の両面に共通する日本の特徴である。それを反映して日本では「産業論」が一つの研究領域をなしており，経営学・経済学はもちろん，技術論から社会学に至る幅広いアプローチで研究がなされ，しかも多数の実務家がこれに加わっており，日本の研究の強みとなっている。産業論の手法や視点は，かなりの程度，経営史とも共通しており，本書も両者が交錯するところに位置している。そのため本書は，経営史に関心を持つ読者ばかりでなく，産業論や産業の現状に関心を持つ実務家や研究者，さらには「業界研究」の必要を感じている学生にも役立つであろう。

また経営史は，実務家の養成を使命とするビジネススクールにおいて，経営者としての倫理観・大局観・戦略思考の養成を使命に誕生した学問である。この基本的な性格は，今日でも失われていない。それどころか，経営学が理論構築と仮説検証を柱とする学問に転じた今日では，実務家にとっての歴史的なアプローチの有用性は，ますます高まっているといえるだろう。現実の世界では，ある問題だけを切り離して因果関係のパターンを特定できたとしても，自らの位置を見極め長期の戦略的決定を下す上ではほとんど役に立たないからである。むしろ現実の世界での戦略的決定で必要なのは，不確実性の中で決定を下さねばならない個人や組織の認識・決定・行動を，それらの個人や組織が置かれた多様な「文脈」の中で理解する歴史の視点である。歴史的な視点では，分析する者は，個々の事象を互いに独立のものとして切り離すことなく，それに先立つ事象やその後に現れた事象と「一緒に見る」。それによって，事象間の複雑な因果関係の連鎖や，時代の変化を捉えることができる。特に，産業の動態や競争力といった，ミクロ（個人や企業）とマクロ（経済などの環境）の相互作用が鍵となる領域では，歴史の視点は極めて実用的である。

そうした意味で，本書は，産業や企業について専門的に学ぼうとする学生・大学院生の学習に役立つばかりでなく，世界の動きに関心を持つビジネスパーソンの必要や知的関心にも応え，発想と思考のヒントとなるだろう。

本書は，このように一般読者を想定しつつ，各産業の一般的な特質や各事例の意味をわかりやすく描くよう努めているが，同時に最新のオリジナルな研究を踏まえて書かれており，研究者の関心にも応えるものとなったと自負している。

本書の顕著な特色は，分析対象がグローバルな広がりを持ち，日本からは通常見えにくい地域や産業を意識的に取り上げている点である。分析対象のみならず15名の著者の構成もグローバルであり，3大陸8カ国の出身者からなり，その所属大学は5カ国13大学にわたっている。本書の執筆陣のこうした国際的な広がりは，編者が組織した大規模な国際共同研究の構成に由来する。本書の基礎となったのは，CARISという略称を持つ科学研究費補助金：基盤研究(A)「地域の競争優位――国際比較産業史の中のヨーロッパと東アジア」（研究代表者：黒澤隆文，研究課題番号23243055，研究期間：平成23年度～平成27年度）であり，本書はその研究成果の一部である。

このCARISは，社会科学と歴史学の境界・融合分野では例外的な規模を持つが，そればかりでなく，日本の研究が直面する構造的な課題――過度の専門分化と制度化，若手研究者の減少と外国研究の脆弱化――の克服を目指し，独自の組織原理を意識的に採用したという点でも，ユニークな研究プロジェクトであった。日本研究と外国研究，歴史研究と現状分析，国内の研究と海外の研究をそれぞれ架橋することが，重要な目標であった。多数の研究者に共通の研究プラットフォームを提供し，また社会的な波及効果を最大化するため，所属大学や出身研究室の重複を避けて1大学1名を原則に広く人的資源を募り（国内メンバーは12大学13名），水平的な組織原理に基づいて組織された。

国外の研究者との組織的な協働はCARISのもう一つの特徴であり，研究主題・手法を共有するヨーロッパの姉妹プロジェクト（略称BEAT――オランダ，イギリス，ドイツの大学・学会を基盤に各国の研究者を組織）との合同で，濃密な議論を重視したワークショップを各地で開催した。CARISを母体に，多くの国際的なプロジェクトが生まれた。社会科学分野では，国際学会で日常的に報告を行い外国語で研究を公刊する研究者の数は日本では依然少ないが，そうした中で，CARISは当初構想した社会的使命を十分に果たしたといえるだろう。

しかし，本書は上記のようにこのCARISを基盤とするものの，執筆陣は本書の編集目的に即して独自に構成されており，CARISの構成員全員が本書の執筆者となっているわけではない。本書のうち五つの章（序章，4章，5章，7章，8章）は，2013年9月に開催された第31回経営史国際会議（経営史学会主催の通称「富士コンファレンス」。第31回はCARISと経営史学会による共催）での報告を基礎とするが，やはり本書の刊行目的に即して選抜された上，徹底的に改稿されており，会議録としての性格は全く持たない。

なお，本書のうち五つの章（5章，8章，10章，11章，12章）の原稿は，英文で書かれたものである。このうち若手研究者が翻訳にあたった章では，共編者の一人である黒澤が，編集や原著者との調整，訳文の点検を行った。

以上のように，狭い専門分野や出身地・所属・言語の壁を打ち壊しての共同研究は，本書の著者が取り組んできたことではあったが，専門が異なる研究者や一般読者――しかも時に国外の――にもわかりやすい鳥瞰図を示すという本書の課題は，特に研究論文を中心に執筆をしてきた本書の少なからぬ著者にとっては新たな挑戦であり，今後それぞれの分野で各自の研究を発展させる上でも，貴重な経験となった。

最後に，そのような貴重な機会を与えてくださった名古屋大学出版会の関係者各位と，同出版会で編集にあたった三木信吾さん，長畑節子さんに，心からの謝意を表したい。三木さんには，本書の構成や内容を始め，多岐にわたるご助言と支援をいただいた。緻密・迅速かつ手堅い編集ぶりや読者への配慮はもちろん，アカデミックな意義に関する卓越した選球眼にも，瞠目させられることが度々であった。お二人には，入稿の大幅な遅れや，翻訳から起こした多数の原稿を扱うことに伴う様々な調整の厄介さゆえに，大変なご負担とご心労をおかけした。多々の困難を乗り越え出版にまで漕ぎ着けてくださったことに，心よりお礼申し上げる。

2016年2月

編者・執筆者を代表して　黒 澤 隆 文

# 索　引

・類似語は「／」を，関連語は「,」を用いて併記。
・語彙が章全体の主題を示す場合には該当の章を示した。
・重要度・文脈を基準に一部の該当頁を省略した。
・固有名詞は一部のみ収録。本文中での言及，頻度と重要性，日本での知名度を基準とした。企業名等は必ずしも正式名称によらない。

## A-Z



## ア　行

## カ 行

## サ　行

## タ　行

## ナ　行



## ハ　行

## マ　行



## ヤ　行

## ラ・ワ行

## 執筆者紹介（執筆順）


黒澤隆文（序章，第 1 章，第 12 章訳） →編者，奥付

西村成弘（序章，第 6 章） →編者，奥付

橋野知子　神戸大学大学院経済学研究科教授（第 1 章）

ピエール＝イヴ・ドンゼ（Pierre-Yves Donzé）大阪大学大学院経済学研究科教授（第 2 章）

藤岡里圭　関西大学商学部教授（第 3 章）

李　澤建　大阪産業大学経済学部准教授（第 4 章）

ディミトリ・アナスタキス（Dimitry Anastakis）トレント大学（カナダ）教授（第 5 章）

中島裕喜　南山大学経営学部教授（第 7 章）

レイモンド・G. ストークス（Raymond G. Stokes）グラスゴウ大学教授（第 8 章）

橘川武郎（第 9 章，終章） →編者，奥付

ヌリア・プーチ（Nuria Puig）マドリード・コンプルテンセ大学教授（第 10 章）

マティアス・キッピング（Matthias Kipping）ヨーク大学（カナダ）教授（第 11 章）

ブラム・バウエンス（Bram Bouwens）ユトレヒト大学准教授（第 12 章）

ケーティ・スライタマン（Keetie Sluyterman）ユトレヒト大学名誉教授（第 12 章）

今城　徹　阪南大学経済学部准教授（第 13 章）


## 訳者紹介


牧　幸輝　立正大学経営学部准教授（第 5 章）

下門直人　同志社大学商学部助教（第 8 章）

安岡邦浩　京都大学大学院経済学研究科博士後期課程（第 10 章）

井澤　龍　滋賀大学経済学部准教授（第 11 章）

《編者紹介》


橘川 武郎（きっかわ たけお）

現　在　東京理科大学大学院経営学研究科教授，東京大学名誉教授，一橋大学名誉教授

主　著　『日本石油産業の競争力構築』（名古屋大学出版会，2012 年），『日本電力業発展のダイナミズム』（名古屋大学出版会，2004 年）

黒澤 隆文（くろさわ たかふみ）

現　在　京都大学大学院経済学研究科教授

主　著　『近代スイス経済の形成』（京都大学学術出版会，2002 年）

西村 成弘（にしむら しげひろ）

現　在　関西大学商学部教授

主　著　『国際特許管理の日本的展開』（有斐閣，2016 年）



グローバル経営史

2016 年 4 月 1 日　初版第 1 刷発行
2019 年 5 月31日　初版第 2 刷発行

定価はカバーに
表示しています

編　者　橘　川　武　郎
　　　　黒　澤　隆　文
　　　　西　村　成　弘

発行者　金　山　弥　平

発行所　一般財団法人　名古屋大学出版会

〒 464-0814　名古屋市千種区不老町 1 名古屋大学構内
電話(052)781-5027/F A X(052)781-0697




Printed in Japan

印刷・製本　亜細亜印刷㈱

ISBN978-4-8158-0836-5